성경,

인물·주제로

쉽게읽기

조성권

성경, 쉽게읽기

인물·주제로

인물·주제로 만나는
재미있는 성서 여행

생각나눔

서언

10년 전 이맘때인 걸로 기억합니다.

주님을 영접한 지 10년이 넘었지만, 성경책 한 번 제대로 읽어보지 못한 것을 늘 부끄럽게 생각하던 차에 이번에야말로 일독해 보리라 작심하고 성경책을 펼쳐 들었습니다. 막상 행동으로 옮기기는 했는데 생각은 딴 데 있어서 그런지 눈에 들어오질 않았습니다. 분량도 분량이지만 그 안에 심오한 비밀이 숨겨져 있어서 읽어내기도 무척 어려웠습니다.

흥미로운 이야기로 가득한 창세기나 출애굽의 이야기는 그런대로 넘어갈 수 있었지만, 레위기로 들어서고 보니 지루한 율법 말씀에 도대체 진도가 나가질 못했습니다. 사람들 대부분이 여기서 책을 덮는다더군요. 저라고 예외일 리가 있나요? 몇 번의 시도 끝에 결국 흐지부지되고 말았습니다. 그때 그러고 말았더라면 시작은 있으나 결과가 없는 유시무종(有始無終)이 될 뻔했습니다.

이대로 끝내기에는 너무 아쉽다는 생각에 성경책을 앞에 놓고 이 궁리 저 궁리 하던 차에 성경을 쉽고 편하게 읽을 수 있도록 그 작업을 내가 한번 해보는 것이 어떨까 하는 생각이 불현듯 들었습니다.

나중에야 깨달은 바 되었지만, 이것이 바로 성령의 은사라는 이름으로 하나님께서 저를 인도하신 것이라는 사실을 알았습니다. 막상 시작하고 보니 주님과 동행하는 일은 영광의 길이기도 하였지만, 고난의 길이라는 사실을 실감할 수 있었습니다. 그때부터 고행이 시작되었으니까요. 쉽게 결정하고 실행한 것이 화근이 되었던지 이렇게 힘든 일이 되리라고는 상상도 못 했습니다. 성경을 훤히 꿰뚫고 있어도 시원찮을 판에 내용조차 파악하지 못했던 성경을 쉽게 설명하려 시도했으니 상식적으로 생각해도 얼마나 무모하고 어리석은 일이었겠습니까? 무식하면 용감하다는 말이 저를 두고 한 말 같았습니다.

성경을 일독하는 것도 힘든 일인데 그 뜻을 해석하고 옮겨쓰기란 정말 어려웠습니다. 각고의 노력 끝에 겨우 원고가 완성되었다 싶어 다시 읽어보면 그동안 저의 성경 지식이 늘어났는지 남 앞에 내놓기가 부끄러울 정도로 내용이 부실했습니다. 이리저리 뜯어고쳐 다시 완성하고 보면 이번에는 하나님 아는 지식이 그만큼 또 높아졌는지 제가 생각하던 그런 책이 아니었습니다. 아는 만큼 보인다는 유홍준 교수님의 말씀이 딱 맞는 말입니다.

수정하고 보완하는 작업이 수도 없이 이어졌습니다. 그러다 보니 범위가 자꾸 넓어져 제가 감당하기가 버거워졌습니다. 괜한 일을 시작했다는 자괴감으로 겁도 없이 뛰어들어 고생하는 나 자신이 원망스러웠습니다. 그러나 이렇게 끝낼 수는 없다는 생각에 마음을 추스르고 독자층의 범위를 나름대로 구분했던 초심으로 돌아왔습니다.

하나님이 누구시고 예수님이 어떤 사람인지 궁금해하는 일반 사람들, 이제 막 하나님을 영접한 초신자들, 말씀에 목말라하면서도 엄두가 나지 않아 말씀 읽기를 주저하는 평신도들에게 성경을 쉽게 접할 수 있게 만들어 예수님을 진정으로 만날 수 있도록 도움을 주는 것이 제가 정한 목표였기 때문입니다. 그래서 하나님을 믿고 그 뜻에 따라 세상을 살다간 믿음의 선진들을 조명하여 그들의 삶을 통해 하나님이 계시다는 것을 증거하는 방향으로 내용을 정리했습니다.

그래도 어려움은 여전했습니다. 이왕 시작했으니 완벽한 책이 되어야 한다는 욕심 때문이었던 모양입니다. 이건 나 같은 사람이 할 수 있는 일이 아니라는 자격지심으로 몇 번이나 포기하려는 위기의 순간도 있었지만, 그때마다 「낙심하지 말고 포기하지 않으면 때가 이르매 거두게 될 것(갈6:9).」이라는 하나님의 말씀이 저를 붙들었습니다. 「시작은 미약하였으나 네 나중은 심히 창대하리라(욥8:7).」는 말씀 또한 저에게 용기가 되었습니다.

성령님께서 한번 마음먹으면 돌이키지 않는다는 사실을 저를 통해 증거한 것이라고 저는 믿습니다. 실패의 공포에서 벗어나자 성취욕이 생겼으며 움츠러들었던 저의 가슴에 불길이 타올랐습니다.

돌이켜보니 사람들을 하나님 앞으로 나오게 하려고 저를 도구로 쓴 게 아니라 신앙심이 부족했던 저에게 이 일을 통해 믿음을 한 단계 더 높이시려는 주님께서 이 은사를 부어주신 게 아닌가 생각됩니다. 「사람이 마음으로 자기의 길을 계획할지라도 그 걸음을 인도하시는 이는 여호와(잠16:9).」라는 말씀대로 이 일은 제가 이룬 것이 아님을 압니다.

세상일은 인간의 생각이나 노력으로 이루어지는 것이 아니라 세상 모든 것을 주관하시는 하나님의 섭리에 따라 이루어진다는 사실과 평신도도 노력하면 할 수 있다는 것을 보여주시려는 하나님의 계시에 따른 성령의 인도임을 제가 믿기 때문입니다. 이런 우여곡절 끝에 출간된 책이 바로『성경, 인물별 주제별로 쉽게 읽기』란 제목의 책입니다.

출간 후 여유를 갖고 내용을 찬찬히 훑어보았습니다. 문장과 내용도 부실하고 범위도 넓은 것 같고 정제되지도 않은 것 같아 사람들의 손에 들려지기 어렵겠다는 생각이 들었습니다. 그래서 압축하고 보완하고 수정하고 고쳐서 더 편하게 읽을 수 있도록 만든 책이 바로 이 책입니다.

목회자 입장에서 쓴 책은 일반 성도들이 읽기에는 다소 부담스러울 수 있습니다. 그러나 이 책은 평신도 입장에서 쉬운 글로 만들었으니 평신도나 초신자들이 읽기에는 더할 나위 없이 좋은 책일 것으로 봅니다.

두 번에 걸쳐 하나님께서 저의 발걸음을 인도하셨으니 주님의 음성 듣기를 갈망하는 모든 사람들에게 이 책이 밀알이 됨으로써 하나님 앞으로 나오는 대역사가 이루어지기를 소망합니다.

원고의 수정을 마치고 머리말을 쓰는 내내 결국 해냈다는 승리감으로 기쁨이 넘칩니다. 그러나 한편으로는 두렵고 떨립니다. 얕팍한 성경 지식으로 하나님을 설명하려고 하는 것이 거룩하신 신성을 훼손시키는 행동은 아닌지, 잘못 해석함으로써 말씀하시고자 하는 내용과 부합하지 않는 곳은 없는지 걱정되기 때문입니다. 혹시 그런 부분이 있다면 인간의 한계로 받아들여 주시기를 부탁드립니다.

첫 번째 책이 나오기 전, 병마로 고생하다 소천한 아내가 생각납니다. 다시 정리하고 수정한 책의 출간 소식을 천국에서 듣고 누구보다 기뻐할 사랑하는 아내에게 이 책을 바칩니다. 네 믿음대로 될 것이라는 말씀으로 두려움을 극복하게 하시고 불가능한 일을 가능케 함으로써 저를 승리의 길로 이끌어 주신 하나님께 감사드리며 모든 영광을 주님께 돌립니다.

하나님 아버지! 늘 보살펴주셔서 고맙습니다.

2024년 10월

일러두기

----

1) 이 책에 나오는 성경 구절은 개역 개정 4판 성경전서(대한성
   서공회, 2005년 11월)를 따랐음
2) 본문과 연관되는 지도는 대한성서공회의 허락을 받고 사용
   하였음
3) 이 책에 나오는 인명, 지명, 기타 고유명사는 외래어 표기법
   에 준하여 표기하는 것을 원칙으로 하였으나 이해를 돕기
   위해 성경의 표기와 외래어 표기법을 병용하기도 하였음
   예) 애굽(이집트), 다메섹(다마스쿠스), 바로(파라오)
4) 대화의 문장은 가급적 성경의 문체에서 벗어나지 않으려고
   노력했으며, 본문 내용 중 설명되어야 할 부분은 주석으로
   달았음

목차

구약편

부록: 아담에서 예수님까지 역사(계보) 흐름도

영원한 진리 성경

성경은 하나님의 감동으로 된 것으로 교훈과 책망과
바르게 함과 의로 교육하기에 유익하니(딤후3:16)

성경이란

성경은 하나님의 영감으로 만들어진 것으로 당신께서 어떤 일을 하셨고 계획하고 있는 일은 무엇인지를 밝힘으로써 사람들을 깨닫게 함은 물론 인류 구원이라는 위대한 역사가 이루어지는 과정을 면면히 볼 수 있는 놀라운 예언서이다. 또한, 하나님 백성이 되기 위해서는 어떻게 살아야 하는지를 가르쳐 주는 신앙 생활의 지침서로서 우리가 그대로 믿고 따라야 할 살아계신 하나님의 말씀이다.

은혜와 진리로 가득하여 인류 역사상 가장 위대한 책이 된 성경은 1,600여 년 (B.C. 1500년 ~ A.D. 100년)이라는 오랜 기간에 걸쳐 출신과 배경이 다른 믿음의 사람 40여 명이 성령의 능력에 이끌려 하나님 말씀을 기록한 책으로, 당신을 믿고 순종하면 영원한 생명을 얻을 수 있다고 증언한다. 그 말씀을 전한 사람들 중에는 광야의 시내 산에서 계명을 받았던 민족의 지도자 모세가 있었고, 예수님의 공생애 기간 내내 동고동락했던 베드로나 마태나 요한과 같은 제자들, 처음에는 예수 믿는 자들을 핍박했으나 결국 예수님을 영접하고 그리스도로 증거한 바울, 그리고 야고보나 유다와 같은 예수님 육신의 동생들도 있었다.

성경은 하나님께서 하신 일 그리고 앞으로 하실 일에 대한 증언이므로 잘못 해석하면 하나님의 뜻을 왜곡하게 됨으로써 이단이라는 오류에 빠질 수 있다. 그러므로 성경의 해석은 인간의 관점이나 상상력으로 풀어서는 안 되며, 오직 기록된 대로 받아들이되 중요한 것은 부분적 또는 단편적으로 볼 것이 아니라 그 시대의 역사적 배경을 이해하는 가운데 성경 전체를 놓고 조화롭게 연결해야만 올바른 해석이 될 수 있다는 것이다.

시공간을 초월하여 여러 사람이 기록하였다는 것이 도저히 믿어지지 않을 정도로 전후가 연결되는 성경은 수많은 두루마리 성서 가운데 엄격하고 공정한 기준에 의해 정리된 것으로, 주후 90년 얌니야 랍비 회의에서 구약 성경 39권이 확정되었고, 주후 397년 카르타고 공회에서 신약성경 27권이 인정됨으로써 총 **66권의 정경**[1]으로 완성될 수 있었다는 것이 정설로 알려져 있다.

성경의 구조를 쉽게 이해하는 방법
$3 \times 9 = 27$
$39 + 27 = 66$권(신·구약 총 66권)
(구약 39권)(신약 27권)

---

1 그리스도교에서 공식적으로 채택하고 있는 경전을 말하며, 정경으로 인정받지 못한 책을 외경이라고 한다.

성경을 읽어야 하는 이유 ✏️

- 세상사 모든 것을 주관하시는 하나님의 놀라운 비밀이 그 가운데 숨어있기 때문이다.
- 성경은 영원한 생명으로 인도하는 신앙생활의 지침을 제시한다.
- 하나님 말씀이므로 그 말씀을 지키기 위해 읽어야 한다(요1:1).
- 성경은 예수님에 대해 증언한 책이기 때문이다(요5:39).
- 예수 그리스도를 믿게 되며 그 이름에 힘입어 생명을 얻게 된다(요20:31).
- 영혼을 변화시키고 사람을 지혜롭게 만든다(시19:7).
- 사람의 마음을 기쁘게 하며 눈을 밝게 한다(시19:8).
- 말씀을 지키는 자에게 축복이 있기 때문이다(시19:11, 수1:8, 계22:7).
- 영원한 진리로써 사람들을 바른길로 인도해주기 때문이다(시119:105, 160).
- 하나님의 말씀은 사탄을 이기는 능력이 된다(엡6:13).
- 구원에 이르게 하는 지혜가 생긴다(딤후3:15, 롬1:16).
- 의롭게 사는 법을 가르쳐준다(딤후3:16).
- 하나님의 자녀로서 선한 일을 실천할 수 있는 능력을 갖추게 한다(딤후3:17).
- 영적 성장을 도와주며 기쁨과 평안과 감사와 위로를 준다(살전5:16~18).

성경은 어떻게 읽는 것이 좋을까 ✏️

- 반복해서 읽는 것보다 더 좋은 방법은 없다. 그렇게 해야만 말씀 속에 담겨 있는 하나님의 심오한 뜻을 깨달을 수 있기 때문이다.

- 속독하지 말고 정독으로 생각하면서 읽어야 한다.
- 쉽게 풀어쓴 성경이나 주석 등 안내서의 도움이 필요하다.
- 계획을 세워 꾸준히 읽는 습관이 중요하다.
- 부분적, 단편적으로 보지 말고 성경 전체를 놓고 연결해서 읽어야 이해하기 쉽다.
- 역사적, 문화적 배경을 이해하면서 순서에 따라 읽는 것이 성경의 맥을 잡기에 좋다.
- 어려운 곳은 당장 이해하려 애쓰지 말고 일단 다음으로 넘어가라. 다음을 읽다 보면 앞의 내용을 이해할 수 있기 때문이다.
- 그날 읽은 말씀을 가지고 묵상해야 한다. 그래야만 하나님의 음성을 들을 수 있을 뿐만 아니라 그분의 뜻을 온전히 이해하게 됨으로써 실생활에 적용할 수 있기 때문이다.

오랜 신앙생활을 자랑하는 성도 중에서도 성경을 제대로 읽어본 사람을 찾기 힘들 정도로 성령의 감동 감화 없이 성경을 일독한다는 것은 결코 쉬운 일이 아니다. 분량도 분량이지만 그 속에 심오한 비밀이 담겨 있어 선뜻 이해할 수 있는 내용이 아니기 때문이다.

웬만한 단행본 10여 권에 이를 정도로 방대한 분량인 성경을 하루에 3장에서 5장 정도 읽는다고 한다면 한 번 통독하는 데 1년 정도 걸린다고 하니 조금씩이라도 꾸준히 읽는 것이 최선의 방법일 듯하다.

성경은 구약부터 신약까지 전체적인 맥락에서 순서대로 읽는 것이 원칙이지만 초신자의 입장이라면 그리스도교 신앙의 중심인물인 예수님과 대면할 수 있는 신약의 복음서부터 읽기 시작하여 그리스도가 이 땅에 오신 이유를 알게 된 후에, 지평을 넓혀 구약 시대로 넘어가는 것도 좋은 방법 중 하나가 될 것으로 보인다. 왜냐하면, 구약성경을 처음부터 읽다가 중도 포기하는 사람들이 많기 때문이다.

천 리 길도 한 걸음부터라는 격언이 있다. 창세기와 출애굽의 흥미로운 이야기로 시작은 좋았지만, 레위기의 지루한 말씀에서 맴돌다 성경책을 덮는 성도들이 되지 말고 하나님을 알고자 하는 결심으로 꾸준히 말씀을 접한다면, 우리의 구속자 되시며 생명 되시고 사랑이신 하나님께서 말씀 가운데 진리를 깨닫게 하시고 성령으로 충만케 하셔서 우리들을 생명수 샘으로 인도하실 것으로 믿는다.

구약 성경

선택된 민족 이스라엘을 통해 심판과 구원의 표징을 보여주려는 하나님의 역사하심과 하나님으로부터 받은 예언적 말씀이 주를 이루는 구약은 앞으로 오실 **메시아²**에 초점이 맞추어져 있다. 아울러 메시아가 이 땅에 오실 것을 믿고 희망을 갖는 사람들에 관한 이야기로 하나님의 백성들이 겪는 영욕의 역사를 통해 어떻게 해야 하나님 나라를 회복시킬 수 있는지 그 해법을 제시한다.

구전과 두루마리로 전해졌던 구약은 39권의 서로 다른 책으로서 창조주 하나님은 죄에 대해서는 철저하게 보응하시는 무서운 하나님이기도 하지만, 당신을 배반한 언약백성 이스라엘에게 회개하고 돌아올 것을 끊임없이 호소하는 구원의 하나님으로 표현되고 있다.

2 기름 부음을 받은 자를 의미하는 히브리어이다. 그리스어의 그리스도와 같은 뜻이지만 일반적으로는 구세주로 번역된다. 기름 부음 받을 수 있는 사람은 제사장이나 예언자 또는 왕으로 선택받은 사람들이었다.

구약 성경의 구조

명 칭	내 용
율법서(5권)	모세가 기록한 것으로 알려진 책들로 모세오경(히브리어 명칭으로는 「토라」)이라고도 부른다. 창세기, 출애굽기, 레위기, 민수기, 신명기
역사서(12권)	유대 민족이 애굽을 떠나 약속의 땅으로 들어가던 때부터 바벨론과 앗수르의 포로생활을 끝내고 귀환할 때까지의 이스라엘 역사를 기록한 책이다. 여호수아, 사사기, 룻기, 사무엘상·하, 열왕기상·하, 역대상·하, 에스라, 느헤미야, 에스더
시가서(5권)	하나님을 사모하는 마음으로 개인의 체험을 기록한 책으로 찬가와 격언, 시, 기도문 등 다양한 형식으로 구성되어있으며 지혜서라고도 부른다. 욥기, 시편, 잠언, 전도서, 아가
예언서(17권)	선지자들이 하나님의 말씀을 받아 기록한 예언서로 분량의 길고 짧음에 따라 대·소예언서로 나뉘며 선지서라고도 부른다. 대예언서: 이사야, 예레미야, 예레미야애가, 에스겔, 다니엘(5권) 소예언서: 호세아, 요엘, 아모스, 오바댜, 요나, 미가, 나훔, 하박국, 스바냐, 학개, 스가랴, 말라기(12권)

신약 성경

　신약 성경은 헬라어로 기록된 27권의 책으로 죄로 가득한 세상을 구원하기 위해 육신으로 오신 예수님께서 십자가에 못 박혀 돌아가신 후 부활하시고 승천하신 이후, 믿음의 사람들에 의해 기록된 새 언약으로, 인류 구속의 완성을 위해 다시 오실 예수님에 대해 기록된 책이다. 신약의 하나님 또한 인류를 최종적으로 심판하시는 무서운 분이기도 하지만 끊임없이 용서하시고 사랑을 베푸시는 은혜의 하나님으로 표현된다.

　신약이 기록된 목적은 창세로부터 예언된 메시아가 바로 예수님이신 것을 믿게 하려는 것이요, 그를 통해야만 구원받아 생명에 이를 수 있다는 것을 깨닫게 하려는 것이라고(요20:31) 요한은 말한다.

신약 성경의 구조

명 칭	내 용
복음서(4)	예수 그리스도의 탄생과 관련된 비밀 그리고 삶과 죽음과 부활 등 예수님의 생애를 다룬 전기를 말한다. 마태복음, 마가복음, 누가복음(이상 **공관(共觀)복음서**[3]), 요한복음
역사서(1)	예수님께서 승천하신 이후 사도들에 의해 초대 교회가 세워지고 예루살렘에서 시작된 복음이 제국의 심장부인 로마까지 전파되는 과정을 기록한 책으로, 사도행전을 가리킨다.
서신서(21)	사도들과 교회 지도자들이 초대교회 성도들에게 신앙심을 고취하기 위해 보내는 편지를 말한다. 로마서, 고린도전·후서, 갈라디아서, 에베소서, 빌립보서, 골로새서, 데살로니가전·후서, 디모데전·후서, 디도서, 빌레몬서(이상 바울 서신) 히브리서, 야고보서, 베드로전·후서, 요한 1·2·3서, 유다서(이상 **공동서신**[4])
예언서(1)	예수님께서 소아시아(오늘날의 터키지역)에 있는 7개의 초대교회 성도들에게 전하는 메시지를 기록한 것으로, 세상의 마지막 날과 관련하여 사도 요한이 환상으로 받은 그리스도의 재림과 심판에 대한 계시를 다루고 있다. 요한계시록을 말한다.

3 글의 내용으로 볼 때 공통적인 관점에서 기록한 복음서라 하여 공관복음서라는 명칭이 붙게 되었다.
4 어떤 특정인을 위한 것이 아니라 많은 사람이 읽을 수 있도록 기록된 편지를 말한다.

역사순 또는 기록된 순서에 따른 분류

구약 성경(39권)	
창조 및 족장시대	창세기, 욥기
출애굽시대	출애굽기, 레위기, 민수기, 신명기
정복시대	여호수아
사사시대	사사기, 룻기, 사무엘상(1~9장)
왕정시대	사무엘상(10~31장), 사무엘하, 역대상, 열왕기상(1~11장), 역대하(1~9장), 시편, 잠언, 전도서, 아가
분열왕국시대	열왕기상(12~22장), 역대하(10~36장), 열왕기하, 이사야, 예레미야, 예레미야애가, 호세아, 요엘, 아모스, 요나, 미가, 나훔, 하박국, 스바냐
포로시대	에스겔, 다니엘, 오바댜
포로귀환시대	에스라, 느헤미야, 에스더, 학개, 스가랴, 말라기

구약성경 역사순으로 읽기

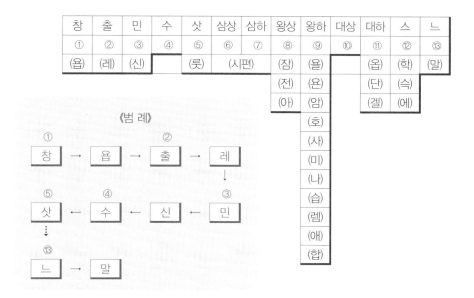

신약 성경(27권)	
복음서	마태복음, 마가복음, 누가복음, 요한복음
복음이 전파되는 과정	사도행전
바울서신서	1차 전도여행을 마친 후 작성된 것으로 보이는 서신서 〈**갈라디아서**[5]〉 2차 전도여행에서 작성된 것으로 보이는 서신서〈데살로니가전,후서〉 3차 전도여행에서 작성된 것으로 보이는 서신서〈고린도전,후서·로마서〉 로마에서의 1차 구금되었을때 작성된 것으로 보이는 서신서〈골로새서·빌레몬서·에베소서·빌립보서〉 구금에서 풀려난 후 작성된 것으로 보이는 서신서〈디모데전서, 디도서〉 바울의 마지막 서신서〈디모데후서〉
기타서신서	야고보서, 히브리서, 베드로전·후서, 유다서, 요한 1·2·3서, 요한계시록

신약성경 기록된 순서대로 읽기

마 ①	막 ②	눅 ③	요 ④	행 ⑤	약 ⑥	히 ⑦	유 ⑧	벧전 ⑨	벧후 ⑩	요일 ⑪	요이 ⑫	요삼 ⑬	계 ⑭
				갈									
				살전									
				살후									
				고전									
				고후									
				롬									
				골									
				몬									
				엡									
				빌									
				딤전									
				딛									
				딤후									

「4대 복음서 중 마가복음이 가장 먼저 기록되었을 것이라고 학자들은 주장하지만 비슷한 내용으로 이루어진 만큼 기록된 순서대로 읽는 것이 좋을듯하다.」

5 2차 전도여행 중이었던 주후 52년경 작성되었다는 의견도 있으나, 예루살렘 총회와 관련된 내용으로 1차 전도여행을 끝마쳤을 때인 주후 48년경에 작성되었을 것이라는 주장이 더 설득력이 있으므로 만일 그것이 맞다면 바울 서신 중 가장 먼저 기록되었을 것이다.

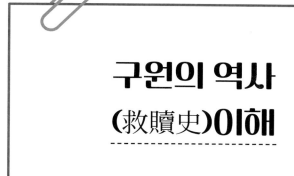

구원의 역사 (救贖史) 이해

창조 시대

「태초에 하나님이 천지를 창조하시니라(창1:1).」

흑암이 깊고 공허하며 혼돈뿐이던 세상에 우주 만물을 창조하신 하나님께서 6일째 되는 날, 첫 사람인 아담과 하와를 지으신 후 에덴동산에서 살게 하셨다. 그리고 세상을 다스릴 권세를 부여하면서 말씀에 순종할 것을 명령하신다. 그 명령이 바로 동산 중앙에 있는 선악과나무 열매를 먹지 말라는 것이다. 그러나 사탄의 유혹으로 금단의 열매를 따 먹자 진노하신 하나님은 그들을 동산 밖으로 쫓아내신다. 인류의 조상이 범죄함에 따라 죄가 들어오게 되었고, 아담의 부패한 본성을 유전자로 물려받은 인간은 태어날 때부터 죄인이 되었다.

죄의 영향으로 생긴 시기와 질투로 아담의 맏아들 가인이 동생 아벨을 죽이는 인류 최초의 살인사건이 벌어진 후 땅 위에 사람들이 늘어나면서 타락하게 되자 세상이 포악함으로 가득 차게 되었다. 이것을 보신 하나님께서 사람 만든 것을 한탄하시고 어떻게 하면 무너진 에덴을 복원시킬 수 있을까 하는 생각에 마음이 편치 못하셨다. 결국, 세상을 쓸어버리고 새롭게 만들 수밖에 없다는 결론에 이르자 믿음의 사람 노아를 시켜 방주를 만들게 하신다. 방주가 완공된 것을 보신 하나님께서 하늘을 열어 40일 동안 비를 쏟으시고 150일 동안 물이 넘치게 함으로써 땅 위의 모든 생명체를 멸하신다.

1차 심판이 이루어진 것이다. 하나님의 은혜로 방주에 들어갈 수 있었던 노아의 가족 여덟 명과 종류별로 선택된 동물들만 살아남아 그들이 새로운 세상의, 새로운 조상이 되었다.

대홍수로 모든 생명체가 사라진 땅에 노아의 자손들이 번성하였다. 홍수 심판이후 한동안 잠잠한 것처럼 보였던 죄의 고질적인 문제가 다시 고개를 들기 시작하자, 백성들은 하나님의 권위에 도전하기 위해 바벨탑을 쌓기 시작했다. 이를 통해 인간의 교만함이 끝이 없음을 보신 하나님께서 그들의 언어를 다르게 만들어 서로 알아듣지 못하게 하신다. 그때까지 인류가 사용하던 언어는 하나였지만 바벨탑의 저주로 서로 간에 말이 통하지 않자 사람들은 세계 각지로 흩어지게 되었다.

이스라엘(히브리) 민족 형성 시대(B.C. 2091 ~ B.C. 1526)

선민 이스라엘의 역사는 지금으로부터 4,000여 년 전 아브라함이라는 한 유목민의 **가나안**[6] 이주로 시작되었다. 하나님께서 한 민족을 통해 잃어버린 땅에

---

6 하나님이 아브라함과 그의 자손들에게 약속한 땅으로(창15:18~21) 노아의 세 아들 중 둘째인 함의 아들 가나안에서 유래되었으며, 지금의 이스라엘 지역을 가리킨다.

덴을 복원시키고 인류를 구속하기 위해 아담으로부터 20대손인 아브라함을 부르신다.

「내가 보여주는 땅으로 가거라. 내가 너로 하여금 큰 민족을 이루게 할 것이며 복을 주어 너의 이름을 창대하게 하리라. 너의 자손을 통해 천하 만민이 복을 받을 것이며 너를 그들의 아버지로 만들 것이다. 가나안 온 땅이 너와 네 후손에게 영원한 기업이 되며 나는 너희들의 하나님이 될 것이다.」

하나님의 명령에 따라 가나안 땅으로 들어간 아브라함은 아들을 주시겠다는 언약에도 불구하고 아흔 살이 다 되도록 본처의 몸에서 태기가 보이지 않자 애굽(이집트)인 여종 하갈의 몸을 빌려 아들을 얻는다. 그가 바로 아브라함의 첫째 아들로서 아랍 민족과 이슬람을 믿는 사람들의 조상이 되는 이스마엘이었다. 그로부터 13년 후, 아브라함의 나이 100살 때 하나님께서 복을 주시니 본처의 몸에서 이삭이 태어나게 되었다. 이삭으로부터 난 자라야 아브라함의 자손, 즉 믿음의 백성이 될 것이라는 하나님의 언약대로 그는 유대인과 유대교를 믿는 사람들의 조상이 되었으며, 그로부터 2,000년 후 그의 계보를 통해 예수님이 오심으로써 그리스도교의 탄생과 더불어 예수님을 믿는 사람들의 조상이 되었다.

오늘날 서로 아브라함의 적자임을 주장하며 신앙적 차이로 분쟁을 겪고 있는 그리스도교와 이슬람의 갈등관계가 바로 이와 같은 혈통문제로 생긴 뿌리 깊은 자존심 싸움으로부터 태동되었던 것이다.

성경은 하나님과 아브라함이 맺은 언약이 어떤 과정을 거쳐 계승되는지 이삭과 야곱과 요셉으로 이어지는 후계 구도와 함께 계보라는 혈연관계를 통해 상세하게 설명한다. 이삭의 둘째 아들로 태어났지만, 우여곡절 끝에 장자의 권리를 부여받은 야곱이 열두 명의 아들을 두게 됨으로써 그들이 바로 고대 이스라엘 민족을 구성하는 열두 지파의 시조가 되었다.

이들 가운데 열한 번째 아들인 요셉을 아버지 야곱이 편애하자 이를 시기한 형들은 그를 애굽의 노예로 팔아넘기지만, 하나님의 보살핌을 받은 요셉은 노예의 신분에서 일약 애굽의 총리가 되는 입지전적 인물이 된다.

계속된 기근으로 가나안 땅에 먹을 것이 부족하자 야곱의 아들 열 명이 양식이 풍부한 애굽으로 곡물을 사러 간다. 죽은 줄로만 알았던 동생 요셉을 극적으로 만난 형제들은 애굽의 실력자가 된 요셉의 도움으로 기근의 고통에서 벗어나게 됨은 물론, 야곱의 일가족 70명이 애굽의 기름진 땅 고센으로 이주하게 되는데, 그때가 주전 1876년 되던 해였다.

이 모든 과정이 선택된 민족 이스라엘을 보존시켜 그들을 통해 뜻을 이루려는 하나님의 섭리에 따른 결과였던 것이다.

출애굽(이집트 탈출) 시대(B.C. 1526 ～ B.C. 1406)

세월이 흘러 그 시대 사람들이 모두 죽고 **애굽 왕 바로**[7]와의 우호 관계마저 잊혀지면서 애굽인들의 노예로 전락한 이스라엘 백성들은 궁핍한 생활을 하게 되었다. 하지만 학대받을수록 더욱 번성한 이스라엘이 한 민족을 이루게 되자 위기의식을 느낀 바로는, 히브리인들이 아들을 낳게 되면 모두 없애버릴 것을 명령한다. 그때 이스라엘 민족의 지도자 모세가 태어나지만, 바로의 명령으로 아이를 키울 수 없게 된 부모는 모세를 상자에 넣어 나일강의 갈대숲 사이에 숨겨둔다. 이를 발견한 바로의 공주에 의해 입양되어 왕실에서 성장한 그는 자신의 출생에 관한 비밀을 알게 되자 동족을 학대하는 애굽인을 살해하고 바로를 피해 미디안 땅으로 들어가 양을 치는 목자의 삶을 살게 된다.

---

7 파라오(Pharaoh): 위대한 집이라는 뜻으로 고대 이집트의 통치자를 뜻하는 칭호였다. 이집트 사람들은 파라오가 세상의 모든 것을 다스리며 죽어도 부활하는 신적 존재로 여겼다.

모세의 나이 80세가 되던 어느 날 하나님의 산인 호렙 산(시내 산)에 이르렀을 때, 불이 붙었으나 불타지 않는 떨기나무 사이에서 모습을 드러내신 하나님께서 애굽의 압제로부터 백성들을 구원하여 젖과 꿀이 흐르는 약속의 땅 가나안으로 인도하라고 명령하신다.

아론과 함께 바로를 찾아간 모세가 하나님의 말씀을 전하며 백성들을 해방시켜 달라고 호소했으나, 바로는 여호와 하나님이 누구인지 알지 못하니 그의 말을 들을 이유가 없다며 한마디로 거절한다.

하나님께서는 모세와 아론을 통하여 바로 앞에서 능력을 행하신다. 바로는 아홉 가지에 이르는 엄청난 재앙 앞에서도 하나님의 임재를 인정하지 않고 고집을 피운다. 하지만 애굽 땅에서 처음 난 것, 즉 바로의 장자를 비롯하여 애굽 백성들의 맏아들과 첫 번째로 태어난 가축들이 모두 죽는 열 번째 재앙으로 온 애굽 땅이 울부짖는 소리로 가득하자, 더 이상 버티지 못하고 백성들을 해방시킨다. 애굽의 고센 땅에 들어갈 때 겨우 70명밖에 되지 않았던 야곱의 가족들이 430년 만에 20세 이상 장정의 수만 60만 명에 이를 정도로 크게 번성하여 대민족을 이룬 이스라엘은 주전 1446년, 모세의 인도 아래 하나님께서 약속하신 땅 가나안으로 향한다.

어쩔 수 없이 백성들을 내보내긴 했지만 수많은 노예를 잃어버렸다는 생각에 마음이 바뀐 바로가 추격해오자 하나님께서 홍해를 갈라 백성들을 마른 땅으로 건너갈 수 있게 하시고 뒤쫓아오던 바로의 군대를 모두 바다에 수장시키는 벌을 내리신다. 후세 사람들이 말하는 모세의 기적이 일어난 것이다.

하나님의 임재하심으로 자신들이 바로 선택된 민족임을 온몸으로 체험한 이스라엘 백성들은 광야의 시내 산에서 십계명이 포함된 **율법**[8]을 받고 하나님의 백성으로 살아갈 것을 약속한다. 이제야 비로소 하나님 나라를 회복시켜야 할 제사장 나라의 백성으로 거듭나게 된 것이다. 그러나 언약백성이 되었음에도 불구

---

8 율법은 모세가 시내 산에서 하나님으로부터 받은 명령으로, 십계명을 포함하여 613개 조에 이르는 계명으로 구성되어있다고 한다.

하고 약속의 땅으로 이동하는 과정에서 백성들의 불순종과 불평불만이 극에 달한다. 이에 진노하신 하나님께서 스무 살 이상 되는 출애굽 백성 중 당신에게 순종한 갈렙과 여호수아 단 두 사람만이 약속의 땅을 밟을 수 있을 것이라고 선포하신다. 그때까지 백성들을 이끌었던 민족의 지도자 모세가 약속의 땅이 보이는 모압 땅에서 숨을 거두자 후계자가 된 여호수아가 진군의 명령을 내린다. 애굽을 탈출한 지 40년째 되던 해인 주전 1406년, 마침내 200만 명이 넘는 2세대 이스라엘 백성들이 약속의 땅 가나안으로 들어가게 된 것이다.

백성들을 거듭나게 하시려는 하나님의 계획에 따라 불과 수십 일이면 도달할 수 있는 거리가 40년이라는 긴 세월의 대장정이 됨으로써 구약 성경 전체에서 약 20%를 차지하는 출애굽의 이야기가 바로 믿음으로 가는 길이 얼마나 험난한 여정인지를 보여주는 대표적 교훈이 되었다.

☑ 출애굽은 정확히 언제 이루어졌을까?

구약 성서의 본문에는 연대기의 골격을 말해주는 몇 가지 의미 있는 기록이 있다. 성경은 야곱의 가족 70명이 애굽으로 이주한 지 430년 후에 출애굽이 이루어졌다고 말한다. 또 출애굽으로부터 480년이 지난 때가 솔로몬 왕이 나라를 다스린 지 네 번째 되는 해이며, 그해에 성전 건축을 시작하였다는 열왕기상 6장 1절의 내용도 있다. 주전 970년 솔로몬이 다윗의 뒤를 이어 왕위를 계승한 것으로 알려져 있으며, 성전의 주춧돌을 세운 시기는 그로부터 4년 뒤인 주전 966년이 정설이라고 한다.

이 내용을 기준으로 역산하여 보면(966년+480년=1446년) 주전 1446년에 출애굽이 이루어졌다는 것을 알 수 있을 것이다. 하지만 일부 역사학자들은 출애굽에 등장하는 국고성 비돔과 라암셋(출1:11)이 애굽 왕 람세스 2세 때 건축되었다는 점과 람세스의 후계자 메르넵타(재위: B.C. 1212 ~ B.C. 1202)의 전승 기념 석판에 이스라엘이 언급된다는 점을 근거로 람세스 2세의 재임 기간인 주전 1279~1213년의 중반쯤에 출애굽이 이루어졌을 거라고 주장한다. 또 성경에 나오는 480년이라는 숫자도 이스라엘 민족을 구성하는 12지파와 한 세대를 나타내는 40과의 조합에서(12×40=480) 나온 것으로 상징적인 의미로 받아들여야 한다고 말한다.

그들이 주장하는 것처럼 13세기 출애굽 설이 역사적 고고학적 뒷받침으로 아직 대세라고는 하지만 풀리지 않는 몇 가지의 난점이 있는 것 또한 사실이다.

이처럼 상충하는 이론이 존재하지만 정확한 연대를 확정지을 만한 결정적인 증거를 발견하지 못함에 따라, 이 책에서는 성경 내용에 기초하여 주전 1446년에 출애굽이 이루어졌다는 가정하에 뒤이은 사건들의 연대를 정리해 나갈 것이다.

한 가지 덧붙이자면, 출애굽 이전의 연대는 창세기에 나오는 족보를 통해 역산된 것으로써 실제와는 차이가 있을 수 있다는 것을 밝혀둔다.

가나안 정복과 사사 시대(B.C. 1406 ~ B.C. 1050)

여호수아의 인도 아래 요단 강을 건너 약속의 땅으로 들어온 이스라엘 백성들은 가나안의 첫 성 여리고를 시작으로 31명의 왕이 지배하던 땅을 차례로 점령해나간다. 그리고 요단 강을 중심으로 동쪽 땅을 분배받은 르우벤 자손과 갓 자손 그리고 므낫세 반 지파를 제외한 나머지 아홉 지파 반이 점령한 땅을 배분받아 정착한다.

가나안 정복의 선봉에 섰던 여호수아가 110세의 나이로 세상을 떠나자, 우상을 섬기며 가증한 일을 자행하는 그 땅의 족속들과 교류하지 말고 모두 없애버리라는 하나님의 명령을 잊어버린 이스라엘은 원주민들을 멸하기는커녕 오히려 그들과 동화됨으로써, 결국 배교와 심판으로 얼룩진 사사 시대를 맞이하게 된다.

사사 웃니엘부터 사무엘까지 300여 년에 걸쳐 14명의 걸출한 영웅들이 등장하는 사사 시대는 백성들이 하나님을 배신하면 그에 따른 징벌이 있게 되고, 이를 못 견딘 백성들이 회개하면 사사를 통해 구원해주시고, 구원해주시면 다시 타락하는 징계와 용서가 반복되는 악순환의 역사였다.

블레셋[9]을 비롯한 모압과 암몬 등 주변 열강에 의한 군사적 위협이 증대되자 비교적 느슨한 형태의 지배 구조였던 사사들이 이에 대처하지 못하는 것에 불만을 품은 백성들은 강력한 지도력으로 자신들을 보호해 줄 수 있는 왕을 세워 달라고 하나님께 요구한다. 이들의 요구는 언약백성으로서의 정체성을 부정하는 중대한 범죄행위였지만 이스라엘의 진정한 왕이요 구원자 되시는 하나님께서 백성들의 요구대로 선지자이며 마지막 사사인 사무엘에게 왕정체제로 변환시킬 것을 지시하신다. 마침내 이스라엘 첫 번째 왕으로 사울이 추대되면서 신정체제로 유지되었던 사사 시대는 막을 내리게 되었다.

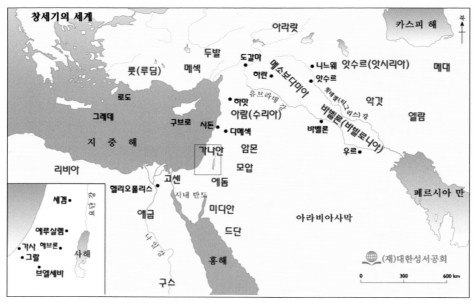

구약 시대의 세계

---

9 블레셋은 크레테에서 팔레스타인 남부 지중해 연안지대로 이주해온 족속으로서 아스돗, 아스글론, 에글론, 가드, 가사 등 5대 도시가 속해있는 지역을 말하며 이 나라의 이름 블레셋에서 가나안 전체를 통칭하는 단어 팔레스타인이 생겨나게 되었다. 오늘날의 가자지구를 말한다.

왕국의 흥망성쇠(B.C. 1050 ~ B.C. 586)

집권기(B.C. 1050 ~ B.C. 1010) 초반의 사울은 하나님의 도우심으로 승리하는 자가 되었다. 그러나 교만해지는 것에 진노하신 하나님께서 후계자로 다윗을 지목하시자 길보아의 혈전에서 블레셋에 패한 사울은 스스로 목숨을 끊어 비극적으로 생을 마감한다.

이스라엘 역대 왕 중 하나님으로부터 가장 큰 축복을 받았던 다윗이 사울에 이어 두 번째 왕으로 등극한 후 이스라엘을 40년간 통치한다(B.C. 1010 ~ B.C. 970). 그가 부족 국가를 넘어 통일 국가로서의 면모를 굳건히 하고 하나님이 계실 곳인 성전이 세워질 수 있도록 기초를 다지자, 뒤를 이어 임금의 자리에 오른 솔로몬(B.C. 970 ~ B.C. 930)은 장막에 모셔졌던 여호와의 언약궤를 온전히 모실 수 있도록 하나님의 성전을 건축한다. 대대적인 개혁 정책으로 왕권을 강화한 솔로몬은 지혜와 번영을 상징하는 최고의 왕이 되었지만, 과도한 건설사업과 사치스럽고 방탕한 생활, 그리고 말년의 우상 숭배로 백성들로부터 원성을 사게 된다.

솔로몬이 죽자 이스라엘은 남북으로 분열되어 북이스라엘은 솔로몬의 신하였던 여로보암이 첫 번째 왕이 되고, 남유다는 솔로몬의 아들 르호보암이 왕위를 이어받아 분열된 왕국을 다스린다. 세겜과 사마리아를 중심으로 세워진 북이스라엘은 우상숭배가 만연하고 모반과 배신이 끊이지 않고 일어나 19명의 왕 가운데 7명이 암살되는 등 불안정한 내정으로 이어진 반면, 예루살렘 중심의 남유다는 하나님께서 약속하신 대로 다윗의 후손들이 왕가의 정통성을 이어받아 계승해 나간다.

주전 722년, 200여 년간 이어져 온 북이스라엘이 19대 호세아 왕을 마지막으로 앗수르의 **살만에셀 5세**[10](B.C. 725 ~ B.C. 722)에 의해 멸망되자 포로 된 백성들은

---

10 100여 년간 고대 근동의 군주로 군림했던 앗수르는 주전 14세기에 메소포타미아(유프라테스 강과 티그리스 강 사이의 지역으로 오늘날의 이라크 지역에 해당한다.)지역을 중심으로 성장한 제국으로서, 주전

앗수르의 각 지역으로 분산되었다. 그러나 고대 근동의 군주로서 하늘을 찌르던 앗수르의 패기도 **바벨론**[11]이라는 새로운 질서 앞에서는 두 손을 들 수밖에 없었다. 주전 612년, 메데(오늘날의 이란)와 바벨론의 연합군에 의해 수도 니느웨가 함락됨으로써 앗수르가 지도에서 사라지게 되자, 이제 남 왕국 유다는 바벨론이라는 하나님의 쇠망치 앞에서 풍전등화와 같은 위기 상황에 맞닥뜨리게 된다.

북이스라엘이 멸망한 지 136년 뒤인 주전 586년, 시드기야 왕 제11년에 남유다마저 바벨론의 느부갓네살 2세(B.C. 605 ~ B.C. 562)에 의해 정복되자 두 눈이 뽑힌 채 바벨론으로 끌려간 시드기야 왕이 죽임을 당함으로써, 460여 년에 걸쳐 이어져 오던 이스라엘의 왕정 시대는 종말을 고하게 되었다. 이 모든 것이 당신과의 약속을 저버린 이스라엘을 심판하시려는 하나님의 섭리에 따라 이루어진 결과였다.

이스라엘이 멸망된 것은 선지자들을 통해 예언하셨던 당신의 뜻을 이루심과 동시에 말씀을 부정하고 우상의 힘에 의지할 때 그 결과가 어떻게 되는지를 보여주는 신앙적 경고가 된 것이다.

포로 시대와 백성들의 귀환(B.C. 586 ~ B.C. 424)

남유다가 멸망되자 예루살렘 성벽은 무너지고 성전과 왕궁은 불탔으며 성전 안의 기물들은 약탈되어 바벨론으로 옮겨졌다(이때 하나님의 언약궤가 파손되었을

612년 수도 니느웨가 바벨론-메대 연합군에 의해 정복당함으로써 주전 605년 마침내 지도상에서 사라지게 되었다. 북이스라엘을 멸망시킨 앗수르 왕은 살만에셀이 아니라 그의 후임자였던 사르곤 2세(B.C. 722 ~ B.C. 705)라는 설도 있다.

11 메소포타미아의 고대 국가로 오늘날의 이라크 지역에 해당한다

것이다.). 백성들 또한 포로됨으로써 치욕스러운 유배생활이 시작되었다.

성전의 파괴는 언약백성 이스라엘과 하나님과의 관계가 단절되었다는 것을 의미함과 동시에 백성들을 만민 중에 흩어놓아 그곳에서 목석 우상을 섬기게 될 것이라(신28:64)는 모세의 예언이 실현됨을 보여주는 것이 되었다. 그 당시 활동하던 이사야, 예레미야, 에스겔 같은 예언자들은 이스라엘의 멸망은 하나님의 말씀에 귀 기울이지 않은 것에 대한 심판이자 새로운 계약을 준비시키기 위한 시련이라고 믿었다.

주전 539년, 바벨론이 바사(고대 페르시아 제국으로 오늘날의 이란을 말한다.) 왕 고레스(B.C. 539 ~ B.C. 530)에 의해 정복당하자 주전 605년부터 주전 582년까지 네 차례에 걸쳐 바벨론에 끌려간 이스라엘 백성들은 고레스 왕이 발표한 **칙령**[12]에 따라 고국으로 돌아갈 수 있게 되었다. 이로써 고레스가 열국을 정복하고 예루살렘과 성전을 회복할 사람이라는 **이사야의 예언**[13]과 포로생활 70년이 차야 고국으로 돌아오게 될 것(렘29:10)이라는 예레미야의 위대한 예언이 사실임이 입증된 것이다.

제2의 출애굽이라 불리는 포로들의 귀환은 주전 538년부터 주전 445년까지 모두 세 차례에 걸쳐 이루어졌다. 1차 때 고향으로 돌아간 4만여 명의 이스라엘 백성들은 총독 스룹바벨과 대제사장 예수아의 지도 아래 바벨론에 의해 파괴된 예루살렘 성전 재건을 시작한다. 그러나 재건사업에 동참하기를 원했지만 이방인 취급하면서 이들을 외면하는데, 앙심을 품은 사마리아인들은 공사가 진척되지 못하도록 훼방을 놓았다. 16년 동안 공사가 중단되는 우여곡절 끝에 예언자 학개와 스가랴의 격려로 속개된 성전 재건은 파괴된 지 70년 되던 해인 주전 515년, 마침내 완공됨으로써 봉헌 예배를 드리게 되었으니, 이 성전을 제2성전 또는

---

12 「하늘의 신 여호와께서 세상 만국을 내게 주셨고 나에게 명령하여 유다 예루살렘에 성전을 건축하라 하셨나니 너희 중에 그의 백성 된 자는 다 올라갈지어다. 너희 하나님 여호와께서 함께하시기를 원하노라(대하36:23).」
13 「고레스에 대하여는 이르기를 내 목자라 그가 나의 모든 기쁨을 성취하리라 하며 예루살렘에 대하여는 이르기를 중건되리라 하며 성전에 대하여는 네 기초가 놓여지리라 하는 자니라(사44:28).」

스룹바벨 성전[14]이라 부르게 되었다.

주전 445년, 바사의 아닥사스다 왕(B.C. 465 ~ B.C. 425) 때 왕의 술 담당 관리로 일했던 느헤미야가 유다 총독으로 부임하여 무너진 채 방치되었던 예루살렘 성벽을 52일 만에 재건함으로써, 이제야 비로소 성읍으로서의 면모를 갖추고 안보를 통한 사회 질서를 확립하게 되었다. 귀환한 백성들 외에 상당수의 유대인들은 유배지에 남아있거나 다른 지역으로 이주하여 공동체를 형성하며 살게 되었는데, 이것이 바로 유대인의 이산(離散)이라고 불리는 **디아스포라[15]**의 시초가 되었다.

한편, 하나님 말씀을 전하도록 부름 받은 16명의 예언자들은 주전 9세기부터 5세기까지 400여 년에 걸쳐 활동하였으나 구약의 마지막 선지자인 말라기 이후 세례 요한이 등장하기까지 400여 년간 하늘이 침묵함으로써 예언자가 나타나지 않았으니 이 기간을 말씀이 끊어진 시기라 하여 암흑시대 또는 신·구약의 중간 시대라고 표현한다.

구약은 살아서 하늘로 올라간 선지자 엘리야가 메시아의 길을 준비하기 위해 다시 돌아올 것이라는 예언과 함께 이 땅에 하나님의 아들이며 구원자 되시는 예수 그리스도의 시대가 도래할 것임을 알리는 것으로 막을 내린다.

---

14 솔로몬이 지었고 스룹바벨이 재건했으며 유대의 왕이 된 헤롯이 군중들의 환심을 사기 위해 대폭 증축한 성전은 주전 20년경부터 약 80여 년에 걸쳐 새롭게 단장되었다. 헤롯이 성전을 증축하였다고 해서 헤롯 성전이라고도 불린다.이스라엘 성전의 역사: 1) 솔로몬 성전 2) 스룹바벨 성전 3) 헤롯 성전 4) 에스겔 성전(실제로 건축되지는 않았다.)
15 diaspora. 그리스어에서 유래된 말로 분산된 유대인이라는 뜻.

신·구약 중간기와 그리스도의 탄생(B.C. 424 ~ B.C. 4)

말씀을 들을 수 없었던 400여 년은 혼란과 배교로 점철되었던 시련기의 역사였다. 주전 334년, 동방 원정길에 오른 마게도냐(오늘날의 그리스 지역을 말한다.)의 알렉산더 대왕이 페르시아 제국과의 전쟁에서 승리하게 되자 그때까지 페르시아의 지배를 받아오던 가나안 지역은 헬레니즘이라는 고대 그리스 문화의 영향권 아래에 놓이게 된다. 세계 정복이라는 원대한 꿈을 가졌던 알렉산더가 서른세 살의 젊은 나이에 급사하자 후계자를 내세우지 못한 거대한 제국은 부하 장군들의 권력 다툼으로 네 부분으로 나뉘어 분할통치에 들어가게 되었다.

이집트 지역을 차지한 프톨레미(Ptolemy) 왕조에 합병됨으로써 100여 년간 지배를 받아오던 가나안 땅은 주전 198년부터 헬라화 정책을 밀어붙이는 시리아 지역의 셀룩시드(Seleucid) 왕조의 수중에 들어가게 된다. 그들이 유대인의 종교를 말살하기 위해 성전 안의 희생 제사와 예배를 드리지 못하게 하고 안식일과 율법에 따른 할례를 금지함으로써 유대인들이 보기에 용서할 수 없는 신성모독을 일삼자, 종교의 자유와 예루살렘 성전 제의의 회복을 표방한 유다 마카비 일가가 일어나 셀룩시드 왕조의 안티오쿠스와 맞서 싸워 **예루살렘 성전을 되찾고** [16] 가나안 지역을 지배하게 된다. 주전 142년, 마카비 가문의 투쟁으로 하스모니안(Hasmonean) 왕조가 세워짐으로써 남유다가 멸망되었던 주전 586년 이후 약 440년 만에 유대인의 왕조가 다시 들어서게 된 것이다.

그러나 유대인이 다스리던 독립 국가는 로마 최고의 권력자였던 폼페이우스 장군의 예루살렘진군으로 막을 내리게 되었다. 주전 63년부터 가나안 땅이 로마의

---

16 주전 168년 예루살렘을 점령한 시리아지역 셀룩시드 왕조의 안티오쿠스 4세 에피파네스 왕이 율법에서 부정한 동물로 규정된 죽은 돼지를 공물로 바침으로써 성전이 더럽혀지자, 3년 뒤인 주전 164년 예루살렘 근처 모딘 마을의 제사장 맛다디아가 자신의 다섯 아들과 함께 유대 종교를 탄압하는 셀룩시드 왕조에 맞서 반란을 일으킨다. 마침내 3남 유다 마카비가 예루살렘을 탈환하여 제우스 상을 철거하고 성전을 정결하게 하였다. 이를 기념하는 것이 요한복음 10장 22절에 나오는 수전절로 히브리어로는 하눅카(Hanukkah) 축일이라고 한다.

지배하에 들어가자 줄리어스 시저의 양아들로서 로마의 실력자가 된 **옥타비아누스**[17]와 안토니우스의 도움으로 왕이 된 헤롯(B.C. 37 ~ B.C. 4)이 유대 지방을 다스리게 된다.

로마의 압제로부터 고통받던 이스라엘 백성들이 메시아에 대한 소망을 간절하게 품고 있을 때인 주전 4년경, 구약에서 예언한 대로 여자의 후손이며(창3:15), 유다 지파이고(창49:10) 처녀의 몸에서 태어날 것으로(사7:14) 약속된 메시아가 가나안 땅 베들레헴에서(미5:2) 탄생함으로써 역사적인 신약 시대가 개막된다.

하나님께서 구약의 마지막 선지자 말라기를 보내신 이후 400여 년 동안 침묵으로 일관하신 것처럼 보였지만 다음 단계 사역을 준비하기 위해 때가 차기를 기다리고 계셨던 것이다.

이제 창조주인 하나님께서 언약백성 이스라엘을 통해 이룩하시려던 위대한 인류 구원의 역사는 그의 아들이신 예수님께 바통이 넘어감으로써 **그리스도교**[18]의 탄생과 더불어 죄 사함으로써 구원받는 은혜 시대가 열리게 된 것이다.

그리스도의 사역, 죽음과 부활(B.C. 4 ~ A.D. 66)

서른 살이 되실 무렵 요한으로부터 세례를 받으시고 열두 명을 제자로 세운 예

---

17 로마 최초의 황제로, 신약 성경에 가이사 아구스도로 등장하는 인물이다(눅2:1).

18 1세기경 예수님의 사도들에 의해 형성된 종교로, 「하나님은 사랑」이라는 진리 위에 선 종교이다. 삼위일체(성부, 성자, 성령)의 하나님을 믿으며 성자 하나님인 예수를 인류의 구원자로 믿는 것을 신앙의 근본 교리로 삼는다. 오늘날 그리스도교는 로마가톨릭교회(천주교), 프로테스탄트 교파(개신교), 동방정교회의 세 그룹으로 대별된다.

수님께서 본격적으로 하나님 말씀을 전하며 가난하고 병든 자들을 자유롭게 하시고 죽은 자를 살리시는 등 기사와 표적을 통해 하나님 아들로서의 존재감을 드러내신다. 그러나 구약에서 예언한 대로 메시아가 이 땅에 올 것을 믿고 학수고대하던 유대인들이었지만 그들은 예수님을 메시아로 인정하지 않았다. 약 3년 간에 걸친 공생애 사역은 열두 제자 중 한 사람인 가룟 유다의 배신으로 막을 내리고 유대 총독 본디오 빌라도에 의해 십자가에 못 박히는 극형을 당하지만 3일 만에 부활하시는 놀라운 일이 벌어진다.

아담의 불순종으로 인류가 짊어지고 왔던 죄는 유월절 희생양으로 오신 예수 그리스도의 십자가 보혈로 속량받게 되었으며 믿는 자들은 그의 부활을 통해 새로운 피조물로 거듭나게 된 것이다.

40일간의 부활사역을 마친 예수님께서 감람산에서 승천한 지 10일째 되는 오순절 날, 약속한 대로 보혜사 성령님의 강림으로 제자들은 성령 세례를 통해 성령 충만을 체험하게 된다. 이후 각지로 흩어진 제자들은 예수님이 이 땅에 오셔서 보여주신, 「하나님을 사랑하고 네 이웃을 너 자신같이 사랑하라(눅10:27).」라는 말씀을 증언하고 전파하였으며, 치유의 기적을 통해 주님께서 약속한 생명의 회복이 실현되고 있음을 보여주었다.

한편, 바리새인으로 열렬한 유대교 신자였던 바울이 다메섹 도상에서 부활 예수님을 만난 후 개종하여 3차례에 걸친 고난의 전도 여행(46~57년경)을 통해 교회라는 그리스도 공동체가 세워지게 된다. 유대인들의 전유물로만 여겨졌던 구원은 율법을 지키는 행위로서가 아니라 그리스도를 믿는 믿음에서 오는 것이라는 바울의 신학이 교회의 전통에 뿌리를 내리고 그리스도교가 이방 세계로 빠르게 전파되는 전기를 맞는다. 예수님만 죽으면 모든 것이 끝날 것만 같았던 그리스도교가 「내가 땅에서 들리면 모든 사람을 내게로 이끌겠노라(요12:32).」 하는 말씀대로 제자들에 의해 세계로 뻗어 나가고 있었던 것이다.

하지만 네로 황제 때 로마에서 일어난 원인 모를 화재에 그리스도인들이 연루되었다는 누명을 쓰고 주후 66년경 베드로와 바울이 수많은 그리스도인들과 함께 순교한 것으로 전해지는 등 로마 제국에 의한 그리스도인들의 수난과 무자비한 박해는 계속되었다.

부활하신 후 40일 동안 500여 명의 사람들에게 나타나 하나님 나라에 대하여 증언한 후 승천하신 예수님께서 세상을 심판하기 위해 다시 오실 것을 계시하는 신약은 여기까지 기록되어있지만, 예수 그리스도를 믿어야 죄 사함이 있고 구원받을 수 있으며 영생할 수 있다는 하나님의 말씀은 이제 성령의 전이며 언약백성들이 모이는 곳인 교회를 통해 계속될 것이다.

로마 항쟁과 성전 파괴(A.D. 66 ~ A.D. 135)

그리스도인들에 대한 박해가 무자비하게 이루어지던 때인 주후 66년, 로마의 폭압 통치에 반발한 유대인들이 대규모 폭동을 일으켜 약 4년간에 걸쳐 로마에 대한 항쟁이 일어난다(1차 유대 반란). 유대 민족이 로마에 저항하자 주후 70년, 로마의 티투스 장군에 의한 피의 진압으로 예루살렘은 파괴되고 헤롯에 의해 증축된 성전마저 무너짐으로써, 주전 960년부터 1,030여 년간 이어져 내려오던 성전의 시대는 막을 내리고 하나님께서 경고하신 대로 이제 이스라엘은 성전 없는 시대를 맞이하게 되었다.

선민 이스라엘이 하나님의 백성이 되지 못하고 버림받게 되는 것을 의미하는 **성전의 파괴**[19]는 유대의 종교적 활동은 물론 모든 분야에 걸쳐 심대한 영향을 주

---

19 성전은 폐허로 변했지만 견고했던 서쪽 벽 일부만 남아 오늘날 이곳을 '통곡의 벽'이라 하여 유대인들에게는 가장 거룩하고 성스러운 장소로 여겨지고 있으며 많은 유대인과 성지 순례객들이 찾고 있다고 한다.

었다. 성전 없는 시대에는 회당이 그 기능을 담당하였고, 율법을 연구하며 가르치던 회당은 예배의 기능까지 흡수하면서 유대 공동체의 중심이 되었다. 흩어진 유대인들은 사는 곳마다 회당을 지었으며, 이전까지 유대 공동체의 일부로 인정되던 초기 그리스도 공동체를 이단으로 규정하고 그리스도교에 대한 합법성을 부인하였다. 이로써 교회와 회당 간의 결별이 사실상 선언되었으며 유대교와 그리스도교는 빠르게 분리되어 갔다. 그 후 트라이아누스 황제 때 일어난 2차 반란과(115~117년) 바르 코흐바라 불리는 3차 반란(132~135년)으로 인하여 유대인들은 예루살렘에서 추방되었고, 고향으로의 귀환마저 금지됨으로써 세계 각지로 흩어지게 되었다.

이제 이스라엘은 하나님께서 **경고한 대로**[20] 세계 여러 나라에 흩어져 살게 됨으로써 만국의 조롱과 멸시를 받는 것도 모자라 나라 없는 백성들로 전락하는 수난을 당하게 된 것이다.

하나님이 임재하는 곳이자 세 종교의 근원지이고 하늘과 땅에서 존재하는 유일한 도시 예루살렘은 사라지고, 이제 그곳은 로마 도시 중 하나인 아엘리아 카피톨리나(Aelia Capitolina)라는 이름으로 개명되었으며, 가나안은 더 이상 유대인의 땅이 아니라 블레셋 사람들의 땅이라는 의미인 시리아-팔레스티나(팔레스티나의 영어식 명칭이 팔레스타인이다.)로 불리게 되었다.

---

20 「내가 칼과 기근과 전염병으로 그들을 뒤따르게 하며 그들을 세계 여러 나라 가운데에 흩어 학대를 당하게 할 것이며 내가 그들을 쫓아낸 나라들 가운데에서 저주와 경악과 조소와 수모의 대상이 되게 하리라 (렘29:18).」

그리스도교의 수난과 영광(A.D. 135 ~ A.D. 638)

　1세기 말이 되면서 그리스도 공동체는 로마 전역으로 퍼져 나갔다. 그러나 **유대교**[21]와는 달리 그리스도교는 로마 제국이 인정하는 종교가 아니었으므로 상당 기간 고난을 겪어야만 했다. 페르시아와의 전쟁으로 국력이 약화된 로마는 위기 타개책으로 그리스도교에 대한 관용정책을 선포한다. 예수님 죽음 이후 그리스도교도들이 공개적으로 종교 활동을 할 수 있게 된 것이다. 그러나 디오클레티아누스 황제(284~305년)의 그리스도교에 대한 탄압으로 수많은 교회 지도자들이 체포되고 처형됨으로써 40여 년간 묵인되어 오던 그리스도교도들의 종교 활동은 멸절 직전 상태까지 몰리게 된다. 후임자 콘스탄티누스 황제(306~337년)의 밀라노 칙령으로 신앙의 자유를 다시 부여받게 된 그리스도교는 이제 누구나 믿어도 되는 합법적인 종교가 되었다.

　325년, 「우리는 전능하신 아버지 하나님 한 분을 믿는다. 그리고 아버지와 하나인 그 아들 예수 그리스도를 믿는다」라는 기독교의 핵심 교리인 니케아신조(사도신경의 원류)를 콘스탄티누스 황제가 이끌어냄으로써 테오도시우스 황제(379~395년)에 의해 콘스탄티노플(오늘날의 터키 이스탄불) 공회에서 성령이 포함된 삼위일체의 개념이 받아들여지게 되었다. 이제 그리스도교는 소수 유대인이 믿는 이단의 종교라는 오명에서 벗어나 어엿한 로마 제국의 국교가 된 것이다.

　죽음으로 믿음을 증언했던 수많은 성도들의 피 흘림으로 이제 로마는 예수님을 핍박하던 나라에서 예수님을 경외하는 나라로 반전됨으로써 「**한 알의 밀이 땅에 떨어져 죽지 아니하면 한 알 그대로 있고 죽으면 많은 열매를 맺게 된다(요 12:24).**」라는 예수님의 말씀대로 된 것이다.

21　모세의 율법을 근간으로 하여 발달한 유대인의 고유종교를 말한다. 천지만물의 창조자인 유일신을 신봉하면서 이스라엘 민족의 신은 그들의 조상을 선택하여 자기 백성으로 삼았고, 그 자손들에게 약속한 땅을 주어 그들을 지키고 축복한다는 것을 자처하며 메시아의 도래 및 그의 지상천국을 믿는 유대인의 종교이다. 유대교 측은 예수가 종교적 인격자라는 사실은 인정하지만, 그리스도교에서 주장하는 바와 같이 하나님의 아들 즉, 메시아로는 인정하지 않으며 지금도 메시아가 오실 것을 기대하고 있다.

이후 팔레스타인에 수많은 교회당과 수도원이 세워지고 예수님과 관련된 지역은 성지의 땅이 되지만, 유대교 율법의 유효성을 인정하지 않으려는 그리스도인과 유대인의 갈등이 계속됨으로써 서로 간의 골은 더욱 깊어만 갔다.

그리스도교가 입지를 강화해 나갈 무렵 세력이 급격히 위축되기 시작한 로마 제국은 동부와 서부로 나누어져 두 황제가 다스리게 되지만 외세의 침략 앞에는 속수무책이 되었다.

614년, 비잔틴(동로마) 제국의 지배를 받고 있던 예루살렘이 페르시아에 함락되자 교회는 파괴되고 수많은 그리스도인들이 학살당하고 추방당하게 된다.

이슬람 시대(A.D. 638 ~ A.D. 1096)

페르시아와 비잔틴 제국이 영토를 둘러싸고 대립하는 동안 사우디아라비아의 두 도시 메카와 메디나를 기반으로 등장한 **이슬람**[22]은 오랜 전쟁으로 쇠약해진 제국들을 차례로 정복하고 바벨론부터 스페인에 이르는 광활한 지역에서 십자

---

22 이슬람교는 예수님이 탄생한 지 600년쯤 뒤인 7세기 초 아라비아 사막에서 시작되었다. 이슬람교의 창시자 무함마드(Muhammad, 570~632년)는 570년경 사우디아라비아 메카에서 태어났다. 페르시아가 팔레스타인을 점령하기 직전인 610년 어느 날 밤 대천사 가브리엘이 나타나 그가 알라(Allah, 아랍어로 신이라는 뜻)의 예언자임을 알려준다. 그때부터 무함마드는 「알라 외에 신은 없으며 무함마드는 알라가 보낸 예언자」라는 신의 메시지를 규칙적으로 받게 되며 그것을 기록한 것이 코란(Quran) 이란 경전이 되었다. 622년 메카의 귀족들에게 박해를 받게 되자 무함마드는 신도들과 함께 메카에서 350km 떨어진 메디나로 이주한다. 이때부터 이슬람력의 원년인 헤지라가 시작되었으며 632년 63세의 나이로 무함마드가 세상을 떠나자 후계자의 자리를 놓고 다툼이 일어나면서 이슬람교는 시아파와 수니파로 분리된다. 이슬람교에서는 무함마드를 신으로 받들지 않고 하나님이 보낸 최후의 사도이자 예언자로 보고 있다.

군이 들어오기 전까지 움마야드(Umayyad), 압바시드(Abbasid) 그리고 파티미드 (Fatimid) 왕조로 이어지는 세력으로 제국의 통치를 이어갔다.

이슬람의 창시자 무함마드가 세상을 떠난 뒤인 638년, 칼리프(이슬람의 최고 통치자) 오마르에 의해 예루살렘이 무혈 정복된 후 그의 후계자들에 의해 예루살렘에 이슬람 사원이 세워진다. 이제 예루살렘도 메카와 메디나와 더불어 이슬람 3대 성도(聖都) 중 하나가 되었다. 이슬람의 등장은 유대인과 그리스도인과의 갈등과는 또 다른 성격으로 나타났으며, 그들이 처음에는 그리스도교와 불필요한 충돌을 피하였으나 세력이 증대되면서 그리스도교를 탄압하기 시작한다. 이제 그리스도교 공동체는 배교의 위험에 직면하게 된 것이다.

아랍인들의 팔레스타인 침략은 그리스도교에는 치명적이었다. 수많은 그리스도인들이 이슬람으로 개종되었을 뿐 아니라 악명 높은 알 하킴(996~1021년)이 칼리프가 되면서 그리스도교도들과 유대교도들의 종교적 자유는 더 이상 바랄 수 없게 되었다. 유대인들은 개종하거나 예루살렘을 떠나거나 둘 중 하나를 선택하도록 강요받았으며 회당과 교회는 철저히 파괴되었다.

전사 백성 셀주크 투르크(수니파 무슬림 왕조)가 동방에서 이슬람의 새로운 세력으로 등장하면서 또 다른 위협이 시작되었다. 약화된 압바시드와 이단으로 간주된 파티미드는 더 이상 존속할 수 없게 되었고, 급기야 1077년에 예루살렘은 셀주크 투르크의 수중으로 떨어지게 된다.

십자군 원정(A.D. 1096 ~ A.D. 1291)

성지가 무슬림 왕조인 셀주크 투르크에 지배되던 때, 우르반 2세(1088년~1099년)가 교황이 되자 그는 1095년 11월 27일 프랑스 클레르몽에서 종교 회의를 소집하고 성지의 회복을 위해 총 궐기할 것을 요구했다. 그에 의해 소집된 십자군(十字軍)의 목표는 이슬람의 손에서 성지 팔레스타인과 성도 예루살렘을 해방시키고 그리스도 왕국을 재건하는 것이었다.

1096년, 「하나님이 원하신다」라는 이름 아래 십자군 원정이 시작되었으며 그들은 이슬람에게는 결코 잊을 수 없는 무자비하고 포악한 학살을 자행하고 출정 3년 만인 1099년 예루살렘을 정복한다.

도시는 시체와 피로 가득하였다. 십자군이 보기에 유대인들은 예수님을 죽인 악마의 자식으로서 신앙의 적이었기 때문이었다. 약탈과 살육은 그리스도교와 유대교 사이의 간격을 크게 벌려놓았고 유대인의 영혼에 깊은 상처를 남겼으며 유대인들에게는 내적인 신앙심을 견고히 하는 계기가 되었다.

성지 탈환에 성공한 십자군은 예루살렘에 왕국을 세우고 개선하였으나 예루살렘은 다시 이슬람의 수중에 들어감으로써 교황은 잇따라 십자군을 파견한다. 여덟 차례에 걸친 십자군 원정은 마지막 방어 요새였던 악고가 이집트의 **맘루크 왕조**[23]에 의해 함락됨으로써 끔찍했던 종교전쟁은 실패로 끝나고 말았다. 십자군이 지배하는 세상에서는 유대교도이든 무슬림이든 간에 자신들의 종교적 신념을 지켜나갈 수 없었으며, 살아남기 위해서는 오직 개종만이 있을 뿐이었다.

십자군이 보기에 유대인들은 반 그리스도교의 상징이었으며, 그리스도교에 있어서 이슬람은 화해할 수 없는 신앙의 적이었다. 100만이 넘는 사람들의 목숨을

---

23 노예가 세운 이슬람왕조를 뜻하는 맘루크 왕조(Mamluk. 1250~1517년)는 1291년 십자군을 몰아내고 팔레스타인 지역과 시리아 지역을 지배하게 된다. 이들은 십자군이 세운 각 지역의 교회를 파괴하고 수많은 이슬람 사원을 지으며 이슬람 문화를 발전시켰지만 정치적 혼란과 빈곤, 질병 등으로 쇠퇴하여 1517년 오스만 제국에 의하여 멸망한다.

앗아간 십자군 전쟁은 인류역사상 200여 년이라는 가장 오랜 기간 치러진 전쟁이자 두 개의 종교(그리스도교와 이슬람교)가 격돌한 사건이었으며, 십자군 전쟁이 바로 유대인 대학살의 시초라는 학자들의 의견이 있을 정도로 잔인하고 악명 높은 전쟁이었다.

오스만 제국 시대(A.D. 1291 ~ A.D. 1917)

십자군 전쟁으로 셀주크 왕조가 몰락하자 그 뒤를 이은 **오스만 튀르크 제국**[24]은 1453년, 마침내 비잔틴 제국을 멸망시키고, 콘스탄티노플을 이스탄불로 개명하여 대제국의 수도로 만든다. 9대 **술탄**[25] 셀림 1세(1512~1520년)는 1517년, 250여 년 동안 팔레스타인을 지배하던 맘루크 왕조를 궤멸시키고 시리아의 다마스쿠스와 이집트를 정복하면서 아랍세계를 통합하였다. 그의 아들 술레이만 1세(1520~1566년) 역시 아시아와 팔레스타인을 다스리는 오스만 제국의 황제로서 새로운 역사를 펼쳐나갔다. 예루살렘 성벽을 건설하고 성채를 보수하는 등 오스만 제국의 예루살렘에 대한 관심은 유럽에 살고 있는 유대인들을 팔레스타인으로 끌어들이는 계기가 되었으며, 유대인들은 메시아의 도래를 기다리며 새로운 희망을 불태웠다.

16~17세기 오스만 제국은 광대한 자원과 선진화된 정치 체제 덕분에 강력한

---

24 13세기 말 셀주크 투르크(Seljuq Turks)를 대신하여 소아시아를 중심으로 형성된 이슬람 국가로서 다민족, 다종교 국가이다. 아시아, 아프리카, 유럽의 3개 대륙에 걸친 광대한 영토를 통치하였으며 수도는 오늘날 이스탄불로 불리는 콘스탄티노플이었다.

25 술탄(Sultan)은 이슬람의 종교적 최고 권위자인 칼리프가 수여한 정치적 지배자의 칭호였다.

힘을 발휘함으로써 전성기를 누릴 수 있었으나 여러 왕조를 거치는 동안 국력이 점차 쇠퇴해갔다.

17세기 말이 되자 조국 이스라엘의 회복을 위해서는 하나님께서 기업으로 주신 땅 가나안으로 이주해야 한다는 운동이 디아스포라 유대인들 사이에서 고개를 들기 시작했으며, 19세기 말 러시아에서 일어난 반유대인 유혈 폭력사태는 유대인들의 팔레스타인 이주를 재촉하게 되었다.

독일을 중심으로 반유대주의가 확산되자, 정치적 시온주의 창시자이며 저널리스트인 테오도르 헤르츨(1860~1904년)은 반유대주의에 대처하는 유일한 방법은 약속의 땅 팔레스타인에 유대인 국가를 세우는 것이라고 주장하였다. 1897년, 헤르츨은 스위스 바젤에서 제1차 시오니스트 회의를 주최하였고, 유대인 국가건설을 위한 국제적 지원을 확보하는 데 공을 들임으로써 **시온주의**[26]는 유대인의 정체성을 공고히 하게 되었다.

유대인 국가건설을 위해 만들어진 조직들은 정기회의를 통해 의견을 교환하고 팔레스타인 정착을 위한 지원과 모금을 장려하였다. 20세기 초에는 상당수 유대인들이 팔레스타인으로 이주하였으며 1차 세계대전이 끝날 무렵 팔레스타인의 유대인 인구는 대략 10만 명에 이를 정도로 증가되었다.

1차 세계대전은 유럽의 사회질서에 전반적인 변화를 가져왔다. 유대인들은 갈수록 이방인으로 인식되었고, 반대 세력으로부터 공격당하기 쉬운 상황으로 몰리게 되자 많은 유대인들이 팔레스타인으로 들어와 정착하였다.

1차 대전 때 독일 측에 가담하였다가 패전국이 된 오스만 제국이 붕괴되고 공화국 터키로 새롭게 출범하면서 이제 팔레스타인은 승전국 영국을 새로운 주인으로 맞아들이게 된다.

---

26 시오니즘(Zionism): 시온(예루살렘을 가리킨다.)으로 돌아가자는 민족주의 운동, 즉 영광스러운 이스라엘 땅에서 유대 국가를 건설하자는 것이다.

민족의 수난과 이스라엘 건국(A.D. 1917 ~ A.D. 1948)

1917년, 영국 외상 밸푸어는 유대인의 자치지역을 팔레스타인에 건설하는 것을 환영한다는 내용의 밸푸어 선언을 발표한다. 이 선언으로 유대인들은 2,000여 년 동안 잃어버렸던 조상의 땅을 다시 찾을 수 있다는 희망을 갖게 되었다. 1920년 11월, 영국의 팔레스타인 위임정부가 공식적으로 출범하자 유대인 유입은 급격히 증가하여 2차 세계대전 직전에는 약 50만 명이나 되었다. 이러한 이민 증대는 그곳에 살고 있던 아랍인들과의 마찰을 불러오게 되었고 소수파로의 전락과 토지 상실을 우려한 아랍인들에게는 반영국, 반유대 폭동과 함께 전국적으로 항쟁을 일으키게 되는 계기가 되었다.

☑ 나치에 의한 유대인 대학살

선민사상과 그들만의 독특한 종교의식 때문에 야기되었던 유대인에 대한 증오는 처음에는 아주 작은 미움에서 출발하였지만, 독일의 지식인들이 이들에 대한 문제를 꾸준히 제기함으로써 독일이 반유대주의 운동의 중심이 되었다. 유대인들이 독일 민족의 순수한 혈통을 더럽히고 있다는 인종 차별적인 생각에 사로잡혀 있던 히틀러는 독일 총통이 된 직후인 1935년 유대인의 정치적 권리를 박탈하고 독일인의 혈통을 지키기 위한 반유대주의 법령을 제정 공포한다. 이로 인해 유대인과 비유대인 간의 혼인이 일체 금지되는 등 독일에 사는 유대인들은 인간이 누려야 할 기본권조차 박탈당했으며, 유대인 사회는 게슈타포의 특별 감시와 통제를 받게 되었다. 탄압이 본격화되면서 독일에 거주하던 유대인 중 수많은 사람들이 독일을 떠났으며 남은 유대인들은 마침내 도시 내 통제 구역인 **게토**[27]에 수용되었다. 유대인들은 사회적인 고립과 경제적 착취를 당했으며 생존권의 제약으로 인간적인 삶의 모습은 더이상 기대할 수 없었다.

---

27 Ghetto: 유럽 여러 나라에서 유대인을 격리하기 위해 설정한 강제 집단 거주 지역.

제2차 세계대전이 일어난 1939년, 독일군이 폴란드를 침공한 직후부터 히틀러의 잔혹한 유대인 말살 계획이 전모를 드러냈다. 죽음의 강제 수용소는 폴란드의 아우슈비츠를 비롯하여 여섯 군데나 세워졌으며, 게토에서 끌려 나온 유대인들은 수용소로 보내져 강제 노동에 차출되었고 노동을 할 수 없는 사람들과 노인들은 샤워실로 위장된 독가스실에서 최후를 맞이했다. 수용소의 하늘은 시체를 화장시키는 잿빛 연기로 뒤덮였으며 도시는 연일 뿜어져 나오는 매캐한 냄새로 진동하였다. 히틀러 치하에 살고 있던 유대인 가운데, 절반이 넘는 600여만 명이 인종 청소라는 명목 아래 나치 독일에 의해 계획적으로 학살됨으로써 반유대주의라는 이름이 낳은 인류 역사상 가장 비극적이고 씻을 수 없는 폭력이 자행된 것이다.

　2차 대전이 끝나고 나치(Nazi)의 극악무도한 유대인 말살 계획이 만천하에 드러나자 세계인의 관심은 시온주의 운동 쪽으로 기울었다. 국제연맹의 결의에 따라 30년 동안 팔레스타인을 위임 통치하고 있던 영국이 이 지역의 문제를 국제연합에 넘기자 1947년 11월, 유엔 안전보장 이사회는 팔레스타인 분쟁과 관련된 전반적인 문제를 논의하여 팔레스타인을 두 개의 국가로 분할하여 독립시킨다는 안을 확정하였다. 민족 자체가 멸절될 뻔했던 유대인들에게 위기가 곧 기회가 된 것이다.

　1948년 5월 14일, 아랍인들의 격렬한 반대 속에 유대 국가 건국위원회 의장 벤구리온이 텔아비브에서 역사적인 이스라엘 건국을 선언한다.

　「내가 여러 민족 가운데 흩어져 있는 이스라엘 족속을 모으고 그들로 말미암아 여러 나라의 눈앞에서 내 거룩함을 나타낼 때에 그들이 고국 땅 곧 내 종 야곱에게 준 땅에 거주할지라(겔28:25).」는 말씀과 「내가 잠시 너를 버렸으나 큰 긍휼로 너를 모을 것(사54:7).」이라는 하나님의 언약이 비로소 성취됨을 알리는 이스라엘의 건국은 그들이 겪은 수난의 역사를 통하여 살아계신 하나님을 증거하는 수단이 되었다. 하나님께서 인류의 역사에 분명히 개입하고 있음을 보여주는 것이 이스라엘의 건국역사이며 하나님의 섭리를 벗어나서는 도저히 설명될 수 없는 것이 바로 그들의 생존 역사이기 때문이다.

　「내가 너희들을 선택하였지만, 명령을 따르지 않고 언약을 배반한다면 일곱 배로 징벌할 것(레26:14~18).」이라는 하나님의 경고대로 말로 표현할 수 없는 엄청난 대가를 치르고 이룬 이스라엘의 독립은 제3의 출애굽으로, 2,000여 년 동안 나라 잃은 백성으로 뿔뿔이 흩어져 살던 디아스포라 시대를 청산하고 과거 조상들이 살던 땅으로 돌아옴으로써 민족의 설움을 씻는 명예회복이 되었다. 반대로 팔레스타인 사람들에게는 그 땅에서 쫓겨나게 됨으로써 나라 없는 민족이라는 수모와 함께 방랑과 수난이 시작되는 대재앙의 날이 된 것이다.

독립전쟁

1차 중동전쟁

국제연합에 의해 이스라엘이 탄생했지만 민족 간의 증오로 많은 문제가 기다리고 있었다. 독립선언이 있은 지 이틀 후인 1948년 5월 16일 이를 선전포고로 간주한 아랍 연합군이 이스라엘을 공격함으로써 제1차 중동전쟁이 개시되었다. 절대적 열세였던 이스라엘이 필사적으로 공세를 취하자 아랍 측은 패배를 거듭하였다. 유엔의 조정으로 1949년 4월 휴전이 체결되었을 때 이스라엘은 더 많은 영토를 확보할 수 있게 되었다.

2차 중동전쟁

이집트와 이스라엘의 산발적인 충돌로 긴장이 고조되던 때에 이집트의 나세르 대통령이 수에즈 운하의 국유화를 선언하고 아카바 만을 봉쇄함으로써 1956년 10월 29일 제2차 중동전쟁이 개시되었다. 1957년 11월 7일 휴전하게 되자 국제사회의 압력으로 시나이 반도를 점령한 이스라엘은 반도를 포함한 가자지구를 이집트에 되돌려주었다.

3차 중동전쟁

아랍 측의 지속적인 게릴라 활동으로 국경분쟁이 일어나자 이에 맞서 이스라엘이 다마스쿠스를 공격함으로써 촉발된 3차 전쟁은 1967년 6월 5일 이스라엘이 이집트 국경을 넘어 카이로 공군기지를 기습 공격함으로써 전쟁이 확대되었다. 6일 전쟁이라고 불리는 이 전쟁에서 이스라엘은 병력이나 화력 면에서 아랍 측에 불리하였으나, 4일 만에 시나이 반도를 점령하고 요르단 서안 지역과 시리아국경의 골란고원을 공략함으로써 승리는 이스라엘의 것이 되었다. 유엔 안전보장 이사회의 결의로 6월 9일 정전이 실현된다.

4차 중동전쟁

나세르의 급서로 이집트의 새 대통령이 된 사다트는 6일 전쟁의 패배를 만회하기 위해 군사력을 증강하였다. 1973년 10월 6일 이집트와 시리아군의 선제공격으로 시작된 제4차 중동전쟁은 아랍 측이 서전을 승리로 장식하였으나 시리아군의 패배로 전선은 고착되었다. 유엔 안전보장 이사회는 전쟁 이전 상태로 물러나는 것을 주요 내용으로 10월 22일 휴전을 결의한다.

오늘날의 이스라엘

네 차례에 걸친 독립전쟁 이후에도 분쟁이 계속되자 미국을 포함한 국제사회는 이를 종식시키기 위해 캠프데이비드 협정을 포함하여 여러 차례 평화협상을 진행하였다. 우여곡절 끝에 1993년에는 미국 대통령 빌 클린턴이 지켜보는 가운데 이스라엘과 팔레스타인 대표가 오슬로 평화협정이라는 이름으로 역사적인 중동 평화안에 서명하게 되었다. 1994년에는 이스라엘의 라빈총리와 페레스 외무장관이 팔레스타인 해방기구(PLO)의 아라파트 의장과 함께 공동으로 노벨평화상을 수상함으로써 중동에 평화 무드가 조성되는 듯 보였다.

평화협정이 이루어졌음에도 산발적으로 일어나던 분쟁은 2023년, 팔레스타인 무장 정파 하마스의 기습공격으로 마침내 전면전으로 치닫게 되었다. 하마스가 공격하자 두 번째 독립전쟁임을 천명한 이스라엘이 가자지구에 지상군을 투입함으로써 대규모 사상자가 발생하였다. 4차 중동전쟁 이후 최대 규모의 무력충돌이 발생한 것이다. 이스라엘과 하마스 간의 전쟁으로 가자지구 내 인도주의가 위협받고 있는 이 땅은 지구촌의 화약고라는 이름에 걸맞게 세계인들의 관심이 집중되고 있다. 이 지역 분쟁의 실질적 원인은 민족의 생존권과 주권을 둘러싼 다툼임에는 틀림없으나, 가나안 지역은 유럽과 아시아와 아프리카 3대 대륙을 잇는 교량으로 고대로부터 주도권을 쟁탈하려는 싸움터였으며 또 세계 3대 종교인 유대교, 그리스도교, 이슬람교가 시작된 곳으로써 신앙적 차이로 인한 역사의 골과 반목이 깊은 것도 그 이유가 될 것이다.

어찌 되었든 이 지역은 동예루살렘의 영유권과 유대인 정착촌 그리고 팔레스타인 난민 문제의 해결 등 중요한 과제가 남아있으나, 힘의 우위만으로는 평화가 정착될 수 없음을 인식하고 문제 해결을 위한 양측의 과감한 결단 등 상호신뢰와 존중을 바탕으로 더욱 진전된 행보를 보인다면 평화를 갈망하는 사람들의 기대를 그 누구도 막을 수 없을 것이다.

왜냐하면, 평화는 세계 역사를 주관하시는 하나님께서 원하시는 것이며 아브라함과 그 후손에게 주시기로 약속한 땅, 이곳이 바로 세계 열방 앞에서 당신의 기쁜 이름이 됨으로써 찬송과 영광을 받아야 할 거룩한 곳이기 때문이다.

구속사의 완성- 새 하늘과 새 땅 창조

하나님께서는 이스라엘이라는 한 민족을 선택하시고 그들을 통해 잃어버린 에덴, 즉 하나님 나라를 회복시키려고 뜻을 세웠으나 백성들의 불순종으로 그 뜻을 이룰 수가 없게 되자 당신의 아들 예수를 이 땅에 보내 십자가의 죽음과 부활을 통해 믿는 자들을 죄로부터 구원하신 후 최후 심판을 준비시키기 위해 하늘로 올리셨다.

심판의 날이 오면 하나님의 오른편에 앉아계신 주님께서 천사장의 소리와 하나님의 나팔 소리와 함께 큰 소리로 호령하면서 하늘로부터 강림하실 것이다. 그때 각자가 행한 행실에 따라 심판받게 될 것이며, 하나님을 섬기는 자와 섬기지 않은 자의 차이를 보게 될 것이다.

그날은 용광로 불같이 뜨거운 날이 될 것이며 무덤에 있던 자들이 부활하여 그때까지 살아있던 모든 사람들과 함께 예수님 앞으로 나가 심판받게 될 것이다. 생명책에 기록된 의인들은 천국 영생으로 보상받게 될 것이며, 그렇지 못한 악인들은 유황이 타는 불못에 던져져 영원한 고통을 당하게 될 것이다.

심판이 끝나면 죄로 가득했던 처음 하늘과 처음 땅은 사라지고 예수 그리스도 안에서 구원받을 성도들이 차지할 새 하늘과 새 땅, 즉 하나님의 도성인 새 예루살렘이 장엄한 모습으로 하늘로부터 내려와 이 땅에 세워질 것이다. 그곳에는 하나님이 함께 계시며 백성들의 눈물을 닦아주시니 다시는 죽음이나 저주나 슬픔이나 아픔이 없으므로 구원받은 백성들은 세세토록 왕처럼 살게 될 것이다.

잃어버린 땅 에덴이 복원됨으로써 3단계에 걸친 인류 구원의 역사는 모두 이루어지게 될 것이다. 그 **첫 번째**는 천지창조의 이루심이요(창2:1), **두 번째**는 십자가 대속의 이루심이요(요19:30), 그 **마지막**은 그리스도의 재림으로 하나님 나라가 세워지는 새 하늘과 새 땅의 완성으로서(계21:6) 「**나는 알파요 오메가요 처음과 마지막이요 시작과 마침이라(계22:13)**」는 말씀대로 인류 구원을 위해 시작한 위대한 대장정을 마침내 끝마치게 될 것이기 때문이다.

심판주요 구원자이신 예수님의 재림을 알리는 하나님의 나팔 소리가 언제 울려 퍼질지는 아무도 모른다. 도둑같이 임하게 될 그날은 오직 하나님만 아신다고 하셨으니 우리 모두 그날을 위해 항상 준비하고 깨어있어야 할 것이다.

「주 예수의 은혜가 모든 자들에게 있을지어다 아멘(계22:21).」

참고 서적 이스라엘사, 최창모, 대한교과서(주), 2007. 예루살렘전기, 사이먼 시백 몬티피오리, (주)시공사, 2012. 지도로 본 세계종교의 역사, 프랭크 웨일링 외 11인, 갑인공방, 2005

구 약 편

너희는 내 모든 규례와 내 모든 법도를 지켜 행하라

나는 여호와이니라

(레19:37)

7일간의 대역사

집마다 지은 이가 있으니

만물을 지으신 이는 하나님이시라(히3:4)

「태초에 하나님이 천지를 창조하시니라(창1:1).」

흑암이 깊고 공허하며 혼돈뿐이던 세상은 형체를 갖추지 못한 채 텅 비어있었으며 깊은 어둠 속에서 하나님의 영은 그 위를 다니고 계셨다.

그때 말씀이 있었다. 말씀이 하나님과 함께하셨으니 이 말씀이 바로 하나님이셨으며 이 말씀으로 세상 모든 것이 지어졌다(요1:1~3).

첫째 날(창1:3~5)

「빛이 있으라.」
말씀대로 빛이 생기자 빛을 낮이라 부르고 어둠을 밤이라 불렀다.

둘째 날(창1:6~8)

「물 가운데에 공간을 두고 물과 물로 나뉘어라.」
말씀하시자 하늘이라 불리는 **궁창**[28]을 사이에 두고 **위아래로 물**[29]이 생겼다.

셋째 날(창1:9~13)

「하늘 아래의 물은 한곳으로 모이고 뭍은 드러나라.」

---

28 성경에서 말하는 궁창은 오늘날 지구를 둘러싸고 있는 하늘의 순수하고 투명한 공간을 가리킨다. 고대인들은 이 궁창이 기둥으로 받쳐져 있다고 믿었으며 궁창의 창문을 통해 비나 눈이 온다고 믿었다.
29 노아의 홍수 때 40일 동안 쏟아져 내린 비로 인하여 궁창 위의 물은 없어지게 되었다고 한다.

말씀대로 이루어지자 하나님께서는 흙이 있는 곳을 땅이라 부르고 물이 모여 있는 곳을 바다라 불렀다.

「땅은 풀과 씨 가진 채소를 내고 열매 맺는 나무를 종류대로 내어라.」

말씀하시자 거칠고 황폐한 땅은 각종 채소와 과일나무숲으로 우거진 기름진 땅이 되었다.

넷째 날(창1:14~19)

「하늘의 광명체들로부터 낮과 밤을 나누고 계절과 날과 해를 구별하여라. 또 광명체들이 땅을 비추게 하라.」

태양과 달로 하여금 낮과 밤을 주관하게 하신 하나님께서 수많은 별도 함께 만드셨다.

다섯째 날(창1:20~23)

「물은 생물을 번성하게 하고 하늘에는 새가 날아라.」

말씀하시자 물에 사는 생물과 바다짐승 그리고 날개 있는 새들이 종류대로 생겼다.

여섯째 날(창1:24~31)

「땅은 온갖 종류의 생물을 내고 가축과 기어 다니는 것과 짐승들을 그 종류대로 내어라.」

말씀하시니 그대로 되었다.

모든 것을 완벽하게 준비하신 하나님께서 마지막으로 사람을 만드셨다. 그리고 채소와 열매가 사람들의 먹을거리가 될 것을 선포하신 하나님께서 그들에게 땅을 정복하여 다스리라고 말씀하시며 그들이 번성할 수 있도록 축복해주셨다.

일곱째 날(창2:1~3)

이렇게 해서 하늘과 땅과 물에서 살 수 있는 모든 생명체가 만들어졌다. 형태가 분명하지 않고 어둡고 혼란스럽던 세상은 이제 질서가 잡히고 풍요롭고 아름다운 세상이 된 것이다.

하나님께서 이 모든 것을 보시니 기분이 좋았다. 단 6일 동안에 우주 만물을 창조하는 위대한 역사를 이룬 하나님께서 일곱째 되는 날에 안식하면서 그날을 복 주시고 거룩하게 하셨다. 오늘날의 **안식일**[30]이 여기에서 유래되었으며 하나님

---

30 하나님께서 6일 동안에 세상을 창조하신 후 일곱째 날 안식함으로써 유래된 구약 시대의 안식일은 금요일 저녁 해질 때부터 토요일 저녁까지를 말하며 생업을 위한 어떠한 노동도 금하였다. 구약 성서에서는 안식일을 더럽힌 자는 죽음의 죄에 해당한다고 명시하고 있으며(출31:14), 안식일에 여행할 수 있는 거리를 제한하기도 하였다. 예수님 부활 사건 이후 초대교회 성도들은 안식일을 지키며 예수님의 부활을 기념하는 예배를 오랫동안 함께 지냈지만, 서기 321년경부터 예수님이 부활하신 날인 주일을 안식일로 삼게 되면서 주일

과 사람과의 관계를 표징하는 그날은 우리를 창조하신 하나님을 기억하며 감사해야 하는 거룩한 날이 되었다.

우리가 사는 세상이 하나님의 말씀 한마디로 창조되었다고 하니 그분의 위대하신 능력에 입을 다물 수가 없다. 질서정연하고 완전무결한 지적 설계로 세상이 창조되었듯이 전능자이신 하나님께서는 못하실 일이 없으므로 세상의 모든 이치가 하나님의 섭리 안에서 이루어지고 있음을 사람들은 기억해야 할 것이다.

우주가 태어난 것은 약 137억 년 전이고 태양과 지구의 나이는 45억 년쯤 된다고 한다. 그러므로 성경에 나오는 창세기 1장 1절과 2절 사이에는 문맥상 한 줄의 차이가 있을 뿐이지만 그 사이에는 우리가 상상할 수 없는 아주 오랜 시간의 간극이 존재할 것이다. 또 단 6일 동안에 우주 만물을 창조하셨다고 하지만 시공간을 초월하시는 하나님으로서는 인간의 시간 개념과는 같을 수가 없으므로 우리가 생각하는 날 수 6일과는 근본적으로 다를 것이다. 왜냐하면, 날짜를 통할하는 태양은 넷째 날에 이르러서야 창조되었기 때문이며 하나님이 보시기에 우리가 생각하는 1,000년이라도 지나간 어제와 같을 것이고 긴 세월도 밤의 한순간 같을 것이기 때문이다.

「천지와 만물이 다 이루어지니라(창2:1).」

이 기독교의 안식일로 자리 잡게 되었다. 당신이 안식일의 주인이라고 말씀하신 예수님께서는 세상의 마지막 때 일어날 큰 환란이 안식일에 일어나지 않도록 기도하라고 제자들에게 말씀하시고 안식일이 사람을 위하여 있는 것이지 사람이 안식일을 위하여 있는 것이 아니라는 가르침으로 바리새인들이 가지고 있는 안식일에 대한 위선적인 태도를 비난하셨다. 그 후 안식이라는 말은 하나님으로부터 축복받아 우리가 누려야 할 상징적 단어가 되었다.

토기장이 하나님

우리는 진흙이요 주는 토기장이이시니

우리는 다 주의 손으로 지으신 것이니이다(사64:8)

우주 만물이 창조되던 태초에 인류가 생존할 수 있도록 모든 것을 준비하신 하나님께서 6일째 되는 날 사람을 만드셨다.

「**우리**[31]의 형상을 따라 우리의 모양대로 사람을 만들어서 그들에게 땅의 모든 것들을 다스리게 하자.」

하나님이 흙으로 사람의 형상을 만들고 그 코에 생기를 불어넣자 생명체가 되었다. 삼위일체 하나님의 모습대로 **몸**과 **영**과 **혼**으로 이루어진 사람이 창조된 것이다. 하나님이 첫 사람을 **아담**[32]이라 부르시고 그를 하나님의 동산인 에덴에 살

---

31 하나님은 삼위일체(성부, 성자, 성령)의 하나님이시므로 우리라고 표현하신 것으로 보인다.

32 아담의 출생 시기를 창세기에 나오는 인물의 생존 기간으로 역산하였을 때 주전 4112년경이 된다고 한다. 그렇다면 인류학자들이 말하는 현생인류의 출현 시기와 차이가 발생하는 것을 두고 어떻게 설명할 수 있을까? 성경에서 언급되는 연수는 긴 세월을 뜻하는 상징적인 의미일 수도 있으므로 성경적인 개념으로 이해하는 것이 옳을 것이다. 또 시간과 공간의 제약을 받지 않으시는 하나님이 보시기에 우리가 생각하는 수백, 수천 년의 시간이 단 한 순간이 될 수도 있을 것이므로 아담의 출생 시기를 인간의 시간 개념으로 계산하는 것은 무리일 것으로 본다.

게 하면서 그곳을 경작하고 지키게 하셨다. 당신께서 흙으로 만든 모든 가축과 새와 들짐승들을 아담이 어떻게 부르는가 보려고 이끌고 가시자 아담이 부르는 것이 곧 그들의 이름이 되었다. 아담이 다른 피조물들의 이름을 짓도록 허락받았다는 것은 세상을 다스릴 권세를 하나님으로부터 부여받았음을 의미하는 것이다.

아담이 혼자인 것을 보신 하나님이 말씀하셨다.

「사람이 혼자 사는 것이 좋지 않으니 내가 너를 위해 배필을 지으리라.」

여호와 하나님께서 아담을 깊이 잠들게 하시고 그의 몸에서 갈빗대 하나를 꺼낸 후, 그것으로 여자를 만들어 데리고 오시자 아담이 기뻐하며 소리쳤다.

「이는 내 뼈 중의 뼈요 살 중의 살이라, 이것을 남자에게서 취하였은즉 여자라 부를 것입니다.」

아담은 그 여자가 모든 산 자의 어머니가 될 것이라는 뜻으로 하와라 이름 지었다.

하나님께서 그들을 축복하며 말씀하셨다.

「생육하고 번성하여 땅에 충만하라(**국민**), 땅을 정복하라(**영토**), 바다의 물고기와 하늘의 새와 땅에 움직이는 모든 생물을 다스려라(**주권**).」

이렇게 해서 나라를 세우는 데 필수적인 요소, 즉 국민과 영토와 주권의 축복을 부여받게 된 최초의 사람 아담과 하와는 하나님의 나라를 세우라는 명령을 받고 죄와 사망이 없는 지상낙원 **에덴**[33]에서 살게 되었다(창1:26~28, 2:4~24, 3:20).

하나님께서 남자를 지으신 후 그의 갈빗대로 여자를 만들었기 때문에 남자는

---

33 성경에서는 에덴동산에서 하나의 강이 흘러나와 비손 강, 기혼 강, 힛데겔(티그리스) 강, 유브라데 강 등 네 개의 줄기로 갈라졌다고 말한다(창2:10~14). 비손과 기혼의 위치는 알려지지 않았지만, 성경학자들은 오늘날 이라크지역의 티그리스 강과 유프라테스 강 근처에 하나님의 동산인 에덴이 있었을 것으로 추정하고 있다.

부모를 떠나 아내와 더불어 한 몸을 이루며 살게 되는 것이라는 말씀(창2:24)대로 남편은 아내를 제 몸같이 사랑하고 아내는 남편에게 순종하라고 권면한 사도 바울은 둘이 한 몸을 이룬다는 이 말씀을 그리스도와 교회와의 관계를 나타내는 비유의 말씀으로 받았다(엡5:30~33). 하와가 아담의 갈빗대로 탄생했듯이 하나님 나라를 상속하게 될 공동체로서 그리스도의 신부라 불리는 교회도 예수님의 십자가 보혈의 피로 탄생했음을 증거한 것이다.

신약 시대의 바리새파 사람들이 예수님을 시험하기 위해 이혼에 대하여 질문하자, 예수님께서는 부정을 저지르지 않았는데도 이혼하고 다른 사람과 결혼하는 것은 **간음죄**[34]를 저지르는 것과 같다고 말씀하셨다.

「**창조 때로부터 사람을 남자와 여자로 지으셨으니 이러므로 사람이 그 부모를 떠나서 그 둘이 한몸이 될지니라 이러한즉 이제 둘이 아니요 한몸이니 그러므로 하나님이 짝지어 주신 것을 사람이 나누지 못할지니라(막10:6~9).**」

이렇게 해서 하나님의 형상과 숨결을 지니고 창조된 인간은 창조주 하나님의 대리자로서 세상 만물을 다스리고 보존해야 할 책임이 있다는 것과 하나님을 섬기기 위해 지음받았다는 사실을 명심하고, 하나님께 순종하며 감사와 찬양으로 그분께 영광 돌리는 삶을 살아야 한다는 것이(사43:21) 인간 존재의 이유임을 잊지 말아야 할 것이다.

「**호흡이 있는 자마다 여호와를 찬양할지어다 할렐루야**[35](시150:6).」

---

34 제7계명: 간음하지 말라(출20:14).
35 히브리어로 '하나님을 찬양하라'는 뜻이다.

아담의 범죄

한 사람으로 말미암아 죄가 세상에 들어오고
죄로 말미암아 사망이 들어왔나니(롬5:12)

죄가 세상에 들어오다(창2:16, 17.3:1~7)

아담과 하와를 지으시고 그들을 축복해주신 하나님께서 말씀하셨다.

「동산에 있는 나무의 열매는 마음대로 먹되 선악을 알게 하는 나무의 열매는 절대로 먹지 말아라. 그것을 먹는 날에는 반드시 죽으리라.」

그러자 하나님이 지으신 들짐승 중 가장 **간교한 뱀**[36]이 아담의 아내 하와에게 다가와 말했다.

「하나님께서 동산에 있는 나무의 열매를 먹지 말라고 했습니까?」

「각종 나무의 열매는 마음대로 먹되 동산 중앙에 있는 나무의 열매는 먹지 말라고 하셨어.」

하와가 대답하자 뱀이 다시 말했다.

---

36 뱀이 사탄이 아니라 사탄이 뱀의 형상을 입고 나타난 것으로써, 한편으로 뱀은 사람들을 유혹하는 세상 것들에 대한 상징물이 될 수도 있을 것이다. 「옛 뱀 곧 마귀라고도 하고 사탄이라고도 하며 온 천하를 꾀는 자라(계12:9).」

「그 열매를 먹어도 절대로 죽지 않습니다. 그것을 먹게 되면 눈이 밝아져서 선악을 분별할 수 있게 되어 하나님같이 될까 봐 그렇게 말씀하신 겁니다.」

사탄의 감언이설에 의심이 생긴 하와가 먹음직스럽고(**육신의 정욕**- 육신을 즐겁게 해주는 것) 보암직하고(**안목의 정욕**- 눈을 즐겁게 해주는 것) 탐스럽게 생긴(**이생의 자랑**- 세속적 삶에 대해 자랑하는 것) 신성한 나무의 열매를 따서 맛을 본 후 남편에게 건네자 아담이 그것을 받아먹었다. 그 순간 그들의 눈이 정말 밝아져 자기들이 벌거벗고 있다는 사실을 깨닫고는 창피한 나머지 무화과 나뭇잎을 엮어서 몸을 가렸다.

하나님의 심판 선언(창3:8~19)

그때 하나님께서 동산을 거니시는 소리가 들리자 창조주의 명령을 거역했다는 죄책감에 사로잡힌 그들이 우거진 나무 사이로 몸을 숨겼다. 그들의 행동거지를 살펴보던 하나님께서 말씀하셨다.

「내가 먹지 말라고 했던 선악과 열매를 너희가 먹었느냐?」

아담은 하와가 그 열매를 주기에 어쩔 수 없이 먹었다고 대답했고 하와는 뱀에게 속아 그 열매를 먹었다고 핑계를 대자 진노한 하나님께서 뱀(사탄)을 향해 저주를 내리셨다.

「네가 이렇게 하였으니 너는 저주를 받아 배로 기어 다니고 평생 동안 흙을 먹고 살아야 할 것이다. 내가 너와 여자를 서로 원수 되게 하고 네 자손(적그리스도)도 여자의 자손(예수님)과 원수 되게 하리니 여자의 후손은 네 머리를 상하게 할 것이요(사탄의 멸망) 너는 그의 발꿈치를 상하게 할 것(십자가 고난)이니라.」

메시아를 통해 인류를 죄로부터 구원할 뜻을 세운 하나님께서 하와의 경솔함을 꾸짖었다.

「내가 너에게 임신과 출산의 고통을 줄 것이며 너는 남편을 원하고 남편은 너를 다스리게 될 것이다.」

그리고는 아담에게 말씀하셨다.

「너는 내가 절대로 먹지 말라고 했던 나무의 열매를 먹었으므로 땅은 너 때문에 저주를 받아 가시덤불과 엉겅퀴를 낼 것이며 너는 평생토록 수고하고 땀을 흘리는 고생을 해야 먹을 것을 얻을 수 있을 것이다. 그리고 너는 흙으로 만들었으니 죽어서 다시 흙으로 돌아갈 것이다.」

아담과 하와를 쫓아내시다(창3:21~24)

하나님께서 그들에게 **가죽옷**[37]을 지어 입힌 후 금단의 열매를 따 먹던 손으로 생명나무의 열매까지 취하여 영원히 살게 되는 것을 막으려고 동산에서 쫓아내셨다. 그리고 생명나무로 들어가는 길목에 칼날같이 타오르는 불꽃을 두고 **그룹**[38]들을 세워 지키게 하셨다.

---

37 짐승을 죽여야 얻을 수 있는 가죽옷은 피흘림이 있는 희생제사를 의미하며 긍극적으로는 그리스도의 속죄인 희생의 모형으로서 구속사적 의미를 갖는다고 볼 수 있다. 즉 죄를 용서받기 위해서는 피흘림이 있어야 한다는 것이다.

38 사람과 짐승이 합쳐진 형태의 모습을 지니며(겔10:14) 날개를 지니고 있는 하나님의 시종이자 천사로 묘사된다. 여호와께서 임하시는 곳으로 상징되는 지성소의 언약궤의 덮개 위 속죄소에도 서로 마주 보는 형태의 그룹이 존재한다. 그룹 사이에 하나님이 계시고(삼상4:4, 겔10:1, 18), 그 그룹을 타고 다니시는 것으로 표현된다(삼하22:11, 겔10:19).

영원한 행복이 보장될 수 있었던 선악과의 언약을 인간이 거부함으로써 축복이 회수된 것이다. 사탄이 지배하는 세상이 되자 수치와 두려움이 생겼으며, 기쁨이 되어야 할 노동과 출산이 고통으로 바뀌게 되었고, 일용할 양식을 내야 할 땅에는 가시덤불과 엉겅퀴가 생겼으며 이제 죽음이 찾아오게 된 것이다.

본래 인간은 죄 없는 상태로 영생하도록 창조되었지만, 창조주의 다스림에서 벗어나 스스로 주인이 되고자 했던 교만함과 그에 따른 불순종, 그리고 자신의 잘못을 인정하지 않고 타인에게 전가하려는 비겁함으로 하나님으로부터 심판받아 영적으로 죽게 되었고, 타락한 아담의 죄성을 유산으로 물려받게 된 후손들은 태어날 때부터 죄인이 될 수밖에 없었던 것이다.

구원의 메시지

죄는 아담과 하와를 통해 세상에 왔으며 그 죄를 통해 사망이 들어온 것처럼 모든 사람이 죄로 인해 죽을 운명에 처하게 된 것이라고 사도 바울은 말한다(롬 5:12). 그리고 인간이 구원받기 위해서는 오직 예수 그리스도를 통해야만 가능하다고 믿었다. 훗날 예수님은 우리의 죄 때문에 십자가에서 죽임을 당했고 우리를 의롭게 하시려고 죽은 자 가운데서 다시 살아나신 것이다. 죄는 여전히 우리 마음속에 남아있지만, 세상의 마지막 날이 되면 죄는 최종적으로 패배하게 될 것이며 하나님의 백성들은 죄로부터 완전히 해방되는 구원의 은총을 체험하게 될 것이다. 그때 다시 오실 그리스도 예수 안에서 인간이 지니고 있던 죄의 본성은 사라질 것이며 본래의 거룩함을 온전히 회복하게 될 것이다.

인간의 타락으로 생명나무로 가는 길은 차단 되었지만 믿음으로 승리하는 사람에게는 하나님의 동산에 있는 생명나무의 열매를 먹게 하겠다는 말씀으로(계 2:7) 우리는 영생을 얻을 수 있다는 희망을 가질 수 있다. 하나님 나라에는 열두 가지 열매를 달마다 맺는 생명나무가 있으므로(계22:2) 구원받는 의로운 사람들은 천국에서 생명나무를 만날 수 있을 것이며, 우리들의 눈물을 닦아주시는 하나님과 함께 세세토록 왕 노릇 할 것이기 때문이다.

「할렐루야 구원과 영광과 능력이 우리 하나님께 있도다(계19:1).」

☑ 하나님은 왜 선악과 언약을 세우셨을까?

하나님도 야속하시지 선악과 언약을 세우지 않았더라면 인간이 죄지을 일도 없었을 텐데 왜 하나님은 선악과나무를 만들어서 사람들을 죄인으로 만들었을까?

이런 생각은 누구라도 한 번쯤은 해 보았을 것이다. 이런 신학적 논제를 가지고 많은 학자들이 설명하려 애쓰지만 의문은 쉽게 가시지 않는다. 왜냐하면, 피조물 된 인간으로서 창조주의 뜻을 대강은 짐작할 수 있을지 몰라도 완전하게 해석하기란 불가능하기 때문이다.

태초에 하나님께서 아담과 하와를 지으시고 그들을 지상낙원 에덴에 살게 하시며 말씀하셨다.

「너희들에게 세상을 다스릴 권한을 줄 테니 자유롭게 살아라. 단, 동산 중앙에 있는 선악을 알게 하는 나무의 열매는 먹지 말아라. 그것을 먹는 날에는 반드시 죽을 것이다.」

그냥 아담을 축복해주면 될 텐데 왜 하나님은 선악과나무를 동산 중앙에 심어 놓고 그것을 먹지 말라는 말씀으로 그들의 호기심을 자극하셨을까?

열매를 따 먹지 말라는 이 말씀의 뜻을 문자 그대로 해석해서는 안 될 것이다. 하나님의 영역 또는 권위를 나타내는 비유의 말씀으로 거룩히 구별된 곳을 만들어 놓을 테니 그곳을 함부로 대하지 말라는 뜻으로 받아들이는 것이 옳을 것으로 보인다.

첫 번째 이유는 동산 중앙에 있던 선악과나무는 모세가 하나님을 만났던 불타는 떨기나무나 성막의 원형으로서 백성들의 접근이 엄격히 금지되었던 시내 산, 또는 지성소 안에 있는 언약궤처럼 하나님께서 임재하시는 거룩한 곳으로서 언약을 상징하는 장소였기 때문일 것이다. 늘 백성 가운데에 있었던 광야의 성막과도 같은 곳이며, 왕정 시대의 성전이나 신약 시대의 교회와도 같은 신성한 곳으로써 거룩하고 성스럽게 섬겨져야 할 곳이었기 때문이다.

두 번째는 생명나무를 늘 바라보게 함으로써 자신들을 지으시고 축복해주신 하나님이야말로 생명의 근원 되심과 세상 모든 것의 주인이시며 주관자라는 사실을 잊지 않도록 하면서, 명령대로 따른다면 영원한 생명으로 보상받을 수 있다는 생각을 심어주시려는 언약의 표시였을 것이다.

세 번째는 누구라도 욕심낼 정도로 먹음직스럽고 탐스럽게 생긴 열매를 맺는 나무를 만들어놓고 당신께서 지으신 피조물 인간이 과연 말씀에 순종하며 하나님 나라를 지킬 의지가 있는 것인지, 또 죄 없는 상태에서 태어난 그들이 사탄의 유혹을 뿌리칠 수 있는 믿음이 있는지 그것을 통해 보시고자 하는 시험의 증표였을 것이다.

이처럼 거역해서는 안 될 하나님의 엄중한 명령을 받고도 아담은 어떻게 했나요? 결코 넘어서는 안 될 선을 넘게 됨으로써 세상으로 쫓겨나게 됩니다. 사탄의 유혹에 빠진 결과라고는 하지만 그들의 내면 깊숙한 곳에는 창조주 하나님을 믿지 못하고 스스로 신이 되고자 했던 교만함이 있었기 때문일 것이다. 하나님의 나라 에덴을 벗어난다는 것은 안전한 보호막이었던 하나님의 품을 떠나 이제부터는 인간 스스로 모든 것을 해결해야 한다는 것을 의미한다. 축복과 저주로 대변되는 두 갈래 길 중 어느 하나를 스스로 선택해야 한다는 뜻이다. 시험에서 승리했더라면 선악과나무 옆에 있는 생명나무의 열매를 먹게 하여 영원히 살게 하려는 것이 하나님의 계획이었지만, 불순종함으로써 생명나무의 은혜는 사라지고 죄악이 판을 치는 세상 나라로 나오게 되었던 것이다.

하나님의 주권을 부인함으로써 하나님과의 관계가 단절되니까 어떻게 되었나요? 사탄의 지배를 받게 됨으로써 시기, 질투의 죄가 들어오게 되었고 죄가 들어오니까 세상이 타락하게 되었으며, 결국 하나님의 경고대로 죽음이 찾아오게 된 것이다. 창조 세계를 다스릴 수 있는 권한을 부여받았다 하더라도 그것은 하나님의 통치 안에 있을 때만 가능하다는 것을 그들은 간과하고 있었던 것이다. 왜냐하면 하나님과 관계를 맺었다고 해서 영원히 구원받을 수 있는 것이 아니라 어떻게 행동하느냐에 따라 구원과 심판의 두 갈래 길 중 하나로 들어설 수 있기 때문이다.

어느 곳이나 질서를 위한 규칙이 존재한다. 사람의 영역이 있다면 하나님의 영역이 있는 것과 같이 인간이 넘어서는 안 될 성역이 있는 것이다. 하나님의 은혜 가운데 순종의 삶을 살아야 할 당신의 피조물이 그 은혜를 깨닫기는커녕 창조주의 영역을 넘보는 것도 모자라 절대주권에 도전하는 것을 하나님은 도저히 묵과할 수 없었던 것이다. 인간이 지켜야 할 가장 기본적인 약속인 선약과 언약이 하나님 보시기에는 양보할 수 없는 마지막 선이요 반드시 보호되어야 할 거룩한 성역이었기 때문이며 신발을 벗고 들어와야 할 거룩한 장소였음에도 불구하고 함부로 대하고 훼손했다는 사실이 바로 용서할 수 없는 신성모독이었기 때문이다.

성서의 가르침을 보더라도 신성을 모독했거나 성물을 더럽혔던 사람들은 모두 죽음에 해당하는 중한 벌을 받았다는 사실이 이를 증명하고 있다. 우상숭배는 물론 가증한 이방 문화가 득세하던 가나안 땅의 거민들로부터 당신의 백성을 지켜주기 위해 젖먹이 어린아이까지 모두 진멸시키라고 명령할 정도로 죄에 대해서는 철저하게 보응하시는 분이 바로 하나님이시기 때문이다.

하나님같이 전지전능하신 분이라면 애초부터 아담이 불순종하게 될 것을 아셨을 텐데 그렇다면 그들이 죄를 짓지 않도록 미리 조치했어야 하지 않았을까? 라는 질문이 이쯤에서 나올 수 있을 것이다.

그렇다. 하나님은 우리들의 마음속을 꿰뚫어 보는 분이시니 모든 것을 알고 계셨지만, 그것을 막지 않았던 이유는 인간이 자신의 의지대로 살아갈 수 있도록 자유로운 존재로 창조하셨기 때문이다. 권한이 있으면 책임이 동반되듯이 선택은 너희가 하되 그 결과에 관한 책임은 반드시 묻겠다는 것이 하나님의 일관된 뜻이었기 때문이다. 실낙원의 저자 존 밀턴의 주장대로 인간이 선택할 수 있는 권한에서 자유롭지 못하다면 진정한 충성과 믿음을 증명할 방법이 없기 때문이며 자유의지를 가지지 못했다면 계율과 금령 또한 존재할 필요가 없었을 것이기 때문이다.

성경을 보면 하나님과 인간 사이에는 항상 조건적 약속과 무조건적 약속으로 대별 되는 두 가지 계약관계가 있었다. 너희가 행하면 나도 행할 것이라는 조건적 축복의 대표적인 것이 바로 선악과라는 상징물을 통하여 인간과 최초로 맺었던 계약이었기 때문에 그들 스스로 선택할 수 있도록 자유의지를 부여하신 것으로 이해해야 할 것이다.

그렇다고 하더라도 단 한 번의 실수가 죽을죄가 된다면 원수를 사랑하고 용서하라는 말씀은 도대체 어떻게 된 것이냐? 라는 항의성 질문이 나올 법도 하다. 앞에서 언급한 대로 하나님은 당신을 믿는 사람들에게는 한없는 은혜와 사랑을 베푸시는 한편 죄에 대해서는 철저하게 보응하시며, 벌 받을 자들을 결코 내버려 두는 분이 아니다. 모든 죄를 용서한다 하더라도 당신을 모독하는 죄만큼은 용서받을 수 없다고 말씀하셨기 때문이다. 피조물이 창조주를 인정하지 않고 부인하는 행위, 그것이 바로 성령모독이요 넘어서는 안 될 선이며, 지음 받은 자신까지 부정하는 결과가 되는 것이니 이것보다 더 중한 죄가 어디에 또 있을까?

하나님과 관련된 의문은 참으로 많다. 하나님은 인생이 아니시니 당신의 섭리 가운데 일어나는 일들을 인간의 관점으로는 도저히 설명될 수 없기 때문에 논쟁이 있을 수밖에 없다. 대부분의 목회자들은 성경과 관련된 성도들의 질문을 탐탁지 않게 여기거나 색안경을 끼고 보는 경향이 있다. 질문하는 저변에는 하나님께 시비 걸려는 불순한 의도가 숨어있다고 보기 때문이다. 의문이 많다 보면 하나님을 부정하는 방향으로 흐르게 된다는 것이다. 그래서 원초적인 논쟁으로 이어져 답변이 궁색할 것 같으면 바로 「의심하지 말고 믿으라.」 는 말로 성도의 입을 막아버리기도 한다. 즉 믿음 없는 사람으로 취급받을 수 있으니 묻지도 따지지도 말고 믿으라는 것이다. 그러나 의심과 의문은 그 지향점이 분명히 다르다. 성숙한 신앙인이라면 하나님을 의심해서는 안 되지만 의문은 당연히 가질 수 있는 정당한 권리이기도 하다. 의문은 믿음을 한 단계 성장시키는 행위일 수 있으므로 성도들의 궁금증이 신앙적 확신으로 해소되는 순간 불신은 사라지고 하나님의 신실한 역군으로서 더 큰 역할을 해 나갈 수 있다는 사실을 간과했기 때문일 것이다.

하나님이 계시다면 왜 악인이 잘살고 의인이 고통받아야만 하는가? 라는 민감한 질문을 통해 응답받게 됨으로써 하나님만 바라보며 믿음의 삶을 살겠다는 하박국의 신앙고백이 이를 증명하고 있다.

의문이 성숙한 신앙인이 되기 위한 일종의 통과 의례라 하더라도 그 질문의 답을 어떻게 받아들이느냐에 따라 믿음이 한 단계 끌어올려지는 계기가 될 수도 있고, 그나마 있는 믿음마저 깨져 버릴 수 있는 양면성이 있으므로 질문하는 사람들도 지켜야 할 도리가 있을 것으로 본다. 신앙적 질문에는 자신도 모르게 부정적인 답을 마음에 깔아놓고 하는 경우도 있을 것이기 때문이다. 그러므로 하나님을 믿음으로 바라보며 긍정적 해답을 찾으려는 노력이 우리 그리스도인에게는 반드시 필요하다 할 것이다. 그렇게 되어야만 우리들의 의문에 응답하기를 원하시는 하나님께서 질문자들을 기꺼이 반기실 것이기 때문이다.

☑ 원죄란

원죄란 인간이 날 때부터 죄를 가지고 태어난다는 의미이다. 즉, 최초의 인간인 아담의 천성을 유전자로 받고 태어난 후손들은 죄를 짓고자 하는 마음까지 물려받게 됨으로써 죄의 본성이 유전병같이 돌아 그 후손들까지 이어진다는 뜻이다.

아담은 왜 죄를 짓게 되었을까?

하나님의 명령을 망각하고 사탄의 유혹에 현혹된 나머지 불순종했기 때문이다.

인간이 선을 거부하고 악을 지향함으로써 죄가 들어오자 그 죄는 마침내 아담의 맏아들 가인이 동생 아벨을 죽이는 인류 최초의 살인사건으로 연결됨으로써 죄가 인간의 본성에 어떤 식으로 뿌리내리고 유전되는지를 잘 보여주는 사건이 되었다.

원래 인간은 영생하도록 창조되었지만, 죄로 인해 죽음이 찾아오게 되었으며 기쁨으로 넘쳐야 할 인생이 수고하고 땀 흘려야 삶을 유지할 수 있는 고통으로 바뀐 것이다.

즉, 생명과 안식을 상실하게 된 것이다.

그러나 하나님이 누구신가?

우리를 지으신 분이시다. 그분은 당신의 피조물이 죄로 인해 고통받는 것을 좋아하지 않으며 보고만 계시는 분이 아니다. 그래서 사랑의 하나님께서는 구원은 인간의 노력이나 의지로 되는 것이 아니라 오직 당신의 은혜로 이루어지게 된다는 사실을 보여주기 위해 마지막 아담인 독생자 예수님을 이 땅에 보내 십자가의 죽음과 부활을 통해 인간이 지은 죄의 대가를 대신 지불하게 하시고 죄의 사슬에서 단번에 해방시키는 은총을 베푸신다. 그것이 바로 구약에서 약속한 십자가 대속의 성취인 것이다.

이제 인간은 아담으로부터 이어져 오던 원죄에서 벗어나 누구든지 구원받을 수 있게 되었다. 단, 예수님을 구주로 영접하고 말씀을 영적 양식으로 삼는 사람에게만 해당된다는 조건이 있을 뿐이다.

「아담 안에서 모든 사람이 죽은 것 같이 그리스도 안에서 모든 사람이 삶을 얻으리라(고전15-22).」

노아와 대홍수

사십 주야를 비가 땅에 쏟아졌더라(창7:12)

세상이 죄악으로 가득하다(창6:1~7:11, 마24:38, 39)

아담의 자손들이 번성함에 따라 사람들이 늘어나기 시작했다. 하나님의 아들이라 불리는 경건한 셋(아담의 셋째 아들)의 자손과 사람의 딸이라 불리는 불경건한 가인(아담의 맏아들)의 후예들이 서로 통혼하게 되면서 온 땅이 타락하였고 포악함이 가득하였다. 하나님께서는 사람들의 악한 생각 때문에 세상에 죄악이 가득하다는 것을 아시고 사람 만든 것을 한탄하며 어떻게 하면 좋은 세상을 만들 수 있을까 하는 생각에 마음이 편치 못하셨다. 결국, 세상에 가득한 악을 없애기 위해서는 당신께서 만든 모든 것을 멸하고 새롭게 만들어야 가능할 것으로 생각하셨다.

하지만 **노아**[39]는 하나님의 뜻에 순종하는 사람이어서 당신 보시기에 나무랄 데 없는 의로운 사람이었다.

---

39 182세 때에 아들을 얻게 된 라멕은 하나님께서 저주하신 땅에서 고통스럽게 일하는 우리들을 위로해 줄 것이라는 뜻으로 노아로 이름 지었다. 노아는 아담의 10대 자손이었다(창5:28, 29).

하나님께서 노아를 부르셨다.

「노아야! 너는 지금부터 방주를 만들어라. 배의 길이는 300규빗[40]이요, 너비는 50규빗이며 높이는 30규빗으로 하되 그 안에 방을 만들고 물이 새지 않도록 역청을 칠하여라. 내가 홍수를 일으켜 세상을 멸할 것이니 생명 있는 육체는 모두 죽게 될 것이다. 너와 네 가족이 방주에 들어갈 때 혈육이 있는 생물들을 종류별로 선정하여 정결한 짐승(식용이 가능한 동물) 일곱 쌍과 부정한 짐승(식용이 금지된 동물) 두 쌍씩, 하늘의 새도 암수 일곱 마리씩 데리고 들어가 그들의 생명을 보존시켜라. 그리고 너희들이 생존할 수 있도록 양식을 저장하여라.」

노아가 **방주를 만들기 시작하자**[41] 그동안 큰비가 내리는 것을 본 적이 없던 사람들은 그를 조롱하며 비웃었지만, 의로운 사람 노아는 하나님께서 지시하신 그대로 모든 것을 지키며 묵묵히 준비했다. 백성들은 노아가 배에 들어가던 날까지 먹고 마시고 장가들고 시집가면서 홍수 때문에 자신들이 죽게 된다는 사실을 전혀 깨닫지 못했다.

긴 세월에 걸쳐 방주가 완성되는 것을 보신 하나님께서 노아에게 말씀하셨다.

「지금부터 **7일**[42] 후면 40일 동안 비를 내려 모든 생명체를 쓸어버릴 것이니라.」

이렇게 해서 방주로 들어간 사람들은 노아와 그의 아내 그리고 세 아들인 셈, 함, 야벳과 세 며느리로서 모두 여덟 명이었으며 그때가 바로 노아의 나이 600세 되던 해인 주전 2456년 2월 10일이 되던 날이었다.

---

40 고대 이집트의 길이 단위로서 팔꿈치에서 가운뎃손가락의 끝까지를 말한다(1규빗: 약 0.45m).

41 일부 학자들은 창세기 6장 3절에 나오는 120년이 방주를 만든 기간이라고 주장하지만, 홍수 심판은 노아가 세 아들을 낳은 500세 이후부터 600세 사이에 있었던 일로써 배의 건조기간은 그보다 훨씬 못 미쳤을 것으로 추정된다. 그러므로 120년이라는 시간은 사람들의 수명을 나타낸다는 이론에서부터 사람들이 회개할 수 있도록 주어진 시간, 즉 홍수 심판이 일어나기까지 남은 시간이라는 등 여러 가지 주장이 혼재한다.

42 성경에 수없이 등장하는 7이라는 숫자는 반드시 일곱을 나타내는 것은 아니고 상징적인 뜻으로 쓰였다. 세상을 창조하신 하나님께서 일곱째 날에 안식함으로써 그때부터 7이라는 숫자는 완전, 완벽, 또는 완성의 개념으로 받아들여지고 있으며 하나님의 사역을 뜻하는 기간을 말하기도 한다. 아주 많은, 한이 없다는 뜻으로 사용되기도 한다.

하나님의 지혜는 참으로 놀라우며 그의 계획에는 빈틈이 없다는 것을 다시 한 번 느낀다. 노아 조상들의 족보를 보고 있노라면 적게는 65세(마할랄렐), 많게는 187세(무드셀라)부터 자손들을 두기 시작했지만, 유독 노아만 500세가 된 이후에 아들을 낳았다고 기록되었으니 이는 홍수로 세상을 멸할 때 인간의 새로운 조상이 될 남은 자의 수를 최소화시키려는 하나님의 깊은 뜻이 있었기 때문일 것이다.

홍수로 심판하다(창7:12~8:20)

노아의 가족들이 방주에 들어간 지 일주일째 되던 날부터 빗방울이 굵어지기 시작하더니 마침내 땅속의 샘이 터지고 하늘이 열리며 밤낮으로 비가 쏟아졌다. 40일 동안 쏟아진 폭우로 하늘 아래 높은 산들이 물에 잠기게 되자 살아 움직이던 생명체들이 모두 죽었다. 오직 노아와 그 가족 그리고 방주에 있던 동물들만 살아남아 바다 위를 정처 없이 떠돌아다녔다. 150일 동안 땅에 물이 넘치자 살아있는 자들을 생각하신 하나님께서 바람을 불게 하시니 물이 줄어들기 시작했다. 홍수가 시작된 지 다섯 달 만에 방주가 **아라랏 산**[43]에 걸려 움직일 수 없게 되자 노아가 창문을 열고 밖을 내다보았지만 보이는 것은 물밖에 없었다. 물이 빠지기를 기다린 지 넉 달 후, 노아가 까마귀 한 마리를 내보냈으나 까마귀는 땅을 발견하지 못하고 돌아왔다. 다음에 비둘기 한 마리를 날려 보냈지만, 비둘기 역시 발붙일 곳을 찾지 못하고 되돌아왔다. 7일 후에 다시 비둘기 한 마리를 내보냈더니 저녁에 돌아온 비둘기의 입에 감람나무 잎사귀가 물려 있는 것을 본

---

43 Ararat. 터키와 이란 그리고 옛 소련의 국경에 걸쳐있는 해발 5,185m의 산을 말하지만, 오늘날의 아라 랏 산이 바로 방주가 상륙한 곳인지는 확실하지 않다.

노아는 숲이 몸을 드러내고 있음을 알았다. 또 7일을 기다려 비둘기를 내보내자 이번에는 그 비둘기가 다시 돌아오지 않은 것으로 보아 육지를 발견한 것이 틀림없었다.

땅이 완전히 마른 것을 보신 하나님께서 노아의 가족들과 동물들을 방주에서 나오게 했을 때 노아의 나이 601세 되던 해 2월 27일이었으니 히브리력의 날수로 377일 동안이나 홍수를 피해 배에 있었던 것이다.

배에서 내린 노아는 무지개가 드리워진 하늘 아래에서 하나님을 위해 제단을 쌓고 정결한 제물을 취하여 **번제**[44]를 드렸다.

ᑕ 무지개 언약(창8:21~9:19)

감사의 예배를 기쁘게 받으신 하나님께서 노아에게 말씀하셨다.

「다시는 사람 때문에 이 땅을 저주하지 않을 것이다. 사람은 어릴 때부터 악한 마음을 갖지만, 이번처럼 땅 위의 모든 생물을 멸망시키는 일을 다시는 하지 않을 것이다. 그리고 땅이 존재하는 한 심고 거두는 일, 계절의 변화 그리고 낮과 밤이 영원히 계속될 것이다.」

노아와 그 아들들에게 자녀를 많이 낳고 번성하여 땅을 가득 채우라는 말씀으로 축복해주신 하나님께서 모든 짐승들이 **사람들의 먹을거리**[45]가 되겠지만, 생명

---

44 제물을 제단에서 태워드리는 제사로서 이는 여호와께 드리는 향기로운 냄새로(레1:9) 대속과 화목을 상징한다.

45 홍수 이전에는 채소와 과일 위주의 식생활이었지만 1년 동안 계속된 홍수로 양식을 거둘 수가 없게 되자 이때부터 인간에게 육식이 허용된 것으로 보인다(창1:29, 9:3).

이 피에 있으니 피는 먹지 말라 이르시고 앞으로는 홍수로 세상을 심판하지 않을 것이라고 약속하셨다.

「구름 사이에 내 무지개를 두었으니 무지개가 나타나면 너희들과 약속한 것을 내가 기억할 것이다. 이것이 바로 언약의 증거이니라.」

이 언약을 두고 선지자 이사야는 주님께서 강림하실 때에 맹렬한 화염으로 심판하실 것이라고(사66:15, 16) 예언하였으며, 사도 베드로 또한 그때 세상은 홍수로 멸망되었으나 이번에는 불로써 정화될 것이며, 그 후에는 정의가 살아있는 새 하늘 새 땅이 비로소 임하게 될 것이라고 증언하였다(벧후3:6, 7, 13). 이 일로 인해 비가 갠 후에 무지개가 뜨면 다시는 홍수로 심판하지 않을 것이라는 하나님의 약속을 사람들은 기억하게 되었다.

방주에서 나온 노아의 세 아들로부터 자손들이 온 세상으로 퍼져 나갔다. 홍수 후에도 350년을 더 산 노아가 향수를 다 했을 때 그의 나이 950세였으며, 하나님의 축복으로 대홍수에서 살아남은 노아와 그 가족들은 새로운 세상의 새로운 조상이 되었다.

의인 한 사람이 하나님께 순종함으로써 인류를 보존시킬 수 있었다는 것을 보여주는 노아의 홍수 사건은 하나님께서 물로 심판하실 때 방주 안에 있는 것이 유일한 구원의 길이었던 것처럼, 오늘날 우리가 구원받을 수 있는 유일한 길은 **내 안에 거하라는**[46] 예수님의 말씀대로 그리스도 예수 안에 있어야 생명을 얻을 수 있다는 것을 상징적으로 보여주는 교훈이 되었다. 그 이유는 예수 그리스도 외에 우리에게 구원을 줄 수 있는 다른 이름을 하나님께서 주신 적이 없기 때문이다.

---

46 「내 안에 거하라 나도 너희 안에 거하리라 가지가 포도나무에 붙어있지 아니하면 스스로 열매를 맺을 수 없음 같이 너희도 내 안에 있지 아니하면 그러하리라(요15:4).」

노아의 홍수일지

(고대 히브리력의 1년은 360일이었다.)

일 자	내 용	기 간	관련 성구
2월 10일	노아와 가족들이 방주에 들어가다	–	창7:7
2월 17일	홍수가 시작되다	7일	창7:11
3월 27일	40일간의 홍수 끝에 비가 그치다	40일	창7:17
7월 17일	방주가 아라랏 산에 머무르다	110일	창8:4
10월 1일	물이 줄어들자 산봉우리가 보이기 시작하다	74일	창8:5
11월 11일	창문을 열고 처음으로 까마귀를 내보내다	40일	창8:6, 7
1월 1일	물이 걷힌 것을 보고 방주 지붕을 열다	50일	창8:13
2월 27일	노아와 가족들이 방주에서 나오다	56일	창8:14
총 소요일 수		377일	

온 세상으로 퍼져 나가는 노아 자손의 가계도

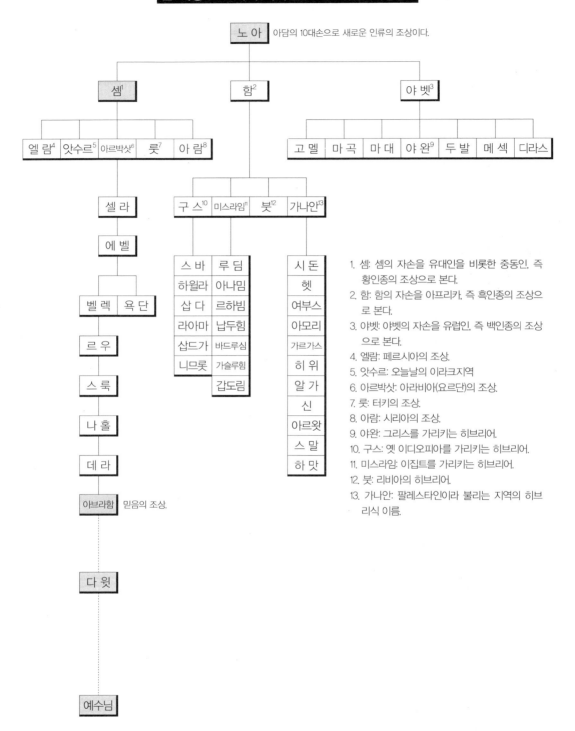

노아 아담의 10대손으로 새로운 인류의 조상이다.

셈[1] / 함[2] / 야벳[3]

셈[1]: 엘람[4] / 앗수르[5] / 아르박삿[6] / 룻[7] / 아람[8]

야벳[3]: 고멜 / 마곡 / 마대 / 야완[9] / 두발 / 메섹 / 디라스

함[2]: 구스[10] / 미스라임[11] / 붓[12] / 가나안[13]

셀라 → 에벨 → 벨렉 / 욕단 → 르우 → 스룩 → 나홀 → 데라 → 야브라함 믿음의 조상. → 다윗 → 예수님

구스[10]: 스바 / 하윌라 / 삽다 / 라아마 / 삽드가 / 니므롯

미스라임[11]: 루딤 / 아나밈 / 르하빔 / 납두힘 / 바드루심 / 가슬루힘 / 갑도림

가나안[13]: 시돈 / 헷 / 여부스 / 아모리 / 가르가스 / 히위 / 알가 / 신 / 아르왓 / 스말 / 하맛

1. 셈: 셈의 자손을 유대인을 비롯한 중동인, 즉 황인종의 조상으로 본다.
2. 함: 함의 자손을 아프리카, 즉 흑인종의 조상으로 본다.
3. 야벳: 야벳의 자손을 유럽인, 즉 백인종의 조상으로 본다.
4. 엘람: 페르시아의 조상.
5. 앗수르: 오늘날의 이라크지역
6. 아르박삿: 아라비아(요르단)의 조상.
7. 룻: 터키의 조상.
8. 아람: 시리아의 조상.
9. 야완: 그리스를 가리키는 히브리어.
10. 구스: 옛 이디오피아를 가리키는 히브리어.
11. 미스라임: 이집트를 가리키는 히브리어.
12. 붓: 리비아의 히브리어.
13. 가나안: 팔레스타인이라 불리는 지역의 히브리식 이름.

바벨탑의 저주

온 땅의 언어가 하나요
말이 하나였더라(창11:1)

홍수 심판으로 지구 상의 모든 생물체가 멸망된 후 인간의 새로운 조상이 된 노아로부터 자손들이 번성하였다. 그때 인류가 사용하던 언어는 하나였다. 노아의 후손들 중 일부가 동쪽으로 이동하다가 비옥한 땅, **시날 평야**[47]를 발견하고는 그곳에 정착했다. 집을 지으면서 꾀가 생기자, 사람들은 돌 대신 벽돌을 굽고 진흙 대신 역청을 사용하여 크고 높은 건물을 건축하는 법을 알게 되었다.

「여러분! 이것으로 성을 쌓아 탑 꼭대기를 하늘에 닿게 하여 우리 이름을 널리 알리고 온 땅에 흩어지지 않도록 합시다.」

인류 멸망이라는 심판을 경험하고서도 이를 깨닫지 못한 사람들이 하나님의 권위에 도전하기 위해 하늘까지 닿는 **탑을 만들기**[48] 시작한 것이다. 사람들이 땅에서 부지런히 움직이며 무엇인가 하는 것을 본 하나님께서 이를 자세히 보기 위

---

47 유프라테스 강과 티그리스 강 사이의 비옥한 땅으로 오늘날 남부 이라크를 말한다.

48 성경에 기록된 내용으로 볼 때 바벨탑 사건이 일어난 시기는 노아의 5대손 벨렉이 생존해 있던 때인 주전 2357년부터 주전 2118년 사이로 추정된다(창10:25, 대상1:19).

해 하늘에서 내려오셨다. 그들이 만들고 있는 것을 보자 인간의 교만함이 끝이 없음을 아시고 그들이 한 족속이요 언어도 하나이므로 이런 일을 시작하였으니 이대로 두었다가는 이후로 사람들이 하고자 하는 일을 감당할 수 없음을 아셨다. 그래서 그들이 말하는 것을 서로 알아듣지 못하게 하려고 언어를 혼란스럽게 만들어 민족과 언어의 분열이라는 저주를 내리셨다.

탑을 쌓던 사람들은 서로 간에 말은 하지만 그 뜻이 통하지 않게 되자 하던 일을 중단하고 뿔뿔이 흩어졌다. 사탄의 지배를 받게 될 세상이 바로 이런 교만함에서 오는 것이라는 사실을 예표하신 하나님께서 다시는 악한 일을 꾸미지 못하도록 백성들을 온 땅으로 흩어놓으신 것이다.

바벨에서 일어난 언어혼란을 두고 전통적인 성서 해석은 인간의 오만불손함에 대한 하나님의 징벌이라고 말하고 있으나, 한편으로는 **생육하고 번성하라는 말씀**[49]을 실현시키기 위해 사람들을 온 세상에 흩어놓으려는 계획된 의도였을 것이라고 주장한다.

바벨탑의 이야기는 인간의 교만함을 경고하는 것일 뿐만 아니라 공통된 언어를 사용하던 인간이 어떻게 해서 서로 다른 언어를 구사하게 되었는지를 설명하는 것이 되었다. 또 오늘날 서로의 말뜻을 이해하지 못할 때 바벨탑의 언어 혼란 같다고 빗대어 말하기도 한다(창11:1~9).

바벨탑의 저주를 읽다 보니 한 가지 궁금한 것이 생겼다. 하늘 높이 솟아오르려는 인간의 꿈은 오늘날에도 계속되고 있기 때문이다. 물론 바벨탑의 저주는 인간의 교만함에 대한 하나님의 징벌이지만, 예전과는 비교할 수 없을 정도로 발달된 과학의 힘으로 지상 수백 미터에 이르는 마천루의 건설은 물론 우주개발에 경쟁적으로 뛰어드는 것을 보고 바벨탑 건설 당시의 관점으로 본다면 하나님께서 어떤 생각을 하고 계실까? 궁금해지는 대목이 아닐 수 없다.

---

49 「하나님이 그들에게 복을 주시며 하나님이 그들에게 이르시되 생육하고 번성하여 땅에 충만하라, 땅을 정복하라, 바다의 물고기와 하늘의 새와 땅에 움직이는 모든 생물을 다스리라 하시니라(창1:28).」

☑ 바벨론(Babylon)

　바벨론은 바벨(Babel, 히브리어로 하나님의 문이라는 뜻)에서 유래된 지명으로 도시 이름인 동시에 고대 바벨론 제국(오늘날의 이라크 지역을 말한다)의 명칭이다. 구스(노아의 손자이며 함의 아들)의 아들 니므롯이 건설한 바벨론은 가장 오래된 성문법 중 하나이며, 눈에는 눈, 이에는 이라는 보복주의로 유명한 함무라비 법을 제정한 함무라비 왕(B.C. 1792 ～ B.C. 1750) 때에 크게 번성하였다. 고대 7대 불가사의 중 하나인 공중정원을 건설한 것으로 알려진 신 바벨론의 느부갓네살 2세(B.C. 605 ～ B.C. 562)는 남유다를 정복하기도 하였다. 70년 동안 포로 생활을 경험함으로써 이스라엘 백성들에게는 서러움이 서린 곳이기도 한 바벨론은 주전 539년, 바사국(페르시아, 오늘날의 이란을 말한다.)의 고레스 왕에 의해 멸망됨으로써 잊혀진 제국이 되었다.

　성경에서 바벨론은 인간의 교만함과 우상 숭배의 상징으로 표현되고 하나님을 대적하는 악의 세력을 총칭하는 뜻으로 사용되기도 하며, 요한계시록에서 언급되는 바벨론은 그리스도인들을 핍박하던 로마 제국을 상징하는 것이라고 해석하기도 한다.

　바벨탑이 세워진 위치에 대해서는 의견이 분분하지만 유프라테스 강 유역 어디쯤에 있었으리라 추측하고 있으며, 우르에서 발견된 피라미드 형태의 건축물인 지구라트(ziggurat)를 바벨탑의 원형으로 인정하고 있을 뿐이다.

믿음의 조상 아브라함

너는 너의 고향과 친척과 아버지의 집을 떠나

내가 네게 보여줄 땅으로 가라(창12:1)

아브람을 선택하다(창11:27~13:2, 20:1~18)

홍수로 심판받았음에도 불구하고 다시 교만해진 백성들이 바벨탑을 쌓는 등 끊임없이 당신께 대적하는 것을 보신 하나님께서 이렇게 해서는 잃어버린 땅 에덴을 복원시킬 수 없음을 아시고 한 사람을 선택하였으니 그가 바로 이스라엘 민족의 시조요 믿음의 조상이 되는 아브람(아브라함)이었다.

아담의 19대손 데라는 아브람과 나홀과 하란이라는 이름을 가진 세 명의 자손을 두었다. 막내아들 하란이 젊은 나이에 세상을 떠나자 그는 가족들을 이끌고 **갈대아의 우르**[50]를 떠나 하란(터키 남부지역)으로 이주했다. 맏아들 아브람은 사래라는 여인과 가정을 이루었지만 아내의 불임으로 늙도록 자식이 없었다.

주전 2091년, 아브람이 75세가 되던 어느 날 여호와 하나님께서 그를 부르셨다.

「너는 고향을 떠나 내가 보여줄 땅으로 가거라. 나는 너에게 복을 주어 큰 민

---

50 유프라테스 강과 티그리스 강 하류의 비옥한 땅으로 메소포타미아(그리스어로 두 강 사이라는 뜻)의 남부 지역을 통칭하던 고대 지명이며 오늘날의 이라크 지역을 말한다.

족을 이루게 하고 너의 이름을 창대하게 할 것이다. 너를 축복하는 자에게는 내가 복을 내리고 너를 저주하는 자에게는 내가 저주하리니 땅의 모든 족속이 너로 말미암아 복을 얻게 될 것이다.」

하나님으로부터 선택된 사람 아브람은 아내와 함께 조카 롯을 데리고 하나님께서 지시하신 땅 가나안으로 갔다. **세겜**[51] 땅에 제단을 쌓고 벧엘 동쪽 산에 장막을 쳤지만, 가뭄이 극심하자 일행은 기근을 피해 애굽으로 내려갔다.

아브람의 아내 사래는 사람들의 관심을 끌기에 충분하도록 미모가 출중한 여자였다. 자신이 사래의 남편이라는 것을 알면 해코지당할 것을 염려한 아브람은 꾀를 내어 아내를 자신의 **누이**[52]라고 사람들을 속였다.

우려했던 대로 사래의 아름다움에 반한 애굽의 바로는 그를 첩으로 삼아 왕궁으로 데려갔으며 그 대가로 아브람에게 많은 가축과 종을 선물로 주었다. 이것을 아신 여호와께서 재앙을 내리자 크게 놀란 바로가 아브람에게 말했다.

「당신은 어째서 사래를 아내라고 말하지 않았소? 저 여인을 데리고 어서 이곳을 떠나시오.」

바로의 노여움으로 애굽에서 쫓겨나 가나안 남쪽 네게브 지방으로 갈 때 그는 값진 보물과 많은 가축을 소유한 부자가 되어있었다.

훗날 아브람이 블레셋 지역의 그랄에 거주할 때에도 이와 **비슷한 사건으로**[53] 그랄 왕 아비멜렉에 아내를 **빼앗길 뻔했지만**, 여호와 하나의 보살핌으로 그들 부부는 무사할 수 있었다.

---

51 세겜은 그리심 산과 에발 산 사이에 있는 분지로 야곱이 에서를 피해 하란의 외갓집으로 도피하였다가 가나안 땅으로 돌아온 후 첫 번째 장막을 쳤던 곳이며(창33:18), 그의 딸 디나가 하몰의 아들에게 강간당했던 곳이며(창34:1, 2), 여호수아가 여호와 하나님과 약속을 갱신했던 곳이며(수24:1), 야곱이 세겜의 아버지 하몰의 자손들에게 구입한 밭으로 요셉의 뼈가 묻힌 곳이며(수24:32), 르호보암이 솔로몬의 뒤를 이어 왕위를 계승했던 곳으로(왕상12:1) 한때는 북이스라엘의 수도였다(왕상12:25).

52 사래는 원래 아브람의 이복 누이였다(창20:12).

53 아내 사래의 일로 두 번씩이나 곤욕을 치른 아브람의 행동은 하나님께서 지켜주실 것이라는 믿음보다는 두려움이 앞선 나머지 취하게 된 행동으로, 어떻게 보면 비겁하게 비추어질 수도 있겠으나 목숨을 부지하여 하나님으로부터 선택된 민족을 지키기 위한 고육지책이었을 것이다.

아브라함의 이동 경로

아브람과 롯이 분가하다(창13:3~14:16)

네게브를 떠난 아브람은 벧엘 동쪽 산, 즉 전에 장막을 쳤던 곳으로 다시 가서 여호와께 제사를 드렸다. 아브람의 조카 롯도 가축이 늘어나고 식솔도 많아지자 그 땅에 두 사람의 가속들이 살기에는 너무 비좁았다. 그래서 두 사람의 목자들 간에 분란이 자주 일어나자 이를 걱정한 아브람이 롯에게 말했다.

「우리는 가까운 친척인데 다툼이 있어서야 되겠느냐? 이제 너도 어느 정도 자리를 잡았으니 독립하는 것이 좋을 것 같구나. 기름진 땅이 우리 앞에 있으니 네가 먼저 마음에 드는 땅을 선택하면 내가 양보할 테니 좋을 대로 하여라.」

큰아버지의 권유에 따라 요단 평야로 가서 살던 롯은 소돔성 가까운 곳으로 이동하여 그곳에 정착했다.

이제야 비로소 고향과 친척과 아버지의 집을 떠나라는 하나님의 명령대로 아브람이 혼자 된 것을 보신 여호와께서 말씀하셨다.

「네가 서 있는 곳에서 사방을 둘러보아라. 네 눈에 보이는 땅을 모두 너에게 줄 터이니 너의 자손이 크게 번성하고 영원할 것이니라.」

아브람이 헤브론의 광대하고 기름진 계곡에 장막을 치고 제단을 쌓았을 무렵 소돔과 고모라 와 그 주변을 지배하던 족속들이 전쟁을 벌였다. 그 와중에 조카 롯이 잡혀가고 재산까지 약탈당했다는 소식을 들은 아브람은 장막에서 훈련시킨 318명의 전사들을 이끌고 다메섹(다마스쿠스) 근처의 호바까지 쫓아가서 그들을 제압하고 조카를 구출한 후 재산을 되찾아주었다.

귀환하던 길에 지극히 높으신 하나님의 제사장으로 일컬어지던 **살렘 왕 멜기세덱**으로부터 떡과 포도주로 영접받은 아브람은 하나님의 도움으로 전쟁에서 승리했다는 감사함으로 전리품 가운데 십 분의 일을 그에게 바쳤다.

☑ 그리스도의 그림자 멜기세덱(창14:8~24)

성경은 하나님께서 하신 일과 하시려는 일들을 알려주려는 목적에서 기록한 것이다. 그러므로 말씀 하나하나를 그냥 지나칠 수는 없으며 전후 사정을 고려하여 잘 살펴보아야 한다. 이야기 전개과정에서 관련 없는 내용이다 싶더라도 그 가운데에는 하나님께서 말씀하시고자 하는 의도가 분명히 내포되어있기 때문이다. 살렘 왕 멜기세덱의 이야기가 바로 그런 것이다. 가족사는 물론 출생과 죽음에 관한 기록이 전무할 정도로 신비스런 인물이었던 그가 뜬금없이 나타나 조카를 구하고 돌아오는 아브람에게 떡과 포도주로 축복하였다고 한다. 아브람 역시 그에 대한 보답으로 전리품 중 십 분의 일을 바쳤다고 하니 이것이 도대체 무엇을 의미하는 것일까?

성경에서 떡과 포도주는 그리스도의 몸과 피를 의미한다. 수입의 십 분의 일을 뜻하는 십일조는 하나님께 드리는 예물로 대표된다. 그런 뜻이라면 「**그는 지극히 높으신 하나님의 제사장(창14:18).**」이라는 표현에 걸맞게 멜기세덱이 바로 아브람보다 우월적인 위치에 있다는 것을 알 수 있게 한다.

하나님으로부터 선택된 사람 아브람에게 십일조를 받을 정도로 우월적인 위치에 있는 제사장이라면 그는 과연 누구일까?

바로 예수님인 것이다. 예수님이 비록 육신으로는 아브람의 자손으로 세상에 오시지만 의의 왕이요, 평강의 왕으로도 표현되는 멜기세덱을 통해 영원 전부터 하나님과 함께 계셨던 분이었다는 사실을 알려주려고 했던 것이다. 또한 백성들을 축복할 수 있는 권한과 십일조를 받을 수 있는 분은 오직 율법의 완성자이신 예수님밖에 없다는 것을 보여주기 위함이 아니었나 싶다.

그런 의미에서 본다면 「**너는 멜기세덱의 서열을 따라 영원한 제사장(시110:4).**」이라는 시편 기록처럼 레위 지파의 자손만이 될 수 있었던 율법 아래에서의 제사장과는 전혀 다른, 더 높고 완전하며 생명의 능력으로 오실 제사장이 바로 메시아라는 사실을 알려주기 위해 멜기세덱이라는 신비스러운 인물을 내세웠다고 봐야 할 것이다.

시편 기자(시110편)나 히브리서 기자(히7장) 역시 멜기세덱이 예수님의 표상임을 선언하고 있듯이 당사자이신 예수님 또한 아브람이 태어나기 전부터 당신께서 존재하셨다고 증언함으로써 멜기세덱이 바로 당신의 모형이요 그림자임을 인정하고 있기 때문이다.

「**너희 조상 아브라함은 나의 때 볼 것을 즐거워하다가 보고 기뻐하였느니라(요8:56).**」

그렇다면 조카 한 사람을 구한 것이 예수님께서 직접 오셔서 축복해 줄 정도로 그렇게 중요한 일이었을까?

그것이 바로 「**인자가 온 것은 잃어버린 자를 찾아 구원하려 함이라(눅19:10).**」는 예수님의 말씀과 같이 한 사람도 잃어버리지 않고 모두 구원하는 것이 하나님의 뜻이라는 사실을 아브람을 통해 증거하기 위함이었다고 보는 것이 타당할 것이다.

언약하시다 (창15:1~16:18)

 이 일이 있은 후 환상 가운데 나타나신 여호와께서 아브람에게 말씀하셨다.

 「아브람아! 두려워하지 마라. 나는 너를 지켜줄 것이며 앞으로 너에게 큰 상을 줄 것이다.」

 「주여! 저에게는 대를 이을 자식이 없으니 상속자도 결국은 저의 충직한 종 엘리에셀이 되지 않겠습니까? 그런데 무엇을 제게 주려 하십니까?」

 당장 대를 이을 자식도 없는 마당에 무슨 복을 주시려는지 못 미더워하는 아브람을 데리고 밖으로 나간 여호와께서 하늘을 바라보게 하시며 말씀하셨다.

 「너의 상속자는 그가 아니라 너의 몸에서 태어날 자가 될 것이며 너의 자손들은 하늘에 있는 저 별들처럼 번성하게 될 것이다. 내가 갈대아인의 땅에서 너를 인도해 낸 것은 바로 이 땅을 주기 위함이니라.」

 「하나님! 제가 이 땅을 받게 될 것을 무엇으로 증명할 수 있겠습니까?」

 정결한 제물로 예배드릴 것을 요구하시는 하나님의 뜻에 따라 제물을 반으로 쪼개 놓고 당신의 임재를 기다렸던 아브람이 깊은 잠에 빠졌을 때, 여호와께서 다시 나타나셨다.

 「너의 자손은 나그네 신세로 낯선 땅을 떠돌게 될 것이다. 그 땅의 사람들이 너의 자손들을 종으로 삼고 400년 동안 괴롭힐 것이나 때가 차면 내가 그들에게 벌을 내리고 너희들을 인도하리니 비로소 이 땅으로 다시 나올 수 있을 것이다.」

 그때, 연기 나는 화로와 횃불이 나타나 제사 드리기 위해 **반으로 쪼개 놓은 제물**[54] 사이로 지나갔다. 하나님께서 아브람과의 약속을 꼭 지키겠다는 것을 징표로써 보여주신 것이다. 그날 하나님께서 그의 자손에게 애굽의 강과 유브라데 강

---

54 송아지나 염소 등 희생 제물을 반으로 쪼개 놓고 그 사이로 지나간다는 것은 고대 근동 지방에서 언약을 체결할 때 이를 보증하기 위해 행해지던 관습이었다고 한다.「송아지를 둘로 쪼개고 그 두 조각 사이로 지나매 내 앞에 언약을 맺었으나~(렘34:18).」

사이에 있는 광대한 땅을 주겠다고 언약하셨으며, 그 약속은 솔로몬 시대에 이르러 완성됨으로써(왕상4:21) 하나님은 헛된 말씀을 하지 않으신다는(민23:19) 사실이 다시 한번 입증되었다.

하갈의 임신과 교만(창16:1~16)

큰 민족을 이루게 하겠다는 언약에도 불구하고 자손이 생길 징후는 전혀 보이지 않은 채 세월만 흐르자 조바심을 참지 못한 사래가 남편에게 말했다.

「아무리 생각해도 내가 아이를 갖는 것은 무리일 듯싶으니 몸종인 하갈의 몸을 빌려 후사를 잇는 것이 어떻겠어요?」

자신의 몸에서 태어날 아들이 상속자가 될 것이라는 언약에도 불구하고 약속의 이행이 지체되자 아브람은 아내의 권유대로 애굽인 여종과 잠자리를 같이 했다. 마침내 임신한 하갈이 자신의 신분을 망각하고 교만해지자 분을 참지 못한 사래가 여종을 나무랐다. 그러자 여주인을 피해 광야로 나간 하갈에게 여호와의 사자가 나타나 말했다.

「하갈아! 네가 어디로 가느냐? 어서 네 여주인에게 돌아가 그에게 순종하여라. 네가 곧 아들을 낳게 될 것이니 그는 들나귀처럼 사람들을 대적할 것이며 형제들과 대항하며 살게 될 것이다.」

여주인에게 돌아가 용서를 구한 하갈이 아들을 낳으니 그가 바로 이슬람을 믿는 아랍인들의 조상 이스마엘(하나님께서 들으셨다는 뜻)이었다.

이름을 바꾸다(창17:1~27)

그로부터 13년 후 아브람의 나이 아흔아홉이 되었을 때 여호와께서 다시 나타나셨다.

「나는 너에게 많은 자손을 주어 여러 민족의 조상이 될 것이라고 언약한 바 있다. 이제부터 너의 이름을 아브람이라 하지 않고 아브라함(많은 무리의 아버지라는 뜻)이라 부를 것이다. 그리고 네가 나그네로 살고 있는 이 땅 가나안을 너의 자손에게 주어 영원한 기업이 되게 할 것이며 나는 너희의 하나님이 될 것이다. 사내아이가 태어나면 8일 안에 할례를 행하여라. 이것이 너와 네 자손과 세우는 내 언약의 표징이니라.」

하나님께서 계속해서 말씀하셨다.

「너의 아내 사래를 지금부터 사라(여주인이라는 뜻)라고 불러라. 그가 아들을 낳아 여러 민족의 어머니가 되리니 민족의 왕들이 그로부터 나오게 될 것이다.」

엎드려 하나님 말씀을 듣고 있던 아브라함이 백 살 된 남자와 생리가 멈춘 아흔 살 된 여자가 어떻게 아이를 가질 수 있겠는가? 라는 생각으로 웃음 짓고 있을 때 그의 마음을 읽으신 하나님께서 말씀하셨다.

「내가 하지 못할 일이 무엇이 있겠느냐? 내년 이맘때쯤 사라의 몸에서 아들이 태어날 것이니 아이의 이름을 이삭이라 지어라. 그가 태어나면 내가 언약을 세우리라. 너의 나라는 크고 강대할 것이며 천하 만민이 너를 통하여 복을 받게 될 것이다.」

아브라함은 하나님의 지시대로 집에 있는 모든 남자들에게 할례를 베풀었다. 아브라함이 할례를 받았을 때 그의 나이 아흔아홉 살이었고, 여종 하갈에게서 태어난 이스마엘이 할례를 받았을 때 그의 나이 열세 살이었다.

약속의 아들 이삭(창18:1~14, 21:1~21)

　　두 사람의 천사와 함께 **나그네의 모습으로 오신 하나님**[55]께서 아브라함에게 아들이 태어날 것을 거듭 약속하신 후, 말씀대로 사라가 임신하여 아들을 낳으니, 이삭(웃음이라는 뜻)이라 이름 지었다. 하나님께서 언약하실 때 아브라함과 사라가 지었던 웃음이 바로 그의 이름이 된 것이다. 25년이라는 긴 기다림 끝에 정통성을 잇게 될 자손을 보게 된 아브라함은 뛸 듯이 기뻤다. 태어난 지 8일 만에 이삭이 할례를 받았고 젖을 떼던 날에는 성대한 잔치가 베풀어졌다. 이스마엘이 동생 이삭을 놀리는 것을 목격한 사라는 그가 적자인 이삭의 앞날에 장애물이 될 것을 염려한 나머지 하갈 모자를 장막에서 내보내라고 남편을 졸랐다.

　　이 일로 괴로워하는 아브라함에게 하나님께서 말씀하셨다.

　　「아브라함아! 걱정하지 말고 네 아내의 말을 들어라. 오직 이삭으로부터 난 자라야 네 자손이라 불리게 될 것이다. 그러나 이스마엘도 네 아들이므로 그도 열두 두령을 낳아 큰 민족을 이루리라.」

　　결국, 아브라함은 하갈과 이스마엘을 바란 광야로 보내 그곳에서 살게 했다. 이스마엘이 자라는 동안 하나님께서 함께하시니 그는 훌륭한 활잡이로 성장했다. 하갈은 성인이 된 이스마엘을 위해 애굽 여인을 데려다가 그의 아내로 삼아 주었다.

　　오늘날 믿음의 조상 아브라함의 계승자임을 내세우며 신앙적 차이로 분쟁을 겪고 있는 그리스도교도들과 무슬림의 갈등 관계가 바로 두 사람의 이와 같은 혈통문제로부터 출발하였던 것이다.

55　마므레의 상수리나무 있는 곳에 세 사람이 나타나서(창18:1, 2) 아브람과 사래에게 이삭이 태어날 것을 언약하고, 세 사람 중 두 사람이 소돔으로 향하는 것으로 보아(창19:1) 한 사람은 나그네로 오신 하나님이시고 두 사람은 하나님의 천사였을 것이다. 학자들 중에는 아브라함을 방문한 세 사람을 삼위일체의 하나님이 방문하신 것으로 해석하기도 한다.

믿음을 시험하다(창22:1~19)

어느 날 하나님께서 아브라함이 과연 당신의 뜻을 믿음으로 받아들일 수 있는지를 시험하기 위해 그를 불렀다.

「아브라함아! 이삭을 데리고 모리아 땅으로 가거라. 그리고 **내가 알려주는 산**[56]에서 그를 번제(불로 태워드리는 제사)물로 바쳐라.」

제아무리 믿음이 깊다 한들 도저히 받아들일 수 없는 일이었지만, 이삭을 얻는 과정에서 하나님의 능력을 체험했던 아브라함은 모든 것을 주님께 맡기기로 결심하고, 번제에 사용할 장작을 준비한 다음 이삭과 함께 두 사람의 종을 데리고 하나님이 알려준 산으로 떠났다.

3일 만에 목적지에 도착한 아브라함이 종들에게 말했다.

「내가 이삭과 함께 제사 드리고 올 테니 너희들은 이곳에서 기다리고 있거라.」

번제에 쓸 장작을 이삭에게 짐 지우고 칼과 불을 챙긴 아브라함이 제사드릴 곳으로 걸어갈 때 이를 이상하게 생각한 이삭이 아버지에게 물었다.

「아버지! 불과 장작은 있는데 번제로 바칠 양은 어디 있습니까?」

사랑하는 외아들이 하나님께 바쳐질 제물임을 차마 밝힐 수 없었던 아브라함이 아들의 눈길을 피하며 말했다.

「걱정하지 말아라. 하나님께서 준비하실 것이다.」

제단을 쌓고 불을 지필 장작을 놓은 아브라함이 발버둥 치는 이삭을 묶어 그 위에 올려놓았다. 그리고 아들을 향해 칼을 들었을 때 하나님의 천사가 아브라함을 불렀다.

「아브라함아! 아브라함아!」

---

56 모리아 땅이 어딘지는 정확히 알 수 없으나(성전이 세워진 곳으로 보아 아마 예루살렘을 가리킬 것이다.) 훗날 다윗은 여부스 사람 오르난으로부터 금 600세겔에 이 땅을 사들였고(대상21:18, 25)(삼하 24:18~25에는 은 50세겔로 산 것으로 되어 있다.) 그의 아들 솔로몬에 의해 하나님의 성전이 그곳에 세워짐으로써(대하3:1) 신성한 장소가 되었다.

「주여! 제가 여기 있나이다.」

「네 아들에게 손대지 마라. 네가 하나밖에 없는 아들을 아낌없이 바치려는 것을 내가 보았으니 네가 진심으로 하나님을 경외하는 줄을 내가 알았노라.」

아브라함이 고개를 들어 주위를 살펴보니 나무에 뿔이 걸려 움직이지 못하는 숫양 한 마리가 보였다. 하나님께서 준비하실 것이라는 믿음이 성취됨과 동시에 의심하지 않는 믿음은 하나님께서 친히 준비하신 어린 양 예수 그리스도의 대속적 죽음으로 구원받게 된다는 것을 예표하신 것이다.

그곳 이름을 「**여호와 이레**」[57]라 부른 아브라함이 양을 잡아 번제물로 드리자 천사가 말했다.

「네가 나에게 순종하였으므로 큰 복을 받을 것이며 네 자손이 번성하여 원수들을 정복하게 될 것이다. 또 네 자손을 통해 천하 만민이 복을 받을 것이니 이것이 내가 너에게 하는 약속이니라.」

자손을 통해 천하 만민이 받을 수 있다는 큰 복은 그로부터 2,000여 년 후 하나님의 아들이시며 구원자 되시는 예수 그리스도께서 그의 계보를 통해 세상에 오심으로 성취되었으며 십자가 죽음과 부활을 통하여 믿는 사람들이 죄 사함을 받아 새로운 피조물로 거듭나게 됨으로써 모든 것이 실현되었다.

---

57 여호와께서 준비하신다는 뜻

하나님의 친구 아브라함(창23:1~20, 25:1~11)

하나님께서 이삭을 반드시 살려주실 것이라는 믿음의 확신으로 시험을 극복해 낸 아브라함은 아내 사라가 127세의 나이로 세상을 떠나자 그두라라는 이름을 가진 여인을 후처로 맞이했다. 이삭에게 장자의 권한을 상속한 아브라함은 후처로부터 태어난 이삭의 이복동생들에게도 삶의 터전을 마련해주었으며, 분란이 생기지 않도록 그들을 멀리 보내 이삭과 떨어져 살게 했다. 주전 1991년, 175세의 나이로 아브라함이 숨을 거두자 이삭과 이스마엘은 **가나안 땅 마므레**[58] 앞에 있는 막벨라 동굴에 아버지를 모셨다. 그곳은 아브라함이 헷 사람 에브론에게 은돈 **400세겔**[59]을 주고 구입하여 아내 사라를 장사지낸 곳이었다.

이스라엘 민족의 시조이며 그리스도교, 유대교, 이슬람교 3대 종교에서 신앙의 아버지로 추앙받는 아브라함은 하나님으로부터 택함을 받고 젖과 꿀이 흐르는 가나안 땅을 약속받은 사람으로서 하나님의 친구라는 존귀한 호칭과 함께 물질적 번영과 영적 축복을 받은 최초의 인물이었다.

고향과 친척과 아버지 곁을 떠나라는 하나님의 말씀대로 최종 목적지가 어디가 되는지도 모른 채 길을 떠났으며, 어렵사리 얻은 외아들마저 망설임 없이 내줄 수 있을 정도로 모든 것을 내려놓을 줄 알았던 굳건한 믿음의 소유자 아브라함의 이야기는, 선택된 백성 이스라엘이 어떻게 가나안 땅에 들어오게 되었으며 어떻게 그 땅을 유산으로 받게 되었는가 하는 문제의 답을 제시하는 것이 되었다. 또한, 선택받는다는 것은 오직 하나님의 은혜에 따른 결과라는 것과 하나님

---

58 (마므레는 곧 헤브론이라-창23:19) 기럇아르바라고도 불리는(창23:2) 헤브론은 아브라함이 롯과 헤어진 후 처음으로 제단을 쌓은 곳이며(창13:18), 가나안에서 최초로 소유하게 된 땅으로써 아내 사라가 묻힌 곳이었으며(창23:18, 19), 여호수아가 유다 자손인 갈렙에게 그 땅을 주어 기업으로 삼게 한 곳으로(수 14:13) 다윗이 온 이스라엘의 왕으로 옹립될 때 기름 부음을 받은 곳(대상11:3)이기도 하다.

59 돈의 단위이며 무게의 단위로 1세겔은 약 11.4g이다. 2024년 기준으로 은 한 돈(3.75g) 가격이 약 6,000원 정도 된다고 가정할 때, 현재 돈으로 환산한다면 약 720만 원 정도 되는 금액일 것이다.

의 약속을 믿음으로 받아들이고 조금도 의심하지 않고 확신함으로써 복의 근원이 될 수 있었던 것은 바로 그의 순종에 있었다는 사실을 밝히려는 것이었다.

☑ 하나님이 아브라함과 맺은 언약

「너는 너의 고향과 친척과 아버지의 집을 떠나 내가 네게 보여 줄 땅으로 가라 내가 너로 큰 민족을 이루고 네게 복을 주어 네 이름을 창대하게 하리니 너는 복이 될지라(창12:1, 2).」

「네 아이나 네 여종으로 말미암아 근심하지 말고 사라가 네게 이른 말을 다 들으라 이삭에게서 나는 자라야 네 씨라 부를 것임이니라(창21:12).」

「또 네 씨로 말미암아 천하 만민이 복을 받으리니 이는 네가 나의 말을 준행하였음이니라 하셨다 하니라(창22:18).」

기록된 말씀으로 볼 때 하나님께서 아브라함에게 하신 약속 중 첫 번째는 땅에 대한 약속이었고 두 번째는 자손 번창에 대한 약속이었으며, 세 번째는 그 자손으로 말미암아 천하 만민이 복을 받게 될 거라는 약속이었다.

첫 번째, 두 번째 약속은 열두 지파로 구성된 고대 이스라엘이 애굽 땅에서 종살이하면서 큰 민족으로 번성하여 하나님께서 지시하신 땅 가나안으로 들어와 그 땅을 정복함으로써 완성되었다. 세 번째 약속 역시 아들 이삭으로 이어지는 계보를 통해 육신으로 오신 예수님께서 인류의 죄를 대속하기 위해 십자가에서 죽으시고 새로운 피조물로 거듭나게 하기 위해 3일 만에 부활함으로써 만민이 복을 받게 될 것이라는 약속 모두 성취되었다.

남자로 태어나면 8일 안에 할례를 받아야 한다는 말씀도 주셨지만(창17:10, 14), 할례는 하나님의 언약백성임을 나타내는 표징으로서 일종의 신앙적 행위였을 뿐 약속의 핵심은 아니었다고 보는 것이 옳을 것이다. 굳이 따진다면 육신의 할례가 아니라 성령으로 받는 마음의 할례가 하나님의 뜻이 아닐까 싶다.

☑ 하나님께서 이스라엘을 택하신 이유

하나님께서는 우주 만물의 창조주이자 주관자이시며 못하실 일이 없는 분이시니 굳이 한 나라의 백성을 선택할 필요는 없었다. 그러나 당신이 계획한 목적을 이루기 위해서는 어떤 민족 하나를 선택하여 본보기로 삼을 필요는 있었을 것이다. 그래서 만민 중에 구별하여 선택한 민족이 이스라엘이며(레20:26), 그들을 위해 택하신 땅이 바로 가나안(오늘날의 이스라엘)인(신12:11) 것이다.

너희는 나의 증인, 나의 종으로 택함을 입었나니(사43:10) 너를 이방의 빛으로 삼아 나의 구원을 베풀어 땅끝까지 이르게 할 것(사49:6)이라는 말씀으로 이스라엘을 본보기로 삼아 여호와 외에 다른 신이 없다는 것을 보여주며 온 인류를 구원하실 뜻을 밝히신 것이다.

그러나 처음부터 이스라엘을 택한 것이 아니라 그 특별한 민족을 세우기 위해 한 유목민을 선택하셨으니 그가 바로 아브라함이었다. 그를 택하신 이유도 그를 통해 온 세상에 복을 주기 위한 것과(창12:3) 그가 자손들을 가르쳐 여호와의 길을 잘 따르게 하기 위한 것임을(창18:19) 밝히신 하나님께서는 세상에 처음 태어나는 것은 모두 당신 것이라고 말씀하셨다. 그리고 이스라엘이 바로 당신의 아들이요, 여호와의 성물이며 첫 열매이니(렘2:3) 바로 그들이 당신의 장자임을(출4:22) 밝히셨던 것이다. 그리고 그들을 여러 나라 가운데 구별하여 거룩한 백성, 즉 **제사장 나라**[60]로 삼았으니 다른 나라를 위해 대속의 삶을 살 것을 요구하셨다.

「세계가 다 내게 속하였나니 너희가 내 말을 잘 듣고 내 언약을 지키면 너희는 모든 민족 중에서 내 소유가 되겠고 너희가 내게 대하여 제사장 나라가 되며 거룩한 백성이 되리라 너는 이 말을 이스라엘 자손에게 전할지니라(출19:5, 6).」

하나님께서 이스라엘을 소유로 삼으신 이유는 그들이 큰 민족이어서가 아니라 다만 그들을 사랑하기 때문이며 당신의 영광을 위해 그들로부터 찬송 듣기 위함이라고 말씀하신다.

「너는 여호와 네 하나님의 성민이라 네 하나님 여호와께서 지상 만민 중에서 너를 자기 기업으로 택하셨나니 여호와께서 너희를 기뻐하시고 너희를 택하심은 너희가 다른 민족보다 수효가 많기 때문이 아니니라 너희는 오히려 모든 민족 중에 가장 적으니라(신7:6~7).」

---

60 하나님의 사역을 잘 감당해 냄으로써 다른 민족에게 본을 보여야 하는 나라를 말한다.

「이 백성은 내가 나를 위하여 지었나니 나를 찬송하게 하려 함이니라(사43:21).」

그리고 순종하라고 명령하신다.

「너희는 내 목소리를 순종하고 나의 모든 명령을 따라 행하라 그리하면 너희는 내 백성이 되겠고 나는 너희의 하나님이 되리라(렘11:4).」

조건적 약속, 즉 당신을 믿고 순종해야만 그에 따른 축복이 있다는 것을 선포하신 것이다. 그러나 이스라엘은 언약백성이 되었음에도 불구하고 불순종함으로써 세계 여러 나라에 흩어져 살게 되고, 조롱과 비웃음을 당하며 나라 없는 백성들로 전락하는 수모를 겪게 된다.

이스라엘이 환란 당하게 된 이유가 예레미아서에 자세히 나와 있다.

「네가 이 모든 말로 백성에게 말할 때에 그들이 네게 묻기를 여호와께서 우리에게 이 모든 큰 재앙을 선포하심은 어찌 됨이며 우리의 죄악은 무엇이며 우리가 하나님 여호와께 범한 죄가 무엇이냐 하거든 너는 그들에게 대답하기를 너희 조상들이 나를 버리고 다른 신들을 따라서 그들을 섬기며 그들에게 절하고 나를 버려 내 율법을 지키지 아니하였음이라 너희가 조상들보다 더욱 악을 행하였도다 보라 너희가 각기 악한 마음의 완악함을 따라 행하고 나에게 순종하지 아니하였으므로 내가 너희를 이 땅에서 쫓아내어 너희와 너희 조상들이 알지 못하던 땅에 이르게 할 것이라 너희가 거기서 주야로 다른 신들을 섬기리니 이는 내가 너희에게 은혜를 베풀지 아니함이라 하셨다 하라(렘16:10~13).」

하나님께서는 지혜 있는 자들을 부끄럽게 하시려고 세상의 미련한 것들을 택하시고, 강한 것들을 부끄럽게 하시려고 세상의 약한 것을 택하시며, 세상의 천한 것들과 멸시받는 것과 없는 것들을 택하사 있는 것들을 멸하려 하신다는(고전 1:27, 28) 바울의 증언대로 하나님께서 이스라엘을 택하신 것은 힘없고 보잘것없는 아주 작은 나라를 도구로 하여 그들과의 약속이 이행되는 것을 만천하에 보여줌으로써, 여호와야말로 참 하나님이심을 깨닫게 하려는 것이었다. 또한, 창세로부터 약속된 메시아를 그들의 혈통을 통해 세상에 보냄으로써 그를 믿는 모든 백성들에게 복을 주기 위함이었던 것이다. 그리고 그들이 불순종함으로써 받게 되는 수난의 역사를 교훈 삼아 예루살렘과 유대와 사마리아를 넘어 땅끝까지 복음이 전해지도록 함으로써 구원은 순종으로부터 오게 되는 것임을 증거하는 하나님의 증인이 되게 하려는 것이었다.

복음은 이제 땅끝까지 이르렀지만, 복음이 시작된 곳으로써 모범을 보여야 할 이스라엘이 아직도 예수님을 그리스도를 받아들이지 못하고 있음은 안타까운 일이 아닐 수 없다. 그러나 희망이 있는 것은 하나님께서 이스라엘 백성들에게 회개하는 마음을 주실 때 그들은 자신들이 찌른 예수님을 바라보며 통곡할 것이라는 (슥12:10) 스가랴의 예언이 성취될 것이기 때문이다.

새로운 이스라엘인=그리스도인

구약 시대 때에 이스라엘이라는 한 민족이 인류 구원의 예표로 택함을 받았듯이 이제는 그리스도의 임재로 그를 믿는 사람들이 택함을 받았으니, 그리스도인이야말로 육적으로는 아브라함의 자손이요, 영적으로는 하나님의 백성이 됨으로써 이제부터는 그리스도인 모두가 새로운 이스라엘인으로서 세계 만민에게 복의 근원이 되어야 할 것이다.

「너희는 택하신 족속이요 왕 같은 제사장들이요 거룩한 나라요 그의 소유가 된 백성이니 이는 너희를 어두운 데서 불러 내어 그의 기이한 빛에 들어가게 하신 이의 아름다운 덕을 선포하게 하려 하심이라(벧전2:9).」

아브라함을 믿음의 조상으로 여기는 3대 종교 비교

	그리스도교	유대교	이슬람교
믿음의 대상	삼위일체의 하나님 (성부, 성자, 성령)	야훼(Yahweh) 하나님	알라(Allah)
경 전	구약+신약	구약+탈무드	모세오경(히브리어 명칭으로 토라 라고 부른다)+코란
메시아	예수 그리스도	예수를 메시아로 인정하지 않으며 지금도 메시아가 나타나기만을 기다리고 있다.	무함마드는 알라가 보낸 많은 예언자 중 마지막 예언자이다. 하나님과 사람 사이의 중보자는 필요하지 않으므로 메시아 역시 중요하지 않다.
예수님을 보는 시각	예수님은 삼위일체의 두 번째 되는 하나님으로 살아계신 하나님의 아들이다. 예수님이야말로 사람들을 영원한 생명으로 인도하는 유일한 길이며 그가 재림하셔서 세상을 심판하실 것이다.	예수는 거짓 메시아이므로 하나님을 모독한 용서할 수 없는 죄인이다.	알라가 보낸 많은 예언자 중 한 사람이며 존경받는 자이나 하나님의 아들은 아니다.
아브라함을 보는 관점	그리스도인들은 예수님의 육신의 조상인 아브라함을 믿음의 조상으로 여긴다.	유대인들은 이삭이 아브라함의 둘째 아들이지만 하나님의 약속으로 낳은 자식이기 때문에 자신들이야말로 아브라함의 적자로 믿는다.	무슬림들은 이스마엘이 아브라함의 맏아들로서 그의 후손인 자신들이야말로 아브라함의 적자라고 인식하고 있다.
기 타	교회에서 예배드리며 구원은 믿음으로부터 오는 것으로써 인간의 행위나 노력에서 얻어지는 것이 아니라 오직 하나님의 은혜임을 믿는다. 예수님은 사람들의 죄를 위해 죽었고 새로운 피조물로 세우기 위해 부활했음을 믿는다.	안식일에 회당에서 모임을 갖고 남자들은 할례를 받는다. 유월절을 포함한 많은 절기를 지킨다.	다섯 가지 의무를 지킨다. 1) 알라 외에 신이 없음을 고백한다. 2) 메카를 향해 매일 다섯 번 기도한다. 3) 라마단 기간에는 금식한다. 4) 어려운 사람들을 위해 자선을 행한다. 5) 평생에 한 번 성지순례를 간다.

아브라함의 가계도

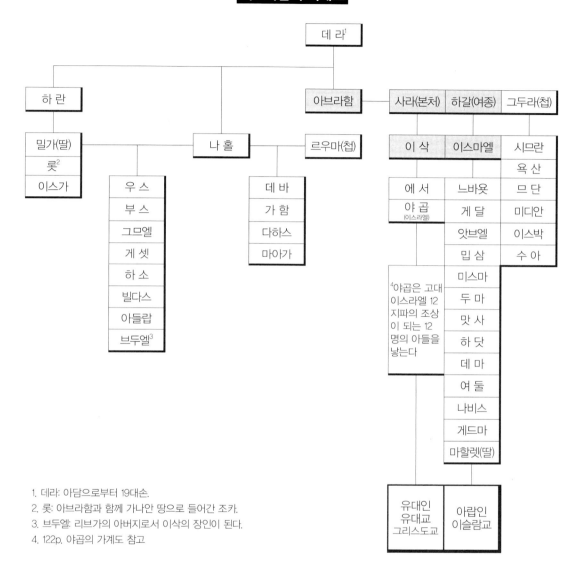

1. 데라: 아담으로부터 19대손.
2. 롯: 아브라함과 함께 가나안 땅으로 들어간 조카.
3. 브두엘: 리브가의 아버지로서 이삭의 장인이 된다.
4. 122p. 야곱의 가계도 참고

소돔과 고모라

여호와께서 유황과 불을
소돔과 고모라에 비같이 내리사(창19:24)

필자가 초등학교를 다녔던 60년대 초반, 시내 극장에서 절찬리에 상영되었던 영화 「소돔과 고모라」에서 롯의 아내역을 맡았던 미모의 여배우가 돌바람이 휘몰아치고 번갯불이 번쩍이는 가운데 소금 기둥으로 변하는 명장면은 지금도 눈에 선할 정도로 기억에 생생하다.

아브라함의 중보기도(창18:20~33)

1년 후면 후사를 보게 되리라는 언약의 말씀을 전한 뒤 소돔으로 향하는 천사들을 배웅하러 나온 아브라함에게 하나님께서 말씀하셨다.

「소돔과 고모라에 대한 부르짖음이 크고 그 죄악이 매우 무거우니 이제 그곳으로 가서 사실인지 확인할까 하노라.」

소문이 사실로 밝혀지면 무서운 벌을 내릴 것을 직감한 아브라함이 하나님께 물었다.

「하나님! 그곳에는 의인과 악인이 함께 살고 있을 텐데 모두 벌주려 하십니까? 만약 그곳에 의인 50명이 있다면 어떻게 하시겠습니까?」

의인이 50명이나 된다면 용서하겠다고 하나님께서 말씀하셨다. 50명 중 다섯 명이 부족하다면 어떻게 하시겠느냐고 아브라함이 다시 묻자, 하나님은 의인 45명만 찾을 수 있어도 벌주지 않겠다고 약속하신다. 만약 40명밖에 안 된다면 어떻게 하시겠느냐는 거듭된 질문에 의인이 40명만 되어도 절대 멸하지 않겠다고 또 약속하신다. 하나님을 붙들고 응답받을 때까지 간구하는 끈질긴 기도 덕분에 의인이 열 명만 되어도 그 성을 멸하지 않겠다는 약속을 아브라함은 받아낼 수 있었다. 이렇듯 단 몇 사람의 의인조차 찾아보기 힘들 정도로 소돔과 고모라는 죄악으로 가득 찬 타락한 도시였다.

소돔과 고모라의 멸망(창19:1~26)

두 천사가 밤늦은 시각에 소돔에 도착하자 마침 성문에 앉아있던 아브라함의 조카 롯은 범상치 않은 이방인들의 방문에 그들을 영접하며 말했다.

「내 주여! 밤이 깊었으니 저의 집에서 하룻밤 묵고 가십시오.」

천사들이 롯의 집에 들어가 늦은 저녁 식사를 마쳤을 때, 외지인이 마을에 들어왔다는 소식을 접한 소돔 주민들이 몰려와 그들을 내놓으라고 난동을 부렸다. 나그네를 보호해주기는커녕 욕정의 대상으로 삼으려는 것을 못마땅하게 생각한 롯이 밖으로 나와 그들을 설득했다.

「형제들이여! 그들은 내 집에 온 손님들이니 무례히 대하지 마시오. 그 대신 내게 두 딸이 있으니 당신들 좋을 대로 하시오.」

흥분한 주민들은 롯을 밀치며 거칠게 말했다.

「시끄럽다! 떠돌이 주제에 감히 우리를 훈계하려 들다니! 네놈이 먼저 혼 좀 나야겠구나.」

소돔 주민들의 난폭한 행동을 유심히 지켜보고 있던 천사들이 롯을 집안으로 끌어들이고는 주민들의 눈을 멀게 하여 문을 찾지 못하게 만들었다. 예상했던 대로 소돔이 크게 타락한 것을 확인한 천사들이 롯에게 말했다.

여호와께서 이곳을 멸하려고 우리를 보내신 것이요. 그러니 가족들을 모두 피신시키는 것이 좋을 듯하오.」

장차 사위 될 사람들한테 전후 사정을 이야기한 롯이 어서 이곳을 빠져나가야 한다고 말했지만 그들은 장인의 말을 농담으로 들었다. 다음날 새벽이 되자 천사들은 머뭇거리는 롯과 그의 아내와 두 딸을 성 밖 안전한 곳으로 데리고 가며 말했다.

「시간이 없소. 빨리 이곳을 떠나시오. 그리고 절대로 뒤돌아보지 마시오. 들에 머물지 말고 산으로 피하면 재앙을 면할 수 있을 것이요.」

어서 소돔 성을 떠날 것을 재촉하는 천사들에게 롯이 말했다.

「내 주여! 주께서 우리들을 구해주셨지만 내가 먼 곳까지 갈 수가 없으니 가까운 마을로 피신할 수 있도록 도와주십시오.」

천사의 권유에 따라 롯의 가족들이 소알이라 불리는 작은 성에 들어가자, 그들이 안전하게 대피하는 것을 보신 하나님께서 마침내 유황불을 비같이 쏟아부으셨다. 음란과 타락의 도성 **소돔과 고모라를 멸망시킴으로써**[61] 당신을 거역하고 순종하지 않는 사람들에 대한 본보기로 삼으신 것이다.

그때가 주전 2067년 되던 해였다. 아브라함의 끈질긴 중보기도와 부지중에 천사를 대접하는 선행으로 유황불의 심판에서 벗어날 수 있었지만 살던 곳에 대한 미련을 버리지 못한 롯의 아내가 천사의 명을 어기고 뒤돌아보는 순간, 그는 소금 기둥이 되었다. 이전의 삶의 방식에서 벗어나지 못하고 세상 것에 대한 미련을 내려놓지 못한다면 구원은 없다는 것을 하나님께서 보여주신 것이다.

롯이 구원받은 것을 두고 창세기 저자는 하나님이 아브라함을 생각하사 그 성을 엎으시는 중에 롯을 내보내셨다고 기록하고 있으며(창19:29), 사도 베드로는 하나님께서는 경건한 사람들은 시험에서 구해주시며 악인은 심판 날까지 형벌 아래 두실 것이라면서 소돔 주민들의 음란하고 불법한 행실을 보고 들음으로써 고통당하는 롯을 구원해 주신 것이라고(벧후2:6~9) 말했다.

모압과 암몬 족속의 조상(창19:27~38)

하나님께서 악을 멸하시는 것을 목격하게 됨으로써 두려움을 느낀 롯은 소알 성을 떠나 산속 깊은 곳으로 들어가 두 딸과 함께 토굴에서 살았다.

큰딸이 작은딸에게 말했다.

「우리의 배우자 될 사람이 이 땅에 없으니 아버지께 술을 드시게 하고 잠자리

---

61 큰 재앙으로 멸망당한 소돔과 고모라는 오늘날 사해 남단의 바닷물 속에 잠겨있다고 보는 것이 일반적인 해석이다.

를 같이 하여 우리의 후손을 이어가자.」

그날 밤, 아버지를 취하게 만든 큰딸이 아버지와 잠자리를 같이하고, 다음날에는 작은딸이 같은 방법으로 잠자리를 같이했지만, 술에 취한 아버지는 두 딸이 하는 행동을 전혀 눈치채지 못했다. 근친상간이라는 부도덕한 행위로 임신하게 된 큰딸이 아들을 낳게 되자 이름을 모압이라 지었고 작은딸도 아들을 낳아 벤암미라고 지었다. 그들이 바로 「모압」과 「암몬」 백성의 조상이 됨으로써, 재앙에서 살아남은 롯은 **두 민족의 아버지**[62]가 되었다.

하나님께서는 선지자 에스겔을 통하여 소돔의 죄악과 그들을 멸망시킨 이유에 대하여 말씀하셨다.

「네 아우 소돔의 죄악은 이러하니 그와 그의 딸들에게 교만함과 음식물의 풍족함과 태평함이 있음이며 또 그가 가난하고 궁핍한 자를 도와주지 아니하며 거만하여 가증한 일을 내 앞에서 행하였음이라 그러므로 내가 보고 곧 그들을 없이 하였느니라(겔16:49, 50).」

끔찍한 불의 형벌로 심판받은 소돔과 고모라의 이야기는 의인 한 사람의 중보기도가 큰 구원의 역사를 일으키게 된다는 사실과 말씀대로 살지 않고 경건하지 못한 삶을 사는 사람들에게는 다시 한번 자신을 돌아보게 하는 경고가 되었다.

---

62 요단 강과 사해의 동편 땅인 모압과 암몬은 롯의 자손으로서 이스라엘과는 친족 관계였다. 그러므로 이스라엘 백성들이 애굽을 탈출하여 가나안 땅으로 들어올 때 하나님께서 싸움을 막으신 것은 바로 그 이유 때문이었다(신2:9, 19). 그렇지만 그들은 이스라엘이 애굽에서 나올 때 떡과 물로 영접하지 않고 오히려 거짓 예언자 발람을 시켜 백성들을 저주하려고 했기 때문에 그 벌로 여호와의 총회에는 영원히 참석하지 못하게 하라고 말씀하셨다(신23:3, 4).

☑ 소돔의 죄악이란?

정확하게 밝혀진 것은 없지만, 성경학자들은 동성 간, 또는 사람과 동물 사이에서 행해지는 수간 등 극도로 타락한 성적범죄로 음란문화가 득세했기 때문일 것이라고 주장한다. 비정상적인 성행위를 소더미(sodomy)라고 하는데 그것이 바로 소돔(Sodom)에서 유래되었다고 보기 때문이다.

소돔과 고모라의 이야기는 인간의 윤리적 타락에 경종을 울려주는 일대 사건이 되었다.

그러나 그 당시와는 비교할 수 없을 정도로 오늘날 우리 주변에서 만연되고 있는 성(性)적 타락과 도덕적 타락이 홍수를 이루는 천박한 밤의 문화를 하나님께서 보시고 소돔과 고모라 시대의 잣대로 비교하신다면 과연 어떤 반응을 보이실까? 그것이 궁금해진다.

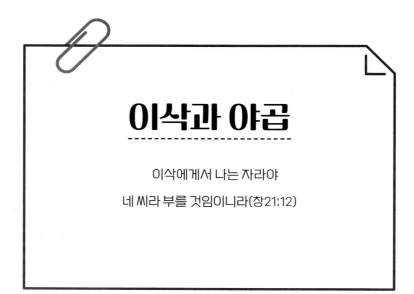

이삭과 야곱

이삭에게서 나는 자라야
네 씨라 부를 것임이니라(창21:12)

리브가를 아내로 맞이하다(창24:1~67)

이삭을 번제물로 바치라는 하나님의 시험을 아브라함이 믿음으로 극복하자 하나님께서 이삭에게 복을 주시고 함께하시니 그는 건강하게 잘 자랐다. 이삭이 장성하여 혼인할 나이가 되자 저주받은 가나안 족속의 여인을 며느리로 맞이해서는 안 된다는 생각을 늘 마음속에 품고 있던 아브라함은 충직한 집사 엘리에셀을 불렀다.

「이제 이삭이 성인이 되었으니 가정을 가져야 하지 않겠느냐? 너는 나의 고향으로 가서 이삭의 아내 될 사람을 구해 데리고 오너라.」

주인의 명을 받은 엘리에셀은 낙타에 짐을 싣고 **메소보다미아**[63]에 있는 아브라함의 고향 마을로 떠났다. 긴 여정 끝에 마을 어귀의 우물가에 도착한 엘리에셀은 마침 여인들이 물 길으러 나올 때가 된 것을 보고는 하나님께 기도했다.

---

[63] 메소포타미아: 그리스어로 두 강(유프라테스와 티그리스 강) 사이의 땅이라는 뜻으로 현재의 이라크 지역을 말한다.

「하나님! 이삭의 아내 될 사람을 찾으러 이곳까지 왔습니다. 물 길러 나오는 여인들 중 저의 청을 들어주는 여인이 있다면 그를 이삭의 아내 될 사람으로 하나님께서 정하신 줄로 알겠습니다. 모든 일이 하나님의 뜻대로 이루어지게 하소서.」

그가 기도를 마치기도 전에 한 처녀가 물동이를 이고 우물가로 왔다. 그 처녀는 아브라함의 동생인 나홀의 손녀 리브가였다. 엘리에셀은 그 처녀에게 물 한 잔 줄 것을 부탁하면서 그의 행동을 유심히 살펴보았다. 엘리에셀에게 마실 물을 전달한 리브가가 낙타에게도 물을 주는 것을 본 엘리에셀은 나그네를 도와줄 줄 아는 품성 좋은 이 여인이 바로 자신이 찾고 있는 사람임을 확신하고는 금으로 된 장신구 한 쌍을 선물하면서 말을 걸었다.

「아가씨는 어느 집 딸이시오, 혹시 우리들이 하룻밤 신세 질 수 있겠소?」

「저의 아버지는 나홀의 아들 브두엘이라고 합니다. 마침 우리 집에 빈방이 있으니 쉬어가실 수 있을 것입니다.」

그 처녀가 아브라함 동생의 손녀라는 사실을 알게 된 엘리에셀은 하나님께서 이 일을 주관하고 계심을 깨닫고 머리 숙여 감사의 기도를 올렸다. 마을로 들어온 이방인들이 큰할아버지 아브라함이 보낸 사람들인 것을 알게 되자, 리브가는 한걸음으로 달려가 가족들에게 이를 알렸다. 엘리에셀은 아브라함이 노년에 아들을 얻었다는 이야기와 이곳에 와야만 했던 이유, 그리고 자신들이 리브가를 시험했던 일 등 그동안 있었던 모든 일을 리브가의 가족들에게 설명하고는 리브가를 이삭의 아내로 삼을 수 있게 해 달라고 간청했다. 전후 사정을 알게 된 리브가의 가족들은 이 모든 일은 하나님께서 계획하신 것이니 우리가 말할 수 있는 입장이 아니라면서 이삭과 부부의 연을 맺을 수 있도록 허락했다. 가족들은 이제 떠나면 다시 못 볼 리브가를 위해 며칠 동안이라도 함께 있기를 원했지만, 주인이 기다리고 있으니 속히 떠나야 한다는 엘리에셀의 뜻을 꺾지 못하고 리브가를 보내면서 그를 축복했다.

「사랑하는 리브가야! 너는 천만 백성의 어머니가 될 것이며 너의 자손들이 원수들의 성문을 차지하게 될 것임을 믿는다.」

어머니를 여읜 뒤 슬픔으로 나날을 보내고 있던 이삭은 마흔 살에 리브가를 아내로 맞이하면서 안정을 찾게 되자 그를 매우 사랑했다.

에서와 야곱이 태어나다(창25:21~26)

이삭의 나이 예순이 다 되도록 아내 리브가가 임신하지 못하자 이삭은 여호와께 아이를 갖게 해 달라고 간구했다. 하나님께서 그의 기도에 응답하시니 리브가의 몸에 태기가 보였다. 배 속의 아이들이 서로 다투는 것을 보신 하나님께서 리브가에게 말씀하셨다.

「두 민족이 네 태중에 있구나 두 민족이 네 복중에서부터 나누이리라 이 족속이 저 족속보다 강하겠고 큰 자(에서)가 어린 자(야곱)를 섬기리라.」

주전 2006년, 마침내 쌍둥이가 태어나자 먼저 나온 아이는 피부가 붉고 털이 많아서 이름을 에서라고 지었고 나중에 나온 아이는 손으로 에서의 발꿈치를 붙잡고 있었다고 해서 야곱이라 이름 지었다.

이삭과 아비멜렉(창26:1~33)

아브라함 사후 큰 흉년이 들자 여호와께서 이삭에게 말씀하셨다.

「너는 내가 지시하는 땅으로 가거라. 내가 너와 함께 할 것이며 네게 복을 주고 그 땅을 너와 네 자손에게 줄 것이다. 네 자손은 하늘의 별과 같이 번성하게 될 것이며 그들로 말미암아 천하 만민이 복을 받게 될 것이다. 그것은 너의 아버지 아브라함이 내 말에 순종하고 내 명령을 잘 지켰기 때문이니라.」

하나님의 말씀대로 이삭은 블레셋 지역의 그랄에 정착했다. 이삭의 아내 리브가 역시 매우 아름다운 여인이었다. 이삭은 사람들이 리브가를 빼앗기 위해 자신을 해칠지 모른다는 두려움 때문에 그 옛날 아버지 아브라함이 애굽의 바로에게 했던 것처럼 리브가는 자신의 여동생이라고 사람들을 속였다. 어느 날 이삭이 리브가를 끌어안고 있는 것을 우연히 본 블레셋 왕 아비멜렉이 그를 불렀다.

「이제 보니까 리브가는 당신의 아내가 분명한 것 같은데 왜 동생이라 속였소?」

「이곳 사람들이 아내를 빼앗기 위해 나를 죽일지도 모른다는 생각에 거짓말을 했습니다.」

이삭의 대답에 아비멜렉이 말했다.

「그것을 모르는 사람들이 당신의 아내를 범하면 어찌할 뻔했소? 지금이라도 진실을 알게 되었으니 천만다행이오.」

아비멜렉은 이삭의 아버지 아브라함이 사라를 자신의 누이라고 속이자 사라의 아름다움에 반해 그녀를 왕궁으로 데려갔던 일로 여호와께 크게 책망받았던 옛일을 떠올리며, 이삭과 그의 아내를 건드리는 자들은 죽음을 면치 못할 것이라고 백성들에게 경고했다. 이삭은 농사를 지어 그해에 백배의 수확을 거두었고 여호와께서 복을 주시니 마침내 큰 부자가 되었다.

블레셋 사람들이 거부가 된 그를 보고 시기하자 아비멜렉이 말했다.

「당신이 우리보다 훨씬 강해졌으니 이제 이곳을 떠나야 할 것 같소.」

이삭이 장막을 옮겼지만 질투심을 느낀 그랄의 목자들이 그 분풀이로 우물을 메워버리자 하나님께서 반드시 도와주신다는 것을 굳게 믿고 있던 이삭은 원주민들과의 다툼에서 벗어나기 위해 맹세의 우물이라 불리는 브엘세바로 갔다. 양보의 미덕과 겸손함을 갖춘 이삭을 보고 하나님께서 그와 함께하시는 것을 분명히 알게 된 블레셋 왕 아비멜렉이 이삭에게 찾아와 화해하기를 청했다.

물이 귀했던 가나안 땅에서 우물을 확보하는 것이 무엇보다 시급한 일이었지만 양보하고 인내하는 삶이 결국 더 큰 축복을 가져다주는 지름길임이 증명된 것이다.

축복받는 야곱(창27:1~28:22)

이삭의 두 아들은 자라면서 에서는 뛰어난 사냥꾼이 되어 아버지로부터 신임을 받았고 조용한 성격의 야곱은 어머니 리브가의 사랑을 받았다. 이삭이 나이가 들어 시력을 잃게 되자 맏아들 에서를 불렀다.

「에서야! 내가 이제 늙어 언제 죽을지 모르니 장자의 권리를 상속해야 할 것 같구나. 그러니 내가 좋아하는 음식을 만들어 오너라.」

큰 자가 어린 자를 섬기게 될 것이라는 하나님의 말씀을 늘 마음속에 두었던 어머니 리브가는 맏아들 에서가 사냥하러 나간 틈을 이용해 둘째 아들 야곱을 불렀다.

「야곱아! 네 형이 돌아오기 전에 염소를 잡아 아버지께 드리고 형 대신 네가 **장자의 축복**[64]을 받아야 하니 어서 서둘러야겠다.」

---

[64] 장자권이란 맏이가 차지하는 상속권을 말하는 것으로, 여러 가지 권리가 있겠으나 많은 재산을 물려받을 권리를 포함한다. 보통 두 배의 몫을 받았다(신21:17).

형의 옷으로 갈아입고 염소 가죽을 팔에 둘러 에서로 변장한 야곱이 눈이 어두운 아버지 앞에 엎드리자 이 사실을 모르는 아버지는 야곱이 준비한 음식과 포도주를 받고는 기쁜 마음으로 그를 축복해주었다.

「하나님께서 너에게 기름진 땅과 풍성한 곡식 그리고 포도주 주시기를 바라노라.」

사냥에서 돌아온 에서는 동생이 장자권을 가로챘다는 사실을 알게 되자, 팥죽 한 그릇에 장자의 권리를 동생에게 넘겼던 어릴 적 일을 떠올리며 장자권을 가볍게 여긴 나머지 경솔하게 행동해서 이런 일이 벌어졌다고 자책하면서, 자신을 두 번이나 기만한 동생 야곱에게 반드시 복수하고야 말겠다고 이를 악물었다.

에서의 행동에서 살기를 느낀 어머니 리브가가 야곱에게 말했다.

「네 형이 너를 해칠까 두려우니 당분간 외삼촌의 집으로 피신해 있는 것이 좋을 것 같구나.」

내가 야곱을 사랑하였고 에서는 미워했다는 말씀대로(말1:2, 3) 하나님의 절대 주권에 따라 장자권을 부여받게 된 야곱이 2,000리가 넘는 하란(터키 남부지역)의 외갓집으로 피신하는 도중 하늘까지 이어져 있는 사다리의 맨 끝, 하늘 문 위에 계시는 하나님을 꿈속에서 만났다.

「야곱아! 네가 누워있는 이 땅을 너와 네 자손에게 줄 것이다. 너의 자손은 땅의 티끌같이 많아져 번성할 것이며 모든 민족들이 네 자손을 통해 복을 받게 될 것이다. 네가 어디를 가든 내가 너를 지켜 이 땅으로 돌아오게 할 것이며 너에게 약속한 것이 다 이루어질 때까지 너를 떠나지 아니하리라.」

잠에서 깨어난 야곱은 베개로 삼았던 돌을 땅에 세우고 기름 부은 후 그곳을 **벧엘**[65]이라 이름 지었다. 그리고 변화된 모습으로 하나님만 섬기겠다고 맹세하였다.

---

65 벧엘은 하나님의 집이라는 뜻으로 아브라함이 가나안 땅으로 들어와서 제단을 쌓았으며(창12:8) 사사 시대에는 하나님의 궤가 한때 머물렀고(삿20:27) 분열 왕국 시대에는 북이스라엘의 첫 번째 왕인 여로보암이 북쪽의 단과 함께 이곳에 금송아지를 만들어 세운 곳(왕상12:32)으로 예루살렘 다음으로 많이 나오는 지명이다.

「하나님께서 저를 지켜주셔서 무사히 아버지 집으로 돌아갈 수 있게 해주신다면 여호와를 저의 하나님으로 섬길 것입니다. 또 돌기둥을 세운 이곳이 하나님의 집이 될 것이며 저에게 주신 모든 것의 십 분의 일을 하나님께 바치겠습니다.」

레아와 라헬(창29:1~30:24)

외삼촌 라반의 집에서 도피생활을 시작한 야곱은 외삼촌의 두 딸 중 작은딸 라헬을 보고는 첫눈에 반했다. 그래서 야곱은 그녀와 결혼할 수만 있다면 7년 동안 외삼촌을 위해 열심히 일하겠다고 제안했다. 7년이 지나 약속한 날이 되자 외삼촌은 야곱의 신혼방에 라헬 대신 그의 언니 레아를 들여보냈다. 다음 날 아침이 되어서야 사람이 바뀐 것을 안 야곱이 자신을 속인 외삼촌을 향해 화를 내자, 외삼촌은 작은딸을 큰딸보다 먼저 시집 보내는 경우는 없으니 7년 동안 일을 더 해준다면 라헬 역시 아내로 주겠다고 약속했다. 라헬을 포기할 수 없었던 야곱은 결국 7년 동안 일을 더 하게 되었다.

언니 레아가 야곱의 사랑에 목말라 하는 것을 보신 하나님께서 그에게 르우벤, 시므온, 레위, 유다 등 네 명의 아들을 주셨다. 언니 레아가 아들 넷을 연달아 낳은 것을 보고 질투심에 휩싸인 라헬은 자신의 몸종 빌하를 통해 아들을 얻고자 그녀를 야곱의 침실로 보내 단과 납달리가 태어났다. 두 자매간에 자손을 두고 경쟁심에 불이 붙자 레아 역시 자신의 몸종 실바를 야곱에게 보내 갓과 아셀을 얻었다. 그 후 레아가 임신하여 잇사갈과 스불론이 태어난 후 딸 디나를 더 낳았다. 불임으로 마음고생이 심했던 라헬이 간절히 기도하자 그녀를 불쌍하게 여기신 하나님께서 마침내 요셉을 주셨다.

고향으로 돌아가는 야곱(창30:25~32:6)

라헬의 몸에서 그토록 기다리던 열한 번째 아들 요셉이 태어나자 어엿한 일가를 이루었다고 생각한 야곱은 장인 라반에게 이제 고향 땅으로 돌아가겠다고 말했다.

「여호와께서 나에게 복을 주신 것이 다 자네 때문이라는 것을 잘 알고 있네. 나와 함께 일하면 좋겠지만 자네 생각이 정 그렇다니 좋을 대로 하게나. 그러면 그동안 일한 대가를 어떻게 계산하여 주면 좋겠는가?」

야곱은 장인이 소유하고 있는 가축 중에서 점이 있거나 얼룩이 진 새끼 양과 염소를 골라낼 테니 그것을 품삯으로 쳐 달라고 말했다. 손해 볼 것 없다고 판단한 라반은 야곱이 원했던 가축들을 분리하여 사흘 길 초원지대로 빼돌리고, 자신의 아들에게 돌보도록 하여 야곱의 수중에는 한 마리도 넘어가지 않도록 감시했다.

이를 알게 된 야곱은 꾀를 내어 버드나무와 살구나무와 신풍 나무의 푸른 가지를 꺾어 껍질을 벗겨 내고 하얀 줄무늬를 만들어 가축들 앞에 세워 놓았다. 가축들이 그 나뭇가지 앞에서 새끼를 갖자 얼룩무늬 새끼 염소가 태어났다. 또 튼튼한 짐승들이 새끼를 가지려고 하면 그 앞에 나뭇가지를 놓고 약한 짐승들 앞에서는 나뭇가지를 치워 버리니 약한 가축은 라반의 것이 되고 튼튼한 가축은 자신의 소유가 됨으로써 야곱은 마침내 큰 부자가 되었다.

장인의 시선에서 불편함을 느낀 야곱은 조상의 땅으로 돌아가라는 여호와의 말씀대로 그동안 모은 재산을 정리하여 아버지 이삭이 살고 있는 가나안 땅으로 향했다. 야곱이 고향으로 출발했다는 소식을 들은 라반은 야곱에게 속아 많은 재산을 빼앗겼다는 것과 신주처럼 모셨던 가보 **드라빔**[66]마저 없어진 것을 알고는

---

66 드라빔이라는 것이 정확히 어떻게 생겼는지는 알 수 없으나 가정을 지켜주는 우상으로서 점치는 도구 또는 재산의 상속권을 보증하는 징표로 사용되었을 것이다.

분을 참지 못한 나머지 형제들과 함께 야곱을 뒤쫓았다. 길르앗 산에 도착한 그 날 밤 라반의 꿈에 나타나신 하나님께서 야곱의 행동을 탓하지 말라 이르시며 그를 엄하게 꾸짖었다.

마침내 야곱의 장막에 도착한 라반이 화를 내며 말했다.

「자네가 나한테 한마디 말도 없이 이렇게 떠날 수가 있는가?」

「제가 장인의 두 딸을 얻기 위해 14년, 그리고 가축을 얻기 위해 6년, 합하여 20년 동안 열심히 봉사하고 이제 가족들과 함께 고향으로 돌아가려는데 축복해 주지는 못할망정 무엇을 잘못했다고 이렇게 쫓아와서 저를 도둑놈 취급하시는 겁니까?」

그동안 장인을 위해 노예처럼 일한 대가가 겨우 이것이냐고 조리 있게 따지며 항의하는 야곱에게 할 말을 잃은 라반은 두 딸을 잘 보살펴 달라는 당부와 함께 서로 간에 피해를 주지 말자는 약속을 맺고 돌기둥을 증거로 세운 후 서로 축복하고 헤어졌다.

위기를 넘긴 야곱이 이번에는 장자권을 빼앗긴 후 복수의 칼을 갈며 에돔 나라 세일 지역에 살고 있던 형 에서의 분을 누그러뜨리기 위해 사자를 보냈다. 하지만 에서가 400명의 장정을 거느리고 자신을 만나러 오고 있다는 소식을 접하자 두려움을 느낀 야곱은 에서의 손에서 자신을 구해달라고 하나님께 기도했다.

야곱이 새롭게 태어나다(창 32:7~33:20)

에서의 공격에 대비하여 가족들과 가축들을 두 그룹으로 분리한 야곱은 형의 환심을 사기 위해 550마리의 가축들을 세 무리로 나눈 다음 에서에게 차례로 보내면서 형의 의중을 살폈다. 가족들과 소유재산 모두를 요단 강 지류인 얍복 나루 건너편으로 보낸 야곱이 장막에 홀로 남아 걱정으로 밤을 지새우고 있을 때, 어떤 사람이 갑자기 나타나 그와 밤새도록 씨름을 했다. 그 사람은 야곱의 허벅지 관절을 쳐서 뼈를 어긋나게 만들고 돌아가려 했지만, 그 사람이 여호와의 사자인 것을 알게 된 야곱은 다친 발을 절룩거리며 소리쳤다.

「주여! 저를 축복하지 않으면 그냥 보내 드릴 수가 없습니다.」

하나님께 의지하며 울며 매달리는 야곱에게 천사가 말했다.

「이제부터 너의 이름은 속이는 자 야곱이 아니라 **이스라엘**[67]이 될 것이다. 이는 네가 하나님과 겨루어 이겼기 때문이니라.」

속이는 자 야곱에서 하나님과 겨루는 자 이스라엘로 개명된 야곱이 영적으로 변화 받아 자신의 정체성을 깨닫게 되자, 야곱은 하나님 얼굴을 보고도 죽지 않았다고 하여 그곳 이름을 브니엘이라고 불렀다.

마침내 형과 재회한 야곱은 그의 감정을 건드리지 않기 위해 가족들을 이끌고 예를 갖추며 형을 맞이했다. 자신의 이익을 위해서라면 물불을 가리지 않던 과거와는 달라진 동생의 모습에서 그간의 삶을 보게 된 에서는 동생을 용서하고 형제의 정을 나누며 얼싸안고 소리 내어 울었다. 극적인 화해로 형제간의 우애가 회복되자 형 에서는 야곱에게서 받은 많은 선물을 가지고 에돔으로 돌아갔다. 야곱은 가나안 땅 세겜 성에 이르러 그곳에 장막을 치고 제단을 쌓았다.

가나안 땅으로 무사히 돌아오게 할 것이라는 하나님의 언약이 20년 만에 이루어진 것이다.

---

67 히브리어로 하나님과 겨루다라는 뜻

이스라엘 12지파의 태동(창34:1~35:26)

 야곱과 레아 사이에서 태어난 외동딸 디나는 마을 구경 나갔다가 그 땅의 지배자인 세겜에게 몹쓸 짓을 당하고 말았다. 비록 디나를 강간하긴 했어도 그녀를 사랑하게 된 세겜은 아버지 하몰에게 디나와 결혼하게 해달라고 졸랐다. 사돈 관계를 맺자는 하몰의 청에 자신의 딸이 더럽힘을 당한 일에 분통이 터졌지만, 그들의 힘을 의식할 수밖에 없었던 야곱은 남자들이 할례받는 조건으로 이를 수락했다. 그렇게 해서 세겜 성의 남자들이 할례받고 누워있을 때, 자신의 누이를 욕보인 자들을 반드시 응징하리라 마음먹은 야곱의 두 아들 시므온과 레위가 기습 공격하여 성안의 남자들을 죽이고 재물을 빼앗았다. **두 아들의 경솔한 행동 때문에**[68] 보복당할 것을 염려한 야곱은 하나님께서 지시하신 대로 가나안 땅 벧엘, 즉 에서를 피해 외삼촌 집으로 피신할 때 베개로 썼던 돌을 세운 곳으로 가서 제단을 쌓자 하나님께서 주변 족속들을 다스려 야곱의 가족들을 더 이상 공격하지 못하게 막아주셨다. 그리고 야곱에게 나타나 거듭 말씀하셨다.

 「네 이름을 지금부터 이스라엘이라 부를 것이다. 내가 너의 조상 아브라함과 이삭에게 준 땅을 너와 너의 자손에게 줄 것이니 번성하여 큰 나라를 이루어라. 백성들의 총회가 네게서 나오고 왕들이 네 허리에서 나올 것이다.」

 언약의 상속자임을 공식적으로 인정받게 된 이스라엘이 가족들과 함께 벧엘에 머물다가 베들레헴의 에브랏에 이르렀을 때, 라헬이 막내아들 베냐민을 난산 끝에 낳았지만 출산 후유증을 이겨내지 못하고 세상을 떠났다.

 이스라엘의 아들들은 맏아들 르우벤부터 막내 베냐민까지 모두 열두 명으로

---

68 시므온과 레위의 예기치 못한 행동 때문에 주변 족속들의 위협으로부터 두려움에 떨어야 했던 야곱은 유언할 때 그들을 크게 책망하였으며, 그 일로 인해 그들은 장자권을 상속받을 수 있는 권리를 상실하였다.「시므온과 레위는 형제요 그들의 칼은 폭력의 도구로다. 그 노여움이 혹독하니 저주를 받을 것이요 분기가 맹렬하니 저주를 받을 것이라 내가 그들을 야곱 중에서 나누며 이스라엘 중에서 흩으리로다(창49:5, 7).」

이들이 바로 고대 이스라엘을 구성하고 있던 **12지파**[69]의 선조가 됨으로써 민족을 형성하는 토대가 되었다. 그때부터 이 열두 부족의 자손들을 야곱의 바뀐 이름대로 이스라엘인이라 부르게 되었고 나라 이름의 기원이 되었다.

애굽으로 이주하다(창35:27~29, 45:23~50:14)

세월이 흘러 헤브론에 살고 있던 아버지 이삭이 백 여든 살의 나이로 세상을 떠나자 에서와 이스라엘은 아버지를 조상들이 묻혀 있는 가나안 땅 막벨라 밭굴에 장사 지냈다. 형들에 의해 노예로 팔려가 죽은 줄로만 알았던 이스라엘의 열한 번째 아들 요셉이 애굽의 총리가 되어 가나안 땅에 있는 아버지를 모셔가기 위해 수레를 보내자 이스라엘은 가산을 정리하고 가족과 함께 애굽으로 들어갔다. 이스라엘의 나이 130세가 되던 해인 주전 1876년, 70명의 가족들이 애굽으로 이주하자 바로는 총리 요셉에게 명하여 나일 강 하류의 고센 땅에 정착할 수 있도록 배려했다. 나이가 들어 이제 수명이 다했다고 생각한 이스라엘은 하나님께서 약속하신 대로 언젠가는 후손들을 애굽 땅에서 이끌어내실 것을 확신하고 요셉을 불러 자신이 죽으면 조상들이 계신 곳에 장사지내라고 유언했다.

출생부터 지금까지 자신을 돌보시고 환란에서 건져주신 하나님께 감사함을 신

---

69 12라는 숫자 역시 실질적인 수치를 나타내기보다는 어떤 중요성을 부여하기 위한 상징적인 의미이다. 구약의 12지파와 신약의 열두 사도를 통칭하는 대표적인 숫자 12는 완전수로서 하나님의 모든 백성을 가리킨다고 볼 수 있을 것이다. 또 수학적으로도 12는 10보다도 약수가 2개나 더 많은 수로 분수와 소수를 모르던 옛사람들에게는 굉장히 편리한 숫자로 여겨졌다고 한다. 초승달이 변해 다시 초승달로 돌아가는 과정이 1년에 12번 일어났기 때문에 1년을 12달로 나누고 12를 완전수로 여겼다는 것이다.

앙으로 고백하며 열두 아들을 일일이 거명하면서 믿음의 분량대로 축복해준 열두 지파 조상의 아버지 이스라엘이 147세의 나이로 영면하자(B.C. 1859년경), 온 애굽 땅이 70일 동안 슬퍼했다. 아버지의 유언에 따라 병거와 기병들을 앞세우고 가나안 땅으로 올라간 이스라엘의 가족들은 조상들이 묻힌 곳, 가나안 땅 막벨라 동굴에 아버지를 정중히 모셨다.

☑ 하나님은 왜 아버지를 속인 야곱을 장자로 세우셨을까?

1) 「두 국민이 네 태중에 있구나 두 민족이 네 복중에서부터 나누이리라 이 족속이 저 족속보다 강하겠고 큰 자가 어린 자를 섬기리라(창25:23).」
「그 자식들이 아직 나지도 아니하고 무슨 선이나 악을 행하지 아니한 때에 택하심을 따라 되는 하나님의 뜻이 행위로 말미암지 않고 오직 부르시는 이로 말미암아 서게 하려 하사(롬9:11).」
하나님으로부터 선택받고 구원받는 것은 인간의 노력이나 의지대로 되는 것이 아니다. 오직 하나님의 은혜로 되는 것이다. 그러므로 내가 야곱을 사랑하였고 에서는 미워했다는(말1:2, 3) 말씀대로 하나님께서 그들이 태어나기 전부터 야곱을 장자로 세우시겠다는 계획을 이루신 것이며 먼저 된 자로서 나중 되고 나중 된 자로서 먼저 될 자가 많다는(마19:30) 교훈을 미리 보여주신 것이다.

2) 어릴 적, 배고픈 나머지 보잘것없는 팥죽 한 그릇에 장자의 권리를 동생에게 넘긴 에서는 장자권을 가볍게 여긴 경솔한 행동 때문에 하나님의 눈 밖에 남으로써 상속자로서의 권리를 잃어버린 것으로 볼 수도 있다.
「너희가 아는 바와 같이 그가 그 후에 축복을 이어받으려고 눈물을 흘리며 구하되 버린 바가 되어 회개할 기회를 얻지 못하였느니라(히12:17).」

3) 장자권을 부여받은 야곱도 아버지를 속인 것에 상응하는 죗값을 치른 것으로 봐야 할 것이다.
하나님께서 그를 장자로 세우겠다는 계획이 있었으므로 기다렸으면 자연스럽게 오게 될 축복을, 아버지를 속이고 쟁취하려고 했던 죄로 인해 야곱은 목숨을 부지하기 위해 하란에 있는 외갓집으로 도망쳐야 했으며, 그곳에서 20년 동안이나 머슴 생활로 고생해야 했고, 마침내 하나님의 사자로부터 허벅지 관절까지 다치는 사고를 당했기 때문이다.

4) 또한 야곱은 사랑하는 아들 요셉을 미디안 상인들한테 팔아넘긴 자기 아들들한테도 속임을 당하고 22년 동안이나 아들을 그리워하며 고통스런 나날을 보낸 것도 모자라, 사랑하는 외동딸 디나가 강간당하는 수모를 겪게 됨으로써 자신이 저질렀던 비도덕적인 행위를 삼촌과 자식들에게 고스란히 되갚음을 받는 인과응보(因果應報)의 벌을 받은 것이다.

비록 하나님의 선택으로 장자가 되는 축복을 받았다 하더라도 심는 대로 거두며 행위에 따라 보응하신다는 하나님의 경고처럼 인생 130년이 험악한 세월이었다는 야곱의 고백이(창47:9) 이를 증명하고 있다.

이스라엘의 열두 부족을 보여주는 야곱의 가계도

(창35:23~26, 36:1~6, 41:51~52, 대상1:35)

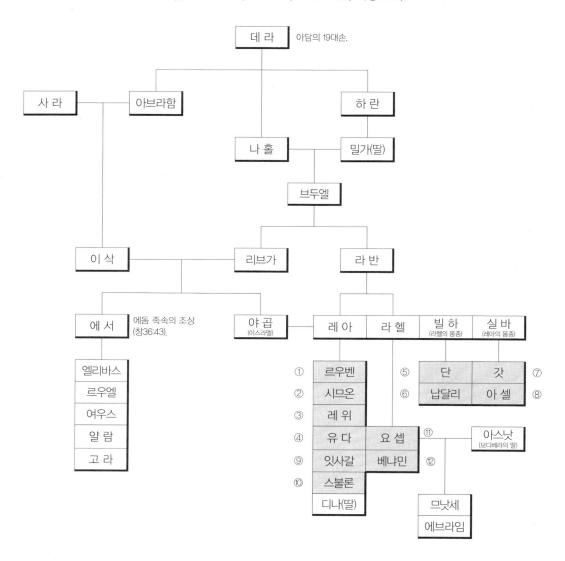

- 가나안 땅을 배분받을 때 성막에서 봉사하는 임무가 부여된 레위 지파 대신 야곱의 양자로 입적된 요셉의 두 아들, 므낫세와 에브라임이 땅을 분배받음으로써 12지파의 형태를 유지할 수 있었다.

민족을 보존시키는 요셉

그가 한 사람을 앞서 보내셨음이요

요셉이 종으로 팔렸도다(시105:17)

애굽으로 팔려가다(창37, 39장)

두 명의 아내와 소실로부터 열두 명의 아들을 두었던 야곱이 열한 번째 아들 요섭을 편애하자 이를 못마땅하게 생각한 배다른 형들은 동생을 시기하고 질투했다.

어느 날 형들의 곡식 단이 자신의 곡식 단 앞에서 허리 숙이는 꿈을 꾼 요셉이 이번에는 해와 달과 열한 개의 별이 자신에게 절하는 꿈을 꾸게 되자, 이 이야기를 들은 요셉의 형들은 동생에게 불편한 감정을 드러냈다.

「꿈에서 보여준 대로라면 부모와 형제들이 너를 섬기게 된다는 이야기인데 어떻게 그런 일이 있을 수 있겠느냐?」

아버지 야곱도 요셉을 나무랐지만 그 이야기를 마음속에 담아 두었다. 요셉이 열일곱 살 되던 때인 주전 1897년 어느 날, 아버지 야곱은 요셉을 세겜과 도단 땅에서 양을 치고 있는 그의 형들에게 심부름을 보냈다. 동생을 섬기게 될 것이라는 해몽 때문에 마음 상해 있던 형들은 요셉을 보자 그를 죽이려 했지만, 르우벤과 유다의 만류로 동생을 미디안 상인들에게 은 20에 팔아넘기면서 과연 꿈

대로 이루어지는지 지켜볼 거라며 비아냥거렸다.

집으로 돌아간 형들이 요셉의 옷에 동물의 피를 묻혀 아버지에게 보여주자 아들에 대한 사랑과 기대가 각별했던 야곱은 분명 요셉이 맹수에게 잡혀 죽었을 것으로 생각하고 오랫동안 슬퍼했다.

한편 미디안 상인들에 의해 바로의 친위대장 보디발에게 넘겨진 요셉이 하나님과 함께하는 것을 본 보디발은 그를 집사로 삼아 집안의 모든 살림을 맡겼다.

어느 날 집안일을 처리하고 있던 요셉에게 보디발의 아내가 찾아와 그를 유혹하며 침실로 들어가기를 원했다. 하나님께서 자신을 지켜보고 계시다는 것을 잘 알고 있었던 요셉이 여주인의 손길을 뿌리치자, 무안을 당한 보디발의 아내는 요셉의 벗겨진 옷을 증거물로 제시하며 자신을 강간하려 했다고 온 집안 사람들에게 소리쳤다.

「저 배은망덕한 히브리 종놈이 나를 욕보이려 들다가 내가 반항하니까 이 옷을 버려두고 도망치는구나.」

아내를 믿었던 보디발은 배신당했다는 생각에 요셉을 감옥으로 보냈다.

╭ 꿈 해석을 하다(창40, 41장)

요셉이 감옥에 갇혀있을 때 같이 수감되어 있던 바로의 술 담당 관리와 음식을 담당하는 관리가 꿈을 꾼 뒤 이를 궁금해하자, 꿈을 해석할 수 있는 이는 오직 하나님 한 분뿐이라는 사실을 일깨워 준 요셉은 그들을 위해 꿈 풀이를 해주었다.

「앞으로 3일 후면 음식 담당 관리는 형장으로 가겠지만, 술 담당 관리는 석방되어 복직될 것입니다. 풀려나게 된다면 저를 기억해주시고 저도 이곳에서 나갈 수 있도록 힘 좀 써 주십시오. 저는 감옥에 갇힐 정도로 잘못한 일이 없습니다.」

마침내 요셉의 해몽대로 모든 것이 실현되자 요셉 자신도 곧 풀려날 것으로 기대했지만, 술 담당 관리의 무관심으로 요셉은 2년 동안 감옥에 갇혀 지냈다.

어느 날, 애굽 왕 바로는 야위고 흉한 소 일곱 마리가 살지고 잘생긴 소 일곱 마리를 잡아먹는 꿈을 꾸었다. 이번에는 가늘고 바짝 마른 이삭 일곱이 무성하게 잘 자란 이삭 일곱을 삼켜버리는 이상한 꿈을 꾸었다. 비슷한 꿈을 연달아 꾸게 되어 마음이 불편해진 바로는 점술가를 불러 꿈 풀이를 시켰지만 어느 누구도 속 시원하게 해석하지 못했다. 그제야 요셉을 기억해 낸 술 담당 관원이 감옥에서 있었던 일을 보고하자 바로는 요셉을 불러 꿈을 해석하도록 명령했다.

「전하! 그 꿈은 앞으로 일어나게 될 일을 하나님께서 미리 보여주신 것입니다. 앞으로 **7년**[70] 동안 애굽에는 큰 풍년이 들겠지만 그 후에는 대기근이 7년간 계속될 것입니다. 전하께서 두 번 꿈 꾼 것은 하나님께서 이 일을 속히 이행하려고 작정한 것이니, 지혜롭고 현명한 사람을 택하시어 난국을 헤쳐나갈 준비를 해야 할 것입니다. 풍년이 들 때에 흉년을 대비한다면 앞으로 닥칠 환란에서 무사히 벗어날 수 있을 것입니다.」

아무도 풀지 못했던 꿈을 명쾌하게 해석하는 것도 모자라 재앙에 대비할 수 있는 구체적인 방법까지 제시하는 요셉을 보고 하나님의 크신 능력을 체험한 바로는 이 일을 할 수 있는 사람은 오직 요셉밖에 없다고 생각했다.

「이 사람 같이 하나님의 영에 감동된 사람을 우리가 어찌 찾을 수 있으리오. 하나님이 이 모든 것을 보여주셨으니 그대만큼 지혜롭고 현명한 사람은 없도다.」

---

70 열거할 수 없을 정도로 많이 언급되는 70이라는 숫자 역시 네 가지의 완전수(3, 7, 10, 12)중 하나로 반드시 일곱 번을 나타내는 것은 아니고 상징적인 뜻으로 사용되었다. 세상을 창조하신 하나님께서 일곱째 날에 안식함으로써 그때부터 70이라는 숫자는 완전, 완벽 또는 완성의 개념으로 받아들여지고 있으며 하나님의 사역을 뜻하는 기간을 말하기도 한다.

애굽의 총리가 되다(창41~43장)

바로의 총애를 받은 요셉은 서른 살의 젊은 나이에 종의 신분에서 일약 애굽의 총리가 되었다. 바로는 요셉에게 **사브낫바네아**[71]라는 새 이름을 하사하고 제사장 보디베라의 딸 아스낫을 아내로 맺어 주었다. 풍년이 들 때 요셉은 곡물을 거두어 창고에 쌓아 흉년을 대비했으며, 그 즈음해서 두 아들이 태어나자 이름을 므낫세와 에브라임으로 지었다. 7년간의 풍년이 지나고 마침내 대기근이 전국을 강타하자 온 땅에 식량이 부족하게 되었지만, 요셉의 대비로 애굽 땅에는 먹을 것이 풍부했다. 각 나라의 백성들이 곡물을 얻기 위해 요셉에게 왔을 때 야곱의 집안도 예외는 아니어서 형제 열 명이 애굽으로 곡물을 사러 왔다. 요셉은 자기 앞에 엎드려있는 사람들이 형님들인 것을 금방 눈치챘지만 모른 체했다. 그 옛날 살려달라고 애원했음에도 불구하고 자신을 노예로 팔아넘긴 괘씸한 형들이었지만, 20여 년 전 하나님께서 보여주셨던 꿈이 현실로 나타나게 되자 악한 감정은 눈 녹듯 사라지고 연민의 정이 북받쳐 올라 감정을 억제하지 못한 요셉은 몰래 눈물을 흘렸다. 보고 싶은 친동생 베냐민이 오지 않은 것을 확인한 요셉은 꾀를 내어 형들을 염탐하러 온 스파이로 몰아 감옥에 가둬놓고, 그들 중 한 사람만 볼모로 남고 나머지는 곡식을 가지고 고향으로 돌아가 베냐민을 데리고 온다면 그를 풀어주겠다고 약속했다. 동생에게 저지른 죄의 대가를 이제야 치르게 되는 것이라는 맏아들 르우벤의 한탄 속에 시므온을 볼모로 남기고 고향으로 돌아간 요셉의 형들은 지금까지 겪었던 이야기를 아버지 야곱에게 그대로 전했다.

마침내 애굽에서 가져온 곡식이 바닥나자 그들은 다시 애굽으로 곡물을 사러 가야만 했다. 그러나 시므온이 인질로 잡혀있는 마당에 막내아들마저 잃을 수 없다는 야곱에게 애굽 총리가 베냐민을 데려오지 않으면 우리를 보지 않겠다고 경고했으니, 이번에는 베냐민을 데려가야 곡물을 살 수 있으며 볼모로 잡힌 시므

[71] 숨은 뜻을 해독한 사람이라는 애굽식 이름

온을 구해 올 수 있다는 말로 유다가 설득하자 아버지 야곱도 더 이상 고집을 부릴 수가 없었다.

동생 베냐민을 만나다(창43∼46장)

꿈에 그리던 친동생 베냐민이 눈앞에 나타난 것을 본 요셉은 감정이 북받친 나머지 자리를 박차고 나와 통곡했지만, 곧 평정심을 되찾고 형제들을 초대하여 음식을 대접했다. 형제들의 자루에 곡식을 넉넉히 채워준 요셉은 양식을 구입하려고 가지고 왔던 돈을 도로 넣어준 후, 관리인을 시켜 베냐민의 자루에는 은잔 하나를 몰래 넣어두라고 지시했다. 이러한 사실을 모른 채 곡식을 나귀에 싣고 고향으로 향하던 형제들은 길을 떠난 지 얼마 되지 않아 뒤쫓아온 요셉의 관리인에게 붙잡힐 수밖에 없었다.

「당신들은 은혜를 원수로 갚는구려. 우리 총리께서 귀하게 여기는 은잔이 없어졌는데 당신들 짐을 조사해야겠소. 만약 은잔이 발견되면 그 사람은 우리의 노예가 되어야 할 것이요.」

관리인이 베냐민의 자루에 미리 넣어두었던 은잔을 찾아내자 깜짝 놀란 형제들은 가던 길을 돌려 요셉의 집으로 갔다. 억울함을 호소하는 형제들에게 요셉이 시치미를 떼며 말했다.

「은잔을 훔쳐가다 발각된 베냐민은 나의 종이 되어야 하되 다른 형제들은 고향으로 돌아가도 좋을 것이요.」

유다가 요셉에게 엎드리며 말했다.

「총리님! 면목 없습니다. 저희들이 이곳에 올 때 우리 아버지께서 막내아들 베냐민을 보낼 수 없다 하였으나, 저희들이 간청하여 데려왔으니 만약 막냇동생만 남겨두고 돌아간다면 저희 아버지께서 슬픔에 못이겨 더는 살 수가 없을 것입니다. 바라건대 동생을 보내주시고 저를 종으로 삼아주십시오.」

베냐민을 구해주려는 유다의 행동에서 과거와는 달라진 형제간의 우애와 참회의 모습을 보게 된 요셉은 동생 베냐민을 끌어 안으며 자신이 옛날 노예로 팔려간 요셉이라고 울부짖었다. 애굽 총리의 충격적인 고백을 듣게 된 형제들은 너무 놀라고 두려운 나머지 아무 말도 할 수가 없었다. 22년 전, 죽이려고 구덩이에 처넣었던 동생이 애굽의 최고 실력자가 되어 자신들 앞에 서 있었기 때문이었다.

「형님들! 나를 노예로 팔았다고 두려워하지 마시오. 하나님께서 당신들의 생명을 보존하여 자손을 이어갈 수 있도록 나를 먼저 보낸 것이니 나를 이곳에 보낸 이는 형님들이 아니요, 그분은 바로 하나님이십니다.」

시편 기자는 이를 두고 이렇게 말한다.

「그가 한 사람을 앞서 보내셨음이여 요셉이 종으로 팔렸도다(시105:17).」

요셉이 꿈에 그리던 형제들과 해후했다는 소식을 접한 바로는 크게 기뻐하며 기름진 땅을 줄 테니 가족들 모두 애굽으로 들어와 살라고 말했다. 용서하는 것이 곧 승리하는 길임을 잘 알고 있었던 요셉은 많은 선물을 주면서 아버지를 모시고 오라고 형제들을 보냈다.

죽었다고 생각한 아들 요셉이 살아있다는 것과 더군다나 애굽이라는 큰 나라의 총리가 되어 권세를 누리고 있다는 말을 들은 아버지 야곱은 뛸 듯이 기뻤다. 브엘세바로 간 야곱이 하나님께 감사의 제물을 바치고 제사를 드리자 그날 밤 환상 가운데 나타나신 하나님께서 말씀하셨다.

「야곱아! 애굽으로 가는 것을 두려워하지 말아라. 내가 그곳에서 너로 하여금 큰 민족을 이루게 할 것이며 반드시 너희를 이 땅으로 인도할 것이니라.」

애굽으로 이주하다 (창46~50장, 출13:19, 수24:32)

주전 1876년, 기근의 위기에서 민족을 구해주시려는 하나님의 섭리에 따라 **야곱의 가족 70명**[72]이 애굽에 도착하자 바로는 그들을 나일 강 하류 고센 땅에 정착할 수 있도록 배려했다.

계속된 기근으로 살림살이가 더욱 어려워진 백성들은 요셉에게 땅을 팔고 양식을 구했다. 그러자 나라의 녹을 받았던 제사장들의 땅을 제외한 애굽의 모든 땅이 바로의 것이 되었다. 이번에는 소작농의 신분으로 전락한 백성들을 위해 새로운 토지법으로 그들의 살림살이를 보살피자 요셉은 백성들로부터 칭송받는 지도자가 되었다.

한편 나이가 들어 자신의 죽음이 임박했음을 예감한 야곱은 요셉의 아들인 므낫세와 에브라임을 양자로 입적시키고 열두 아들을 일일이 거명하며 믿음의 분량대로 축복해주었다. 마침내 아버지 야곱이 숨을 거둔 후 조상들이 계신 가나안 땅에 묻히자, 요셉의 형들은 동생이 복수할까 두려웠지만, 자신이 애굽에 팔려온 것이 하나님의 구원 섭리였음을 의심하지 않았던 요셉은 오히려 그들을 안심시키고 위로해주었다.

그로부터 55년 후, 아버지 야곱이 살아생전 들려주었던 하나님의 언약을 한시도 잊지 않았던 요셉은 자신의 명운이 다했다는 것을 직감하자 아버지처럼 가나안 땅에 묻히기를 갈망한 나머지 이스라엘 자손들에게 유언했다.

「백성들이여! 하나님께서 우리 조상들에게 약속하셨던 땅으로 당신들을 반드시 인도하실 것이니 애굽에서 나갈 때 나의 유골도 함께 거둬 조상들의 땅에 묻어주시오.」

---

[72] 레아가 밧단아람에서 낳은 자손 33명, 실바가 낳은 자손 16명, 라헬이 낳은 자손 14명, 빌하가 낳은 자손 7명으로 총 70명이었지만(창46:8~27), 사도행전에 야곱의 가족이 75명으로 기록되어있는 것은(행7:14) 요셉이 애굽에서 얻은 다섯 명의 손자까지 포함된 인원이었을 것이다.

일개 족장의 아들로 태어나 노예로 팔려간 후 13년 동안의 각고 끝에 애굽 총리까지 오른 입지전적 인물 요셉이 자손들이 번성하는 것을 보고 숨을 거두었을 때, 그때가 주전 1804년이었으며 그의 나이 110세 되던 해였다.

그로부터 350여 년 후 하나님의 역사하심으로 큰 민족을 이루게 된 야곱의 자손들이 출애굽 할 때 모세가 요셉의 유골을 거두어 가나안의 세겜 땅에 장사지냄으로써 그의 유언대로 되었다.

아브라함과 이삭과 야곱으로 이어지는 족장 시대를 거쳐 언약백성이 형성되는 과정 모든 것이 하나님의 뜻임을 보여주는 요셉의 이야기는, 네 자손이 이방의 객이 되어 400년 동안 섬기게 될 것이라는(창15:13) 하나님의 말씀대로 선택된 백성 이스라엘이 어떻게 애굽으로 내려와 열두 부족을 이루며 살게 되었는지를 소개함으로써 앞으로 펼쳐지게 될 구속 사역이 하나님의 섭리에 따라 이루어진다는 사실을 다시 한번 입증하는 계기가 되었다.

☑ 야곱의 장자권은 누구에게 돌아갔을까?

야곱의 열두 아들 중 맏아들은 첫 번째 부인 레아와의 사이에서 태어난 르우벤이다. 그는 장자로서의 특별한 권리를 누릴 수 있었지만, 아버지의 첩인 빌하와 잠자리를 같이 함으로써(창35:22, 대상5:1) 「네 아버지의 아내의 하체를 범하지 말라(레18:8)」는 율법을 어기게 되었다. 그래서 맏아들로 인정받지 못했다. 두 번째인 시므온과 세 번째인 레위 역시 가문을 위기로 몰아넣었던 세겜 사건으로(창34장) 상속자로서의 자격을 상실하게 되었다고 한다. 네 번째 아들 유다는 비록 며느리 다말과의 예기치 못한 실수로(창38장) 「네 며느리의 하체를 범하지 말라(레18:15)」는 율법을 어기기는 하였으나 요셉이 형들로부터 죽을 위기에 처했을 때 그를 구해주었으며(창37:26), 애굽으로 곡물을 사러 갈 수 있도록 아버지를 설득함으로써 선택된 민족 이스라엘을 기근으로부터 보호할 수 있었다(창43:1~9). 또한 애굽의 인질이 되기를 자청하는 등 자기희생을 통해 형제들을 지켜주려고 애씀으로써(창44:14~34) 애굽으로 이주한 야곱의 자손이 대 민족으로 번성할 수 있도록 노력한 대가로 장자권을 인정받을 수 있었다. 예수님이 육신으로는 그의 혈통으로 오시는 것도 그 이유가 될 것으로 보인다.

야곱이 유다가 받게 될 축복에 대하여 예언한 것을(창49:8~10) 보더라도 법적인 장자권이 그에게 상속되었음을 알 수 있게 하는 대목이다.

1) 유다는 형제들의 찬송이 될 것이다.

2) 원수의 목을 잡을 것이요 아버지의 아들들이 그 앞에 절하게 될 것이다.

3) 유다는 사자 새끼와도 같으니 누가 그를 범할 수 있으랴.

4) 규가 유다를 떠나지 아니할 것이며 통치자의 지팡이가 그 발 사이에서 떠나지 아니하기를 실로(예수 그리스도를 의미한다.)가 오시기까지 이르리니 그에게 모든 백성이 복종할 것이다.

그렇다면 노예로 팔려간 요셉이 애굽 총리가 된 뒤 기근으로부터 민족을 보존시킨 일로 장자의 명분이 요셉에게 돌아갔다고 기록한 역대상 5장 2절의 내용은 어떻게 된 걸까?

「유다는 형제보다 뛰어나고 주권자가 유다에게서 났으나 장자의 명분은 요셉에게 있으니라(대상5:2).」

제사장의 직분을 받게됨으로써 땅의 배분에서 제외된 레위 지파 대신 요셉의 두 아들인 에브라임과 므낫세가 야곱의 양자로 입적되어 땅을 분배받은 것을 보면 유다뿐만 아니라 요셉도 장자권을 인정받은 것으로 볼 수 있다.

보통 장자가 두 배의 몫을 받게 된다는 율법의 내용으로(신21:17) 미루어 볼 때 야곱의 열두 아들 중 실질적인 장자권은 유다에게, 명목상의 장자권은 요셉에게 돌아간 것으로 보는 것이 옳을 것이다.

모세와 출애굽

이제 내가 너를 바로에게 보내어 너에게

내 백성 이스라엘 자손을 애굽에서 인도하여 내게 하리라(출3:10)

모세가 태어나다(출1~2장)

세월이 흘러 애굽의 고센 땅에 정착한 야곱의 가족들 그리고 그 시대 사람들이 세상을 떠나고 애굽 왕 바로와의 우호적 관계마저 잊혀지게 되자, 요셉의 자손들은 애굽인들의 노예로 전락하여 궁핍한 생활을 하게 되었다. 그렇지만 학대받을수록 더욱 번성하여 인구가 크게 증가한 이스라엘이 한 민족을 이루자 그 당시 **애굽을 통치하던 바로**[73]는 그대로 두었다가는 자신들에게 큰 부담으로 작용할 것을 염려한 나머지 이를 막기 위해 히브리인 산파인 십브라와 부아에게 말했다.

「너희들은 히브리 여인들의 아기 낳는 것을 도와주다가 딸이면 살려주고 아들이면 죽여 버려라.」

하지만 그들은 하나님을 두려워하는 사람들이어서 바로의 명령대로 하지 않았

---

[73] 18왕조의 아멘호텝 1세(B.C. 1551 ~ B.C. 1524)였을 것이다.

다. 산파들이 자신의 뜻대로 움직이지 않자 바로는 백성들에게 명령했다.

「히브리인들에게 사내아이가 태어나면 나일 강으로 던져라. 그러나 딸이면 살려주어도 좋다.」

그 무렵 레위 자손인 아므람과 요게벳 사이에서 아들이 태어났다(B.C. 1526년). 부부는 바로의 감시를 피해 아이를 키워보려 했지만 남의 눈을 피할 수가 없자 아기를 상자에 넣어 나일 강가의 갈대숲 사이에 숨겨 두었다. 목욕하러 나오다가 이를 발견한 바로의 공주는 버려진 아이가 히브리인 자손인 줄 알았지만 불쌍한 생각에 자신이 키우기로 결심했다. 멀리서 이를 지켜보던 아기의 누나 미리암이 공주 앞으로 나가며 말했다.

「공주님! 제가 이 아이에게 젖을 먹일 유모를 소개할까요?」

미리암의 지혜로 유모로 가장한 아기의 엄마 요게벳은 자신의 품 안에서 아이를 키울 수가 있게 되었고, 공주는 입양한 그 아이를 물에서 건져내었다 하여 모세라 이름 지었다.

모세를 부르시다(출2~4장)

왕실에서 성장하여 성인이 된 모세는 마침내 자신의 출신과 성장에 관한 비밀을 알게 되자 이스라엘 백성들이 노예생활로 힘겨워하는 모습을 보고 안타까워했다.

모세가 마흔 살이 되었을 때 동족 백성이 애굽인에게 폭행당하는 장면을 목격하게 되자, 그는 분을 참지 못한 나머지 그 사람을 살해하고 시나이 반도의 미디안 광야로 피신했다. 현실에 안주했더라면 공주의 아들로서 순탄하고 안락한 삶이 보장될 수 있었지만, 하나님의 자녀 되기를 갈망했던 그는 고난의 길을 택했던 것이다.

미디안의 제사장인 르우엘의 딸 십보라와 가정을 이룬 모세가 양 떼를 돌보며 목자로 살고 있을 때의 일이었다. 양 떼를 몰고 **호렙 산**[74]에 이르렀을 때 불이 붙었으나 불타지 않는 떨기나무를 발견하고는 너무 신기한 나머지 나무 가까이 다가서자 불꽃 가운데에 임하신 하나님께서 모세를 불렀다.

「모세야! 나는 나의 백성이 애굽에서 종살이하며 고통당하는 것을 보고 그들을 구하려고 왔다. 나는 그들에게 젖과 꿀이 흐르는 광대한 땅을 줄 것이니 너는 애굽 왕에게 가서 나의 뜻을 전하고 백성들을 인도해 내어라. 내가 너와 함께 할 것이니라.」

「하나님! 제가 누구이온데 바로에게 갈 수 있으며 제 능력으로 어떻게 백성들을 인도할 수 있겠습니까? 백성들이 저를 믿지도 않을뿐더러 더군다나 저는 말주변도 없는 사람이니 그런 일을 충분히 해낼 수 있는 사람을 보내십시오.」

「스스로 있는 자가 나를 보냈다고 하여라. 그러면 그들이 너의 말을 들을 것이다」

핑계를 대며 자신의 능력으로는 도저히 그 큰일을 감당할 수 없음을 내비치는 모세에게 하나님께서 계속해서 말씀하셨다.

「누가 사람의 입을 지었느냐? 네 형 아론이 말을 잘하는 것을 내가 아느니라. 너희 두 사람이 무슨 말을 해야 할 것인지 내가 가르쳐 줄 터이니 그가 네 입을 대신할 것이요 너는 바로 앞에서 하나님같이 될 것이니라.」

그래도 불안해하는 모세에게 지팡이를 주시며 바로 앞에서 기적을 행할 수 있도록 큰 능력을 주셨다.

야곱의 가족 70명이 큰 민족을 이루기까지 430년 동안 침묵하시던 하나님께서 때가 이르자 아브라함과 이삭과 야곱과 세운 언약을 기억하시고 선민 이스라엘을 구원하기 위해 모세를 부르신 것이다.

---

74 시내 산(해발 2,285m)의 다른 이름으로 추정된다.

모세가 하나님의 명령대로 아론과 함께 **바로**[75]에게 갔을 때 그의 나이 여든 살이었고 아론의 나이는 여든세 살이었다.

해방시켜 줄 것을 요구하다(출5~7장)

「전하! 이스라엘의 하나님 여호와께서 나타나셨습니다. 그래서 백성들이 예배 드리려 하니 광야로 나갈 수 있도록 허락해 주십시오.」

백성들을 해방시켜 달라는 모세의 요구에 바로가 못마땅한 표정을 지으며 말했다.

「여호와가 누군데 내가 왜 그의 말을 들어야 합니까? 나는 그를 알지 못하니 백성들을 보내줄 수가 없소. 지금 할 일이 태산 같은데 왜 백성들을 선동하여 일을 방해하려고 하는 거요? 그들을 쉬게 하려는 모양인데 참견하지 말고 당신들 일이나 하시오.」

감정이 상한 바로가 국고 성 비돔과 라암셋의 건설 현장에 투입된 백성들의 노역을 더욱 강하게 밀어붙이자 이를 못 견딘 백성들이 모세와 아론에게 항의하기 위해 몰려들었다.

「당신들 때문에 우리가 미움을 받아 예전보다 더 심한 노역으로 고통받고 있소. 모든 것이 당신들 책임이요.」

우리의 하나님이신 여호와께서 애굽의 압제로부터 구원하시고 조상들에게 약

---

[75] 모세가 아론과 함께 찾아갔던 애굽의 파라오는 18왕조의 아멘호텝 2세(B.C. 1453 ~ B.C. 1419년)로 추정되지만, 13세기 출애굽 설을 주장하는 역사가들은 19왕조의 람세스 2세(B.C. 1279 ~ B.C. 1213년)였을 것이라고 주장한다.

속하셨던 땅으로 우리를 인도하기 위해 오셨다고 호소했지만, 노예근성에 젖어있던 백성들은 현실에 안주하며 살았던 곳을 떠나는 것에 대한 두려움으로 모세의 말을 들으려 하지 않았다.

모세가 하나님을 원망하며 말했다.

「하나님! 어찌하여 저를 보내셨습니까? 백성들도 제 말을 믿지 않는데 하물며 바로가 어찌 제 말을 듣고 순순히 보내주겠습니까?」

「바로한테 가서 이스라엘 백성들을 이 땅에서 내보내야 한다는 나의 말을 다시 전하고 백성들을 인도해 내어라. 그렇지만 바로가 쉽게 백성들을 보내지는 않을 것이다. 그때에 내가 큰 능력으로 애굽에 무서운 벌을 내리고 백성들을 구원할 것이다. 나는 너희를 내 백성으로 삼고 너희의 하나님이 될 것이니 그때야 비로소 애굽 사람들이 내가 여호와인 줄을 깨닫게 될 것이다.」

재앙이 일어나다(출7~10장)

모세와 아론이 하나님의 명령대로 바로 앞으로 다시 나갔다. 아론이 지팡이를 던지자 지팡이가 뱀으로 변했다. 바로의 궁정마술사들도 자신들의 술법으로 뱀을 만들었지만, 아론의 뱀이 마술사들의 뱀을 잡아먹을 정도로 상대되지 않았다. 그러나 바로는 하나님의 능력을 인정하지 않고 그들의 말을 들으려 하지 않았다.

모세와 아론이 지팡이로 나일 강을 치자 강물이 피로 변하고 물고기가 죽어 썩은 내가 진동하며 애굽의 모든 땅이 피로 가득 차는 **첫 번째 재앙**이 일어났다. 아론이 물 위로 손을 내밀자 나일 강이 개구리들로 가득하고, 강과 늪지에서 올라온 개구리들이 온 애굽 땅을 뒤덮는 **두 번째 재앙**에 이어 애굽 땅의 먼지가 다 이로 변하여 사람과 가축들의 몸에 이가 들끓는 **세 번째 재앙**이 일어났다. 뒤이어 엄청난 파리 떼가 몰려와 애굽 땅이 황폐해지는 **네 번째 재앙**과 심한 돌림병으로 애굽의 모든 가축이 죽는 **다섯 번째 재앙**, 그리고 화덕의 재가 사람과 가축의 몸에 붙어 악성 종기가 생기는 **여섯 번째 재앙**이 연달아 일어났다. 바로는 견디기 힘든 재앙이 일어날 때마다 위기를 모면하기 위해 여호와의 말을 들을 테니 제발 그쳐 달라고 사정했지만, 막상 재앙이 멈추면 언제 그랬느냐는 식으로 그들의 말을 듣지 않았다.

이번에는 지금까지 보지 못했던 굵은 우박이 쏟아지고 천둥과 번개가 일어나 들에 있던 사람들과 가축들을 다치게 하고 채소와 나무들이 쓰러지는 **일곱 번째 재앙**이 일어났다. 모세가 지팡이를 들자 이번에는 동풍에 실려 온 메뚜기 떼가 온 땅을 뒤덮고 그나마 남아있던 농작물마저 모두 먹어치우는 **여덟 번째 재앙**이 일어났다. 그래도 바로가 고집을 꺾지 않자, 모세는 하나님의 권능으로 애굽 땅이 칠흑 같은 어둠으로 뒤덮여 3일 동안 움직일 수조차 없는 **아홉 번째 재앙**을 일으켰다.

하나님께서는 단 한 번의 기적으로 바로를 제압하고 백성들을 해방시킬 수 있었으나 바로의 마음을 변덕스럽게 만들어 여러 가지 재앙을 일으켰던 이유는 애굽인들이 섬겼던 신보다 당신이 우월하다는 것과 마음만 먹으면 어떠한 일도 행할 수 있는 능력이 당신에게 있다는 것을 보여주고 그들이 회개할 수 있도록 기회를 주기 위함이었다.

마지막 재앙- 처음 난 것들의 죽음(출11, 12장)

잇따른 재앙으로 피해가 기하급수적으로 늘어나자 완강한 태도를 고수하던 바로도 흔들리는 것 같았지만, 하나님께서 예언하신 대로 바로는 고집을 피우며 백성들을 내보내지 않고 오히려 모세에게 다시는 자기 앞에 나타나지 말라고 큰소리를 쳤다. 이처럼 애굽 온 땅에 견디기 힘든 재앙이 일어났음에도 불구하고 이스라엘 백성들이 거주하는 고센 땅에는 그런 일이 전혀 일어나지 않았다.

밤이 되어 애굽 땅에서 처음 난 것, 즉 바로의 장자를 비롯하여 애굽 사람들의 맏아들과 처음 태어난 가축들이 한꺼번에 죽임을 당하는 **열 번째 재앙**이 일어나자, 애굽 온 땅이 울부짖는 소리로 가득 찼다. 하지만 여호와의 명령대로 흠 없는 어린양의 피를 문설주와 인방에 바른 이스라엘 백성들의 집에는 울부짖음이 없었다.

이스라엘은 내 아들 내 장자라고 말씀하시며 바로가 백성들 보내주기를 거절하니 네 아들 네 장자를 죽일 것이라는 하나님의 말씀이(출4:22, 23) 그대로 이루어진 것이다.

하나님께서 내리신 마지막 결정타로 더 이상 버틸 수 없게 된 바로는 그날 밤, 모세와 아론을 불러 백성들을 데리고 빨리 나가라고 재촉했다. 바로의 온갖 방해를 하나님의 권능으로 물리친 모세가 백성들을 이끌고 애굽을 빠져나올 때, 그동안 착취당한 노역에 대한 보상으로 온갖 값진 물건들을 가지고 나올 수 있었으니 이것 또한 빈손으로 나오지 않을 것이라는 하나님의 말씀대로(출3:21) 되었다.

홍해의 기적(출12~14장)

　네 자손이 이방의 객이 되어 400년 동안 그들을 섬기게 되겠지만(창15:13) 큰 민족을 이루어 나오게 될 것(창46:30)이라는 600여 년 전의 예언대로 이스라엘이 애굽의 고센 땅에 거주한 지 430년 되던 해인 주전 **1446년 첫째 달 15일**[76], 아직 부풀지 않은 빵 반죽을 어깨에 메고 급히 빠져나올 때 하나님께서 낮에는 구름 기둥으로 밤에는 불기둥으로 백성들을 인도하셨다. 이는 광야의 열악한 환경과 맞닥뜨려야 했던 백성들을 보호하기 위해 낮의 강렬한 태양 빛을 구름으로 가려주시고 밤의 어둠과 혹독한 추위를 막아주기 위해 불기둥을 보내주신 것이다.

　백성들이 홍해 주변에 진을 치자 수많은 노예를 잃어버렸다는 생각에 마음이 바뀐 바로는 군대를 동원하여 백성들을 뒤쫓았다. 바로의 군대가 추격해 오는 것을 본 이스라엘 백성들은 두려운 나머지 광야에서 죽느니 차라리 애굽 사람들의 노예로 사는 것이 훨씬 나을 뻔했다고 모세를 원망하며 울부짖었다.

　이를 보신 하나님이 모세에게 말씀하셨다.

「네 지팡이를 들어 바다를 가리켜라, 그러면 바닷물이 갈라져 백성들이 무사히 건너갈 수 있을 것이다.」

　모세가 홍해를 향해 두 팔을 치켜들자 강한 바람이 바닷물을 양쪽으로 갈라놓아 벽을 이루게 하고 그 사이로 마른 땅의 길이 드러났다. 우리가 너무나 잘 알고 있는 모세의 기적이 일어난 것이다. 「**네 시작은 미약하였으나 네 나중은 심히 창대하리라(욥8:7).**」는 말씀과 같이 보잘것없었던 야곱의 가족 70명이 200만 명이 넘는 대 민족으로 번성하여 수많은 가축 떼와 함께 바다 한가운데를 건너는 모습은 장관 그 자체였다.

76　'지나치다', '그냥 넘어가다'라는 뜻의 유월절(逾越節)은 하나님께서 이스라엘 백성들을 이집트의 노예 생활로부터 구원해 내신 것을 기념하기 위해 종교의식으로 지키는 절기를 말하며, 히브리력으로 아빕월 14일(태양력으로 3월 말~4월 초) 저녁이 유월절이다. 유월절에 이어 15일부터 7일간 계속되는 무교절은 급하게 이집트를 탈출한 것과 출애굽 당시 이스라엘 백성들이 겪었던 고난을 잊지 않고 기억하기 위하여 지켜지는 절기로서 고난의 떡인 무교병(누룩이나 다른 효모를 넣지 않고 만든 빵)을 먹는다.

뒤쫓아오던 바로의 군대도 갈라진 바닷길로 들어왔다. 그러자 불과 구름 기둥 가운데에 계신 하나님께서 병거 바퀴를 망가뜨려 앞으로 나가지 못하게 만들었다. 당황한 바로의 군인들이 오던 길을 되돌려 밖으로 나가려고 발버둥 쳤지만, 바닷물이 순식간에 덮어버려 그들은 한 사람도 살아남지 못했다. 상황이 종료된 후 바닷가에 널브러진 수많은 시신을 보고 하나님의 초자연적인 권능을 체험한 백성들은 모세와 미리암의 선창에 따라 하나님을 찬양하고 두려운 마음으로 하나님의 종 모세를 따를 것을 약속했다.

단물로 변한 마라의 쓴 물(출15장)

홍해를 건넌[77] 백성들이 광야 길로 접어들어 사흘을 걸었지만 샘을 발견하지 못하고, 마라에 이르러서야 겨우 물을 찾았으나 어렵사리 얻은 그 물마저 마실 수가 없게 되자 갈증으로 고생하던 백성들이 모세에게 불평을 늘어놓았다. 그것을 보신 여호와께서 모세에게 한 나무를 가리키며 그것을 던지게 하시자 쓴 물이 단물로 변하는 기적이 일어났다.

앞으로 오실 십자가의 능력이야말로 영원한 생명을 가져다주는 생명수 샘물이며 백성들을 목마름에서 해방시키고 구원해줄 수 있는 유일한 길임을 하나님께서 미리 보여주신 것이다.

그곳에서 규례와 율법을 주시고 백성들을 시험하신 하나님께서 말씀하셨다.

「너희는 나의 말에 순종하고 의를 행하라. 내 계명과 규례를 지켜라, 그렇게 하

---

77 바다 한가운데를 지나갔다는 것은 이스라엘이 하나님의 백성으로 거듭나기 위한 물세례를 받았다는 것을 의미한다

면 내가 애굽 사람들에게 했던 것처럼 질병으로 너희를 괴롭히지 않을 것이다. 나는 너희를 치료하는 여호와이니라.」

이스라엘 백성들이 마라를 떠나 엘림에 도착했을 때 그곳은 열두 개의 우물과 70그루의 종려나무가 무성한 오아시스였다. 더위와 갈증으로 고생하던 백성들이 물가에 천막을 치고 한시름을 놓게 되자, 그들은 하나님을 믿고 따른다면 고난 뒤에는 반드시 축복이 찾아온다는 진리를 다시 한번 깨닫게 되었다.

하나님께서는 지중해 연안 길을 따라 블레셋 사람들의 땅을 통과하여 약속의 땅으로 갈 수 있는 지름길을 마다하시고 시내 산을 통과하는 광야 길로 백성들을 인도하셨다. 그 이유는 이스라엘 백성들이 전쟁을 겪게 되면 마음이 바뀌어 다시 애굽으로 돌아가지 않을까 하는 걱정 때문이기도 하였지만, 그 내면에는 고난을 통하여 영적 전쟁에서 승리케 함으로써 당신의 백성으로 거듭날 수 있도록 훈련시키기 위함이었다.

하늘의 양식 만나(출16장)

애굽을 떠난 지 한 달 만에 신 광야에 이르자 배고픔을 참지 못한 백성들은 애굽의 고기 가마 곁에 앉아 배불리 먹었던 때를 회상하며 모세와 아론이 자신들을 광야에서 죽게 만든다고 원망하였다. 신 가운데 주님 같은 분이 어디에 계시냐는 등 온갖 좋은 말만 갖다 붙이며 하나님을 찬양하던 백성들은 사탄에 이끌려 벌써 하나님의 능력과 크신 은혜를 잊어버린 것이다.

불평을 들으신 하나님께서 모세에게 말씀하셨다.

「내가 너희를 위하여 하늘에서 양식을 비같이 내릴 것이니 욕심부리지 말고 그 날에 필요한 양식을 먹을 만큼만 거두도록 하여라. 저녁이 되면 고기를 먹게 될 것이고 아침에는 떡을 먹게 될 것이다.」

저녁이 되자 메추라기 떼가 천막 지붕을 덮었고 아침이 되자 이번에는 이슬이 천막 주변을 적셨다. 이슬이 걷힌 후 작고 둥글며 서리같이 생긴 것이 쌓인 것을 본 백성들이 이것이 무엇이냐고 모세에게 물었다.

「이것은 하나님께서 여러분에게 먹으라고 준 하늘의 양식이요.」

이스라엘 백성들은 그것을 **만나**[78]라고 불렀다. 애굽을 벗어난 지 한 달째 되는 날부터 내리기 시작한 만나는 그들이 정착할 땅에 이르기까지 무려 40년 동안이나 그치지 않고 내림으로써 백성들은 양식 걱정에서 해방될 수 있었다. 하나님께서는 우리에게 무엇이 필요한지 다 알고 계시므로 무엇을 먹을까 무엇을 마실까 근심하지 말고 오직 당신을 믿고 구하라는 말씀을(눅12:29, 30) 만나라는 하늘 양식을 통해 깨닫게 하셨던 것이다.

첫 번째 전쟁(출17~23장, 레위기)

신 광야를 떠난 백성들이 르비딤에 진을 쳤을 때, 타는 목마름으로 고생하는 백성들을 위해 지팡이로 반석을 깨뜨려 솟아오르는 물로 갈증을 풀어준 모세는 **아말렉**[79]의 공격으로 첫 번째 전쟁을 치르게 되자, 보좌관 여호수아에게 이들을

---

78 아람어로 '이것이 무엇인가?'라는 뜻
79 아말렉 족속은 에서의 아들 엘리바스가 첩 딤나를 통해서 낳은 아들로서 에서의 자손들이었다(창 36:12).

대적하라 명령하고 기도로써 그들을 제압하기 위해 아론과 훌을 대동하고 산꼭대기로 올라갔다. 모세가 손을 들고 있으면 이스라엘이 이기고 손이 내려지면 아말렉이 승리하는 혼전이 계속되자 아론과 훌은 지친 모세의 양쪽 팔을 붙들어 줌으로써 백성들은 아말렉을 격파할 수 있었다.

당신의 백성들을 위해 원수의 공격으로부터 친히 보호하고 계시다는 것을 선명하게 보여주신 하나님께서 출애굽 이후 처음으로 겪은 외부의 위협을 백성들이 잊지 않도록 기록할 것을 당부하시고 아말렉이라는 족속을 이 땅에서 완전히 없애 버리겠다고 선포하셨다.

그로부터 400여 년 후 아말렉을 완전히 진멸하라는(사울과 다윗 참조) 하나님의 명령을 이스라엘 첫 번째 왕 사울이 거역하고 그들을 선별함으로써 그는 결국 전쟁터에서 비참한 최후를 맞이하게 되었으며 가문이 몰락하는 벌을 받게 되었다. 말씀에 순종하는 것이 해결책이요 살길임을 알려주는 교훈이 된 것이다.

그동안 떨어져 살던 아내 십보라와 두 아들 그리고 장인 이드로와 광야에서 재회한 후 지도체제를 새롭게 정비함으로써 무거운 짐을 덜어낸 모세가 백성들을 이끌고 시내 광야에 이르렀을 때, 구름 가운데 강림하신 하나님께서 모세를 **시내 산**[80]으로 불렀다. 십계명을 포함하여 백성들이 영원히 지켜야 할 규례와 법도와 율법을 주신 하나님께서 죄를 짓는 사람에게는 3~4대 자손에 이르기까지 벌을 내릴 것이며 하나님을 사랑하고 계명을 지키는 사람에게는 자손 만대에 걸쳐 은혜를 베풀 것이라고 언약하시고, 명령대로 준행하지 않는다면 가혹한 징벌이 있게 될 것이라고 경고하셨다.

---

[80] 정확하게 밝혀지진 않았으나 전통적으로 시나이 반도에 위치하는 모세 산(Jabal Musa: 해발 2,285m) 이 유력하다고 한다.

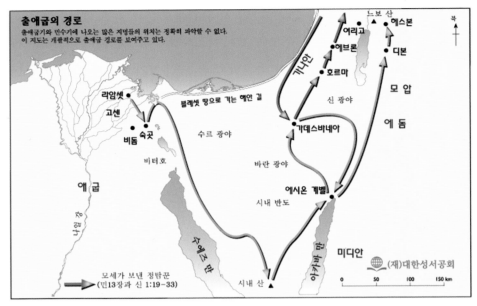

출애굽의 경로

시내 산의 언약(출24∼31장)

산에서 내려온 모세가 여호와의 말씀을 전해주자 하나님의 임재를 체험한 백성들이 한목소리로 대답했다.

「우리는 여호와께서 명령하신 것을 그대로 따르겠습니다.」

여호와의 말씀을 기록한 모세는 다음 날 아침, 제단을 쌓고 이스라엘 지파들을 위하여 열두 개의 돌기둥을 세운 다음 젊은이들을 시켜 번제와 화목제를 드리게 하였다. 그리고 피를 가져다가 절반은 그릇에 담고 나머지 절반은 제단 위에 뿌리고는 언약 책에 기록한 내용을 백성들에게 낭독했다. 하나님과 맺은 언약을 다시 듣게 된 백성들이 여호와의 말씀을 준행하겠다고 거듭 약속하자, 모세가 그릇에 담긴 피를 백성들에게 뿌리며 말했다.

「이것은 이 모든 말씀에 대하여 여호와께서 여러분들과 맺는 언약의 피입니다.」

이제껏 양심의 법으로만 살던 선민 이스라엘이 율법을 받게 되고 언약함으로써 거룩한 하나님의 백성과 제사장 나라로 거듭나게 되었으며 피로써 언약을 세움에 따라 이제부터는 피 흘림이 없다면 죄의 용서도 바라볼 수 없게 된 것이다.

백성들을 가르칠 수 있도록 계명을 기록한 돌판을 주시겠다는 말씀으로, 시내산에 두 번째 오른 모세에게 하나님께서는 당신께서 임재하실 곳인 성막과 그 안에서 사용될 기구와 장식물, 그리고 두 개의 증거판을 넣어둘 언약궤와 제사장이 입어야 하는 옷과 제사드리는 방식에 대하여 자세히 설명해주셨다. 그리고 이 모든 것을 유다 지파 브살렐과 단 지파 오홀리압을 성령으로 충만하게 하여 임무를 완수할 수 있도록 하겠다고 말씀하셨다.

☑ 언약궤란?

언약궤(言約櫃)란 십계명이 새겨진 두 개의 돌판을 보관하고 운반하기 위해 만든 나무상자(조각목이라 불리는 일종의 아카시아나무로 1.2m×0.7m×0.7m의 크기였다.)로 시내 산에서 받은 명령에 따라 유다 지파 브살렐과 단 지파 오홀리압에 의해 만들어졌다. 속죄소라 불리는 상자 뚜껑 위의 두 그룹 사이에서 하나님이 임재하는 곳(출25:22)이기도 한 언약궤는 증거궤, 법궤, 주의 권능의 궤, 거룩한 궤 등으로 불리기도 한다. 언약궤가 안치되어있는 성막 안의 지성소에는 1년에 한 번 속죄일에 오직 대제사장만 들어가 염소나 송아지 등 제물의 피를 뿌리고 예배를 드리는 곳으로써(히9:7) 백성들의 출입이 허용되지 않았다. 그러나 예수님께서 십자가에서 돌아가실 때 성소와 지성소를 구분했던 휘장이 둘로 찢어진 사건은 이제 동물의 피로는 더 이상 제사를 드릴 필요가 없으며 죄로 인해 단절되었던 하나님과의 관계가 예수님의 피로 말미암아 다시 회복됨으로써 하나님 앞에 직접 나갈 수 있게 되었음을 상징하는 것이 되었다.

광야의 성막에서 다윗 성으로 옮겨졌던 언약궤는 주전 960년, 솔로몬 성전이 완공되자 비로소 안전하게 모실 수 있었지만 주전 586년, 바벨론에 의해 남유다가 멸망되고 성전이 불탈 때 사라졌을 것으로 추정된다. 역사에서 사라진 언약궤는 하나님의 성전에 있는 것을 사도 요한이 환상 중에 보게 된다(계11:19).

금송아지 숭배 사건(출32~34장)

40주야를 금식하며 시내 산에서 기도하던 모세를 하나님께서 찾으셨다.

「어서 산에서 내려가거라. 네 백성이 부패하였도다.」

백성들이 끔찍한 죄를 짓고 있으니 빨리 하산하라는 말씀대로 하나님께서 만드시고 친히 글을 쓰신 **두 개의 돌판**[81], 즉 증거판을 가지고 산에서 내려온 모세는 그동안을 기다리지 못하고 금으로 만든 **송아지 형상**[82] 앞에서 춤추며 노래하는 백성들을 보고 분을 참지 못한 나머지 증거판을 산 아래로 던져 깨뜨려버렸다. 그리고 그들이 만든 금 송아지를 불로 녹인 다음 가루로 만들어 물에 섞어 이 물을 백성들에게 마시게 하고, **레위 자손들에게 명령하여**[83] 우상을 섬기는데 주도적인 역할을 한 3,000여 명의 백성들을 단죄했다.

율법이 없었을 때는 모든 것을 너그럽게 용서해주신 하나님이었지만, 이제 언약을 맺은 백성들이 하나님의 명령을 거역한다면 율법에 따라 가차 없이 벌을 내리시겠다는 의지를 행동으로 보여주신 것이다.

진노하신 하나님께서 앞으로 동행하지 않겠다고 선포하시자 놀란 백성들은 회개하는 뜻에서 몸의 장신구를 모두 떼어냈다. 여호와 앞에 엎드려 40주야를 **금식하며**[84] 용서를 구하는 모세에게 하나님께서 말씀하셨다.

「증거판에 있던 계명을 다시 써서 주려고 하니 너는 돌판을 처음 것과 같이 다듬어서 내게 가지고 오너라.」

---

81 두 개의 돌판 중 하나에는 하나님에 대한 인간의 의무가(1~4계명) 두 번째에는 사람들 사이에 지켜야 할 의무가(5~10계명) 기록되었을 것이다.

82 이집트인들의 숭배 대상이었던 황소는 풍요와 힘의 상징이었다.

83 레위인은 이 일을 계기로 하나님께 헌신하는 자, 즉 제사장이 되는 축복을 받았으며 이스라엘 백성들 가운데 구별된 자로서 성막에서 봉사하는 임무가 주어진다.「모세가 이르되 각 사람이 자기의 아들과 자기의 형제를 쳤으니 오늘 여호와께 헌신하게 되었느니라 그가 오늘 너희에게 복을 내리시리라(출32:29).」

84 금식기도는 몸을 괴롭게 하는 육적인 욕구의 희생을 통하여 하나님과의 관계를 긴밀히 회복시켜주는 효과적인 통로이다. 금식기도하는 이유는 1) 하나님을 섬기는 일로서(행13:2), 2) 온전한 참회를 통하여 회개하고(삼하12:16) 4) 기도에 전념하여(시35:13) 5) 더 큰 축복과 사명을 감당하기 위해(눅4:2) 하는 기도를 말한다. 진정한 금식기도로써 받게 될 축복은 바로 여호와의 응답이라고 이사야는 말한다(사58:8, 9).

성막이 세워지다(출35~40장, 레8, 9장, 민1장)

금송아지 숭배 사건으로 촉발된 언약 갱신에 따라 십계명이 새겨진 두 번째의 증거판을 가지고 시내 산에서 내려오는 모세의 얼굴엔 하나님과 대면함으로 생긴 광채로 빛났다. 백성들의 감동과 자원하여 드린 예물로 **성막**[85]을 세우고 언약궤를 포함하여 그 안의 기구들과 장식물들을 만들어 설치할 때, 그때가 애굽에서 탈출한 지 1년째 되던 해인 주전 1445년 첫째 달 초하루였다.

7일 동안 치러진 위임식으로 제사장 직분을 공식적으로 부여받게 된 아론이 대제사장의 신분으로 첫 제사를 드리자 여호와의 영광이 모든 백성들에게 나타났으며, 여호와의 불이 내려와 번제물을 태우는 것을 목격한 백성들은 두려움에 떨며 하나님 앞에 엎드렸다. 최초의 성전이라 할 수 있는 성막에는 영광으로 충만하였고 하나님의 임재를 상징하는 구름이 성막 위를 가득 덮었다.

성막이 세워진 지 한 달째 되던 날 하나님이 시내 광야에서 모세에게 말씀하셨다.

「스무 살 이상 되는 장정들을 지파별로 파악하여라. 그러나 레위 지파는 계수에서 제외하여라. 그들은 나에게 바쳐진 사람들로써 성막에서 봉사하며 그 안에 있는 성물들을 운반하고 관리할 자들이니라.」

이렇게 해서 파악된 이스라엘의 12지파 중 레위 지파를 제외한 20세 이상 장정의 수는 총 60만 3,550명이었다.

---

85 성소 건축에 든 비용은 금 29달란트 730세겔, 은 100달란트 1,775세겔, 놋 70달란트 2,400세겔이었다(출38:24, 29). 예) 1달란트: 약 34.27kg, 1세겔: 약 11.4g

성막 평면도(출 25~30장)

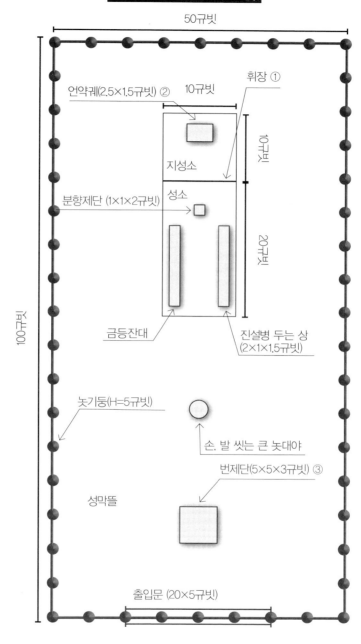

50규빗

언약궤(2.5×1.5규빗) ②

10규빗

휘장 ①

10규빗

지성소

성소

분향제단 (1×1×2규빗)

20규빗

금등잔대

진설병 두는 상
(2×1×1.5규빗)

100규빗

놋기둥(H=5규빗)

손, 발 씻는 큰 놋대야

번제단(5×5×3규빗) ③

성막뜰

출입문 (20×5규빗)

① 휘 장: 1년에 한 번 속죄일에 대제사장만이 들어갈 수 있었던 지성소와 성소를 분리시켜주었던 휘장은 예수
   님께서 십자가에서 돌아가셨을 때 위에서 아래로 찢어짐으로써 모든 믿는 자들이 하나님께 직접 나아갈 수
   있게 되었다.
② 언약궤: 하나님께서 임재하시는 곳.
③ 번제단: 놋으로된 제단

행군이 시작되다(민2~10장)

　약속의 땅으로 출발하기 앞서 1년 가까운 시간을 하나님의 백성으로 거듭나기 위한 준비 기간으로 삼았던 백성들은 시내 광야에서 두 번째 유월절을 지킨 지 한 달째 되는 날(둘째 해 둘째 달 스무날- 민10:11), 성막을 덮었던 구름이 하늘로 떠오르자 나팔 소리를 신호로 바란 광야를 향해 본격적인 행군을 시작했다.

　제1대로 유다 진영이 선두로 나서자 르우벤 진영에 속하는 백성들이 제2대로 행진하였고 성막과 기구들 그리고 성물이 레위인의 진영과 함께 중앙에서 출발하였다. 그들을 뒤따라 에브라임 진영이 제3대로, 마지막으로 단 진영이 진군함으로써 모세는 여호와 하나님께서 명령하는 대로 백성들을 일사불란하게 통제하였다.

　각 지파의 깃발 아래 숙영과 이동을 반복했던 백성들은 구름이 성막 위에서 떠오르면 앞으로 나아갔고 구름이 머무는 곳에 장막을 세움으로써 하나님의 명령에 따라 행동했다.

이스라엘 백성들의 진 평성도

(민2:1~34, 3:24~39, 10:13~28)

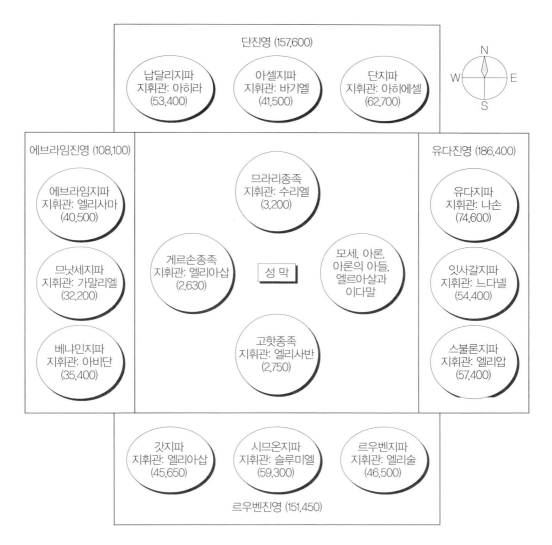

1) 레위지파인 고핫, 게르손, 무라리 종족은 성막에서 봉사할 수 있는 30~50세 사이의 인원수만 계수되었음(민4:34~48).

2) 성막을 중심으로 사방에서 레위인들이 진을 친 것은 백성들에게 하나님의 진노가 임하지 않게 하기 위한 완충지대의 역할이었다(민1:53).

탐욕의 무덤- 기브롯 핫다아와(민 11장)

애굽에서 나오면 모든 것이 좋아질 거라 믿었던 백성들은 광야생활이 기약 없이 이어지자 비교적 안락했던 애굽 생활을 떠올리며 또다시 불평을 늘어놓기 시작했다.

「애굽에 있을 때는 고기와 생선을 먹었고 각종 과일과 야채를 마음껏 먹을 수 있었는데, 지금 먹을 것이라고는 만나밖에 없으니 이것이 어찌 된 일이오?.」

백성들이 불평하는 소리를 들으신 여호와께서 크게 진노하시자 그렇지 않아도 백성들을 이끌기에 힘이 부치던 모세가 하나님을 원망했다.

「주여! 왜 저에게 백성들을 맡겨 큰 짐을 지게 하십니까? 왜 저더러 그들을 약속의 땅으로 인도하라고 하십니까? 또 제가 무슨 능력이 있다고 그들에게 먹일 고기를 얻을 수 있겠습니까? 저 혼자로서는 도저히 감당할 수 없으니 차라리 저를 죽여 이 어려움에서 벗어나게 해주십시오.」

「내가 너의 짐을 덜어 줄 터이니 백성 가운데 지도자 될 만한 사람 70명을 뽑아 내 앞에 서게 하여라. 내가 너에게 있는 영을 그들에게도 줄 것이니 그들이 너와 함께 백성들을 인도할 것이다. 또 백성들에게 전하여라. 그들이 애굽에 있었을 때가 좋았다는 소리를 내가 들었으므로 냄새 맡기 싫을 정도로 고기를 주어 한 달 내내 먹게 할 것이니라.」

하나님의 말씀을 백성들에게 전한 모세가 장로 70명을 뽑아 장막 주위에 세우자 구름 가운데 강림하신 하나님께서 모세에게 부어주셨던 하나님의 영을 그들에게도 내려주셨다. 그리고 강한 바람을 일으켜 메추라기 떼를 장막 주위로 몰았다. 그러나 백성들이 앞다투어 메추라기를 잡아 진 주위에 널어 놓은 것을 보신 하나님께서 욕심을 부린 백성들에게 끔찍한 병을 내리셨다.

「욕심이 잉태한즉 죄를 낳고 죄가 장성한즉 사망을 낳느니라(약 1:15).」는 말씀대로 탐욕이 큰 재앙을 불러일으킨다는 교훈을 주신 것이다. 그래서 백성들은 그곳 이름을 기브롯 핫다아와(탐욕의 무덤)라 불렀다.

가나안 땅을 정탐하다(민13~14장)

하세롯을 거쳐 바란 광야에 도착한 백성들이 숙영을 위해 진을 치는 것을 보신 하나님께서 모세에게 말씀하셨다.

「각 지파에서 한 사람씩 뽑아 내가 너희에게 줄 땅 가나안을 정탐하게 하여라.」

모세는 하나님의 명령에 따라 바란 광야의 가데스 바네아에서 12명의 지도자를 선발대로 보냈다. **40일**[86] 간의 정찰을 마치고 그 땅의 비옥함을 보여주는 증거물로 포도송이와 석류와 무화과 열매를 어깨에 메고 돌아온 12지파 지도자들은 그 땅에 들어가는 것을 두려워한 나머지 이스라엘 백성들에게 부정적으로 보고했다.

「그곳은 비옥한 땅이 분명한 것 같았으나 우리가 만났던 원주민들은 모두 신장이 장대한 거인이었으며 그들이 살고 있는 성도 견고하게 보였으므로 우리는 그들을 이길 수가 없을 것 같습니다. 스스로 보기에도 우리들이 메뚜기 같았으니 그들 보기에도 아마 그같이 보였을 것입니다.」

선택된 백성임을 망각한 그들은 두려운 마음에 스스로를 메뚜기로 비하하는 우를 범하고 있었던 것이다. 그렇지 않아도 불안한 마음을 떨쳐버릴 수 없었던 백성들은 갈렙과 여호수아를 제외한 열 명의 정탐꾼들이 비관적인 말을 늘어놓자 크게 실망한 나머지 다시 애굽으로 돌아가자며 울부짖었다.

백성들이 동요하는 모습을 보이자 갈렙과 여호수아가 그들을 진정시키며 말했다.

「그렇지 않습니다. 우리가 정탐했던 땅은 젖과 꿀이 흐르는 비옥한 땅이었습니다. 우리는 반드시 저 땅을 차지해야 합니다. 그들이 강한 것은 사실이지만 우리

---

86 성경에서 언급되는 숫자들이 대개 상징적인 의미로 사용되었듯이 40이라는 숫자 역시 육체적으로는 고난과 고통의 기간을 말하며, 영적으로는 하나님과 만나는 시간을 의미한다고 본다. 상당히 긴 시간이나 큰 수를 나타내기도 하며 훈련이 끝나는 기간이며 영혼이 정화되는 기간이고 사명을 완수하는 의미로도 쓰인다(오늘날의 40일간의 작정기도, 40일간의 금욕기간 등). 또 40이라는 숫자는 대략 한 세대를 나타내기도 하며(사울과 다윗과 솔로몬의 40년 통치) 다음 단계로 넘어가기 위한 준비 기간(모세가 40세에 광야로 피신하였고 80세에 하나님 앞에 부르심을 받았으며 120세에 죽다.)을 나타내기도 한다.

는 할 수 있습니다. 하나님을 거역하지 마십시오. 그 땅 백성들을 두려워하지 마십시오. 우리에게는 여호와 하나님이 함께하십니다.」

백성들의 불순종과 하나님의 저주(민14, 16, 20, 21, 25장, 겔20:22)

갈렙과 여호수아가 자신들을 기만한다고 생각한 백성들은 그들을 해치려고 달려들었다. 그때 하나님의 영광이 나타나 모세에게 말씀하셨다.

「내가 많은 기적을 일으켰는데도 이 백성들은 언제까지 나를 멸시하며 믿지 않을 것이냐? 내가 전염병으로 그들을 쳐서 멸하고 네게 그들보다 크고 강한 나라를 세우게 하리라.」

하나님이 백성들을 진멸시키겠다고 화를 내시자 모세는 40주야를 여호와 앞에 엎드려 백성들을 위해 간구했다.

「주여! 백성들을 불쌍히 여기시고 노여움을 거두어 주십시오. 만약 이들을 멸하신다면 하나님께서 그들에게 약속하셨던 땅으로 인도할 능력이 없어서 광야에서 죽였다고 다른 나라 사람들이 말하지 않겠습니까? 백성들이 애굽을 떠났을 때부터 지금까지 주님의 크신 능력과 펴신 팔로 보호해주셨던 것처럼 주의 종 아브라함과 이삭과 야곱을 생각하사 한 번 더 용서해주시고 사랑을 베풀어 주십시오.」

모세의 간절한 기도에 하나님께서 응답하셨다.

「내가 너희들을 애굽 땅에서 인도해 낸 것도 내 이름을 위한 것이었듯이 백성들을 이끌어 내는 것을 본 여러 나라 앞에서 내 이름이 더럽혀지지 않기 위해 이번에도 용서해주리라. 그러나 모든 백성이 내 영광을 보았고 애굽과 광야에서 일으킨 기적을 보고서도 나를 따르지 않고 나를 시험하였다. 그러므로 내가 너희들의 조상에게 약속한 땅을 20세 이상 된 자 중 나에게 순종한 갈렙과 여호수아 외에는 어느 누구도 그 땅에 들어가지 못할 것이다. 그러므로 너희 자녀들은 죄를 짊어지고 너희들의 시체가 광야에서 썩어 없어질 때까지 방황하는 자가 될 것이며 그 땅을 정탐한 40일의 하루를 1년으로 쳐서 40년간 죄악을 담당할 것이니 그제야 내가 진노하면 어떻게 되는가를 깨닫게 될 것이다.」

가나안 땅을 정찰했던 열두 명 중 갈렙과 여호수아를 제외한 나머지 사람들은 하나님께서 내리신 저주로 모두 죽었다. 또 모세와 아론의 권위에 반기를 들었던 고라와 그의 추종자들이 소유물과 함께 산채로 매장되는 벌을 받았고 그들에게 동조했던 250명의 족장 역시 하나님께서 내리신 불로 타 죽었으며, 하나님의 뜻을 분별하지 못하고 모세와 아론에게 악한 감정을 드러내던 1만4,700명의 백성들이 역병으로 죽었다. 또 모압 땅으로 가는 길에 **에돔**[87] 왕이 길을 내주지 않자 홍해 길을 따라 우회하여 사막의 길로 들어설 때 힘든 여정을 참지 못한 백성들이 하나님과 모세에게 원망하자 여호와께서 불평하는 그들에게 불뱀을 풀어놓아 많은 백성들이 죽임을 당했다.

그리고 40년의 광야 생활이 끝나갈 무렵 이스라엘 백성들이 모압 평야의 **싯딤**[88]에 진을 치고 있을 때 신전 창녀인 모압 여인들과 음행을 저지르고 그들의 우상인 바알브올에게 절하는 사건으로 2만 4,000명이 하나님의 저주로 모두 죽었다.

시편 기자는 이 사건을 다음과 같이 기록하고 있다.

「그들이 또 브올의 바알과 연합하여 죽은 자에게 제사한 음식을 먹어서 그 행위로 주를 격노하게 함으로써 재앙이 그들 중에 크게 유행하였도다 그때에 비느하스가 일어서서 중재하니 이에 재앙이 그쳤도다(시106:28~30).」

---

87 에돔은 이삭의 장남이자 야곱의 형인 에서의 별명으로 하나님의 선택을 받지 못한 에서의 후손이 세운 나라이다(창36:1, 43).
88 요단 강 동편에 위치한 곳으로 가나안 정복을 앞둔 이스라엘이 마지막으로 머물렀던 땅이었다(수3:1).

이처럼 하나님께서는 당신을 믿고 순종하는 백성들은 사랑하셨지만 당신께서 베푸시는 구원의 은혜를 체험하고도 이를 무시하고 불평하는 백성들과 우상을 섬기는 자들에게는 무거운 벌을 가차 없이 내리시는 상과 벌이 분명한 무서운 하나님이셨다.

아론의 싹 난 지팡이(민17~18장)

반역을 주도한 고라와 같이 레위인들 조차 아론의 제사장직 권위에 조직적으로 반발하는 사례가 빈발하자 하나님께서 모세에게 말씀하셨다.

「너는 이스라엘 자손에게 명하여 각 지파별로 지도자의 이름이 새겨진 지팡이를 하나씩 가져오도록 하고 레위인의 지팡이에는 아론의 이름을 기록하여 그것들을 언약궤 앞에 놓아두어라. 그러면 내가 선택한 지팡이에서 싹이 나게 되어 백성들이 너희에게 원망하는 말을 그치게 될 것이다.」

12개의 지팡이가 모이자 모세는 그것을 언약궤 앞에 두었다. 다음날 모세가 증거의 장막에 들어갔을 때 아론의 지팡이에 싹이 나고 꽃이 피어서 살구 열매가 열린 것을 보았다.

이는 아론 자손이 아닌 다른 사람들은 여호와 앞에 분향하러 오지 못하게 하시려는 뜻과(민16:40) 그의 자손만이 하나님의 택하심으로 제사장이 될 수 있다는 것을(출40:13~15) 백성들에게 보여줌으로써 다시는 고라 무리와 같이 반역하는 일이 재발하지 못하게 하려는 조치였다.

아론과 그의 자손만이 제사장이 될 수 있다는 것을 확인하게 된 각 지파의 지도자들이 지팡이를 가져가자 하나님께서 모세에게 명하여 아론의 지팡이를 언약궤 앞에 두어 반역한 자에 대한 표징이 되게 하라고 말씀하시고, 아론의 제사 장직분과 레위인의 직무에 대하여 확실하게 구분해주셨다.

「레위인은 너희를 도와 성막에서 봉사하는 임무를 부여하였고 아론의 아들들에게는 제사장의 직분을 선물로 주었으니, 그 외 누구든지 그것에 가까이하는 자는 죽임을 당하리라.」

☑ 레위 자손을 구별하신 이유

야곱의 셋째 아들 레위는 여동생 디나가 세겜에게 강간당하는 사건이 벌어지자(이삭과 야곱참조) 시므온과 함께 그들을 공격함으로써 가문을 위기로 몰아넣었던 장본인이었다. 그럼에도 불구하고 레위 자손인 모세를 지도자로 세워 이스라엘 백성들을 애굽에서 구원하신 하나님께서 모세와 함께 백성들을 이끌었던 아론을 선택하여 기름 부으시고 그의 자손에게 제사장 직분이 대대로 이어질 수 있도록 축복하셨다(출40:13~15).

한편 모세가 율법을 받으러 시내 산으로 올라간 사이 그 순간을 기다리지 못한 백성들이 금송아지를 숭배하는 사건이 벌어지자, 주동자들을 처벌하는 일에 앞장서며 여호와의 편에서 충성심을 보여준 레위 자손들에게 그 일로 축복받게 될 것을 선포하신(출32:29) 하나님께서 모세에게 명하여 그들이 백성들을 대신하여 아론 자손의 제사장직을 도와 성막에서 봉사할 수 있도록 하라고 레위인들을 특별히 부르신 것이다.

또한, 하나님께서 애굽 땅에서 처음 태어난 자들을 모두 죽이던 날에 이스라엘의 처음 태어난 자는 사람이나 짐승이나 모두 보호하셨기 때문에 맏아들 역할을 맡기기 위한 것이 바로 레위 자손을 선택한 이유라고 밝히신다(민3:12, 13).

그러나 같은 레위인임에도 불구하고 제사장 직분을 탐한 고라와 같이 아론의 제사장직에 조직적으로 반발하는 사건이 벌어지자, 아론의 싹 난 지팡이를 통하여 제사장직은 레위 지파 중에서도 오직 아론과 그의 자손들에게만 부여된 직분임을 확인하시고, 다시는 그런 일이 발생하지 않도록 레위인의 역할에 대하여 분명하게 선을 그으신 것이다. 그 역할 분담이 바로 아론 자손들은 성소와 제단에 책임을 지는 대제사장으로서의 직분을 행하라는 것이며, 그 외 레위인들은 제사장을 도와 성막에서 봉사하라는 임무였던(민3:6, 18:1~7) 것이다.

훗날 이스라엘 백성들이 가나안을 정복한 후 지파별로 땅을 배분받을 때 레위 자손들은 제외되었다. 그 이유는 하나님을 섬기도록 돕는 역할을 전담하는 레위 지파에게는 하나님이 친히 기업이 되기 때문이었다.

가데스 므리바의 불신(민20장)

이스라엘 백성들이 신광야의 가데스에 머물 때 마실 물이 없어 갈증으로 고통받던 백성들이 모세와 아론에게 항의하며 몰려들었다.

「우리 형제들이 여호와 앞에서 죽을 때 우리도 죽었더라면 차리라 나을 뻔했소. 우리가 애굽에 남아 있었으면 노예생활을 하더라고 먹고 살 수 있었을 텐데 왜 우리를 이 끔찍한 곳으로 끌고 와 고생을 시키는 거요? 여기는 경작할 곳도 없고 무화과도 석류도 없고 포도도 없으며 마실 물조차 없으니 당신들이 백성들과 가축들을 다 죽일 작정이요?」

성막 앞에 엎드려 백성들을 위해 기도 하는 모세와 아론에게 여호와께서 말씀하셨다.

「모세야! 지팡이를 들고 네 형 아론과 함께 반석에게 물을 내라고 명하여라. 그러면 물을 마실 수 있을 것이다.」

입만 열면 애굽으로 돌아가자고 소리치는 등 백성들의 불평불만이 도를 넘자 육체적으로 지친 나머지 마음까지 상해 있던 모세가 짜증 섞인 목소리로 백성들에게 말했다.

「반역한 백성들이여 들으라! 우리가 너희를 위하여 물을 낼 것이다.」

큰 소리와 함께 모세가 지팡이로 바위를 두 번 치자 깨진 바위틈에서 물줄기가 솟아올랐다. 그러나 하나님의 명령대로 하지 않고 자신의 감정을 드러내며 지팡이로 반석을 치는 모세의 행동에 크게 실망하신 여호와께서 그들 형제에게 말씀하셨다.

「너희 둘도 나를 믿지 않고 백성들 앞에서 나를 거룩하게 여기지 않았다. 그러므로 너희는 내가 주겠다던 그 땅으로 백성들을 인도하지 못할 것이다. 이는 너희가 므리바 물에서 백성들의 불만을 다스리지 못하고 내 명령을 거역했기 때문이니라.」

이는 여호와께서 나를 가까이하는 자 중에서 나의 거룩함을 보이겠고 모든 백성 앞에서 내가 영광을 받을 것이라고(레10:3) 모세에게 말씀하신 바 있기 때문이었다. 사람들은 이스라엘 백성들이 여호와를 시험하고 다투었다고 해서 그곳을 므리바 물이라 불렀다.

이처럼 이스라엘이 40년에 이르는 광야생활 중 38년을 가데스 바네아 주변에서(신2:14) 방황하게 되었던 것은 그들이 하나님께서 행하시는 놀라운 능력들을 수없이 체험했음에도 불구하고 계속되는 불순종으로 여호와의 진노를 불러일으켰기 때문이었다.

두 번째 인구 조사(민20, 22, 23, 24, 26, 31, 33, 34장)

이스라엘 백성들이 애굽에서 나온 지 40년이 되던 주전 1407년 다섯째 달 첫째 날에 모세의 형이자 이스라엘의 첫 번째 대제사장으로서 하나님 앞에서 백성들을 중재했던 아론이 123세의 나이로 **생을 마감하자**[89], 모세는 **하나님이 명령하신 대로**[90] 아론이 입었던 옷을 그의 아들 엘르아살에게 입히고 제사장직을 수행하도록 하였다.

가나안 입성이 눈앞에 왔음을 보신 하나님께서 모세와 아론의 아들 엘르아살에게 말씀하셨다.

「전쟁에 나가 싸울 수 있는 사람의 수를 파악하여라.」

가나안 진격에 동원할 수 있는 인원 파악과 땅을 분배하기 위한 목적으로 실시된 두 번째 인구조사에서 20세 이상 장정의 수는 모두 60만 1,730명으로 1차 조사 때와 별반 차이가 없었다.

하나님께서 모세에게 말씀하셨다.

「가나안에 들어가거든 원주민들과 그들이 섬기는 우상을 몰아내고 그곳에 정착하여라. 내가 그 땅을 너희에게 주었음이니라. 그러나 원주민을 쫓아내지 못한다면 그들이 눈엣가시같이 너희들을 괴롭히며 재앙을 가져다줄 것이다. 그렇게 된다면 내가 그들에게 내리기로 했던 벌을 너희들에게도 내릴 것이다. 땅을 배분할 때에는 제비뽑아 각 지파의 인원수에 따라 나누어 주어라. 백성의 수가 많은 지파는 많은 땅을, 수가 적은 지파는 적은 땅을 얻게 될 것이다.」

이렇게 실시된 2차 인구조사에서는 1차 조사 때 있었던 20세 이상 출애굽 세대는 모두 세상을 떠나고, 남아 있는 사람은 하나님께 온전히 순종한 갈렙과 여

---

89 호르산에서 죽다:정확한 위치는 알려져 있지 않으나, 요르단의 페트라 근교에 있는 제벨 하룬(Jebel Harun)과 광야의 가데스 바네아 부근의 제벨 마두라(Jebel Madurah) 중 한 곳일 것으로 인식되고 있을 뿐이다.

90 아론의 성의는 후에 아론의 아들들에게 돌릴지니 그들이 그것을 입고 기름 부음으로 위임을 받을 것이며(출29:29)

호수아 그리고 그때까지 백성들을 인도한 모세 등 단 세 사람뿐이었다.

　미디안 족속이 모압 평야의 싯딤에서 이스라엘에 저지른 만행, 즉 우상 숭배와 음행에 빠지게 한 죄에 대하여 복수하라는 명령을 마지막으로 받은 모세는 각 지파에서 차출한 1만 2,000명의 병력으로 그들을 무찌르고 탈취한 전리품들을 공평하게 분배함으로써 여호와께서 명령하신 대로 실천하였다. 그리고 모압 왕 발락에게 협력하였던 거짓예언자 발람을 처단함으로써 그가 미디안 여인들을 이용하여 이스라엘 **백성들을 타락시킨 죄를**[91] 물을 수 있었다.

　이처럼 대적하는 족속들과 전쟁을 치르며 갖은 역경을 이겨낸 이스라엘 백성들이 40년 만에 약속의 땅 가나안이 보이는 모압 평지에 도착하자, 여호와 하나님께서 모세를 불러 이스라엘 땅이 될 동, 서, 남, 북 사방 경계에 대하여 말씀해 주시고 여호수아를 후계자로 지명할 것을 명령하셨다.

후계자 여호수아(민27, 34, 35장, 신31장, 수12장)

　「모세야! 너는 그 땅을 바라볼 수는 있어도 요단 강을 건너갈 수는 없을 것이다. 너는 여호수아를 강하고 담대한 사람으로 만들어야 한다. 그는 나의 영이 머무는 자이니 그에게 안수하여 지도자로 세우고 백성들이 그에게 복종할 수 있도록 하

91　모압 왕 발락은 이스라엘 백성들이 아모리 족속을 물리쳤다는 소식을 듣고 두려움을 느낀 나머지 메소포타미아의 브돌 출신 예언자인 발람을 불러내어 백성들을 저주해 달라고 요구하지만, 천사의 지시를 받은 발람은 백성들을 저주하는 대신 세 번이나 축복해준다. 그러나 미디안 여인들을 이용하여 이스라엘 백성들을 타락하게 하였으며, 개인적인 사리사욕을 취한 대표적 거짓예언자인 발람은 이스라엘 백성들이 아모리 족속의 왕 시혼의 군주들을 죽일 때 칼로 죽임을 당한다(민22:4~24:25, 31:16, 수13:22).

여라, 그가 백성들을 이끌고 네가 보는 땅에 들어갈 사람이니라. 그리고 르우벤 지파와 갓 지파와 므낫세 지파의 절반은 이미 요단 강 동쪽 땅, 즉 **여리고 건너편 땅**[92]을 받았으니 이 땅은 나머지 아홉 지파가 제비뽑아 나누어 가질 땅이니라. 이 땅을 나누어줄 사람은 제사장 엘르아살과 눈의 아들 여호수아가 될 것이다. 가나안 땅의 몫이 없는 레위 사람들에게는 **여섯 개의 도피성**[93]을 포함하여 모두 마흔여덟 개의 성과 목초지를 주되 그 성과 목초지는 각 지파가 가지고 있는 성 가운데 땅을 많이 받은 지파는 많이, 적게 받은 지파는 적은 비율로 주어라.」

약속의 땅을 지파의 수효에 따라 나누어 줄 것을 명령하신 하나님께서 후계자로 선택된 여호수아를 성막으로 나오게 한 후 그에게 용기를 주셨다.

「나는 백성들을 젖과 꿀이 흐르는 비옥한 땅, 곧 그들의 조상에게 약속한 땅으로 인도할 것이다. 너는 백성들을 이끌고 그곳으로 들어가야 할 것이니 마음을 굳게 먹고 용기를 내야 한다. 내가 너와 함께 할 것이니 두려워하지 말아라.」

그러나 하나님께서는 백성들이 약속의 땅으로 들어간 후에 배부르게 먹게 되고 편안하게 되면 당신과의 언약을 잊어버리고 다른 신들을 섬기게 될 것이라는 사실을 다 알고 계셨다.

모세의 마지막 설교(신1~32장)

---

92 이 땅은 아모리 족속의 두 왕인 헤스본 왕 시혼과 바산 왕 옥의 땅으로서 이스라엘 백성들이 그들의 땅으로 지나갈 수 있게 해 달라고 요구하자 이를 거부함에 따라 촉발된 전쟁으로 이스라엘 백성들이 공격하여 점령한 땅이었다(민21:21~35). 그 땅은 많은 가축떼를 소유했던 르우벤 지파와 갓 지파 그리고 므낫세 지파의 절반에게 분배되었다.

93 부지중에 살인한 자가 판결받을 때까지 억울한 죽임을 당하지 않게 하기 위해 임시로 피할 수 있도록 만든 제도를 말한다(민35:11, 12).

애굽에서 나온 지 40년이 되던 해의 열한 번째 달 첫째 날에 이스라엘 2세대 백성들이 요단 강 동쪽 모압 평야에 도착하여 진을 치자 이곳까지 오게 된 험난했던 여정을 소상히 설명하며 하나님께서 가나안 땅을 기업으로 주신 것은 이스라엘이 착하고 정직해서가 아니라 그곳에 살고 있는 민족들이 악하기 때문이며, 조상들에게 하신 약속을 지키려는 것임을 밝힌 모세는 백성들이 앞으로 차지해야 할 땅에서 평생 지켜야 할 하나님의 명령과 규례와 법도에 대하여 증언하였다.

「내가 오늘 여러분들에게 전해주는 하나님의 말씀은 어려운 것도 아니요 멀리 있는 것도 아니고 바로 여러분들의 입과 마음속에 있는 것이므로 모두 지킬 수 있는 것들입니다. 여러분은 하나님을 사랑하고 그분께서 원하시는 삶을 살아야 할 것이며 오직 그의 명령과 규례와 법도를 지켜야 할 것입니다. 그러면 앞으로 차지할 땅에서 번성할 것이요 복을 받을 수 있을 것입니다. 그러나 하나님 말씀에 순종하지 않는다면 그날이 길지 않을 것은 물론 반드시 망하고 말 것입니다. 오늘 여러분 앞에 생명과 죽음과 복과 저주를 내놓았으니 여러분들과 자손들이 살기 위해서는 생명을 선택하고 하늘에나 땅에나 오직 한 분이신 여호와 하나님을 사랑하고 섬기며 그분의 말씀에 복종하고 의지해야 할 것입니다. 하나님은 생명이시요 장수이시니 그렇게 해야 여러분들의 조상에게 약속하신 땅에서 축복받는 삶을 살 수 있을 것이며 그가 지으신 모든 민족들보다 여러분들을 더 높이실 것이요, 찬송과 명예와 영광으로 여호와 하나님의 거룩한 백성이 되게 하실 것입니다.」

생사화복(生死禍福)의 근원이 여호와께 있다는 것과 순종은 생명이요, 불순종은 저주받게 된다는 사실을 다시 한번 상기시켜준 모세는 이 **율법의 말씀**[94]을 책에 기록하여 매 7년째 되는 면제년의 **초막절마다**[95] 백성들에게 낭독하라 이르고 언약궤 옆에 두어 증거가 되게 하라고 레위인들에게 명령하였다.

94　이 율법 책은 남 유다의 16대 왕 요시야가 다스리던 기원전 622년, 성전을 수리할 때 헌금함에서 제사장 힐기야에 의해 발견된다(대하34:14).

95　무교절, 칠칠절과 함께 이스라엘 백성들이 지키던 3대 절기 중 하나로써(신16:16) 광야에서 40년 동안 장막을 치고 생활하던 것을 기념하기 위하여 7일 동안 계속된다. 히브리력으로 일곱째 달 15~22일이다(태양력으로 9월 중순~10월 중순에 해당됨).

위대한 지도자 모세(신3, 32~34장)

　조상들이 저지른 잘못을 잊지 말 것과 율법의 모든 말씀을 지켜 행할 것을 당부하며, 마음을 다하고 뜻을 다하고 힘을 다하여 네 하나님 여호와를 사랑하라는 마지막 고별사를 마친 모세에게 하나님께서 말씀하셨다.

　「너는 아바림 산을 따라 느보 산으로 올라가 내가 백성들에게 줄 땅인 가나안을 바라보아라. 네 형 아론이 호르 산에서 죽었듯이 너도 네가 오를 그 산에서 죽어 너의 조상에게 돌아갈 것이다. 네가 약속의 땅을 바라볼지언정 그곳으로 들어가지는 못하리라.」

　「주여! 저를 건너가게 하사 요단 저쪽에 있는 아름다운 땅과 산 그리고 레바논을 보게 하옵소서.」

　모세의 애타는 절규에 하나님께서 단호하게 말씀하셨다.

　「이 일로 다시 내게 말하지 말고 이것으로 만족하여라.」

　느보 산을 지나 여리고 맞은편에 있는 비스가 산 정상에서 자신의 눈앞에 펼쳐져 있는 광대한 땅을 바라보고 있던 모세는 그곳에 들어갈 수 없음을 한탄하며 약속의 땅 가나안을 한없이 바라보았다.

　모세는 죽기 전에 열두 지파를 일일이 거명하며 백성들을 축복하였다.

　「이스라엘이여! 당신들은 행복한 사람들입니다. 하나님의 구원을 얻은 백성이 당신들 말고 또 누가 있습니까? 방패시요 영광스러운 칼이신 하나님의 보살핌으로 원수들이 당신들에게 복종하겠고, 여러분들은 그들의 높은 곳을 차지할 것입니다.」

　고령의 나이임에도 불구하고 말년까지 강인한 체력을 유지하였던 모세가 120세 되던 해인 주전 1407년, 하나님의 말씀대로 모압 땅에서 생을 마감하자, 불평을 늘어놓을 때마다 백성들 앞에 엎드려 하나님 말씀을 전했던 위대한 지도자의 죽음을 접한 이스라엘 백성들은 너무나 슬픈 나머지 30일 동안 애도하였다. 그는 요단 강 동쪽 벳브올 맞은 편 모압 땅 어느 골짜기에 묻혔다고 전해지는데 지금까지 그의 무덤을 발견할 수가 없었다고 한다.

80세에 부르심을 받고 하나님의 명령에 따라 이스라엘 백성들을 애굽의 노예 상태로부터 해방시킨 민족의 영웅 모세는 모세오경(창세기, 출애굽기, 레위기, 민수기, 신명기)의 저자로도 알려져 있으며 하나님과 얼굴을 마주하며 하나님 말씀에 순종한 하나님의 대변자요 예언자였다. 이스라엘 민족의 가장 뛰어난 지도자 중 한 사람이었던 그는 결국 약속의 땅에는 들어가지 못한 채 파란만장한 생을 마감하게 된 것이다.

노예 생활의 찌든 때를 벗고 하나님의 거룩한 백성으로 거듭나기 위한 훈련 과정 출애굽의 이야기는 언약백성 이스라엘이 대적의 압제로부터 해방된다는 단순한 의미가 아니라 이 땅의 백성들을 구원하기 위해 하나님께서 어떻게 일하고 계시는가를 보여줌으로써 하나님께서 약속하신 일은 반드시 이루어진다는 사실을 확인하는 것이 되었다. 또한, 언약 백성 이스라엘이 겪는 고난을 본보기로 삼아 우리의 최종 목적지인 하나님의 나라에 들어간다는 것이 얼마나 어렵고 힘든 여정인가를 일깨워주고 있으며, 광야의 백성들처럼 세속적 삶에 대한 미련을 버리지 못하고 하나님의 거룩한 백성으로서의 본분을 망각한다면 천국의 문은 결코 열릴 수 없다는 것을 증거하는 교훈이 되었다.

☑ 모세가 가나안 땅에 들어가지 못한 이유

가데스의 므리바 물가에서 갈증으로 고생하던 백성들이 모세를 원망하자 이를 들으신 여호와 하나님께서 바위에 명하여 물을 내라고 모세에게 말씀하신다. 그러나 모세는 여호와의 명령대로 하지 않고 자신의 감정대로 말하고 행동함으로써 죄를 짓게 된다.

「반역한 너희여 들으라 우리가 너희를 위하여 이 반석에서 물을 내랴(민20:10).」

외치는 소리와 함께 지팡이로 반석을 두 번 내려침으로써 물을 얻을 수 있었던 것이다. 그러나 모든 것을 지켜보시는 하나님 앞에서 자신의 감정을 드러낸 한순간의 실수가 하나님께 영광 돌리지 않고 무시하는 듯한 언행으로 표출됨으로써 이에 진노하신 하나님께서 가나안 땅으로 들어갈 수 없음을 선포하신 것이다(신 32:51, 민20:7~13).

40년 동안 하나님의 명령을 수행하며 백성들을 이끌고 광야로 나온 충성된 일꾼 모세일지라도 성령을 모독하는 죄를 범한다면 어느 누구도 예외가 될 수 없음을 보여주신 것이다. 어쩌면 약속의 땅은 율법의 완성자이신 예수 그리스도께서 임하실 곳이므로 율법의 대표자인 모세의 사역을 그쯤에서 마무리하시려는 하나님의 계획 가운데 하나였을지도 모른다.

그러나 모세도 결국은 약속의 땅으로 들어간 것이 확인되었다. 모세가 세상을 떠난 지 1, 400여 년 후, 살아서 하늘로 올라간 선지자 엘리야와 함께 변화 산에서 예수님을 만나 예수님의 죽음과 부활과 승천에 대하여 의논하심이 예수님의 제자들에게 목격되었기 때문이다.

이 때문에 후세 사람들은 모세의 무덤이 발견되지 않은 것과 변화 산 사건을 연관 지으며 모세 역시 엘리야처럼 살아서 하늘로 올라갔을 것으로 믿는 전설이 생겨났다고 한다.

☑ 성령 모독에 대한 경고

모독이란 어떤 대상에 대해 명예를 손상시키는 것으로, 말이나 행동으로 더럽혀 욕되게 하는 행위라고 한다. 성령모독은 하나님을 모욕하는 것으로 어떤 계명 하나를 어기는 것이 아니라, 삼위일체이신 성부와 성자와 성령의 하나님과 복음의 진리를 고의적으로 왜곡하고 부인하고 방해하는 죄를 말한다. 죄에는 죽음에 이르는 죄와 거기까지는 미치지 않는 죄가 있다고 하는데(요일5:16, 17) 죄 사함을 받지 못하는 죄가 바로 성령모독죄이며 그 결과는 죽음이라는 것이다(막3:29).

히브리서 기자는 우리들이 예수 그리스도의 십자가 피로 속죄함을 얻고 진리를 안 뒤에도 고의적으로 죄를 범한다면 그 죄를 씻을 제사는 더 이상 없으며 무거운 마음으로 심판을 기다리는 수밖에 없다고 강조한다. 옛 선조들은 모세를 통한 경고에도 벌을 받았는데 하물며 자기를 거룩하게 만든 언약의 피를 부정한 것으로 여기고 은혜의 성령을 욕되게 하는 자가 받을 형벌은 과연 얼마나 크고 무겁겠는지 곰곰이 생각해보라는 거다(히10:26~29, 12:25). 그는 또 하나님의 빛 가운데 살면서 성령의 은사를 경험하고 선한 말씀과 새로운 세상의 능력을 맛보고도 타락한 자들은 예수님을 다시 십자가에 못 박는 것과 다를 바 없음을 강조하면서(히6:4~6) 하나님의 능력과 신성을 알면서도 그에 합당한 신앙의 행실을 드러내기는커녕 말로만 떠들고 거짓 증언만 일삼는 자들에게는 준엄한 심판이 내려지게 될 것을 거듭 경고한다.

성령을 모독하는 것이 이렇게 큰 죄임을 알면서도 이를 간과했던 나머지 결국 정죄받을 수밖에 없었던 옛사람들의 교훈을 찾아보자.

제사장 엘리가 행실이 나쁜 두 아들을 꾸짖으며 사람이 사람한테 범죄하면 하나님께서 도와주시겠지만, 사람이 하나님께 범죄하면 누가 그를 도와줄 수 있겠느냐는 말로 누차 경고했으나 이를 무시한 두 아들이 여호와의 제사를 멸시하며 제물과 성물을 더럽히는 죄를 계속 범하자, 결국 엘리의 가문은 저주를 받아 두 아들 홉니와 비느하스는 전쟁터에서 죽었고 아버지 엘리는 아들을 제대로 다스리지 못한 벌로 의자에서 쓰러져 즉사한다. 그의 며느리 또한 남편의 사망소식에 충격을 받은 나머지 조산하다가 세상을 달리하였으니 성령을 모독하고 살아난 자가 없음을 잘 보여주고 있다(삼상2, 3장).

유다 왕 히스기야 14년에 예루살렘을 포위한 앗수르 왕 산헤립이 너희가 믿는 신이 어떻게 내 손에서 너희를 구원할 수 있겠느냐는 말로 하나님을 조롱하자, 그의 교만함을 보신 하나님께서 천사들을 보내 그의 군대를 멸하신다. 이를 피해 간신히 고국으로 돌아간 산헤립이 하나님의 도구로 쓰인 두 아들에게 피살당함으로써 성령을 모독하는 죄를 범하고는 어느 누구도 죽음으로부터 자유로울 수 없다는 것을 경고하셨다(대하32:1~21).

이스라엘 여인 슬로밋의 아들이 싸움을 벌이다가 여호와의 이름을 모독하고 저주하므로 사람들이 그를 모세에게 끌고 가자 하나님께서 그를 죽이라고 명령하신다.
「너는 이스라엘 자손에게 말하여 이르라 누구든지 그의 하나님을 저주하면 죄를 담당할 것이요 여호와의 이름을 모독하면 그를 반드시 죽일지니 온 회중이 돌로 그를 칠 것이니라 거류민이든지 본토인이든지 여호와의 이름을 모독하면 그를 죽일지니라 (레24:15, 16).」

예수님께서 귀신들린 자를 고쳐주시는 것을 본 바리새인들이 귀신의 우두머리인 **바알세불**[96]의 힘으로 귀신을 내쫓는 것이라며 예수님의 능력을 폄훼하자 성령을 모독하는 자는 용서받지 못할 것이라고 말씀하신다.
「내가 너희에게 이르노니 사람에 대한 모든 죄와 모독은 사하심을 얻되 성령을 모독하는 것은 사하심을 얻지 못하겠고 또 누구든지 말로 인자를 거역하면 사하심을 얻되 누구든지 말로 성령을 거역하면 이 세상과 오는 세상에서도 사하심을 얻지 못하리라 (마12:31, 32).」

초대교회 시절 아나니아와 삽비라 부부가 땅을 처분하고 받은 돈에서 일부를 감추고 나머지만 사도에게 전달하자 성령을 속이고 하나님을 시험하려 했다는 죄로 아나니아가 즉사하고 그의 아내 역시 남편과 함께 장사되는 중한 벌을 받는다 (행5:1~11).
아론의 아들 나답과 아비후의 교훈은 어떤가?

---

[96] 팔레스타인의 에그론 사람들이 섬기던 우상으로 바알세붑이라고도 불린다.

그들은 하나님으로부터 기름 부음을 받고 거룩하게 구별되어 제사장 직분을 위임받은 사람들이었음에도 불구하고 하나님께서 명령하지 아니한 다른 불로 분향하다가 진노하신 하나님으로부터 죽임을 당한다.

이처럼 하나님은 성령을 모독하는 자들에게 가차 없이 벌을 내리시는 무서운 하나님이시다. 우리는 하나님의 엄중한 처벌 앞에 큰 충격을 받을 수 있으며 사랑의 하나님께서 어떻게 이럴 수 있을까 하는 생각에 혼란에 빠질 수도 있다. 오늘날 하나님 보시기에 합당하지 않은 예배를 드리는 성도들을 위와 같은 관점에서 정죄하신다면 과연 살아남을 사람이 있을까 싶을 정도로 두려움에 떨 수도 있을 것이다. 그러나 죄에 대해서는 철저하게 보응하는 한편 한없는 은혜와 사랑을 베푸시는 분이 바로 하나님이시다. 위에 언급한 사건들이 우리 눈에는 무자비한 심판으로 비춰질 수 있겠지만, 그 속에는 하나님을 믿고 따르는 사람들을 보호해주려는 방편으로서 악한 자들을 향한 경고가 들어있다고 봐야 할 것이다.

아무리 흉악한 범죄자라 하더라도 잘못을 회개하고 용서를 구하면 하나님은 은혜를 베푸신다. 그렇다 하더라도 하나님의 백성들은 성령모독으로 정죄 받았던 옛 사람들을 교훈 삼아 말과 행동을 조심하여 무의식중에라도 하나님의 이름을 욕되게 하거나 거짓 맹세함으로써 성령님을 모독하는 행위를 해서는 절대로 안 될 것이다.

심판 날에 사람들은 자신이 내뱉은 사소한 말에라도 책임을 져야 할 것이며 그 말이 의롭다 함을 받을 수도 있고 정죄함을 받을 수도 있다는(마12:36, 37) 예수님의 경고대로, 입으로는 하나님을 시인하면서도 자신도 모르게 하나님을 대적하는 행동을 하게 됨으로써 하나님 나라로 가는 길을 나 스스로 막는 일은 없는지, 또 성경 전체의 흐름보다 단편적인 가르침을 고집함으로써 하나님 말씀을 왜곡하는 우를 범하는 것은 아닌지 항상 자신을 돌아보며 하나님만 바라보는 진실된 신앙인으로 거듭나야 할 것이다.

모세와 아론의 가계도

(출6:16∼23, 15:20, 18:2∼4, 민10:29, 대상23:16. 17, 삿18:30)

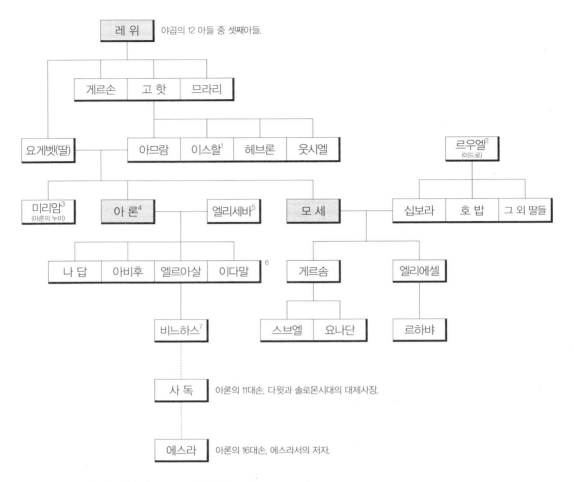

1. 이스할: 이스할의 아들 고라의 반역(대상6:38).
2. 르우엘: 미디안의 제사장.
3. 미리암: 최초의 여선지자.
4. 아론: 첫 번째 대제사장.
5. 엘리세바: 암미나답의 딸.
6. 나답, 아비후, 엘르아살, 이다말: 아론의 아들 나답과 아비후는 여호와께서 명령하지 아니한 다른 불로 분향
   하다가 여호와께서 내린 불로 즉사한다(레10:1, 2). 그러므로 아론의 제사장 직분은 엘르아살과 이다말 자손
   이 이어받았으나 솔로몬 시대에 이다말의 후손인 아비아달이 아도니야의 반란에 가담한 죄로 파면되자 그
   후부터는 엘르아살의 자손이 제사장직을 이어받게 되었다. (민3:3. 4, 왕상2:27. 35, 대상24:1∼6, 겔48:11)
7. 비느하스: 모압평야의 싯딤에서 일어난 바알브올의 음행 사건에서(민25장) 공을 세운 비느하스에게 그 보상으
   로 그 자손에게 제사장 직분이 계속 이어지게 될 것을 약속하신다.
   「그(비느하스)와 그의 후손에게 영원한 제사장 직분의 언약이라(민25:13).」

하늘의 양식 만나

내가 너희를 위하여 하늘에서
양식을 비같이 내리리니(출16:4)

하늘의 양식 「만나」가 성경에서 언급되면 나는 중학생 시절 등하굣길에 꼭 그 앞을 지나쳐야만 했던 제과점을 떠올린다. 지금은 없어졌는지 모르지만, 나의 고향 춘천의 명동 초입에는 맛있기로 소문난 제과점이 있었는데 그 집 이름이 바로 「만나」였기 때문이다. 그 집 이름이 지금 말하고자 하는 「만나」와 같은 의미로 쓰였는지는 모르겠으나 하나님을 알지 못했던 당시 나로서는 성경에서 말하는 「만나」는 생각지도 못한 채, 「사람을 만나는 곳이라서 만나라고 지었나? 아니면 맛이 좋다는 뜻의 맛나를 소리 나는 대로 적었을까?」 혼자 궁금해하며 진열대의 빵을 흘긋거리면서 군침 흘리던 어릴 적 나의 모습이 아직도 기억 속에 남아있기 때문이다.

출애굽 백성들 중 20세 이상 장정의 수만 60만 명이 넘는다고 하였으니 남녀노소 합한다면 200만 명은 족히 넘었을 것으로 보인다. 말이 쉬워서 200만이지 가축은 또 얼마나 많았을까? 이렇게 많은 백성들이 광야에서 풀어야 할 시급한 문제는 아마 식량 조달의 문제였지 싶다.

만나(아람어로 이것이 무엇인가? 라는 뜻)는 이스라엘이 광야생활 40년 동안 메추라기와 함께 먹었던 신령한 양식이었다.

이스라엘 백성들이 신 광야에 이르렀을 때 배고픔을 호소하며 불평을 늘어놓자 저녁에는 고기를 먹게 하고 아침에는 떡을 주겠다고 하나님께서 말씀하신다.

「내가 이스라엘 자손의 원망함을 들었노라 그들에게 말하여 이르기를 너희가 해질 때에는 고기를 먹고 아침에는 떡으로 배부르리니 내가 여호와 너희의 하나님인 줄 알리라(출16:12).」

말씀대로 저녁에는 메추라기 떼가 날아와 천막을 덮었고 아침에 이슬이 걷힌 후에는 만나가 땅 위를 덮었다. 만나는 한 사람이 하루에 한 **오멜**[97] 정도만 거두고 안식일 전날인 여섯째 날에만 이틀분을 거둘 수 있도록 함으로써 곳간에 쌓아두지 않더라도 양식 걱정에서 해방될 수 있도록 하였다.

만나는 식물의 일종인 깟씨 같고 모양은 진주처럼(민11:7) 작고 둥글며 서리같이 가늘게 생긴 것으로(출16:14) 뜨거운 햇볕 아래에서는 녹아내렸다고 한다(출16:21). 섭취하기 위해서는 맷돌에 갈거나 절구에 찧은 가루를 끓이거나 과자같이 구워 먹었다고 하며, 그 맛은 기름 섞인 것 같이 부드럽고(민11:8) 꿀을 넣은 것 같이 단맛이 있었다고 한다(출16:31). 또 바로 소비하지 않고 다음 날까지 두면 벌레가 생기고 부패하였다고 하니 외부환경에 상당히 민감했던 모양이다(출16:20).

하나님께서는 광야의 백성들이 만나를 통하여 당신의 은혜와 능력을 체험할 수 있었다는 것을 기념할 수 있도록 만나를 항아리에 담아 언약궤 앞에 두라고 말씀하셨다.

「항아리를 가져다가 그 속에 만나 한 오멜을 담아 여호와 앞에 두어 너희 대대로 간수하라(출16:33).」

---

97 보통 크기의 그릇 용량으로, 약 2.2리터에 해당한다. 한 오멜은 10분의 1에바이다.

하나님께서 만나를 주신 이유는 백성들로 하여금 당신께서 베푸시는 은혜의 복을 깨닫게 하여 겸손하게 만들기 위함이었다고 한다.

「너도 알지 못하며 네 조상들도 알지 못하던 만나를 네게 먹이신 것은 사람이 떡으로만 사는 것이 아니요 여호와의 입에서 나오는 모든 말씀으로 사는 줄을 네가 알게 하려 하심이니라 네 조상들도 알지 못하던 만나를 광야에서 네게 먹이셨나니 이는 다 너를 낮추시며 너를 시험하사 마침내 네게 복을 주려 하심이었느니라(신 8:3, 16).」

백성들이 애굽에서 나온 지 한 달째 되는 날부터 내리기 시작한 만나는 약속의 땅 가나안에 들어가 그 땅의 소산물을 먹게 되자 더 이상 내리지 않았으며, 그 후로는 만나를 얻을 수가 없었다.

훗날 육신의 몸으로 세상에 오신 예수님께서는 광야로 나온 출애굽 조상들은 만나를 먹었어도 죽었으나 하나님이 주시는 떡은 세상에 생명을 주는 것이므로 하늘에서 내려온 살아있는 떡(예수 그리스도)을 사람이 먹으면 영생을 얻을 것이라고 말씀하시고(요6:33, 49, 51), 영적 싸움에서 승리하는 사람들에게는 그동안 감추어 두었던 만나를 다시 주겠다고(계2:17) 약속하셨다.

썩어 없어질 양식을 위하여 일하지 말고 영생하도록 있는 양식을 위해 일하라는(요6:27) 말씀처럼 광야에서 먹었던 만나는 육신을 배부르게 할 뿐 영적으로는 백성들을 살리지 못했다. 그러므로 생명의 떡이며 살아있는 만나이신 예수님을 영접하는 것이야말로 영원한 생명으로 가게 되는 확실한 지름길임을 증거하신 것이다.

은혜의 선물 만나는 먹을 양식이기도 하지만 영적 훈련의 도구이기도 하였다. 특별한 양식 만나를 광야의 백성들에게 주신 것은 하나님을 믿고 의지하면 만사가 형통하게 되어 참된 생명을 얻을 수 있다는 것과 백성들이 필요로 하는 것이 무엇인지 다 알고 계시므로 무엇을 먹을까 무엇을 마실까 염려하지 말고 탐욕을 물리치라는 하나님의 말씀을(눅12:29, 30), 매일 거두어야만 살 수 있는 만나라는 신령한 양식을 통해 사람들을 깨닫게 하려는 목적이었던 것이다.

「나는 생명의 떡이니 내게 오는 자는 결코 주리니 아니할 터이요 나를 믿는 자는 영원히 목마르지 아니하리라(요 6:35).」

하나님의 종 여호수아

너희 발바닥으로 밟는 곳은

모두 내가 너희에게 주었노니(수1:3)

약속의 땅으로 들어가다(수1~5장, 신8장)

모세가 세상을 떠나자 임무를 승계한 **여호수아**[98]에게 하나님께서 말씀하셨다.

「여호수아야! 너는 이제 백성들을 이끌고 요단 강을 건너 약속의 땅으로 가거라. 너희 발바닥이 닿는 곳은 모두 너희에게 줄 것이며 내가 모세에게 했던 것처럼 너와 함께할 것이니 두려워하지 말아라. 그리고 모세가 명령한 율법에 따라 실천한다면 너의 길이 평탄하고 형통할 것이며 네 평생에 너를 대적할 자가 없으리라.」

여호수아가 모압 평야의 싯딤에서 두 사람의 정탐꾼을 가나안의 첫 성, 여리고로 보내자 라합이라는 기생의 도움으로 무사히 임무를 마치고 돌아온 정탐꾼들이 그간의 일들을 보고했다.

「여리고 백성들이 우리를 두려워하는 것으로 보아 그 땅은 하나님께서 우리에게 주신 것이 틀림없는 것 같습니다.」

---

[98] 에브라임 지파의 자손으로서 본명은 호세아였으며(민13:16) 히브리어 이름인 여호수아를 헬라식으로 표현하면 예수라 불리게 된다.

이제 눈앞에 펼쳐져 있는 요단 강만 건너게 되면 하나님께서 주신 땅 가나안으로 들어갈 수 있게 됨으로써 40년에 걸친 광야 생활을 청산하게 된다고 생각하자, 기대감에 부푼 백성들은 도강 준비를 위해 부산하게 움직였다.

마침내 모든 준비가 완료되었음을 확인한 여호수아가 진군을 명령했다.

「여호와 하나님께서 우리에게 주신 땅을 차지하기 위해 지금부터 요단 강을 건너게 될 것이오. 레위 사람 제사장들은 언약궤를 메고 선두에서 강을 건너시오.」

언약궤를 멘 열두 명의 제사장들이 요단 강에 첫발을 내딛는 순간, 강물이 흐름을 멈추고 바닥을 드러내는 기적이 일어났다. 백성들이 요단 강을 완전히 건너갈 때까지 언약궤를 멘 채 강 가운데에 서 있던 제사장들이 육지로 나오자 강물은 다시 예전처럼 흘러넘쳤다. 하나님만 바라보고 따른다면 모든 길이 열린다는 것을 보여주신 것이다.

요단 강을 무사히 건넌 백성들은 여리고 동쪽의 **길갈**[99]에 진을 쳤다. 그리고 홍해를 갈라 마른 땅으로 백성들을 건너가게 했던 것처럼, 똑같은 기적을 베푸신 여호와를 기념하기 위해 강 가운데에 돌기둥 열두 개를 세운 후, 요단 강에서 가지고 온 또 다른 열두 개의 돌을 길갈에 세웠다. 그리고는 광야에서 태어나 할례를 받지 못했던 사람들에게 할례를 베풀었다.

요단 강을 건넌 지[100] 나흘째 되는 날, 여리고 평지에서 **유월절을 지킨**[101] 백성들이 그 땅의 소산물을 먹자 그때까지 공급되던 하늘의 양식 만나는 더 이상 내리지 않았다.

---

99 요단 강을 건너 처음으로 진을 친 곳으로 굴러간다는 뜻은(수5:9) 애굽의 수치가 떠나갔음을 의미한다. 길갈은 첫 번째 왕 사울이 왕으로 추대되었던 곳이기도 하며(삼상11:15), 제사장만이 할 수 있는 번제와 화목제를 사울 마음대로 드린 곳으로 종교적 성지였다(삼상13:8, 9).

100 요단 강을 건넜다는 것은 보통 천국으로 들어가는 것을 뜻하지만, 홍해를 건너게 됨으로써 출애굽 세대들이 세례를 받았던 것처럼 요단 강을 건넌 것도 2세대 백성들이 하나님의 백성으로 거듭나게 하기 위한 세례의 의미였을 것이다.

101 하나님께서 큰일을 행하시기 전에 반드시 유월절을 지키게 하신 것을 보면 유월절은 분명 이스라엘 백성들에게는 중요한 의미를 가진 날임을 알 수 있게 한다. 즉 유월절을 지킨 후에 출애굽 하였고(출12:51) 광야에서 본격적인 행군을 하기에 앞서 유월절을 지켰으며(민10:11) 유월절을 지키자 하늘의 양식 만나가 그쳤으며(수5:10~12) 예수님께서 십자가에서 죽으신 날도 유월절이었기 때문이다.

불과 수십 일이면 도달할 만한 거리를 40년에 걸쳐 고난의 광야 길을 걷게 한 것은 무엇 때문이었을까? 그 이유는 제사장 나라의 백성으로서 당신의 명령을 제대로 따르는지 시험하셔서 마침내 복을 주기 위함이었다. 그리고 그들의 조상들이 한 번도 본 적 없는 만나를 먹게 한 것 또한 그들을 겸손하게 만들어 사람이 먹는 것으로만 사는 것이 아니요 말씀으로 살아야 한다는 것을 가르쳐 주기 위한 것이었다.

기근을 피해 애굽으로 내려갔던 야곱의 가족 70명이 스무 살 이상 장정의 수만 60만 명이 넘는 대 민족으로 번성하여 출애굽 한 1세대 이스라엘 백성들은 40년에 걸친 유랑생활 끝에 오직 갈렙과 여호수아 두 명만 남고 모두 죽었다. 출애굽 당시 20세 미만이었던 미성년자들과 광야에서 태어난 어린아이 세대를 포함하여 200만 명이 넘는 대 민족이 하나님의 인도하심으로 가나안 땅으로 들어갔을 때, 그때가 주전 1406년 첫째 달 10일이었다.

600여 년 전 믿음의 조상 아브라함에게 하신 **약속**[102]이 마침내 성취된 것이다.

이제 이스라엘은 애굽에서 당했던 치욕스런 노예생활과 암울했던 광야의 유랑생활에 종지부를 찍고 마침내 새로운 세상의 새로운 백성으로 거듭나게 된 것이다.

---

102 「네 자손이 객이 되어 그들을 섬기겠고 그들은 사백 년 동안 네 자손을 괴롭히리니 그 후에 네 자손이 큰 재물을 이끌고 나오리라 네 자손은 사대 만에 이 땅에 돌아오리니 이는 아모리 족속의 죄악이 아직 가득 차지 아니함이니라(창15:13, 14, 16).」

여리고 성이 무너지다(수5~6장)

요단 강 동편 길르앗 땅을 다른 지파들보다 먼저 분배받는 조건으로 백성들의 선봉이 된 르우벤과 갓 지파 그리고 므낫세 반 지파의 무장한 병력 4만 명이 성 앞으로 다가가자 여리고 사람들은 두려움에 성문을 굳게 닫았다.

하나님이 알려주신 대로 양각 나팔을 불며 언약궤 앞에서 행진하는 제사장들을 백성들이 뒤따르며 하루에 한 바퀴씩 6일 동안 성 주위를 돌았다. 7일째 되는 날, 성 주위를 일곱 번 돈 백성들이 제사장들의 나팔 소리를 신호로 일제히 고함을 지르자 육중한 성벽이 거짓말처럼 무너져 내리는 기적이 일어났다.

난공불락의 여리고 성이 함성 소리 하나로 붕괴됨으로써 전쟁의 승패는 인간의 힘이나 능력에서 오는 것이 아니라 오직 하나님의 뜻에 따라 결정된다는 것과 (대하20:15) 의심하지 않는 믿음이 상상할 수 없는 기적을 이끌어 낸다는 사실이 다시 한번 입증된 것이다.

여호수아가 백성들에게 소리쳤다.

「자! 이제 성벽이 무너졌으니 성을 점령합시다. 성안에 있는 것들은 여호와께 바쳐진 것이니 모두 없애 버리시오. 어떤 것도 **가져가지 마시오**[103]. 하나님의 명령을 지켜 우리에게 재앙이 오지 않도록 해야 할 것이오.」

성을 정복한 이스라엘은 잔류 백성들과 가축들을 모두 진멸시키고 성안에 있던 물건들을 불태웠지만, 귀금속과 철제품은 여호와의 창고에 넣어 두었다. 그리고 정탐꾼들을 도와주었던 기생 라합과 그의 가족들을 약속대로 살려주었다.

첫 번째 전쟁을 승리로 장식한 여호수아가 백성들에게 선포했다.

---

103 여리고 성은 가나안 정복의 첫 열매로서 첫 태생은 모두 당신 것이라는 하나님의 말씀대로(출34:19) 온전하게 하나님께 봉헌되어야 했기 때문이며, 우상을 섬기며 하나님을 대적하는 성읍의 백성들과 가축들을 모두 진멸하고 탈취한 물건들을 불살라 하나님께 바치라는 모세의 율법을(신14:14~17) 지키기 위함일 것이다.

「이 여리고 성을 재건하는 자는 여호와의 저주를 받아 기초공사 할 때 맏아들을 잃을 것이요, 문을 세울 때는 막내아들을 잃게 될 것입니다.」

그로부터 500여 년 후, 이 경고를 무시한 벧엘 사람 히엘이 여리고 성의 재건을 위해 터를 닦을 때 맏아들 아비람이 죽었고, 성문을 세울 때 막내아들 스굽마저 죽음으로써(왕상16:34) 여리고 성에 대한 여호수아의 저주는 그대로 실현되었다.

아간의 범죄(수7~8장)

승리의 여세를 몰아 아이 성까지 점령하기로 작정한 여호수아가 정탐꾼을 보내자 성을 살피고 돌아온 백성들은 교만해진 나머지 대수롭지 않게 보고했다.

「아이 성은 조그만 성이니 2~3천 명 정도의 병력이면 충분할 걸로 보입니다.」

정탐꾼들의 제안대로 선발대 3,000명이 공격을 시도했지만, 그들은 아이 사람들에게 굴욕적인 패배를 당하고 도망쳐왔다. 군사작전이 실패로 끝난 것을 보고 크게 실망한 여호수아가 지도자들과 함께 여호와의 궤 앞에 엎드리자 하나님께서 말씀하셨다.

「나에게 온전히 바치라고 한 물건들을 너희들이 취함으로써 나를 속였느니라. 내 명령을 거역한다면 나는 너희들과 함께하지 않으리니 너희들은 결코 원수들과 맞서지 못하리라. 내일 아침에 백성들을 지파별로 세워라. 그러면 나를 속인 자를 지목할 것이다.」

여호수아가 백성들을 세우자 하나님께서는 유다 지파 갈미의 아들 아간을 가리켰다. 그는 여리고 성을 점령할 때 어떤 물건도 취하지 말라는 하나님의 명령을 어기고 봉헌물을 훔치는 범죄를 저질러 하나님을 진노하게 한 것이다. 패배의 원인을 알게 된 백성들은 아간과 그의 가족들을 아골 골짜기로 끌고 가 돌로 쳐 죽이고 그가 훔쳐간 외투 한 벌과 귀금속 그리고 소유 재산 모두를 불태웠다. 하나님께서 진노를 거두신 것을 본 여호수아가 매복과 유인의 양동작전으로 대승을 거두었을 때 그때 죽은 사람이 무려 1만2,000명이나 되었다.

전쟁에서 승리한 여호수아는 **모세의 명령대로**[104] 율법의 말씀을 기록한 큰 돌을 에발 산에 세우고 다듬지 않은 새 돌로 단을 쌓고 제사를 드렸다. 그런 다음 언약궤를 멘 레위 사람 제사장들을 중심으로 백성의 절반은 그리심 산 앞에, 나머지 절반은 에발 산 앞에 세우고 율법 책에 기록된 축복과 저주의 말씀을 큰소리로 낭독했다. 그러자 모든 백성들이 「아멘」으로 응답하였다.

아이 성의 교훈은 승리에 도취되어 교만해진 백성들에 대한 경고였으며, 하나님의 말씀대로 행하고 순종하는 것만이 승리하는 비결이요 불순종은 패망의 길임을 다시 한번 일깨워 주는 것이 되었다.

여호수아가 정복한 왕들(수 9~12장)

여리고와 아이 성의 전투에서 이스라엘의 대승 소식을 전해 들은 기브온 거민들은 생명을 잃게 될 것을 두려워한 나머지 꾀를 내어 가나안 땅의 일곱 족속이

---

104 「네 하나님 여호와께서 네가 가서 차지할 땅으로 너를 인도하여 들이실 때 너는 그리심 산에서 축복을 선포하고 에발 산에서 저주를 선포하라(신11:29).」

아닌 것처럼 위장한 후 길갈에 진을 치고 있던 여호수아를 찾아가 **평화조약**[105]을 맺었다. 이스라엘 백성들은 사흘이 지나서야 속은 것을 알았지만, 여호와 앞에서 맺은 조약이라 어쩔 수 없이 그들을 살려주고 종으로 삼았다. 여호수아가 여리고와 아이 성을 함락시킨 것과 기브온이 여호수아와 화친을 맺었다는 사실을 알게 된 아모리 족속의 다섯 왕이 배신한 기브온의 응징을 도모하자 여호수아는 군대를 이끌고 쳐들어가 아모리 족속을 크게 물리쳤다. 그날, 이스라엘 백성들의 칼로 죽은 사람보다 우박에 맞아 죽은 사람들이 더 많을 정도로 하나님께서 대적들을 심판하기 위해 하늘에서 우박을 쏟아부으셨다.

「태양은 기브온 위에서 머물고 달은 아얄론 골짜기에서 멈추어라.」

여호수아가 하늘을 향해 부르짖자 이번에는 이스라엘 백성들이 적을 섬멸할 때까지 태양이 중천에 머물며 종일토록 지지 않는 기적이 일어났다. 이는 가나안 사람들이 숭배하던 신이며 태양과 달을 상징하는 바알과 아세라도 결국은 하나님의 능력 앞에서는 한낱 보잘것없는 우상이라는 사실을 만천하에 보여주신 것이다.

하나님께서 당신의 백성들을 위해 함께하시니 그들이 정복한 성은 여리고를 시작으로 모두 서른한 곳이나 되었다. 기브온에 사는 히위 족속 외에는 이스라엘과 화친을 맺은 성읍이 하나도 없었으며 블레셋의 일부 지역을 제외하고는 이스라엘이 모두 점령할 수 있었으니, 이는 여호와께서 모세에게 명령하신 것을 후계자 여호수아가 그대로 실천했기 때문에 가능할 수 있었던 것이다.

---

105 가나안 땅에 거하는 족속들과는 어떤 언약도 맺지 말고 불쌍하게 여기지도 말라는(신7:2) 하나님의 말씀을 이스라엘 백성들이 어기게 된 것이다. 그로부터 350여 년 후 사울 왕이 가나안 땅의 일곱 족속(아모리, 브리스, 가나안, 헷, 기르가스, 히위, 여부스) 중 하나인 기브온과 맺은 평화 조약을 어기고 그들을 죽이자, 하나님께서 약속을 어긴 이스라엘에 3년간의 기근과 사울 왕의 두 아들과 다섯 명의 손자를 기브온 사람들에게 넘겨주는 벌을 내리신다(삼하21:1~6).

땅을 나누다 (수13~22장)

여호와 하나님께서 여호수아에게 말씀하셨다.

「아직도 차지해야 할 땅이 많이 남았으니 그 땅을 찾아서 나머지 아홉 지파와 므낫세 지파 절반에게 나누어 주어라.」

열두 지파 중 많은 가축을 소유하고 있었던 르우벤 지파와 갓 지파 그리고 므낫세 지파 절반에게는 요단 강 동쪽 땅을 분배했기 때문에 요단 강 서쪽 지역은 나머지 아홉 지파 반, 즉 유다, 베냐민, 시므온, 스불론, 잇사갈, 아셀, 납달리, 단 지파 그리고 요셉의 자손인 에브라임 지파와 므낫세 지파 절반에게 나누어 주면 되었기 때문이다.

가나안 정복이 어느 정도 이루어졌다고 판단한 여호수아는 가나안 중심 지역을 유다와 요셉 자손(므낫세와 에브라임 지파)에게 주고 아직 땅을 받지 못한 나머지 일곱 지파의 족장들에게 남은 땅의 지도를 그려 오게 해서 **실로**[106]에 있는 여호와의 성막 앞에서 **제비**[107] 뽑는 방식으로 땅을 나누어 주었다. 제사장 직분이 기업이 됨으로써 땅의 배분에서 제외된 레위 지파는 각 지파의 비율대로 48개의 성읍과 그 목초지를 떼어내어 그들이 생활할 수 있도록 배려했다. 그 이유는 그들을 백성 가운데 살게 함으로써 율법을 가르치고 하나님의 제사를 맡는 책무를 다하도록 하기 위한 하나님의 뜻이었기 때문이다.

이렇게 해서 여호와께서 이스라엘의 조상들에게 약속하신 땅을 각 지파들이 나누어 차지하게 되었으니 시편 기자는 이것을 두고 하나님의 언약이 성취된 것이라고 말했다.

---

106 여호수아의 가나안 정복 시대로부터 사무엘 때에 이르기까지 하나님의 언약궤와 성소가 있었던 이스라엘의 예배 중심지였다.

107 성경에서 언급되는 제비뽑기는 솔로몬 왕의 말대로 모든 다툼과 분쟁을 그치게 하는 해결 방법(잠 18:18)이었으며 제비는 사람이 뽑으나 그 결정은 하나님의 뜻으로 여기게 되었다(잠16:33).구약 시대의 이스라엘 백성들에게 어떤 방법이 사용되었는지는 구체적으로 알 수 없으나 이 원리는 오랜 전통을 자랑하는 것이었으므로 어떤 미신적인 행위나 요행으로 여기지 않았고 전적으로 하나님의 뜻으로 여겼다.

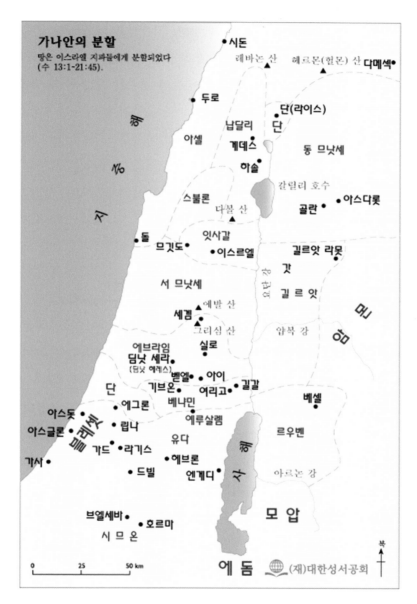

가나안의 분할

땅은 이스라엘 지파들에게 분할되었다
(수 13:1-21:45).

시돈

레바논 산   헤르몬(헐몬) 산 다메섹

두로

단(라이스)

납달리   단

아셀   게데스   동 므낫세

하솔

갈릴리 호수

스불론   골란   아스다롯

다볼 산

지   잇사갈

중   므깃도   이스르엘

해   돌   길르앗 라못

갓

서 므낫세   길르앗

므   에발 산   앗

세겜   압   압복 강

그리심 산   강

에브라임   실로

딤낫 세라   요   브엘

(딤낫 헤레스)   벧엘   아이   길갈

기브온   여리고

단   벧엘

에그론   베냐민   벧셀

아스돗   립나   예루살렘

아스글론   블   르우벤

가드   라기스   유다

가사   헤브론   아르논 강

드빌   엔게디   염   모 압

해   해

브엘세바   호르마

시 므 온

북

0   25   50 km   (재)대한성서공회

에 돔

12지파의 가나안 분할

「이것은 아브라함과 맺은 언약이고 이삭에게 하신 맹세이며 야곱에게 세우신 율례 곧 이스라엘에게 하신 영원한 언약이라 이르시기를 내가 가나안 땅을 네게 주어 너희에게 할당된 소유가 되게 하리라 하셨도다(시105:9~11).」

요단 강에서부터 지중해 사이의 광대한 땅이 지파별로 배분되자, 그때까지 공격의 선봉에 섰던 **르우벤 자손과 갓 자손과 므낫세 반 지파**[108]는 나머지 지파들의 환송을 받으며 가나안 땅 실로를 떠나 자신들이 거주할 요단 동쪽 길르앗으로 돌아갔다.

여호수아의 마지막 설교(수23~24장, 삿2장)

여호와 하나님께서 주변의 적들을 물리치시니 평화가 찾아왔다. 여호수아가 이스라엘의 백성들과 지도자들을 세겜 땅으로 불러 하나님 앞에 세우고 말했다.

「여러분! 여호와 하나님께서는 애굽에서 종살이하던 우리들을 불쌍히 여기시고 약속의 땅으로 인도하셔서 이 땅을 각 지파별로 균등하게 나누어 주셨소. 앞으로도 하나님께서는 아직 정복하지 못한 땅을 차지할 수 있도록 도와주실 것이니 용기를 잃지 말고 율법 책에 기록된 대로 모든 것을 지켜 복종해야 합니다. 만약 여러분들이 하나님과 맺은 약속을 지키지 않고 우상을 섬긴다면 하나님의 진노하심으로 큰 벌을 받게 될 것이라는 사실을 명심하고 오직 여호와 하나님께 순종하고 사랑하기를 게을리하지 말아야 할 것입니다.」

언약 백성 이스라엘이 하나님으로부터 선택받았던 과정과 그동안 겪었던 구원

---

108 요단 동쪽 비옥한 땅을 다른 지파들보다 먼저 분배받았던 그들은 그 땅의 우상을 섬긴 죄로 인해 앗수르 왕 디글랏빌레셀의 침략을 받아 여러 지역으로 흩어져 살게 되는 벌을 받게 되었다(대상5:25, 26).

의 역사를 백성들에게 되새겨준 여호수아가 계속해서 말했다.

「만약 여러분들이 여호와를 따르고 싶지 않다면 누구를 섬길 것인가를 스스로 판단하여 결정하십시오. 다만 나와 나의 자손들은 오직 여호와 하나님만을 섬길 것입니다.」

선택은 스스로에게 달려있다는 여호수아의 눈물 어린 호소를 들은 백성들은 여호와는 우리의 하나님이시니 결단코 그를 실망시키거나 저버리지 않을 것이며 다른 신들을 섬기지 않겠노라고 맹세했다. 백성들이 여호와 하나님만을 따르겠다고 큰 소리로 약속하자 여호수아가 그들에게 거듭 당부했다.

「만일 여러분들이 여호와를 배반하고 다른 신을 섬긴다면 하나님께서는 마음을 돌이켜 백성들을 멸망시킨다는 사실을 명심해야 할 것이오. 왜냐하면, 그는 거룩하신 하나님이시며 질투하는 하나님이시니 여러분들의 잘못과 죄를 결코 용서하지 않을 것이기 때문입니다.」

백성들과 세겜 언약을 맺은 여호수아는 율례와 법도를 제정하여 이 모든 말씀을 율법 책에 기록하고 약속의 증거로 큰 돌을 가져다가 하나님의 성소 근처에 세워 증거가 되게 하였다.

모세의 후계자로 하나님을 온전히 믿고 따랐던 위대한 지도자요, 불굴의 개척정신으로 이스라엘 백성들을 약속의 땅으로 인도할 수 있었던 하나님의 종 여호수아가 모든 임무를 마치고 110세의 나이로 영면하자(주전 1375년경으로 추정된다.) 백성들은 그가 기업으로 받은 에브라임 산지의 딤낫 세라 땅에 장사지냈다.

여호수아의 이야기는 40년 동안 광야에서 방황하던 이스라엘 백성들이 약속의 땅을 정복하고 하나님 나라를 세우는 과정을 생생하게 보여주고 있다. 그러나 그 땅의 주민들과 언약을 맺지 말며 호흡 있는 자들을 하나도 살려두지 말라는 하나님의 명령을 거역하고 그들과 화평을 도모하고 통혼하는 것도 모자라 우상숭배의 길로 빠져들게 됨으로써 정복전쟁은 실패로 끝나게 되었다. 결국 배교와 심판으로 얼룩진 사사 시대로 이어질 수밖에 없었던 것이다.

백전노장 여호수아를 생각하며 찬송가 347장을 불러본다.

♬ 여호수아 본받아 앞으로 가세. 우리 거할 처소는 주님 품일세~

☑ **하나님께서는 왜 젖먹이까지 죽이라고 하셨을까?**

「만군의 여호와께서 이같이 말씀하시기를 아말렉이 이스라엘에게 행한 일 곧 애굽에서 나올 때 길에서 대적한 일로 내가 그들에게 벌하노니 지금 가서 아말렉을 쳐서 그들의 모든 소유를 남기지 말고 진멸하되 남녀와 소아와 젖먹는 아이와 우양과 낙타와 나귀를 죽이라 하셨나이다 하니(삼상15:2~3).」

「오직 네 하나님 여호와께서 네게 주시는 이 민족들의 성읍에서는 호흡 있는 자를 하나도 살리지 말지니 곧 헷 족속과 아모리 족속과 가나안 족속과 브리스 족속과 히위 족속과 여부스 족속을 네가 진멸하되 네 하나님 여호와께서 네게 명령하신 대로 하라 이는 그들이 그 신들에게 행하는 모든 가증한 일을 너희에게 가르쳐 본받게 하여 너희가 너희의 하나님 여호와께 범죄하게 할까 함이니라(신20:16~18).」

신명기 9장 5절 말씀을 보면 하나님께서 가나안 땅을 이스라엘에게 주신 이유가 잘 나타나 있다. 그 이유가 바로 이스라엘 백성들이 착하고 정직해서가 아니라 그 땅의 거민들이 악하기 때문이며, 이스라엘 선조들에게 하신 약속을 이루려 함이라고 말씀하고 있기 때문이다.

「네가 가서 그 땅을 차지함은 네 공의로 말미암음도 아니며 네 마음이 정직함으로 말미암음도 아니요 이 민족들이 악함으로 말미암아 네 하나님 여호와께서 그들을 네 앞에서 쫓아내심이라 여호와께서 이같이 하심은 네 조상 아브라함과 이삭과 야곱에게 하신 맹세를 이루려 하심이니라(신9:5).」

그러나 그 땅의 족속들이 아무리 악하다 한들 어떻게 젖먹는 어린아이까지 죽이라는 명령을 내리실 수 있을까? 라는 심정으로 사람들은 고개를 갸웃거리곤 한다. 즉 원수를 사랑하라는 말씀과는 너무나 동떨어진 내용으로 혼란을 겪게 됨을 하소연하는 것이다.

그들에 대한 기억을 완전히 지워버리라고 말씀하신 아말렉은 이스라엘 백성들이 애굽을 탈출한 뒤 처음으로 전쟁을 치렀던 에서의 후손들이라고 한다. 동족 이스라엘이 광야에서 방황할 때 도와주지는 못할망정 백성들의 가장 취약한 부분인

후미의 어린아이들과 노약자들을 기습 공격하여 살해하고 비열한 방법으로 약탈을 자행함으로써(신25:17, 18) 하나님의 진노를 불러왔던 것이다.

「너희가 가서 얻으려는 땅은 더러운 땅이니 이는 이방 백성들이 더럽고 가증한 일을 행하여 이 끝에서 저 끝까지 그 더러움으로 채웠음이라 그런즉 너희 여자들을 그들의 아들들에게 주지 말고 그들의 딸들을 너희 아들들을 위하여 데려오지 말며 그들을 위하여 평화와 행복을 영원히 구하지 말라(스9:11, 12).」

기록된 바와 같이 가나안 땅은 이교도적 풍습이 판을 치는 더러운 땅이었다. 그래서 가나안 땅의 거민들을 하나도 살려두지 말라고 말씀하신 이유도 그 땅의 지배자였던 가인의 후예들이 숭배하는 가증한 문화를 당신의 백성들이 경험하지 못하도록 차단하려는 의도였을 것이다. 즉, 그곳에 들어감으로써 접할 수밖에 없는 근친상간이나 간음, 동성연애와 수간 등 온갖 타락한 성적 범죄와 점쟁이나 마술사들을 의지하는 악한 관습, 그리고 바알과 아세라와 같은 용서할 수 없는 우상숭배로 당신이 선택한 백성들이 타락할 것이 뻔한 마당에 이를 묵과할 수 없었던 하나님께서 언약백성들을 보호해주시려는 고육지책이었던 것이다. 또한, 거룩한 제사장 나라의 백성답게 구별된 삶으로 순결하게 살아갈 수 있도록 하려는 조치로서, 언약백성 이스라엘이 정체성을 확립하고 거듭나야만 하나님 나라가 세워질 수 있으므로 가나안 거민들과 적당히 타협할 수 없었던 하나님의 입장에서는 그들을 진멸시킬 수밖에 없었던 것이다.

그렇지만 이스라엘 백성들은 어떻게 했나요? 가나안의 풍습이나 규례를 본받지 말며(레18:3) 그 땅 주민들과 어떤 언약을 맺지 말고 불쌍히 여기지도 말라는(신7:1, 2) 하나님의 명령을 어기고 그 땅의 주민들과 동화됨으로써 가증한 풍습과 우상숭배의 길로 빠져들게 된다. 남겨진 가나안 족속들이 옆구리의 가시가 되어 백성들을 괴롭히게 될 것이라는 하나님의 경고대로(민33:55) 된 것이다. 그들과 섞이게 된 이스라엘은 벌을 받아 결국 멸망되고, 백성들은 뿔뿔이 흩어져 살게 됨으로써 조롱과 비웃음을 당하는 수모를 겪게 되는 것이다.

이처럼 어린아이까지 진멸하라고 가혹하게 말씀하신 의미는, 신앙의 장애물이 되는 것은 어떤 희생을 감수하더라도 완전히 제거함은 물론 당신을 거역하는 세력과는 그 어떤 타협도 하지 말라는 뜻일 것이다. 하나님께서 예정하신 일을 방해하고 하나님의 나라를 무너뜨리려 하는 자는 누구를 막론하고 엄중한 심판을 받게 된다는 사실을 가나안의 일곱 족속과 아말렉의 진멸이라는 경고를 통하여 우리에게 선포하고 계신 것이다.

왜냐하면, 하나님은 당신을 거스르는 자에게 보복하시며 대적하는 자에게 진노를 품으시며 벌 받을 자를 결코 내버려두지 않는 분이시기 때문이다(나1:2, 3).

우상을 섬기는 곳은 그 백성은 물론이요, 그들이 사용하던 물건까지 전부 불살라 없애고 그 성읍도 영원히 폐허로 남겨두라는 말씀처럼(신13:13~17), 하나님은 우리가 상상하는 것 이상으로 당신을 대적하는 죄에 대해서는 가차 없이 벌하시는 무서우신 분이다. 하나님은 우리 인간의 이성과 상식으로는 절대로 이해할 수 없는 분이므로 인간의 윤리적 잣대로 그분을 판단해서는 안 될 것이다. 하나님의 사고는 피조물의 생각을 뛰어넘는 것으로 그 접근방식이 근본적으로 다르기 때문이다.

더럽고 가증한 문화가 득세하였던 땅 가나안에 만연되었던 죄는 현재 우리가 살고 있는 세상 도처에 자리 잡고 있는 대표적 죄악으로서 이를 해결함은 이 세대에 사는 하나님의 선택된 백성 그리스도인들에게 남겨지게 되었다. 죄악을 몰아내고 하나님의 나라가 이 땅에 세워질 수 있도록 노력해야 하는 것이 바로 우리에게 남겨진 피할 수 없는 과제이기 때문이다.

시험을 이겨낸 욥

그가 나를 단련하신 후에는
내가 순금같이 되어 나오리라(욥23:10)

고난이 시작되다(욥1~2장)

아주 오래전, 이스라엘 민족이 태동하던 때인 족장 시대에 우스 땅에 욥이라
는 사람이 있었다. 그는 양이 7,000마리요 낙타가 3,000마리이며 소가 500**겨리**
[109]나 되고 암나귀를 500마리나 소유하고 있는 그 지방 제일 가는 재산가로 행복
한 삶을 누리고 있었다. 어느 것 하나 부족함이 없던 그였지만 가족들이 무의식
중에라도 하나님께 죄를 짓지 않았는지 늘 주변을 돌아보면서 하나님께 기도하
고 항상 몸과 마음을 정결하게 하는 경건한 신앙인이었다.

어느 날 천사와 사탄이 하나님 앞으로 나오자 하나님은 욥처럼 정직하고 악을
미워하며 당신을 공경하는 사람은 이 세상에 없다고 칭찬하였다. 그러자 그의 믿
음을 시기한 사탄은 욥의 재산을 지켜주고 복을 주셔서 하나님을 공경하는 것이
지 그가 가진 것을 잃게 된다면 반드시 하나님을 저주하게 될 거라고 말했다.

---

109 같은 멍에를 멘 한 쌍의 소를 말하는 것으로 하나의 멍에를 두 마리의 소가 이끄는 것을 말한다.

그러자 하나님께서 사탄에게 말씀하셨다.

「욥의 몸에는 손대지 말고 그가 가진 것에 대하여 하고 싶은 대로 해 보아라.」

하나님 앞을 떠난 사탄이 욥에게 저주를 내리자 도적 떼가 나타나 머슴들을 살해하고 가축들을 약탈하는 일이 벌어졌다. 설상가상, 견고했던 집마저 무너져 내리는 사고로 아들 일곱과 딸 셋을 모두 잃고 말았으니 이런 일을 두고 마른하늘에 날벼락이라고 했던가, 숨돌릴 틈도 없이 벌어지는 재앙으로 그 많던 재산과 가족들을 순식간에 잃게 되었다. 그렇지만 믿음의 사람 욥은 하나님을 향해 원망하거나 죄를 짓지 않았다.

「알몸으로 태어난 것처럼 결국은 빈손으로 가는 것이 인생이며 나에게 모든 것을 주신 분도 하나님이시오. 가져가신 분도 하나님이십니다.」

욥에게 저주를 내렸던 사탄이 하나님 앞으로 다시 나오자 하나님께서 그를 나무랐다.

「네가 아무리 그래도 욥은 예전보다 신앙심이 더 깊어지지 않았느냐?」

「욥의 몸에 병들게 하면 이번에는 틀림없이 하나님을 원망할 것입니다.」

이번에도 하나님은 욥의 생명만은 지켜주되 하고 싶은 대로 해보라고 사탄에게 말씀하셨다. 사탄이 욥의 몸에 손을 대자 피부병이 온몸을 덮었다. 견디기 힘든 가려움증으로 욥이 고통스러워하자 이를 지켜보던 아내는 보다 못한 나머지 해서는 안 될 말로 남편을 더욱 비참하게 만들었다.

「당신 몸이 이 지경이 됐는데도 언제까지 하나님만 바라보고 있을 거요? 차라리 그를 저주하고 믿음에서 떠나는 것이 당신의 건강을 위해서 좋을 것 같소.」

「무슨 소리를 그렇게 하는 거요? 우리가 하나님한테 복을 받아 그동안 잘 살아왔는데 잠시 어려움이 있다 한들 이겨내지 못할 것이 뭐가 있겠소?」

온전한 사람 욥은 이번에도 입술로 범죄하지 않았다.

욥의 한탄과 엘리바스의 충고(욥3~7장)

그때 욥의 친구인 엘리바스와 빌닷과 소발이 욥의 집에 우환이 생겼다는 소문을 듣고 친구를 위로하기 위해 찾아갔으나 어떻게 이런 일이 벌어질 수 있을까 싶을 정도로 순식간에 모든 것을 잃고 온몸에 퍼진 피부병 때문에 고통스러워하는 친구의 모습을 보고는 아무도 입을 열지 못했다. 친구들을 만나게 된 욥은 너무나 고통스러운 나머지 차라리 태어나지 않았더라면 이런 비참한 일이 생기지 않았을 것이라며, 이제는 희망도 없고 평안도 안식도 없이 오직 고통만이 있을 뿐이라면서 내가 가장 염려하고 두려워하던 것이 찾아왔다고 자신의 처지를 한탄했다.

보다 못한 친구 엘리바스가 말을 꺼냈다. 처음에는 욥을 위로해주었지만, 결국은 죄 없이 망하는 자는 없으며 정직한 사람이 갑자기 죽는 것도 있을 수 없고 심는 대로 거두는 것이 세상의 이치라는 인과응보의 논리로 이야기하면서 하나님은 모든 것을 할 수 있는 전능하신 분이시니 하나님께서 내리는 징계를 달게 받고 모든 것을 주님께 맡기라고 충고했다.

「나의 괴로움을 저울로 달아 볼 수만 있다면 아마 바다의 모래보다도 더 무거울 걸세. 살이 짓물러 터지고 구더기가 가득한 몸으로 이제는 더 이상 견딜 수 있는 힘도 없고 설사 견딘다 하더라도 희망을 찾을 수가 없네. 그러나 참을 수 없는 고통 속에서도 위로가 되는 것은 나는 한 번도 하나님을 거스른 적이 없다는 것인데, 이런 일이 갑자기 생겼으니 이제라도 하나님께서 이 고통에서 벗어나게 해주신다면 얼마나 좋겠는가? 비록 하나님께서 벌을 내리신다 하더라도 친구들한테서는 동정을 받는 법인데 자네는 나를 나무라기만 하니 그래서야 되겠는가? 내가 언제 자네에게 무엇을 달라고 했던가? 그렇게 책망하지만 말고 내게 무슨 잘못이 있는지 가르쳐 주게나.」

친구에게 상처받은 마음을 위로받고자 했던 욥은 그 기대가 어긋나자 자포자기의 심정으로 하나님께 호소했다.

「사람을 감찰하시는 주님! 아침마다 저를 살피시고 시험하는 이유가 무엇입니까? 제가 무엇을 잘못했습니까? 왜 저를 표적으로 삼으셔서 저를 힘들게 하십니까? 언제까지 저를 이렇게 두시겠습니까? 뼈를 깎는 고통을 겪으니 차라리 죽는 것이 낫겠습니다. 하지만 주여! 저도 모르게 잘못한 것이 있었다면 용서해주시고 이 고통에서 벗어나게 하여 주십시오.」

빌닷의 충고(욥8~9장)

욥의 호소를 듣고 있던 두 번째 친구 빌닷이 말했다.

「자네는 언제까지 이런 말을 계속하겠는가? 가족들이 죄를 지은 것이 분명하니 그에 따른 죗값을 치르는 것일세. 그러니 하나님을 찾아 간구하게나. 하나님께서는 의로운 사람을 버리지 않는 분이시니 만일 자네가 깨끗하고 정직하다면 공의로우신 주님께서 반드시 도와주셔서 자네의 마음에 기쁨과 즐거움을 채워주실 걸세.」

「나도 자네 말이 옳다고 생각하네만 하나님 앞에서 죄 없다고 말할 사람이 어디 있겠는가? 설사 죄 없다 하더라도 전능하시고 지혜로우신 그분께 거스를 자가 누가 있겠으며 그분께서 하는 일을 누가 막을 수 있겠는가? 내가 아무리 의롭다 하더라도 나를 심판하실 분은 오직 하나님뿐이시니 그분에게 용서를 간구할 뿐이라네. 나는 내가 온전한 믿음을 가진 사람이라고 생각했지만, 막상 이렇게 되고 보니 내 삶을 경멸할 뿐일세. 하나 악인이 득세하는 것도 모자라 의로운 자가 비웃음을 당하는 세상이 되었어도 이를 하나님께서 외면하시는 듯하니 내가 그분에게 무슨 말을 할 수 있겠는가?」

스스로를 불의의 희생자로 생각했던 욥은 의인이 고통당하고 있는 데도 하나님께서 침묵하시는 것으로 보아 이 세상에 과연 정의라는 것이 있는가? 라는 생각이 불현듯 들자 감정이 격해진 욥은 자신도 모르게 불평하는 말을 내뱉었다.

소발의 충고(욥10~14장)

욥의 불평을 듣고 있던 세 번째 친구 소발이 기다렸다는 듯이 끼어들었다.

「말이 많으니 자네를 어떻게 의롭다 하겠으며 자네가 하는 말을 듣고 꾸짖지 않을 사람이 어디 있겠는가? 자네는 하나님 앞에서 깨끗하고 온전하다고 주장하지만, 오히려 하나님께서는 자네의 허물을 눈감아 주신 것을 알아야 하네. 자네가 전능하신 하나님을 어떻게 알겠으며 심오한 뜻을 어찌 측량할 수 있겠는가? 하나님은 거짓된 일에 상관하지 않는 듯하나 우리가 하는 일들을 모두 알고 계신다네. 그러니 이제부터라도 마음을 새롭게 하고 주님을 향해 두 팔을 벌려 자네가 지은 죄를 회개한다면 하나님께서 이 고통에서 벗어나게 해주실걸세.」

소발이 욥의 경건치 못함을 대놓고 비판하자 욥은 고통받는 친구를 위로해주기는커녕 사사건건 물고 늘어지는 친구들을 쓸모없는 의사로 비유하며 조용히 경청해주는 것도 자신을 도와주는 것이라고 호소했다.

「자네들의 생각만 옳은 줄로 착각하지 말게. 자네들이 알고 있는 것을 나도 알고 있으니 내가 자네들만 못한 것이 무엇이겠나? 의롭고 온전했던 내가 이제 친구들로부터 조롱거리가 되고 웃음거리가 되었네 그려. 무슨 일을 당해도 내가 당할 것인데 내가 말하는 것을 자네들이 이해하고 들어주면 안 되겠나? 세상의 모든 생명이 하나님의 손안에 달려있으니 나는 전능하신 하나님께 나의 처지를 말씀드려야겠네.」

친구들의 비난과 질책으로 더 이상 견딜 수 없게 된 욥은 그래도 의지할 분은 오직 하나님뿐이라고 생각하고 하나님께 기도했다.

「하나님! 주님의 손으로 저를 만드시고 이제는 버리려고 하십니까? 제발 저를 죄인 취급하지 마시고 무슨 연유로 저를 정죄하시는지 그 이유라도 알려주십시오. 제가 악인이라면 벌을 받아 마땅합니다만 하나님께서는 저에게 죄가 없다는 것을 잘 아시지 않습니까? 이제 병든 몸으로 죽을 때가 된 것 같으니 이제 그만 정죄함을 그치시고 잠시라도 저를 편안하게 해주십시오. 저에게 소원이 있으니 들어주십시오. 그러면 제가 하나님을 피하지 않겠습니다. 저에게 고난을 주시는 주님의 손을 거두어 저를 두렵게 하지 마시고 저의 허물과 죄가 얼마나 많은지 보여주십시오. 주께서 어찌하여 저를 피하시고 원수로 여기십니까? 주님의 진노가 지나갈 때까지 저를 숨겨주시고 저를 기억해주십시오. 주님의 은총으로 이 고통에서 벗어나기를 기다리겠습니다.」

친구들이 또 정죄하다(욥15, 18, 20, 22, 25장)

논쟁이 격화되자 역경에 처해 있는 욥을 위로해주러 왔다는 것조차 잊어버린 친구들은 하나님 말씀을 빙자하며 더 공격적으로 욥을 몰아붙였다.

「지혜로운 자가 어찌 도움되지 않는 말만 늘어놓는가? 이제는 자네가 하나님 경외하는 일을 그만두고 간사한 말만 하는구나. 자네를 정죄한 것은 우리가 아니요, 자네 입술이라네. 자네 눈에 불만이 가득 차 있고 하나님께 화까지 내다니 그렇게 해서야 되겠는가? 하나님은 거룩한 자들도 믿지 아니하시고 그분이 보기에는 하늘이라도 부정하다고 생각하는 분이신데 하물며 악한 행동을 밥 먹듯 하는 사람을 어찌 용납하겠는가? 하나님 앞에서 의롭다 할 사람이 과연 누가 있겠으며 설사 자네가 깨끗하다 한들 그것이 전능자에게 무슨 기쁨이 되겠고 자네의 행위가 온전한들 그분께 무슨 유익이 되겠는가? 그러니 울분을 가라앉히고 우리가 하는 이야기에 귀를 기울여 자네의 죄가 얼마나 크고 많은지 생각해 보게나. 자네는 그동안 주변에 있는 불쌍한 사람들을 진정으로 돌봐 주었다고 생각하는가? 하나님은 잘못을 뉘우치는 자를 구원하는 분이시니, 이제 하나님의 교훈을 받아들이고 하나님의 말씀을 가슴에 새기며 진심으로 회개한다면 하나님께서는 반드시 구원해주시고 복을 주실 걸세.」

욥의 확신(욥16, 17, 19, 21, 23, 24, 26~31장)

「자네들이 나를 위로해주기는커녕 비웃으며 괴로움만 더해주니 이를 언제까지 계속하려는가? 비록 내게 허물이 있다 한들 그것이 어찌 내게만 있겠는가? 그러나 나는 내 손으로 폭력을 행사한 일이 없고 나를 미워하는 자들이 잘못되기를 바라지도 않았으며 나의 기도는 항상 진실했다고 자부하네. 친구들이 나를 조롱하니 나의 주인 되시는 하나님께 눈물로 호소할 수밖에 없네. 이젠 친척들도 나를 외면하고 내 집에 사는 사람들조차 나를 낯선 사람 취급하고 업신여기고 놀리는데 왜 자네들마저 나를 괴롭히는가? 뼈만 앙상하게 남은 채 겨우 연명해 가는 나를 불쌍히 여기고 위로해주면 안 되겠는가? 어떻게 자네들이 나를 위로 한답시고 정죄할 수가 있겠는가? 이 세상에는 악인이 잘되고 오래 살며 자손도 번성하고 권세를 누리는데 하나님의 채찍이 그들에게 미치지 않는 듯 보이지만 모든 것을 감찰하시는 하나님께서 세상을 바로 잡아주시리라 확신하네. 하나님께서는 나의 마음을 약하게 하시고 나를 두려움에 떨게 하셨지만, 그분은 하시고자 하는 일이라면 모두 할 수 있는 위대한 분이시니 내게 작정하신 일은 반드시 이루실 것이며 내가 가는 길을 오직 그분만 아시나니 나를 시험으로 단련시킨 후에는 순금같이 만들어 줄 것이라 믿네. 나의 대속자 되시는 분이 살아 계시다는 것을 내가 알고 있으니 내게 고통을 주는 일이 있어도 하나님께서는 결코 나를 저버리지 않을 것이라고 확신하네.」

자신의 앞날을 하나님께 온전히 맡김으로써 마음에 평안이 찾아오자, 하나님께서 반드시 구원해주실 것을 확신한 욥이 계속해서 말했다.

「내게 생명이 붙어있는 한 결코 불의와 거짓에 타협하지 않을 것이네. 나는 결코 자네들의 말이 옳다고 인정하지 않을 것이며, 지금까지 해 왔던 것처럼 나의 온전함을 믿고 양심에 거리끼는 일은 하지 않을 것이라네. 주님을 경외하는 것이 지혜요 악을 떠나는 것이 명철이라 하였으니, 나는 하나님의 보살핌 속에서 영광스러운 모습으로 주위 사람들에게 희망과 축복을 주던 그 시절 그때가 다시 오기를 정말로 소망하네. 나는 그동안 가난하고 불쌍한 사람들을 도우며 살아왔다고 자부하면서 축복받기를 원했는데 재앙이 덮쳐 나를 도울 자가 아무도 없고 오히려 등을 돌리며 조롱하는 사람들만 남았으니, 이처럼 슬픈 일이 어디 또 있겠는가? 지금이라도 하나님께서 나를 공평한 저울에 달아보시고 그가 나의 온전함을 아시기를 바랄 뿐이라네.」

욥이 고난받는 이유는 그가 자초한 일이라고 말하면서 거기에는 그럴 만한 이유가 분명히 있을 것이라는 친구들의 주장이 전혀 근거 없거나 틀린 말은 아니었으나, 그들의 충고가 고난받고 있는 현 상황에서 참 진리인지 의문을 갖게 된 욥은 침묵하시는 하나님께 고통을 부르짖으며 그동안 자신이 온전하게 살아왔음을 토로했다.

엘리후의 책망(욥32~37장)

　자신의 무죄함을 주장하는 욥과 그런 욥의 논리에 제대로 대응하지도 못하면서 친구들이 정죄하는 것을 옆에서 지켜보고 있던 엘리후라는 젊은 사람이 답답함을 참지 못하고 논쟁에 끼어들었다.

　「욥이여! 당신은 자신이 깨끗하고 죄가 없는데도 불구하고 하나님께서 원수처럼 대하며 고난을 주신다고 불만을 이야기하는 것 같은데 당신의 주장은 옳지 않다고 생각합니다. 사람의 말에 응답하지 않는다고 해서 어찌 하나님과 논쟁할 수 있겠으며 당신의 능력으로 무엇을 할 수 있다고 생각하십니까? 하나님 앞에서 의로운 사람이 어디 있습니까? 저는 당신이 죄를 인정하기는커녕 하나님께 대적하고 변명만 늘어놓고 있으니, 자신이 지은 죄가 무엇인지 스스로 깨달을 때까지 시험을 더 받아야 한다고 생각합니다. 하나님은 사람들의 행위를 감찰하시어 행한 대로 갚아주시는 공의로운 분이시며 스스로 지혜롭다고 생각하는 자들을 긍휼로 대하는 분이십니다. 경건하지 못한 자들은 마음에 원망을 품고 하나님이 벌을 내릴 때도 도와달라고 기도하지 않음으로써 헤어나지 못하고 일찍 죽는 벌을 받는 것이며, 그분은 경건한 자들이 고난당할 때 구해주시고 고통당할 때 귀를 여는 분이시니, 하나님의 시험에 원망하는 마음을 갖지 않도록 조심하십시오. 하나님은 우리가 상상할 수 없는 큰일을 하시는 위대한 분이시니 우리 인간이 어찌 그분의 깊은 뜻을 알 수가 있겠습니까? 당신은 하나님을 볼 수 없다고 말하지만, 그분은 당신의 사정을 다 알고 계시니 순종으로 인내한다면 의롭게 회복시켜주실 것입니다. 그분은 사람들을 연단시키기 위해 고통과 징계를 주시지만, 경고로써 교만에 빠지지 않게 하시고 생명의 빛으로 사람들을 인도하는 분이십니다. 인간에게 고난을 주는 것도 하나님께서 하시는 일을 깨닫게 하기 위함일 것입니다.」

　엘리후는 자신의 죄를 인정하지 않는 듯한 욥의 태도를 책망하면서 하나님 앞에서 경건함을 내세울 수 있는 사람은 그 어디에도 없다는 논리와 함께 하나님 앞에서 겸손하라고 충고했다.

욥의 회개(욥38~42장)

자신들이 처한 입장만을 고집하며 결론 없는 논쟁으로 치닫게 되자 침묵 속에서 이를 지켜보시던 여호와께서 폭풍우 가운데에서 나타나셨다.

「아무것도 모르면서 나의 뜻을 왜곡하는 자가 누구냐? 너는 나와 논쟁하려 하고 나를 탓하고 비난하려 하지만 네가 나처럼 능력이 있느냐? 내가 세상을 만들 때 너는 어디에 있었느냐? 천지 만물을 창조한 나의 큰 뜻을 네가 어찌 헤아릴 수 있겠으며 하늘과 땅의 운행 법칙을 네가 어찌 알겠느냐? 네가 내 공의를 부인하려느냐? 네 의를 세우려고 나를 악하다 하겠느냐? 누가 감히 내게 대항할 수 있겠느냐? 세상의 모든 이치가 다 내게 속하지 않았느냐? 네가 할 수 있는 것이 도대체 무엇이 있느냐? 전능자와 다투려 하고 하나님을 비난하는 자는 대답하여라.」

신이 계신다면 왜 세상에 악이 득세하는 것인지 꼬리를 물고 이어지는 의문점과 의롭다고 생각했던 자신이 왜 고통받아야만 하는가에 대해 하나님을 만나 설명 듣기를 갈망했던 욥이었지만, 막상 나타나신 하나님께서 준엄하게 꾸짖자 창조주의 뜻을 헤아리지 못하고 원망하고 의심했던 자신이 몹시 부끄러웠던 욥은 고개를 들지 못했다.

「하나님! 주님께서는 무슨 일이든 다 하실 수 있고 어떤 계획이든 이루지 못할 것이 없는 줄 압니다. 제가 이렇게 감당할 수 없는 큰 고난을 겪고 보니 저는 주님의 큰 뜻을 깨닫지 못하고 저 자신이 알 수도 없는 일을 말하고 아는 체했습니다. 이제 주님을 직접 뵙게 되니 저의 잘못을 인정하며 티끌과 재 가운데에서 진심으로 회개합니다.」

　욥은 자기야말로 의롭고 정직한 사람이라고 믿고 있었지만 견딜 수 없을 정도의 엄청난 시련을 겪고 나서야 자신이 알고 있는 지혜가 얼마나 미미하고 제한적이며 편협한 것인지, 또 자신이 죄 없다고 하는 것이 얼마나 어리석은 생각인지 깨닫게 되었으며, 인간이 스스로 할 수 있는 일은 아무것도 없으며 오직 의로운 분은 하나님 한 분뿐이라는 사실과 그분만이 우주 만물의 통치자요, 우리의 삶을 주관하는 분이심을 분명히 알게 된 것이다.

.

욥에게 복을 주시다(욥42장)

　욥의 친구들이 조언이라는 이름으로 사탄이 하고자 하는 일을 대신하고 있음을 보신 여호와께서 욥의 친구 엘리바스에게 말씀하셨다.

　「너와 네 친구들이 나를 빙자하여 말한 것이 욥이 내게 말한 것처럼 올바르지 않았으므로 나를 화나게 만들었다. 그러므로 너희들은 욥에게 가서 너희들의 죄를 위해 번제를 드려라. 그러면 욥이 너희들을 위해 기도 할 것이니 내가 그의 기도를 듣고 기쁘게 받으리라.」

　욥의 기도를 들으신 하나님께서 욥이 친구들과 화해할 수 있도록 중보하시고, 욥이야말로 하나님을 온전하게 섬기는 사람이라는 것과 사탄의 생각이 잘못되었음을 보여주기 위해 행하셨던 혹독한 시험을 마침내 거두어들였다. 또 그의 결백을 인정하시고 복을 주셔서 전에 그가 소유했던 재산의 두 배를 더 주시고 잃었던 자녀들을 대신하여 아들 일곱과 딸 셋을 더 주셨다. 그러자 욥이 고난받을 때 등 돌렸던 친척들이 찾아와 위로해주었다.

　욥은 재산과 가족과 명예와 건강까지 잃게 되는 큰 시련을 겪었지만, 고난을 통하여 얻어진 성숙한 믿음으로 인내함으로써 더 큰 하나님의 자비와 긍휼을 얻을 수 있었던 것이다. 하나님 앞에서 흠잡을 데 없을 정도로 진실한 신앙인이었던 욥은 그 후 140년을 더 살면서 아들과 손자 등 4대를 더 보았고 행복하게 살다가 세상을 떠났다.

　참기 어려운 고난 속에서도 욥은 하나님께서 자신에게 시련을 주신 후에는 순금같이 단련된 사람을 만들어 줄 거라는 믿음의 확신으로 전능자의 손을 놓지 않고 기다렸기 때문에 시험에서 승리할 수 있었던 것이다. 왜냐하면, 시련은 믿음을 평가하는 시험이자 더 큰 사람으로 성장시키기 위한 훈련의 과정이기 때문이다.

　나는 내가 사랑하는 사람일수록 책망하고 징계할 것이니 너희들은 옳은 일 하기를 힘쓰며 진실된 마음으로 회개하라(계3:19)는 예수님의 말씀과 같이 히브리서 기자 또한 아들을 훈계하지 않는 아버지는 세상에 없다는 것을 강조하면서, 하나님께서 벌주시는 이유는 우리의 유익과 그분의 거룩하심에 참여시키기 위함이며 징계를 받는 순간에는 고통스럽고 힘들겠지만, 더 연단된 사람으로 거듭나게 됨으로써 의와 평강의 열매를 맺게 된다고 말했다(히12:7~11). 솔로몬도 여호와께서 사람들을 징계하는 것은 아버지가 사랑하는 아들에게 하는 것과 같은 것이니, 하나님으로부터 책망받을 때 이를 가볍게 여기거나 언짢게 생각하지 말라 이르고(잠3:11, 12) 훈계로 하는 책망이 바로 생명의 길로 인도하는 지름길이라고 말했다(잠6:23).

　환란은 인내를 낳고 인내는 연단을 낳으며 연단은 소망을 이루게 되는 것으로써 환란 당할 때 기쁜 마음으로 받아들일 것을(롬5:3, 4) 강조한 바울 사도 역시,

고난은 앞으로 드러날 영광과 비교하면 아무것도 아니라고 말하면서(롬8:18) 하나님은 신실한 분이기 때문에 우리가 감당할 수 없을 정도의 시험을 당하도록 내버려 두지 않으시고, 시험할 때에도 피할 수 있는 길을 주시며 시험을 능히 감당할 수 있도록 역사하신다고 증언하고 있다(고전10:13).

욥기가 주는 교훈과 믿음의 선진들이 우리에게 말하고자 하는 것은 무엇일까요?

하나님을 믿고 의지한다면, 모든 지각에 뛰어나신 하나님께서 우리들을 고난으로부터 지켜주시고 더 큰 축복으로 인도하신다는 것이 불변의 진리라는 것이다.

인간은 죄와 더불어 살아갈 수밖에 없는 존재이므로 고난은 누구에게나 찾아올 수 있다. 그렇다고 낙담하고 원망만 하고 있을 수는 없다. 시련은 우리를 뒤돌아보게 하고 깨닫게 할 뿐만 아니라 장차 오게 될 더 좋은 것을 위한 약속이므로 승리할 수 있는 길은 오직 하나님을 붙들고 기도하는 것밖에 다른 방법이 없다.

또한 슬픔에 빠진 사람을 위로한답시고 고통과 혼란만 가중시키는 욥의 친구들처럼 무익한 위로자들이 되어서는 안 되며 말씀을 빙자한 가르침으로 남을 판단하는 죄를 범하지 말아야 한다. 오직 판단하고 정죄할 수 있는 분은 하나님 한 분뿐이기 때문이다.

이웃의 불행이 나의 행복이라는 속된 말이 있듯이 내가 바로 이웃이 겪는 불행을 은근히 즐기는 그런 사람은 아닌지, 간음한 여인을 정죄하기 위해 돌을 들고 서 있던 사람은 아닌지 다시 한번 뒤돌아보며 생각해봐야 할 것이다.

기쁨은 나눌수록 커지고 슬픔은 나눌수록 줄어든다고 한다. 자칫하면 더 큰 상처로 남을 수 있는 잘못된 말 한마디 보다 상대방의 하소연에 공감해 주는 것이 경우에 따라서는 더 큰 위안이 될 수 있다고 한다. 우리는 욥의 고난 앞에서 친구들이 대했던 언행들을 교훈 삼아 고통받는 사람들에게 충고해주기보다는 그들의 입장에서 위로해주고 격려해주며 슬픔과 기쁨을 같이 나누는 진실된 그리스도인이 되어 네 이웃을 너 자신같이 사랑하라는 주님의 말씀을 실천하는 성숙한 신앙인으로 거듭나야 할 것이다.

「여호와여 나를 징계하옵시되 너그러이 하시고 진노로 하지 마옵소서 주께서 내가 없어지게 하실까 두려워하나이다(렘10:24).」

사사 열전

여호와께서 사사들을 세우사 노략자의 손에서
그들을 구원하게 하셨으나(삿2:16)

사사(士師)란

판결하는 또는 다스리는 사람이라는 뜻으로, 하나님께서 언약백성 이스라엘을 위기에서 구원하기 위해 세웠던 사람을 말한다. 그들은 하나님의 명에 따라 백성들을 결집해 외세의 침략에 대항하거나 압제로부터 백성들을 보호하기 위해 선택된 임시 지도자로 재판관의 역할뿐만 아니라 행정가 또는 군사 지도자로서의 직무를 수행했으며 임무를 완수한 후에는 자신들이 해왔던 원래의 본업으로 돌아갔다고 한다.

사사 시대는 가나안 땅을 정복했던 여호수아 사후(주전 1375년경으로 추정된다.) 이스라엘의 첫 번째 왕으로 사울이 등장하기 전까지 300여 년에 걸쳐 배교와 혼란으로 점철된 시련기의 역사였다. 백성들이 하나님을 배신하면 그에 따른 징벌이 있게 되고 이를 못 견디고 부르짖으면 사사를 통해 구원해주시는 징계와 용서가 반복되던 악순환의 고리로써 우리 인간의 간사함을 그대로 보여주는 타락한 시대였다. 비록 당신을 배반한 이스라엘이었지만 하나님께서 사사를 세우실 때는 사사와 함께하시고 백성들에게 다시 기회를 주기 위해 대적의 손에서 구해주셨다.

하나님을 의지하지 않고 인간의 소견에 따라 행동한다면 반드시 실패하게 된다는 사사기의 교훈은 웃니엘부터 삼손까지 12명으로 기록되어있지만, 학자들 중에는 제사장이며 예언자였던 엘리와 사무엘도 사사의 범주에 포함시킬 것을 주문한다. 시기적으로는 주전 1375년경부터 1050년 사이로 추정되지만 13세기 출애굽 설을 지지하는 성경학자들은 주전 1240년경부터 약 200년간 사사 시대가 지속되었을 것이라고 말한다.

성경 사사기에 기록된 연수의 합계와 사사들이 지배했을 것으로 추정되는 역사적 기간이 차이가 나는 것은 그들이 속한 지파의 제한된 지역에서 활동함에 따라 통치 기간이 서로 중복되는 경우가 있었기 때문이라는 것이 그 이유가 될 것이다.

사사명	지파	통치 기간(년)
웃니엘	유·다	40
에·훗	베냐민	80
삼·갈	–	–
드보라	에브라임	40
기드온	므낫세	40
돌·라	잇사갈	23

사사명	지파	통치 기간(년)
야 일	길르앗	22
입 다	길르앗	6
입 산	유·다	7
엘 론	스불론	10
압 돈	에브라임	8
삼 손	단	20

길르앗: 요단강 동편에 땅을 분할받았던 므낫세 반 지파를 지칭한다고 보면 될 것이다.

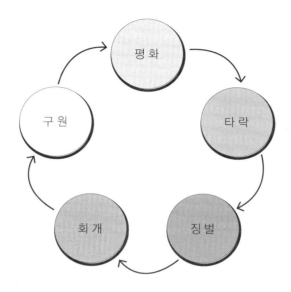

사사 시대 죄의 악순환

평 화

타 락

구 원

징 벌

회 개

옷니엘(삿3:7~11)

가나안 땅에 들어가거든 원주민을 몰아내고 그들이 섬기는 우상들을 모두 제거하라는 하나님의 준엄한 명령에(민33:52~56) 따라 여호수아와 세겜 언약까지 맺은 백성들이었지만, 그들은 가나안 땅에 정착하면서 이방 민족들을 멸하기는 커녕 타협하고 통혼하면서 우상숭배의 늪으로 빠져들게 되었다. 이에 진노하신 하나님께서 메소보다미아 왕으로 하여금 이스라엘을 8년 동안 다스리게 하자 폭압 통치를 못 견딘 백성들이 회개하며 하나님을 찾는다. 하나님께서 백성들을 불쌍히 여기시고 구원자를 세우셨으니, 그가 바로 갈렙의 동생 그나스의 아들 옷니엘이었다. 갈렙의 딸과 혼인한 그는 사사가 되어 메소보다미아 왕 구산 리사다임을 물리치고 백성들을 지켰다. 옷니엘이 죽기까지 이스라엘은 40년 동안 평온했다.

에훗(삿3:12~30)

옷니엘이 죽은 뒤 백성들이 다시 범죄하자 진노하신 여호와께서 이스라엘을 모압 왕 에글론의 손에 넘겨주었다. 18년 동안 모압의 압제로부터 고통당하던 백성들이 뉘우치는 것을 보신 하나님께서 그들을 위해 구원자를 세웠으니 그가 바로 베냐민 사람인 왼손잡이 에훗이다.

모압 왕 에글론에게 공물을 바치러 간 에훗은 왕의 친위대를 따돌린 후 오른쪽 허벅지에 숨겨두었던 칼을 뽑아 왕을 살해했다. 그리고 이스라엘 백성들을 규합하여 요단 강 나루를 장악한 다음 모압 사람 1만 명을 진멸함으로써 백성들을 구원할 수 있었다. 그가 사사로 있던 80년 동안 이스라엘 땅이 평온했다.

삼갈(삿3:31)

에훗의 뒤를 이어 아낫의 아들 삼갈이 사사가 되었다. 삼갈은 소를 모는 채찍으로 무장한 블레셋 군인 600명을 죽일 정도로 힘이 장사였다.

드보라(삿4:1~5:31)

에훗이 죽은 뒤 백성들이 타락하자 하나님께서 가나안 왕 야빈에게 이스라엘을 넘겨줌으로써 백성들은 20년 동안 괴롭힘을 당했다. 이스라엘이 회개하는 것을 보신 하나님께서 종려나무 아래에서 백성들을 재판하던 여 선지자 드보라를 사사로 세우신다. 사사가 되어 아비노암의 아들 바락을 선봉장으로 세운 드보라는 병력 1만 명을 규합하여 가나안 왕의 군대 장관 시스라를 제거하고 백성들을 압제로부터 구원하라고 명령한다.

「일어나라 이는 여호와께서 시스라를 네 손에 넘겨주신 날이라 여호와께서 너에앞서 나가지 아니하시느냐(삿4:14).」

900대의 철병거로 무장했음에도 자신의 군대가 바락에게 패퇴하는 것을 지켜본 시스라는 친분이 있던 야엘의 장막으로 피신하지만, 야엘은 잠에 빠진 그를 살해하고 바락에게 넘긴다. 사기충천해진 이스라엘은 마침내 가나안 왕 야빈을 무찌를 수 있었다.

여성의 활동이 극히 제한되었던 남성중심의 가부장적 사회에서 강한 여성으로서의 존재감을 유감없이 발휘한 드보라는 문학사상 뛰어난 전승가의 하나로 평가받는 「드보라와 바락의 노래」로 하나님을 찬양한다.

「여호와여 주의 원수들은 다 이와 같이 망하게 하시고 주를 사랑하는 자들은 해가 힘있게 돋음 같게 하시옵소서(삿5:31).」

사사들 중 유일한 여성이었던 드보라 시대의 이스라엘 땅은 40년 동안 평온했다.

기드온(삿6~9장)

이스라엘이 또다시 신의를 거스르자 하나님께서 백성들을 미디안의 손에 넘기셨다. 7년 동안 이어진 미디안의 약탈로 백성들의 살림살이가 궁핍해진 것을 보신 여호와께서 요아스의 아들 기드온에게 이스라엘을 미디안의 압제로부터 구원하라고 명령하신다. 몇 가지 시험을 통해 하나님의 뜻을 확인함으로써 자신에게 주어진 소명을 깨닫게 된 기드온은 마침내 미디안의 우상인 바알과 아세라 상을 무너뜨린다. 그 공으로 기드온은 여룹바알(바알이 그와 더불어 다툴 것이라는 뜻–삿6:32)이라는 새로운 이름을 얻게 되었다.

미디안과 아말렉 군사 13만 5,000명이 쳐들어오자 양털 기적의 표징을 통해 하나님께서 도와주신다는 것을 확신한 기드온은 그들을 대적하기 위해 3만 2,000명의 병력을 규합하지만 하나님을 의지하지 않고도 적을 물리칠 수 있다는 교만함을 염려한 하나님께서 엄선된 군인 300명만 남겨두고 모두 집으로 돌려보낸다. 정예 용사 300명이 항아리 속에 감춰 두었던 횃불을 꺼내 들고 나팔 불며 공격하자, 함성에 놀란 미디안 족속들은 혼비백산하여 도망친다.

대승을 거둔 후 미디안의 힘을 믿고 자신을 조롱했던 숙곳의 장로들과 브누엘 사람들을 응징한 기드온은 전리품 중 금 1,700세겔(약 19.38㎏)을 모아 **에봇**[110]을 만들었다. 왕으로 추대되는 것을 마다할 정도로 하나님을 섬겼던 기드온이었지만, 이 일이 그를 옥죄는 올가미가 되었다. 순간의 잘못된 판단이 그를 망가뜨린 것이다.

「기드온이 그 금으로 에봇 하나를 만들어 자기의 성읍 오브라에 두었더니 온 이스라엘이 그것을 음란하게 위하므로 그것이 기드온과 그의 집에 올무가 되니라(삿 8:27, 28).

40년 동안 사사로 있던 기드온이 죽자 70명이나 되는 기드온의 아들 중 첩의 몸에서 태어난 아비멜렉이 반란을 일으켜 형제들을 살해하고 스스로 세겜 왕이 되었다.

아비멜렉이 이스라엘을 다스린 지 3년째 되던 해에 반란의 와중에서 간신히 살아남았던 기드온의 막내아들 요담의 호소에 따라 세겜 사람들이 난을 일으키자, 아비멜렉은 세겜 성을 공격하여 파괴하고 다시는 재건되지 못하도록 무너진 성 위에 소금까지 뿌렸다. 망대에 불을 붙여 1,000명이나 되는 세겜 백성들을 죽음으로 몰아넣었던 아비멜렉이 이번에는 데베스 성을 공격하던 중 한 여인이 던진 맷돌에 맞아 머리를 다치는 부상을 입자, 여자에게 공격당한 것과 그것이 사람들의 입에 오르내리는 것을 수치라고 생각한 그는 스스로 생을 마감한다.

「아비멜렉이 그의 형제 칠십 명을 죽여 자기 아버지에게 행한 악행을 하나님이 이같이 갚으셨고 또 세겜 사람들의 모든 악행을 하나님이 그들의 머리에 갚으셨으니 여룹바알의 아들 요담의 저주가 그들에게 응하니라(삿9:56, 57).」

---

110 대제사장이 직무를 수행할 때 입던 예복을 말하지만, 여기에서는 우상의 의미로 봐야 할 것이다.

돌라(삿10:1~2)와 야일(삿10:3~5)

아비멜렉의 뒤를 이어 잇사갈 사람 돌라가 이스라엘을 지켰다. 23년 동안 사사로 있었던 돌라가 죽어서 사밀에 묻히자 이번에는 길르앗 사람 야일이 사사가 되었다. 야일은 30명의 아들을 두었는데 그들은 나귀를 타고 다니면서 성읍을 다스렸다. 22년 동안 사사로 있던 야일은 죽어서 가몬 성에 묻혔다.

입다(삿10~12장)

이스라엘이 우상을 섬기자 진노하신 하나님께서 블레셋과 암몬 사람들로 하여금 이스라엘을 지배토록 함으로써 백성들은 18년 동안 괴롭힘을 당했다. 백성들이 부르짖자 죄의 악순환에 실망하신 하나님께서 말씀하신다.

「너희가 나를 버리고 다른 신들을 섬기니 내가 다시는 너희를 구원하지 아니하리라 가서 너희가 택한 신들에게 부르짖어 너희의 환란 때에 그들이 너희를 구원하게 하라(삿10:13, 14).」

백성들이 회개하며 우상을 제거하자 하나님은 당신의 백성들이 당하는 고통을 보시고 마음 아파하셨다. 그때 길르앗 사람 중에 기생의 몸에서 태어났다는 이유로 본처의 아들들로부터 쫓겨나 돕 땅에 살고 있던 입다라는 뛰어난 용사가 있었다. 암몬 족속이 이스라엘을 공격하려는 기미가 보이자 장로들이 입다에게 찾아가 백성들을 지켜주면 지도자로 섬기겠다고 약속한다. 입다가 사신을 보내 이스라엘이 무엇을 잘못했는지 따지자, 암몬 왕은 이스라엘이 출애굽 할 때 아르논 강에서 요단 강으로 이어지는 땅을 점령했으니 이제 그 땅을 돌려 달라고 말했다. 그 지역을 차지할 수밖에 없었던 이유를 설명하며 모든 것이 여호와 하나님의 명령에 따라 이루어진 일이라고 설득했지만 암몬 왕은 물러서지 않았다. 결국 전쟁을 치르게 된 입다는 하나님께 한가지 약속을 했다.

「주께서 과연 암몬 자손을 내 손에 넘겨주시면 내가 암몬 자손에게서 평안히 돌아올 때 누구든지 내 집 문에서 나와서 나를 영접하는 그는 여호와께 돌릴 것이니 내가 그를 번제물로 드리겠나이다(삿11:30, 31).」

마침내 암몬 족속을 궤멸시킨 입다가 승전고를 울리며 집으로 돌아올 때 외동딸이 마중 나오자 입다는 자신의 경솔함을 한탄했지만, 약속대로 딸을 여호와의 **제단에 바쳤다.**[111] 이 일로 인하여 이스라엘 여인들은 해마다 나흘 동안 입다의 딸을 추모하는 관습이 생겼다고 한다.

한편 입다가 암몬 족속과의 전쟁에서 대승을 거두었다는 소식을 들은 에브라임 지파 백성들이 자신들을 전쟁에서 배제했다는 이유로 시비를 걸어오자, 요단 강 나루를 장악한 입다는 에브라임 백성 4만 2,000명을 궤멸시킨다. 동족 간의 시기 질투로 한 지파가 멸절될 뻔한 사건이 벌어진 것이다.

6년 동안 사사로 있던 입다는 죽어서 길르앗의 마을에 묻혔다.

---

111 사람을 제물로 바치는 것은 우상과 관련된 일로 하나님께서 금하신 일이었기 때문에 입다가 한 약속은 잘못된 것이었다.「너는 결단코 자녀를 몰렉에게 주어 불로 통과하게 함으로 네 하나님의 이름을 욕되게 하지 말라(레18:21).」

입산(삿12:8~10) 엘론(삿13:11~12) 압돈(삿12:13~15)

입다가 죽은 후 베들레헴 사람 입산이 사사가 되었다. 자녀를 60명이나 두었던 입산은 7년 동안 사사로 있었으며 죽어서 베들레헴에 묻혔다. 입산이 죽은 후에 스불론 사람 엘론이 사사가 되었다. 엘론은 10년 동안 사사로 있었으며 죽어서 스불론 땅에 있는 아얄론 성에 묻혔다.

엘론의 뒤를 이어 비라돈 사람 힐렐의 아들 압돈이 사사가 되었다. 그는 아들 40명과 손자 30명을 두었는데 그들 모두 나귀를 타고 다녔다고 하니 아마 상당한 재력가였던 모양이다. 8년 동안 사사의 임무를 수행했던 압돈은 죽어서 에브라임 땅 아말렉 사람의 산지 비라돈에 묻혔다.

괴력의 사나이 삼손

그가 블레셋 사람의 손에서
이스라엘을 구원하기 시작하리라(삿13:5)

삼손이 태어나다(삿13장)

열한 번째 사사 압돈이 세상을 떠나자 이스라엘은 다시 블레셋의 압제로 40년 동안 괴롭힘을 당했다. 그때 소라 성에 마노아라는 단 지파 사람이 살고 있었는데 아내의 불임으로 슬하에 자녀를 두지 못했다. 그러던 어느 날 마노아의 아내에게 여호와의 사자가 나타나 장차 아들이 태어날 것이라는 기쁜 소식을 전해주었다.

「보라 네가 임신하여 아들을 낳으리니 그의 머리 위에 삭도를 대지 말라 이 아이는 태에서 나옴으로부터 하나님께 바쳐진 나실인[112]이 됨이라 그가 블레셋 사람의 손에서 이스라엘을 구원하기 시작하리라(삿13:5).」

---

112 무엇으로부터 분리하다 라는 뜻의 히브리어에서 유래된 말로 신성한 의무를 감당하기 위하여 하나님께 특별한 서약으로 바쳐진 사람을 말한다. 율법에 의하면(민6:1~21) 나실인은 머리에 삭도를 대지 말아야 하며 포도주는 물론 포도즙을 마셔도 안 될 정도로 포도나무의 소산을 입에 대서는 안 되었고 시체를 가까이해서도 안 되었다. 나실인의 서약은 특정한 기간을 정하여 할 수도 있었고 평생 할 수도 있었다. 성경에 나오는 대표적인 나실인은 삼손과 사무엘, 그리고 세례 요한을 들 수 있을 것이다.

놀라운 예언을 듣게 된 마노아의 아내는 그 말을 남편에게 전했지만, 믿을 수가 없었던 마노아는 그 사람이 천사가 맞다면 다시 한번 만나게 해달라고 하나님께 간구했다. 밭에서 일하던 마노아의 아내에게 천사가 다시 나타나자 마노아의 아내는 황급히 남편을 찾아 천사에게 데려갔다. 아이를 얻기 위해 우리가 해야 할 일은 무엇인지, 그리고 당신의 이름은 무엇인지 알려 달라고 간청하는 마노아에게 아이가 태어날 때까지 금주할 것은 물론 부정한 것은 그 어떤 것도 가까이 하지 말 것을 당부한 천사는 자신의 이름은 **기묘자**[113]라고 말했다.

마노아가 감사의 예배를 드릴 때 그들에게 나타났던 사람이 제단의 불꽃에 휩싸여 하늘로 올라가는 것이 보이자 그가 하나님이 보낸 천사라는 것을 확인하게 된 부부는 두려운 나머지 얼굴을 땅에 대고 엎드렸다.

세월이 흘러 마침내 아들이 태어나자 그들은 아들 이름을 삼손(태양의 남자라는 뜻)이라 지었다. 하나님께서 복을 주시고 함께하시니 그는 건강하게 잘 자랐다.

삼손과 딤나의 여인(삿14장)

성인이 된 삼손이 딤나 성에서 마음에 드는 블레셋 여인을 발견하고는 그와 결혼시켜 달라고 졸라대자 삼손의 부모가 그를 꾸짖었다.

「우리 백성 중에도 여자가 많은데 어째서 너는 **할례받지 않는 백성인**[114] 블레셋

---

113 비밀의, 신비한, 오묘한이란 뜻으로써 신성을 강조하는 표현이다.
114 할례는 이스라엘이 하나님의 백성임을 알리는 징표였다. 그러므로 할례받지 않은 자란 이스라엘 백성들에게는 매우 수치스러운 표현이었다. 사도 바울은 육신의 할례보다는 마음의 할례(롬2:29), 즉 하나님

여인과 결혼하겠다는 것이냐?」

블레셋의 압제로부터 당신의 백성 이스라엘을 구원하기 위한 방법으로 삼손과 이방 여인과의 결혼을 통하여 블레셋을 응징하려는 하나님의 계획을 삼손의 부모는 알 수가 없었던 것이다.

어느 날 부모와 함께 딤나로 내려가던 길에 사자 한 마리가 달려들자 삼손은 마치 염소 새끼 다루듯 맨손으로 사자를 제압했으나 부모에게는 말하지 않았다. 그 일이 있은 지 얼마 후 블레셋의 여인과 결혼하기 위해 다시 딤나로 가던 중에 죽은 사자의 몸속에 벌떼와 꿀이 가득한 것을 발견한 삼손은 그 꿀을 떠서 먹고 부모에게도 드렸으나 사자의 몸에서 가져온 것이라는 것도 말하지 않았다. 왜냐 하면, 사체에 손대지 말아야 한다는 나실인의 규율을 어긴 것에 대해 부모로부터 꾸중 듣게 될 것이 뻔했기 때문이었다.

그때는 결혼하면 신랑이 신부의 동네에서 잔치를 베푸는 것이 관례였으므로 삼손은 블레셋 청년 30명을 초대하여 즐겁게 놀았다. 잔치가 일주일 동안 계속 되자 심심해진 삼손은 블레셋 청년들에게 수수께끼 게임을 하자고 말했다.

「문제를 말해보시오. 그러면 우리가 답을 맞추겠소.」

죽은 사자의 몸에서 꿀을 떠먹었던 것을 생각해낸 삼손은 먹는 자에게서 먹을 것이 나오고 강한 자에게서 단 것이 나오는 것이 무엇인지 풀어보라고 말했다. 사흘이 넘도록 풀리지 않자 답답했던 블레셋 청년들은 삼손의 아내를 협박했다.

「당신들은 우리를 대접하려는 것이 아니라 가진 것마저 빼앗으려고 초대하였소? 답을 알려주지 않으면 모두 불태워버릴 것이오.」

겁에 질린 아내가 남편에게 매달리며 수수께끼의 답을 알려달라고 애원했다.

「부모님께도 알려 드리지 않았는데 어떻게 당신에게 말해줄 수 있겠소?」

완강하게 거절하던 삼손은 계속 졸라대는 아내의 성화에 결국 그 답을 알려주

의 백성으로 새 삶을 사는 것과 믿음으로 사는 것이 중요하다고 강조한다(갈5:6).

고 말았다. 약속한 날이 되자 블레셋 사람들이 몰려와서 삼손에게 수수께끼의 답을 말했다.

「그 어떤 것이 꿀보다 달겠으며, 사자보다 강한 것이 어디 있겠소?」

블레셋을 치다(삿15장)

그때 여호와의 영이 삼손에게 임하자 그에게 큰 힘이 생겼다. 아내를 협박하여 답을 알아낸 것에 화가 난 삼손은 아스글론 성으로 내려가 30명을 죽이고 그들의 재산을 빼앗아 수수께끼를 푼 블레셋 사람들에게 나누어 주고는 고향으로 돌아갔다. 얼마 후 마음의 안정을 찾은 삼손이 아내를 찾으러 갔으나 장인의 행동은 삼손을 더욱 분노하게 만들었다.

「나는 자네가 내 딸과 헤어진 줄 알았네. 그래서 자네 친구에게 내 딸을 주었네.」

화가 머리끝까지 오른 삼손은 여우 300마리를 생포하여 두 마리씩 붙들어 매고는 그 사이에 횃불을 달고 블레셋 사람들의 밭에 풀어놓아 곡식들을 모두 불태웠다. 그 일을 삼손이 했다는 것을 알게 된 블레셋 사람들은 그 보복으로 삼손의 아내와 장인을 불태워 죽였다. 복수를 결심한 삼손이 블레셋 사람들을 닥치는 대로 죽인 후 에담 바위 동굴에 몸을 숨기자, 그를 잡으려고 블레셋 사람들이 진을 치는 것을 본 유다 사람들은 자신들에게 화가 미칠 것을 막기 위해 동굴로 몰려가 삼손에게 소리쳤다.

「당신은 지금 블레셋 사람들이 우리를 다스리고 있다는 것을 모르시오? 그러니 당신을 잡아서 그들에게 넘겨야 우리에게 피해가 없을 것 같소.」

동족인 유다 사람들이 자신 때문에 겪게 될 피해를 의식한 삼손이 말했다.

「당신들이 나를 죽이지 않고 단지 그들의 손에 넘기겠다고 약속하면 내가 나가리이다.」

마침내 결박당한 삼손이 블레셋 사람들 앞으로 끌려왔을 때 여호와의 영이 삼손에게 임하자 그에게 큰 힘이 생겼다. 포승줄을 끊어버린 삼손이 나귀의 턱뼈로 무려 1,000명이나 되는 블레셋 사람들을 죽인 것이다.

삼손과 들릴라(삿16장)

이 일이 있은 후 삼손은 들릴라라는 블레셋 여인과 사랑에 빠졌다. 거대한 성문 문짝을 뜯어가는 등 삼손이 저지르는 엉뚱한 행동 때문에 골머리를 앓던 블레셋 지도자들은 힘으로는 삼손을 당해낼 수 없음을 깨닫고 그를 생포할 방법을 알려주면 많은 돈을 주겠다고 들릴라를 꼬드겼다. 꾐에 넘어간 들릴라가 블레셋 지도자들이 알고 싶어 하는 것에 관해 물었으나 삼손이 제대로 대답하지 않자 앙탈을 부리며 말했다.

「당신은 내가 묻는 것조차 가르쳐 주지 않으면서 어떻게 나를 사랑한다고 말할 수 있어요?」

마음 약한 삼손은 눈물로 애원하는 들릴라에게 결국 모든 것을 털어놓고 말았다.

「나는 태어날 때부터 나실인으로 하나님께 바쳐진 사람이었기에 하나님이 머리를 깎지 말라고 해서 한 번도 머리를 자르지 않았소. 나실인의 서약을 어기게 되면 벌을 받게 되기 때문이요.」

삼손의 힘에 담긴 비밀을 알게 된 들릴라가 이 사실을 블레셋 지도자들에게 알려준 뒤 자신의 무릎을 베고 잠들어있던 삼손의 머리털을 밀자, 잠에서 깨어난 삼손은 힘을 전혀 쓰지 못했다. 마침내 삼손을 사로잡은 블레셋 사람들은 그의 두 눈을 뽑은 뒤 구리 사슬로 결박한 후 곡식 가는 맷돌을 돌리게 했다.

삼손의 복수(삿16장)

세월이 흐르면서 삼손의 머리가 다시 자라기 시작했다. 블레셋 백성들은 자신들이 섬기는 신이 삼손을 넘겨주었다고 찬양하면서 그의 묘기를 보기 위해 감옥에서 끌어낸 후 다곤 신전의 두 기둥 사이에 세워 놓았다. 그 신전에는 블레셋의 지도자들을 포함하여 3,000명이나 되는 백성들이 모여 있었다.

그동안의 잘못을 회개한 삼손이 하나님께 부르짖었다.

「주 여호와여 구하옵나니 나를 생각하옵소서 하나님이여 구하옵나니 이번만 나를 강하게 하사 나의 두 눈을 뺀 블레셋 사람에게 원수를 단번에 갚게 하옵소서(삿 16:28).」

기도를 마친 삼손이 있는 힘을 다해 두 기둥을 밀어내자 신전이 무너져 내리면서 그 안에 있던 많은 사람들이 건물더미에 깔려 죽었다. 기도의 응답으로 원수를 갚은 삼손이 장렬한 최후를 마친 것을 본 그의 가족들은 시신을 거두어 아버지 마노아의 무덤에 같이 묻어 주었다.

육신의 정욕에 눈이 멀어 나실인으로서의 사명을 제대로 수행하지 못했지만 삼손은 20년 동안 사사로 있으면서 하나님의 백성들이 대적 블레셋과 싸우기를 포기할 때 홀로 맞서기를 마다하지 않았던 의리의 용사였다. 괴력의 사나이 삼손은 하나님께서 의도하신 대로 자신의 죽음을 통해 블레셋을 궤멸시키고 이스라엘을 대적의 압제로부터 구원해 낸 12번째 사사였다.

사사 시대의 타락상

그때에는 이스라엘에 왕이 없었으므로 사람마다

자기 소견에 옳은 대로 행하였더라(삿17:6)

미가의 신당(삿17~18장)

지중해 연안 땅을 분배받았던 단 지파 백성들이 블레셋의 강력한 저항으로 안착하지 못하고 있을 때, 에브라임 산지에 미가라는 사람이 있었다. 그가 어머니 돈에 손을 댄 뒤 이를 알게 된 어머니가 도둑질해간 자를 저주하자 미가는 죄를 자복하고 훔친 돈을 어머니께 돌려주었다. 잘못을 뉘우치는 아들을 위해 어머니가 큰돈을 들여 신상을 만들자, 미가는 대제사장의 예복인 **에봇과 가문의 우상인 드라빔**[115]을 만들어 신상과 함께 두고 신당을 꾸민 후 아들 중 하나를 제사장으로 세웠다.

그때 유다 땅 베들레헴에 살던 젊은 레위인이 전국을 떠돌다가 에브라임 산지에 다다르자, 이를 본 미가는 레위인을 제사장으로 고용할 수 있는 절호의 찬스

---

115 에봇은 대제사장이 직무를 수행할 때 입던 예복을 말하지만 여기서는 우상의 의미로 봐야 할 것이며, 드라빔은 정확히 어떻게 생겼는지는 알 수 없으나 가정을 지켜주는 우상으로서 점치는 도구 또는 재산의 상속권을 보증하는 표시로 사용되었을 것이다.

라 생각하고 자신이 세운 신당에서 일해준다면 경제적 문제를 해결해주겠다며 그를 꼬드겨 제사장으로 세웠다.

한편, 안주할 땅을 찾기 위해 정탐하던 단 지파 군인들은 미가의 집을 발견하고 그곳에 에봇과 드라빔과 신상이 있다는 것을 알게 되자 무력으로 이를 탈취한 뒤 신당을 지키던 레위인 제사장에게 자신들을 따라나설 것을 요구했다.

한 가정을 지키는 것보다 한 족속의 제사장이 되기를 원했던 레위인이 흔쾌히 합류하자 단 지파 백성들은 라이스 성을 점령한 뒤, 단으로 이름 바꾸고 자신들의 성읍으로 만들었다. 그리고 신당을 만들어 우상을 섬겼다.

하나님의 법궤가 실로에 있음에도 불구하고 우상을 섬김으로써 그들은 이 일로 인해 하나님을 **거역하는 범죄**[116]에서 자유롭지 못하게 되었다.

영적으로 타락하게 되자 백성들은 말할 것도 없거니와 특별한 영적 사명을 부여받은 레위 지파 제사장들조차 율법을 무시한 채 우상을 섬기고 제사장 직분을 자기들 마음대로 부여하는 것도 모자라 거래를 함으로써 타락으로 점철되었던 때가 바로 사사 시대였던 것이다.

---

116 이 일이 원인이 되었는지는 모르겠으나 하나님으로부터 선택되어 구원받는 백성을 뜻하는 144,000명의 명단에서 단 지파 백성들은 제외되었다(계7:5~8).

레위인 제사장과 첩(삿19~21장)

에브라임 산지에 살던 레위인의 첩(妾)이 바람을 피운 후, 베들레헴에 있는 친정집으로 피신하자 남편은 아내를 데려가기 위해 처갓집을 찾았다. 사위를 만난 장인은 딸의 잘못을 눈감아 달라는 의미에서 그를 정성껏 대접했다. 장인으로부터 극진한 대접을 받고 고향을 향해 길을 떠난 레위인과 첩은 베냐민 지파의 땅인 기브아 마을에 이르렀을 때 날이 저물자 그곳 노인의 도움으로 하룻밤 신세지게 되었다. 이 소식을 들은 건달패들이 노인의 집으로 몰려와 그 옛날 소돔과 고모라의 주민들이 했던 것처럼 그들을 내놓으라고 난동을 부렸다. 분위기가 험악해지자 이를 피할 수 없다고 생각한 레위인은 첩을 그들에게 내주고 말았다. 다음 날 아침이 되어서야 첩의 주검을 목격한 레위인은 시신을 거두어 집으로 돌아온 후 이들의 만행을 알리기 위해 시신을 도막 내어 이스라엘의 각 지파에게 보냈다. 이에 경악한 이스라엘 백성 40만 명이 미스바에 모여 기브아의 불량배들을 응징하자고 한목소리로 말했다.

「범죄자들을 우리에게 넘기시오. 그래야만 이 땅에 죄악이 사라질 것이요.」

그러나 베냐민 사람들은 동족 백성들의 요구를 들어주기는커녕 그들과 대적하기 위해 기브아로 집결했다. 결국, 성적 범죄로 촉발된 동족상잔으로 2만 5,000명이나 되는 베냐민 백성들이 살육당하고 성읍까지 불태워지는 참상을 겪게 되자 600명만이 겨우 살아남은 베냐민 지파는 이제 멸절의 위기로 치닫게 되었다. 사사 입다 시대에 에브라임 지파 4만 2,000명이 요단 강 나루에서 궤멸됨으로써 지파 하나가 사라질 뻔했던 비극이(삿12장) 이제 베냐민 지파로 옮겨 붙은 것이다.

슬픈 현실을 보게 된 백성들이 울부짖으며 하나님께 엎드렸다.
「이스라엘의 하나님 여호와여 어찌하여 이스라엘에 이런 일이 생겨서 오늘 이스라엘 중에 한 지파가 없어지게 하시나이까(삿21:3).」

가증한 일을 저지른 베냐민 사람들에게 딸을 시집보내는 일은 절대 없을 것이라고 맹세했던 백성들은 지파 하나가 멸절될 위기에 처하자, 이를 걱정한 나머지 미스바의 결의에 참석하지 않았던 길르앗의 야베스 거민들을 공격하여 400명의 젊은 여인들을 베냐민 사람들에게 보냈다. 그래도 여자가 턱없이 부족하자 해마다 실로에서 열리는 여호와의 축제 때 춤을 추러 나오는 여인들을 납치하는 방법으로 지파의 명맥을 유지할 수 있도록 지혜를 주었다.

「베냐민은 물어뜯는 이리라 아침에는 빼앗은 것을 먹고 저녁에는 움킨 것을 나누리로다(창49:27).」

600여 년 전 야곱의 유언이 생각나는 대목이다.

「이 백성은 그 땅으로 들어가 음란히 그 땅의 이방 신들을 따르며 일어날 것이요 나를 버리고 내가 그들과 맺은 언약을 어길 것이라(신31:16).」

가증한 풍습과 우상숭배가 만연했던 가나안 땅이 선민 이스라엘과 섞이게 되면 어떤 일이 벌어지게 되는지 하나님께서 우려했던 일이 현실이 된 것이다.

백성들에게 본이 되어야 할 제사장들조차 본분을 망각한 나머지 우상을 섬겼던 사건과 성적 범죄라는 윤리적 타락으로 열두 지파 중 한 지파가 멸절될 뻔했던 사건 모두, 하나님을 의지하지 않고 저마다 자기 소견에 따라 행동한다면 멸망의 길로 빠져들 수밖에 없다는 교훈과 함께 어디서부터 손을 대야 할지 모를 정도로 혼란스럽고 불법이 판을 치던 사사 시대의 영적 타락상을 그대로 보여주는 대표적인 사건이 된 것이다.

롯과 보아스

보아스는 오벳을 낳았고 오벳은 이새를 낳고

이새는 다윗을 낳았더라(룻4:21, 22)

사사들이 이스라엘을 다스리던 때인 주전 1200년경, 유다 베들레헴에 엘리멜렉이라는 사람이 살고 있었다. 그는 부유했던 사람이었지만 계속된 기근으로 생활이 어려워지자 가산을 정리한 후 아내 나오미와 기룐과 말론이라는 두 아들을 데리고 모압 땅으로 이주했다. 모압 땅에 자리를 잡을 즈음 남편이 갑자기 세상을 떠나자 홀로 된 나오미는 두 아들을 돌보며 어려운 삶을 꾸려갔다.

세월이 흘러 모압 여인들과 가정을 이루고 살던 두 아들마저 병마로 떠나자 의지할 곳 없어진 나오미는 고향 마을 베들레헴으로 다시 돌아가기로 마음먹었다.

혼자 된 두 며느리를 친정으로 돌려보내려는 시어머니 앞에서 말론의 아내인 룻이 동행하기를 고집하자 나오미는 할 수 없이 기룐의 아내 오르바만 친정으로 보내고 룻과 함께 고향으로 돌아왔다.

돌아오긴 했으나 먹을 것이 없어 남의 밭을 전전하며 이삭을 줍던 룻은 시아버지 엘리멜렉의 친척인 보아스의 밭에 우연히 들르게 되었다. 기억하겠지만 이 사람이 바로 여호수아가 보낸 정탐꾼들을 보호해주는 대가로 여리고 성에서 유일하게 살아남았던 기생 라합의 아들이었다.

이삭을 줍고 있는 남루한 차림새의 여인이 바로 자신의 친척 엘리멜렉의 며느리임을 알게 된 보아스는 그녀가 처한 딱한 사정을 알게 되자 측은한 마음에 룻을 불러 위로해주고 자신의 밭에서 이삭을 거둘 수 있도록 배려했다. 그리고 하인들을 불러 곡식을 다 거둬들이지 말고 남겨 놓으라고 지시했다. 이처럼 보아스는 나그네와 가난한 사람들을 위해 이삭을 남겨두라는 모세의 율법을(레 19:9~11) 신실하게 지킬 정도로 약자를 배려할 줄 아는 의로운 사람이었다.

이삭을 거두어 집으로 돌아온 룻에게 사정 이야기를 듣게 된 나오미는 보아스의 배려에 감사하며 하나님의 축복이 그에게 임하시기를 빌었다.

양식 걱정에서 해방되자 시어머니 나오미가 룻에게 말했다.

「애야! 너도 이제 가정을 가져야 하지 않겠느냐? 보아스는 우리의 친척으로서 우리 **기업을 무를 자**[117] 중의 한 사람이니, 그가 잠자리에 들면 그 자리를 눈여겨보았다가 몸을 단장하고 그의 발치에 누워 있거라. 그러면 그가 너의 말을 들어 줄 것이다.」

어느 날 타작 마당의 장막에서 잠을 자던 보아스는 자신의 발치에 누워있던 룻을 발견하고는 그녀로부터 연유를 듣게 되자, 자신보다 기업 무를 우선권을 가지고 있는 친족이 있음을 알려주며 만약 그 사람이 권한을 행사하지 않는다면 자신이 그 일을 행할 것임을 약속하고는 양식을 들려 집으로 보냈다.

날이 밝자 보아스는 엘리멜렉이 소유하고 있었던 땅을 구입하기 위해 자신보다 우선권을 가지고 있던 친척을 만나 의견을 구했다. 땅을 사게 되면 모세의 율법에 따라 룻을 거두어야 한다는 것과 상속 문제가 걸림돌이 된다고 판단한 그 친척이 권리를 포기하자 보아스가 대신 그 땅을 구입하게 되었다.

---

117 기업 무를 자의 규례란, 가난해진 사람이 땅을 팔게 되었다면 그와 가장 가까운 친척이 그를 위해 땅을 사들일 수가 있었는데 그 권리를 가진 사람을 말한다. 즉 되찾아 줄 사람을 뜻하는 말로 가난한 친척을 도와주기 위한 방편이었다(레25:25~28). 십자가의 피로 우리들을 속량하신 예수님이 바로 기업 무를 자의 표상이기도 하다.

마침내 장로 열 명을 증인으로 세운 보아스가 기쁜 마음으로 룻을 아내로 맞아들이자 이를 본 마을 사람들이 그들을 축복해주었다.

「여호와께서 이 젊은 여자로 말미암아 네게 상속자를 주사 네 집이 다말[118]이 유다에게 낳아준 베레스의 집과 같게 하시기를 원하노라(룻4:12).」

세월이 흘러 그들 사이에 아이가 생겼다. 이웃 여인들이 축하의 말을 건네며 나오미에게 자손이 생겨났다 하여 아이를 오벳이라고 불렀다. 그 아이가 바로 이새의 아버지가 되며 이스라엘 역사상 가장 위대한 왕이었던 다윗의 할아버지가 되는 사람이었다.

룻은 비록 이방 여인이었지만 시어머니인 나오미를 봉양하기 위해 자신의 친정을 포기했던 현숙한 여인으로서, 하나님의 축복으로 믿음의 사람인 보아스를 만남에 따라 예수님의 계보에 올라가 있는 **다섯 사람의 여인**[119] 중 한 사람으로 이름을 올리게 되었다. 이처럼 예수님과는 전혀 상관이 없을 것 같은 이방 여인, 더군다나 아브라함의 조카 롯의 부도덕한 근친상간으로 세워진 모압 족속의 자손이 예수님의 계보에 이름을 올릴 수 있었다는 것은 어떤 의미일까?

하나님 말씀을 붙들고 섬김의 삶을 산다면 어느 누구에게나 축복은 자연스럽게 찾아온다는 것과 세상의 이치가 하나님의 섭리대로 이루어지게 된다는 사실이 하나님을 의지하지 않고 자기 소견대로 행동함으로써 영적으로 타락했던 사사 시대에 룻과 보아스라는 두 사람의 훈훈하고 감동적인 사랑 이야기를 통하여 다시 한번 입증될 수 있었던 것이다.

---

118 유다의 장남인 엘의 아내였던 다말은 아들 없이 남편이 죽자 모세의 율법대로(신25:5) 유다의 둘째 아들인 오난과 결혼한다. 그러나 오난이 고의적으로 형수의 임신을 방해한 죄 때문에 후사 없이 죽게 되자 셋째 아들 셀라마저 잃게 될 것을 염려한 유다는 셀라가 성장할 때까지 친정에 가서 기다리라고 다말에게 권유한다. 그러나 셀라가 성인이 되었는데도 결혼시킬 생각을 하지 않자 창녀로 변장한 다말은 시아버지 유다와 정을 통해 아이를 갖게 된다. 이런 사실을 모른 유다는 며느리 다말이 간음한 것으로 판단하고 그녀를 죽이려고 하였으나 아이의 아버지가 자신임을 알게 되자 그녀를 용서한다. 결국, 다말은 쌍둥이인 베레스와 세라를 낳게 됨으로써 유다 가문을 잇게 되며 예수님의 족보에 들어가게 된다(창38:1~30).
119 그리스도의 계보에 올라가 있는 다섯 여인(마1:3, 5, 6, 16): 다말(유다의 며느리), 라합(여리고 성에서 두 정탐꾼을 숨겨준 여인으로서 보아스의 어머니이다), 룻(보아스의 아내), 밧세바(다윗의 부하였던 우리야의 아내였으나 다윗이 그를 취하여 아내로 삼는다.), 마리아(예수님의 어머니).

사무엘, 왕정 시대를 열다

사무엘은 여호와의 선지자로 세우심을
입은 줄을 알았더라(삼상3:20)

사무엘이 태어나다(삼상1, 2장)

지금으로부터 3,100여 년 전, 에브라임 산지에 엘가나라는 레위 지파 자손이 살고 있었다. 그에게는 브닌나와 한나라는 두 명의 아내가 있었는데, 브닌나와의 사이에서는 자녀가 있었지만 한나에게서는 자녀를 두지 못했다. 남편이 한나를 끔찍이 사랑하는 것을 질투한 브닌나는 슬하에 자식이 없는 한나를 업신여기고 괴롭혀서 그를 마음 아프게 했다. 한나는 자신도 다른 여인들처럼 아이를 가질 수 있도록 해 달라고 간구하면서 아들을 주신다면 그를 하나님께 바치겠노라고 약속했다. 하나님께서 한나를 불쌍히 여기시고 그의 기도에 응답하시니 마침내 한나가 임신하여 아들을 낳게 되자 「내가 여호와께 구하여 얻었다.」라는 뜻으로 사무엘이라 이름 지었다. 사무엘이 젖을 뗄 만큼 자라자 한나는 그를 데리고 실로에 있는 여호와의 성막으로 가서 하나님께 경배하고 제사장 엘리를 찾아갔다.

「제사장님! 하나님께서 저의 기도를 들으시고 아들을 주셔서 그 아이가 이만큼 성장했으니 약속한 대로 하나님께 바치고자 합니다.」

서원대로 사무엘을 하나님께 인도한 한나가 감사의 기도를 드렸다.

「내 마음이 여호와로 말미암아 즐거워하며 내 뿔이 여호와로 말미암아 높아졌으며 내 입이 내 원수들을 향하여 크게 열렸으니 이는 내가 주의 구원으로 말미암아 기뻐함이니이다(삼상 2:1).」

사무엘은 성막에 살면서 하나님을 섬겼다. 사무엘의 부모는 해마다 제사를 드리러 실로에 갔으며 그때마다 어린 사무엘이 건강하게 자라나는 모습을 보고 즐거워했다. 제사장 엘리가 어렵사리 얻은 아들을 하나님께 바친 그들을 위해 기도하자 하나님께서 한나에게 복을 주시니 자녀가 더 생겨 마침내 3남 2녀의 어머니가 되었다.

하나님의 경고(삼상 2장)

제사장 엘리의 집안은 아론의 넷째 아들 이다말의 자손으로서 대대로 하나님을 섬겼던 뼈대 있는 가문이었다. 그런 영광스러운 가문이었음에도 불구하고 엘리의 두 아들 홉니와 비느하스는 하나님께 바치는 제물을 소중히 여기지 않고 함부로 다루며 회막 문에서 수종 드는 여인들과 잠자리를 같이하는 등 난잡한 생활을 하여 행실 나쁘기로 소문이 자자했다. 아버지 엘리가 하나님을 멸시하는 아들의 언행에 누차 경고했으나 그들은 아버지의 말을 들으려 하지 않았다.

엘리가 집안을 제대로 다스리지 못하는 것을 보신 하나님께서 선지자를 보내셨다.

「너희는 어찌하여 여호와의 성물을 더럽히느냐? 나는 예전에 너와 네 집안이 나를 섬기는 일을 영원히 하게 될 것이라고 약속했지만, 너희들이 나를 귀히 여기지 아니함으로 나도 그렇게 하지 않을 것이다. 명심하여라! 앞으로 너의 집안에서 태어나는 자는 단명할 것이니 장수하는 노인이 없게 될 것이다. 너의 가문 중에 한 사람을 나의 제단에서 일할 수 있도록 남겨 놓겠지만, 그가 너의 눈을 쇠잔하게 하고 너를 가슴 아프게 할 것이다. 또한, 두 아들 홉니와 비느하스가 한날에 죽으리니 이것이 내 말을 믿게 되는 표징이 될 것이다.」

엘리 가족이 신성모독에 대한 대가를 톡톡히 치르게 될 것임을 경고한 하나님의 사람이 계속해서 말씀을 전했다.

「나는 나를 위해 일하게 될 충성스러운 제사장을 세울 것이다. 나는 그를 강하게 만들 것이며 그는 나의 기름 부음을 받은 자 앞에서 제사장으로 일하게 될 것이다. 그때에 너의 집안에 남아 있는 사람들이 그에게 엎드려 제사장 직분을 맡겨 달라고 애원하며 떡 한 덩어리라도 먹을 수 있게 해달라고 애걸할 것이니라.」

사무엘을 부르시는 하나님(삼상 3장)

어느 날 밤, 사무엘이 성막에 누워 잠을 청하고 있을 때 임재하신 여호와께서 엘리 집안이 저주받게 될 것임을 거듭 경고하셨다.

「사무엘아! 내가 이스라엘에 놀라운 일을 행할 것이니 그날에 내가 엘리에게 경고했던 것을 보게 될 것이다. 엘리는 자신의 두 아들이 저지르는 나쁜 행실을 알았음에도 그들을 관대하게 대하여 큰 죄를 지었으니 그 집안의 죄악은 영원히 용서받지 못할 것이니라.」

간밤에 여호와께서 사무엘을 부르는 소리를 들었던 제사장 엘리는 뜬눈으로 밤을 새운 후, 날이 밝자 사무엘을 불러 여호와께서 무슨 말씀을 하셨는지 물었다. 사무엘이 하나님께서 말씀하신 것을 조심스럽게 전달하자 제사장 엘리가 담담하게 받아들이며 말했다.

「그분은 여호와이시니 스스로 판단해서 그대로 하실 것이다.」

사무엘이 순전한 성품의 영적인 사람으로 성장하는 것을 본 이스라엘 백성들은 여호와께서 그를 예언자로 세웠음을 알았다. 그러자 사무엘에 대한 소문이 온 이스라엘에 퍼졌다.

엘리가문의 비극(삼상4장)

한편 에벤에셀에 진을 친 이스라엘이 아벡에 진을 친 블레셋과의 전쟁에서 4,000여 명이 전사하는 등 타격을 입고 돌아오자 이를 걱정한 장로들이 말했다.

「여호와의 언약궤를 실로에서 모셔옵시다. 언약궤를 진중에 두면 반드시 하나님께서 우리를 도와주실 것이오.」

백성들이 실로에서 여호와의 언약궤를 모셔왔으나 사기가 충천한 블레셋 사람들을 당해내지 못하고 이스라엘 백성 3만 명이 목숨을 잃었으며, 그들이 생명처럼 여기는 언약궤마저 빼앗기고 말았다. 언약궤를 지키고 있던 두 아들 홉니와 비느하스가 전사했다는 비보와 함께 언약궤마저 탈취당했다는 청천벽력 같은 소식을 들은 제사장 엘리는 그 충격으로 의자에서 쓰러져 즉사하였으니, 그때 그의 나이 98세였으며 사사가 된 지 40년째 되던 해였다. 비느하스의 만삭 아내 역시 남편과 시아버지가 죽었다는 소식에 조산의 후유증을 이겨내지 못하고 명을 달리했다.

훗날 다윗을 도와주었다는 이유로 사울 왕이 제사장들을 처단할 때 엘리의 증손자 아히멜렉이 죽었고(삼상22:18) 아히멜렉의 아들 아비아달마저 솔로몬 왕에 의해 제사장 직분에서 파직됨으로써(왕상2:27) 「**나를 존중히 여기는 자를 내가 존중히 여기고 나를 멸시하는 자를 내가 경멸하리라(삼상2:30),**」는 말씀대로 하나님께서 엘리에게 경고하신 그대로 가문이 몰락하는 비극을 맞이하게 된 것이다.

언약궤가 돌아오다(삼상5장~7장)

블레셋 사람들이 탈취한 언약궤를 아스돗의 신전에 두자 그들이 수호신으로 여기는 다곤 상의 목이 부러지고 백성들에게 종기가 생기는 등 재앙이 시작되었다. 언약궤를 가드로 옮겼지만 그곳 백성들의 피부에도 독한 종기가 생기자 그들은 언약궤를 에그론으로 보냈다. 언약궤가 가는 곳마다 근심과 걱정이 끊이지 않는 것을 본 에그론의 백성들은 자신들에게도 재난이 닥칠 것을 염려한 나머지 언약궤를 원래 있던 곳으로 보내자고 아우성을 쳤다. 결국, 일곱 달 만에 그들은 두 마리의 젖소가 이끄는 수레에 궤를 실어 이스라엘 땅 벧세메스로 보냈다. 자신들에게 일어난 환란이 우연이 아니라 하나님의 뜻이었음을 깨달았기 때문이었다.

언약궤를 돌려받게 된 벧세메스 사람들은 기쁜 나머지 여호와께 번제물을 바치고 제사를 드렸다. 그러나 호기심을 이기지 못하고 궤 안을 들여다본 70명이 여호와의 저주로 죽임을 당하자 언약궤는 다시 아비나답의 집으로 옮겨졌다. 그리고 그의 아들 엘리아살을 내세워 지키도록 했다.

1년에 한 번 속죄일에 대제사장만이 지성소에 들어갈 수 있을 정도로 범접할 수 없었던 하나님의 거룩한 궤였음에도 불구하고, 이를 모시기만 하면 전쟁에서 이길 수 있을 것이라는 잘못된 생각이 여러 사람을 다치게 하는 등 엉뚱한 일이 벌어졌던 것이다.

언약궤가 기럇여아림에 머무르게 되자 이스라엘 백성들이 다시 여호와를 따르기 시작했다. 엘리 집안의 몰락으로 백성들의 지도자가 된 사무엘이 이스라엘 모든 지파에게 말했다.

「여러분들이 여호와께 돌아오려면 우상을 제거하고 마음을 다하여 하나님을 섬겨야 할 것이요, 그러면 여호와께서 우리들을 대적으로부터 보호해주실 것입니다.」

백성들이 하나님을 섬기는 것을 본 사무엘은 백성들을 **미스바**[120]로 부른 후 금식하며 회개의 기도를 드렸다. 이스라엘 백성들이 미스바에 모여 있다는 소식을 들은 블레셋이 공격을 시도하자 어린양으로 번제를 드린 사무엘이 백성들을 지켜달라고 여호와께 부르짖을 때 큰 천둥소리로 응답하시는 것을 보고 두려움을 느낀 블레셋 사람들은 더 이상 이스라엘 땅으로 들어오지 못했다.

빼앗겼던 마을을 다시 찾게 된 이스라엘 백성들에게 평화가 찾아왔다.

신정 통치를 거부하다(삼상 8장)

사무엘은 평생 사사로 있으면서 이스라엘을 다스렸으나 나이가 들어 기력이 쇠약해지자 그의 두 아들 요엘과 아비야를 후계자로 세웠지만, 그들은 아버지와 달리 뇌물에 눈이 어두워 공정하지 못한 재판을 일삼았다. 외적으로부터 군사적 위협이 증대됨으로써 사회적 혼란과 경제적 어려움이 심화되자, 강력한 지도체제를 갈망했던 백성들은 장로들을 사무엘에게 보내 의견을 구했다.

---

120 사무엘이 이스라엘을 다스렸던 곳이다(삼상7:6).

「제사장님! 이제 당신의 아들들이 우리의 지도자가 되어야 할 터인데 그들은 부패하고 무능하므로 이 일을 해낼 수가 없을 것 같습니다. 그러니 다른 나라들처럼 우리에게도 왕을 세워주십시오.」

하나님과의 언약을 저버리고 우상을 섬기는 죄로 인해 외적으로부터 괴롭힘을 당한다는 것을 생각하지 못한 백성들은 모든 것을 제도의 탓으로만 돌리고 있었던 것이다.

백성들로부터 당신에 대한 믿음을 찾을 수 없게 된 하나님께서 사무엘에게 섭섭함을 표현하셨다.

「그들이 너를 버리는 것이 아니고 나를 배척하여 자신들의 왕이 되지 못하게 하려는 것이다. 그러니 인간 왕이 어떤 일을 하는 사람인지 알려주어라.」

사무엘이 여호와께서 하시는 말씀을 백성들에게 전하면서 인간 왕을 세움으로써 겪게 될 각종 폐해에 대하여 설득했지만, 백성들은 강력한 지도력이 있는 왕정제도야말로 자신들을 외적으로부터 보호해 줄 수 있다는 논리로 사무엘의 말을 들으려 하지 않았다. 사무엘이 마지막 사사가 될 것임을 알고 계셨던 하나님께서 그에게 말씀하셨다.

「그들이 원하는 대로 해주어라.」

사울에게 기름 붓는 사무엘(삼상 9~10장)

그때 베냐민 지파에 기스라는 농부가 있었다. 그에게는 사울이라는 아들이 있었는데 그는 훤칠한 키에 준수한 외모를 지닌 젊은이였다. 그는 잃어버린 나귀를 찾아오라는 아버지의 지시로 길을 나섰으나 결국 찾지 못하자 집으로 돌아가려고 했다. 그들이 숩 마을을 지날 때 사내종이 사울에게 말했다.

「이곳에 유명한 예언자가 있다고 들었는데 한번 만나보는 것이 어떻겠습니까?」

사울이 사무엘을 찾아가자 사무엘은 하나님께서 당부하신 것이 생각났다.

「내일 이맘때에 내가 베냐민 땅에서 한 사람을 보낼 것이니 너는 그에게 기름을 부어 이스라엘의 지도자로 세워라. 그가 내 백성들을 블레셋 사람들의 손에서 구원할 것이다.」

잃어버린 나귀의 행방을 알기 위해 찾아왔다는 사울의 말에 사무엘이 대답했다.

「나귀는 걱정하지 마시오. 그것보다 이스라엘은 지금 당신을 원하고 있소.」

예상치 못한 사무엘의 언급에 사울이 놀란 표정을 지으며 대답했다.

「저는 베냐민 지파 사람입니다. 베냐민은 작은 지파이고 그중에서도 우리 집안은 보잘것없는 가문 중 하나인데 제가 어떻게 백성들의 지도자가 될 수 있다는 말씀입니까?」

세상 모든 일은 하나님의 뜻에 따라 이루어진다는 사실을 상기시킨 사무엘이 사울의 머리에 **기름 부으며**[121] 그를 축복해주었다.

「하나님께서 당신을 지도자로 삼으셨으니 당신이 백성들을 다스려야 할 것이요, 또 여호와의 영이 당신에게 임하셔서 예언을 하게 될 것이며 예전과는 전혀 다른 변화된 삶을 살게 될 것입니다.」

---

121 기름 부음을 받을 수 있는 사람은 제사장이나 예언자나 또는 왕으로 선택된 사람들로서 하나님의 일을 하도록 부름 받은 사람들이었다.

사무엘의 설교(삼상10~13, 15장)

사무엘이 백성들을 미스바로 나오게 했다.

「하나님은 재난과 고통 가운데에서 우리를 구원해주셨는데 여러분들은 하나님을 버리고 인간 왕을 세우려 하고 있소. 그러나 하나님께서 여러분들의 요구를 들어주고자 하시니 각 지파별로 1,000명씩 앞으로 나오시오.」

지파별로 백성들을 세우신 하나님께서 마침내 사울을 지목하셨다. 그를 백성들 앞에 세우자 다른 사람들보다 머리 하나는 더 커 보일 정도로 기골이 장대하고 외모가 출중했다. 사무엘이 사울을 가리키며 여호와께서 우리들의 왕으로 선택한 사람이라고 선포하자 모든 백성들이 만세 부르며 환호했다. 농부의 아들이 왕으로 뽑힌 것을 두고 탐탁지 않게 생각하는 사람들도 있었지만, **암몬 족속과의 전쟁**[122]에서 사울이 승리함으로써 지도자로서의 면모를 보이자 그를 무시하던 사람들이 몸을 사렸다.

주전 1050년, 모든 백성들이 새로운 나라를 세우기 위해 길갈로 갔다. 사울을 왕으로 추대한 백성들이 자신들의 뜻이 이루어졌음을 기뻐하며 여호와께 화목제를 드리자, 감격한 사무엘은 하나님을 온전하게 섬길 것을 호소했다.

「백성들이여! 하나님 여호와께서 애굽에서 종살이 하던 우리 조상들을 해방시키고 사사들을 통해 원수들의 손에서 구원해주심으로써 우리들을 평강 가운데 살 수 있도록 지켜주셨습니다. 여호와께서 우리들의 진정한 왕이 되심에도 불구

---

[122] 암몬 족속이 길르앗 야베스를 공격하려고 하자 야베스 사람들은 화친할 것을 원하지만 암몬 왕 나하스는 조약을 맺기 전에 그들의 오른쪽 눈을 다 빼버릴 것이라고 큰소리친다. 이 소식을 들은 사울은 소 두 마리를 잡아 토막을 내서 온 이스라엘 땅에 보내면서 싸움에 동참할 것을 요구한다. 이스라엘에서 삼십만 명, 유다에서 삼만 명이 모이게 되자 사울이 그들을 지휘하여 암몬을 크게 무찌르고 길르앗 야베스 사람들을 구할 수 있었다. 훗날 블레셋과의 마지막 전투에서 사울이 자살하고 그의 세 아들마저 전사했을 때 사울이 자신들을 도와준 것을 잊지 않았던 길르앗 야베스 사람들은 그들의 시신을 정성껏 장사지내 준다(삼상 11:1~11, 31:11~13).

하고 여러분들은 백성들을 다스릴 왕이 있어야겠다고 요구함으로써 하나님께 큰 죄를 저질렀습니다. 그러나 하나님께서는 여러분들의 요구대로 인간 왕을 세우셨으니, 이제부터라도 하나님께 순종하며 진심으로 그를 섬겨야 할 것이오. 그렇지만 여러분들이 여호와의 뜻을 거역하고 죄를 짓게 된다면 하나님께서는 우리의 조상들을 친 것 같이 당신들을 징계할 것이며 여러분이 세운 왕 또한 멸망시킨다는 사실을 명심해야 할 것입니다.」

12지파를 통합함으로써 이스라엘 전역을 다스리게 된 사울은 더욱 강해져서 주변의 적들과 맞서 싸웠고 싸울 때마다 승리했지만, 그는 제사장만이 할 수 있는 희생 제사를 스스로 집행함으로써 사무엘과 갈등을 빚었다. 또 아말렉 족속과의 전쟁에서 **그들이 저지른 죄과를 잊지 말고**[123] 진멸시켜 기억조차 지워버리라는 하나님 명령을 거역하고 아말렉 왕을 살려주었으며, 전리품을 취하는 것도 모자라 자신을 위해 기념비까지 세우는 등 교만함의 극치를 보이자 하나님께서는 그를 왕으로 세운 것을 후회하셨다.

---

123 「너희는 애굽에서 나오는 길에 아말렉이 네게 행한 일을 기억하라. 곧 그들이 너를 길에서 만나 네가 피곤할 때에 네 뒤에 떨어진 약한 자들을 쳤고 하나님을 두려워하지 아니하였느니라. 그러므로 네 하나님 여호와께서 네게 기업으로 주어 차지하게 하시는 땅에서 네 하나님 여호와께서 사방에 있는 모든 적군으로부터 네게 안식을 주실 때에 너는 천하에서 아말렉에 대한 기억을 지워버리라 너는 잊지 말지니라(신 25:17~19).」

다윗에게 기름 붓는 사무엘(삼상15∼16, 25:1)

사무엘이 하나님의 명령에 불순종하는 사울을 꾸짖으며 경고했다.

「하나님의 말씀을 거역하는 것은 점치는 것이나 우상을 섬기는 것과 같은 큰 죄이므로 왕의 앞날이 길지 못할 것이오.」

고향 라마로 돌아간 사무엘은 사울의 어리석음을 한탄하며 다시는 그를 보지 않았다.

사울의 행동에 크게 실망하신 하나님께서 사무엘에게 말씀하셨다.

「너는 이제 베들레헴 사람 이새에게 가거라. 내가 그의 아들 중에 한 사람을 선택하였으니 내가 가리키는 사람에게 기름을 부어라.」

이새를 만난 사무엘은 그의 **여덟 아들**[124] 중 하나님이 가리키는 막내아들에게 기름을 부어 이스라엘의 다음 왕으로 세웠다. 이 사람이 바로 이스라엘 역사상 하나님으로부터 가장 큰 축복을 받았던 다윗 왕이었다.

「규가 유다를 떠나지 아니하며 통치자의 지팡이가 그 발 사이에서 떠나지 아니하기를 실로[125]가 오시기까지 이르리니 그에게 모든 백성이 복종하리로다(창49:10).」

언약한 대로 아브라함과 이삭과 야곱의 연장선상에 있는 다윗이 등장하게 되자 비로소 임무를 완수했다고 생각한 사무엘은 40년에 걸친 선지자로서의 활동을 마치고 고향인 라마로 돌아갔다. 그곳에서 여생을 살다가 세상을 하직하자, 모든 백성들이 그의 죽음을 슬퍼했다.

모세에게 반역한 죄로 땅속에 매몰되는 끔찍한 벌을 받았던 고라의 16대 자손이라는(대상6:33∼38) 핸디캡을 극복하고 하나님과 언약 백성들을 신실하게 섬겼던 사무엘은 성경에 선지자의 제자들이라고 언급되었던 교육생들을 훈련시키는 학교를 여러 곳에 설립했을 정도로 이스라엘의 마지막이자 가장 위대한 사사요 제사장이었다. 또한, 이스라엘에 왕을 세울 때는 반드시 하나님께서 택하신 자

---

124 역대상에는 다윗이 일곱 번째 아들이라고 기록되어 있다(대상2:15).
125 예수 그리스도를 지칭하는 것으로 보인다.

를 왕으로 세우라는 **모세의 율법에 따라**[126] 첫 번째 왕 사울과 두 번째 왕 다윗에게 기름 부음으로써 이스라엘에 왕정 시대를 연 최초의 선지자였다.

우리에게 진정한 왕은 과연 누구인가를 다시 한번 생각하게 해주는 사무엘의 이야기는 영적으로 타락한 나머지 불법이 성행하고 배교와 혼란으로 점철되어 암울하기만 했던 사사 시대가 역사를 주관하시는 하나님의 섭리에 따라 어떻게 종식되는지를 보여주고 있다. 사무엘의 이야기를 끝으로 신정체제로 다스려졌던 사사 시대는 역사 속으로 사라지게 되었으며, 이제 이스라엘은 인간 왕이 다스리는 새로운 시대를 맞이하게 된 것이다.

---

126 「네가 네 하나님 여호와께서 네게 주시는 땅에 이르러 그 땅을 차지하고 거주할 때에 만일 우리도 우리 주위의 모든 민족들같이 우리 위에 왕을 세워야겠다는 생각이 나거든 반드시 네 하나님 여호와께서 택하신 자를 네 위에 왕으로 세울 것이며 네 위에 왕을 세우려면 네 형제 중에서 한 사람을 할 것이요 네 형제 아닌 타국인을 네 위에 세우지 말 것이며(신17:14, 15).」

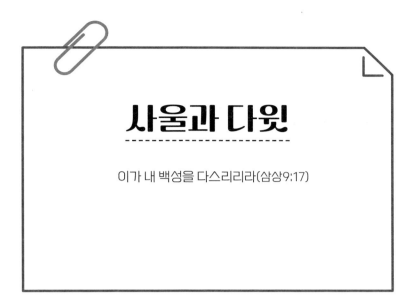

사울과 다윗

이가 내 백성을 다스리리라(삼상9:17)

사울의 불순종(삼상13~16장)

제대로 된 무기조차 없었던 이스라엘이 대적과의 전쟁에서 연전연승하자 이를 보신 여호와께서 사울에게 말씀하셨다.

「이스라엘이 애굽을 빠져나올 때에 아말렉 족속이 내 백성을 대적한 일로 이제 그들을 치려 하니 아무도 살려주지 말고 그들이 소유한 것 모두를 없애버려라.」

20만의 보병으로 아말렉을 공격한 사울은 닥치는 대로 적군을 무찔렀지만 아말렉 왕 아각을 사로잡고 기름진 가축들을 선별함으로써 하나님께서 명령하신 대로 따르지 않았다. 더군다나 집권 2년째 되던 해의 믹마스 전투에서 **블레셋의 강력한 군사력**[127]을 보고 두려움을 느낀 사울은 예배드리기로 약속되어 있던 사무엘이 일주일이 지나도록 나타나지 않자 당황한 나머지 제사장만이 할 수 있는 예배를 자의적으로 드린 일로 인해 그동안 마음 상해 있었던 하나님께서는 이마 저도 불순종하자 사울을 왕으로 세운 것을 크게 후회하셨다.

---

127 「블레셋 사람들이 이스라엘과 싸우려고 모였는데 병거가 삼만이요 마병이 육천 명이요 백성은 해변의 모래 같이 많더라(삼상13:5).」

불순종하는 것도 모자라 제물로 바치기 위해 좋은 가축들을 남겨두었다고 거짓말까지 늘어놓는 것을 보고 실망한 사무엘이 사울을 질책했다.

「전하! 하나님께서 아말렉의 모든 것을 진멸하라고 말씀하셨는데 어째서 왕께서는 탈취하기에 급급하여 하나님의 명령대로 하지 않으셨오? 순종하는 것이 제사드리는 것보다 낫고 불순종은 점치는 죄나 우상을 섬기는 것만큼 나쁜 것이라 하였으니, 왕의 앞날이 순탄치 못할 것이오.」

악한 관습과 우상숭배의 죄로부터 하나님의 거룩한 백성들을 보호하기 위해 적을 진멸하고 노획물을 불살라 하나님께 바쳐야 한다는 모세의 율법을 사울이 어기자 이를 크게 꾸짖은 사무엘은 아말렉 왕 아각을 처단하고 고향 라마로 돌아갔다.

이제 여호와의 영은 사울을 떠나고 악한 영(사탄)만 남아 그를 괴롭혔다. 사울이 정신적으로 혼란을 겪게 되자 신하들이 왕을 위하여 수금 연주를 잘하는 유다 지파 이새의 아들 다윗을 데려왔다. 다윗의 수금 연주로 어느 정도 안정을 되찾은 사울은 싸움도 잘하며 뛰어난 언변과 수려한 용모를 지닌 그를 매우 좋아해서 자신의 보좌관으로 삼았다.

다윗과 골리앗의 대결(삼상17~18장)

블레셋과 이스라엘이 전쟁하기 위해 엘라 골짜기를 경계로 대형을 갖추고 있었다. 그때 블레셋 전사 중에 키가 여섯 규빗 한 뼘이나(약 3m) 되며, 몸집이 집채만 한 거인이 무게가 5,000 세겔(약 60kg)은 족히 되어 보이는 비늘 갑옷을 입고 베틀채같이 생긴 큰 창을 들고 나타나 이스라엘 진영 앞에서 큰 소리로 외쳤다.

「나는 블레셋의 장군인데 나와 싸울 사람 누구 없느냐? 너희들 중에 나를 이길 사람이 있다면 우리가 너희들의 종이 되겠고, 내가 그를 이기면 너희가 우리의 종이 되어야 할 것이다.」

쩌렁쩌렁한 목소리로 밤낮없이 떠들어 대는 골리앗 때문에 백성들이 두려움에 떨자 사울 왕은 이스라엘 군인 중에 골리앗을 제압하는 사람이 있다면 그에게 많은 상금과 함께 사위로 삼으며 세금까지 면제해주기로 약속했다. 그때 전쟁터에 있는 형들에게 음식물을 전달하려고 진영을 찾은 다윗은 골리앗이 욕을 퍼붓는 치욕적인 장면을 목격하게 되자, 왕을 찾아가 골리앗과 싸울 수 있도록 해달라고 말했다. 사울 왕은 아직 어린 다윗이 그의 적수가 되지 못한다고 거절했지만 할례받지 않은 블레셋 사람 골리앗을 반드시 응징하고야 말겠다는 다윗의 결의에 사울은 할 수 없이 자신의 갑옷과 투구를 건네주며 나가 싸울 것을 허락했다. 하나님만 바라보고 의지해야 할 언약 백성이 외형적인 힘만을 추구하는 것은 우상 숭배와 다를 바 없다는 생각을 늘 갖고 있었던 다윗은 호신장구를 벗어버리고 막대기 하나와 **매끄러운 돌 다섯 개**[128]를 제구 주머니에 넣은 후 물매를 들고 골리앗 앞으로 나갔다.

다윗의 모습을 본 골리앗이 어이없는 표정을 지으며 소리쳤다.

「네가 나를 개로 알고 막대기를 가지고 왔느냐? 내가 너를 새와 들짐승의 먹이로 만들어 줄 것이다.」

「전쟁의 승패는 여호와께 속한 것인즉 그분께서 너를 내 손에 넘겨주어 이스라엘에 하나님이 계시다는 것을 온 세상이 알게 하실 것이다.」

다윗의 말이 끝나기도 전에 흥분한 골리앗이 앞으로 뛰어나오자 주머니에서 돌 하나를 꺼낸 다윗은 그것을 물매에 올려놓고 날려 보냈다. 원심력이 작용하

---

128 다윗이 돌 다섯 개를 준비한 것은 골리앗에게 네 명의 형제가 있었으므로 그들의 공격에 대비하기 위한 것이라고 학자들은 주장한다. 골리앗의 형제들은 결국 다윗의 용사들에게 생명을 잃게 되었다(삼하 21:15~22).

여 총알처럼 날아간 돌이 골리앗의 이마에 정통으로 박히자 크게 충격받은 골리앗이 앞으로 고꾸라졌다. 일격에 상대방을 제압한 다윗이 골리앗의 몸을 밟고 그의 손에 들린 칼을 뽑아 목을 베자 이 광경을 지켜보던 블레셋 사람들은 혼비백산하여 모두 도망쳤다. 하나님을 찾고 의지하는 사람들에게 상상할 수 없는 기적이 일어난다는 것과 당신을 향한 믿음이 놀라운 구원의 역사를 이끌어낸다는 사실을 하나님께서 다시 한번 입증해 보이신 것이다.

이와 같이 누가 봐도 상대가 되지 않을 것 같은 싸움을 승리로 이끈 다윗을 빗대어 후세 사람들은 불가능해 보이는 승리를 다윗과 골리앗의 싸움이라고 비유하고 있다.

다윗을 해치려는 사울(삼상18~24, 26, 27장)

골리앗의 목을 예루살렘으로 보내고 갑옷을 장막에 보관한 다윗이 이후에도 여러 전투에서 승리하며 혁혁한 공을 세우자 사울은 그를 군사령관으로 삼고 자신의 곁에 두었다. 사울 왕의 맏아들 요나단은 용맹스러운 다윗을 매우 좋아해서 그와 영원한 우정을 약속하였으며 백성들도 왕보다 다윗을 더 좋아하게 되었다.

「사울이 죽인 자는 천천이요, 다윗이 죽인 자는 만만이로다.」

백성들이 열광하며 칭송하는 것을 본 사울은 다윗이 나라를 차지할지도 모른다는 생각에 그를 경계하고 질투했다. 여호와께서 다윗과 함께하시고 자신에게서 떠났다는 것을 느낀 사울은 하나님께 버림받았다는 자괴감으로 다윗을 괴롭히며 그를 제거하려고 기회를 엿보았다. 적군의 손으로 다윗을 죽이려고 궁리한 사울은 블레셋 사람들의 포피 100개를 가져오면 자신의 딸 미갈을 주어 사위 삼겠다고 제안했지만, 요구한 것의 두 배에 달하는 전과를 달성하고 믿었던 딸마저 다윗의 편에 선 것을 본 사울은 그를 더욱 미워했다. 그러나 다윗을 좋아했던 요나단은 아버지가 다윗을 죽이려고 할 때마다 위험한 순간을 모면할 수 있도록 도와주었다.

「아버지! 그가 자신의 생명조차 귀히 여기지 않으며 블레셋을 무찌르는 것을 보고 아버지께서도 기뻐하셨는데 어째서 죄 없는 다윗을 죽여 범죄하려 하십니까?」

사탄의 개입으로 피해망상증이 더욱 심해진 사울은 다윗을 편드는 사람들을 증오했던 나머지 아들에게까지 창을 던져 죽이려고 했다. 또 다윗이 사울을 피해 놉의 제사장 아히멜렉(제사장 엘리의 증손자)을 찾아갔을 때, 다윗을 환대하는 것을 지켜본 에돔 사람 **도엑이 이를 밀고하자**[129], 진노한 사울은 아히멜렉의 가족들과 85명이나 되는 제사장들을 몰살시키고 놉의 백성들까지 죽임으로써 하나님과의 관계가 더욱 멀어지게 되었다. 다윗을 죽이려고 혈안이 된 사울은 날랜 병사 3,000명을 뽑아 다윗이 피신할 만한 곳을 찾아다녔지만 하나님께서 다윗을 지켜줌으로 그 계획은 번번이 실패했다. 오히려 다윗이 사울을 해칠 기회가 두 번이나 있었지만, 다윗은 그를 건드리지 않았다. 그 이유는 여호와께서 세운 왕을 죽이는 것은 하나님께서 원하시는 바가 아니기 때문에 사울을 정죄하는 일은 자신에게 속한 일이 아니라는 것이며(삼상24:6), 여호와께서 직접 사울에게 **벌을 내리실 것이라는 믿음**[130] 때문이었다. 다윗은 사울을 해치려는 부하들에게도 자신의 뜻을 전하여 이를 말렸으며 사울에게는 자신을 괴롭히지 말라고 호소했다.

---

129 다윗은 시편 52편을 통해 에돔 사람 도엑에게 하나님의 심판이 있을 것이라는 내용의 시를 지었다.
130 「내 사랑하는 자들아 너희가 친히 원수를 갚지 말고 하나님의 진노하심에 맡기라 기록되었으되 원수 갚는 것이 내게 있으니 내가 갚으리라고 주께서 말씀하시니라(롬12:19, 신32:35).」

「내 아버지여 보소서! 나는 잘못한 일이 없는데 어찌하여 나를 죽이려고 하십니까?」

사울은 다윗이 자신을 죽일 기회가 있었음에도 불구하고 그렇게 하지 않은 것을 알고 나서 그가 자신의 뒤를 이어 왕이 될 것을 예감하고는 눈물을 흘리며 말했다.

「나는 너를 죽이려고 했는데도 나를 좋게 대하는 것을 보니 네가 나보다 나은 사람이로구나. 네가 나에게 행한 모든 일을 하나님께서 아실 것이니 그가 선으로 갚으실 것이다. 이제 너는 우리 조상들의 집에서 나의 이름을 지워버리지 않겠다는 것과 나의 자손들을 죽이지 않겠다는 것을 하나님의 이름으로 약속해 다오.」

가문을 지켜달라는 사울의 부탁을 다윗이 약속하자 사울은 그를 해치지 않겠다고 말하고는 왕궁으로 돌아갔다. 그러나 사울의 입장에서는 자신이 반드시 죽어 없어져야 할 존재임을 잘 알고 있었던 다윗은 사울의 손아귀에서 벗어나려면 그의 힘이 미치지 않는 블레셋 땅으로 피신하는 것이 상책임을 깨닫고 용사 600명을 이끌고 가드 왕 아기스를 찾아가 망명을 요청했다. 다윗이 이스라엘을 떠나 블레셋 땅으로 도망갔다는 보고를 받은 사울은 더 이상 그를 쫓지 않았다.

사울 가문의 몰락(삼상28, 31장, 대상10장)

얼마후 블레셋과 이스라엘 사이에 치열한 전투가 벌어졌다. 블레셋의 강력한 힘에 밀려 고전하던 이스라엘은 길보아 산에서 수많은 사상자를 냈다. 블레셋의 맹렬한 추격으로 사울의 세 아들 요나단과 아비나답과 말기수아마저 전사하자 그 와중에 적의 화살에 맞아 치명상을 입은 사울 왕이 부하에게 말했다.

「저 할례 받지 않은 자들이 나를 조롱하기 전에 네 칼을 뽑아서 나를 죽여라.」

부하가 두려움에 떨며 명령대로 못하자 사울은 칼을 바닥에 세운 후 그 위에 엎드려 스스로 목숨을 끊었다. 다음날, 사울과 세 아들의 주검을 발견한 블레셋 사람들이 시신을 벳산의 성벽에 매달았을 때, 그때가 주전 1010년이었으며 사울의 나이 80세가 되던 해였다.

40년 전 암몬 족속의 위협으로부터 자신들을 지켜주었던(삼상11:1~11) 사울의 은혜를 잊지 않았던 길르앗 야베스 거민들이 시신을 거두어 야베스에 있는 에셀나무 아래에 묻어 주고 7일 동안 금식하며 애도했다.

왕으로 추대될 때 짐 보따리 뒤에 숨어있을 정도로 겸손하고 순진했던 사울이 명을 다하지 못한 것은 그가 교만에 사로잡혀 여호와께 죄를 지었기 때문이다. 그는 여호와께 순종하지 않았고, 신접한 자나 점쟁이를 찾아가지 말라는 율법을(레19:31) 어기고 무당을 찾아가 도움을 받으려 했을 정도로 영적으로 타락했기 때문이었다. 40세에 왕이 되어 40년 동안 이스라엘을 다스렸던(B.C. 1050 ~ B.C. 1010년) 첫 번째 왕 사울은 이 일로 인해 결국 왕위를 빼앗기고 전쟁터에서 비참한 최후를 맞이하게 되었으며, 세 아들까지 전사함으로써 가문이 몰락하는 비운의 주인공이 된 것이다.

하나님의 선택으로 은혜를 입었다 하더라도 하나님의 음성에 귀 기울이지 않고 자신의 소견대로 행동한다면, 그 축복은 언제든지 회수될 수 있다는 것이 사울 가문의 교훈을 통해 우리에게 말씀하고자 했던 하나님의 뜻이었던 것이다.

사울의 가계도

(삼상14:49, 50, 31:2, 삼하2:8, 21:8, 대상9:39)

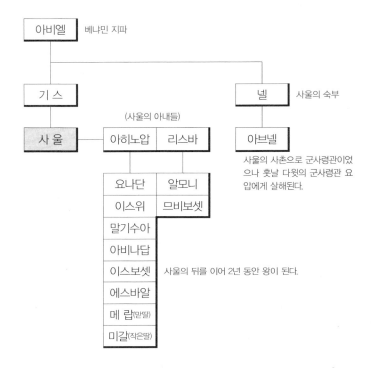

아비엘 — 베냐민 지파

기 스

넬 — 사울의 숙부

사 울

(사울의 아내들)
아히노암 | 리스바

아브넬
사울의 사촌으로 군사령관이었으나 훗날 다윗의 군사령관 요압에게 살해된다.

요나단 | 알모니
이스위 | 므비보셋
말기수아
아비나답
이스보셋 — 사울의 뒤를 이어 2년 동안 왕이 된다.
에스바알
메 랍(맏딸)
미갈(작은딸)

다윗이 유다 왕이 되다(삼하1~4장)

사울일가가 비참하게 생을 마감했다는 소식을 접한 다윗은 비록 자신을 죽이려고 했던 사람이었지만 활의 노래라는 애가를 지어 추모하고 우정을 나누었던 친구 요나단의 죽음을 안타까워했다.

주전 1010년, 블레셋의 땅 시글락으로 망명한 지 1년 4개월 만에 유랑생활을 청산한 다윗은 여호와 하나님의 뜻에 따라 두 아내와 가족들 그리고 부하들을 이끌고 헤브론 성으로 들어갔다. 기름 부음을 받았지만 아직 정식으로 등극하지 못한 다윗을 본 유다 사람들은 그를 왕으로 추대했다.

한편 군사령관 아브넬은 자신이 모시던 사울 왕이 죽자 그의 아들 이스보셋을 북부 이스라엘의 새로운 군주로 세웠다. 사울과 다윗 사이에 오랜 기간 전쟁을 치르면서 다윗의 군대는 강성해졌고 사울의 군대는 점점 약해졌다. 다윗이 강성해지자 사울 군대의 실질적 권력자인 아브넬이 북쪽 지파의 실권을 다윗에게 넘겨주기 위해 협상을 마치고 돌아갈 때, 다윗의 군사령관 요압은 자신의 동생 아사헬을 죽인 원수를 갚는다는 미명 아래 시라 우물가에서 아브넬을 살해하는 과욕을 범했다. 이 사실을 알게 된 다윗은 아브넬의 죽음을 애도한 후 요압이 반드시 그에 상응하는 죗값을 치르게 될 것이라고 경고했다.

「내가 비록 왕이 되었지만 오늘은 약하여 스루야의 아들들을 어떻게 할 수가 없으나 여호와는 악을 행한 자에게 그 행위대로 갚으실 것이다.」

이스보셋이 왕이 된 지 2년째 되던 해, 전세가 불리해지자 이스보셋의 지휘관 레갑과 바아나는 낮잠을 즐기고 있던 왕을 시해하고 다윗에게 투항했다. 다윗은 죄 없는 사람을 죽인 것은 잘못된 것이라며 그들을 처형하고 이스보셋을 정성으로 장사지냈다. 사울 집안에 대한 끝없는 충성과 비록 적장이라도 존중할 줄 아는 다윗의 진면목을 유감없이 보여준 것이다.

언약궤를 옮기다(삼하5~6장, 대상12~16장)

　주전 1003년, 이스라엘 열두 지파 34만 명이 전열을 갖추고 헤브론에 있는 다윗에게로 왔다. 그들이 여호와 앞에서 언약을 맺고 다윗에게 기름 부어 온 이스라엘의 왕으로 추대했을 때 그의 나이 서른일곱 살이었다. 보잘것없는 양치기 소년에서 통일 이스라엘의 군주가 된 다윗은 그때까지 예루살렘을 차지하고 있던 여부스 족속을 물리치고 **시온 성**[131]을 빼앗아 다윗 성이라 이름 바꾸고 새로운 수도로 삼았다. 예루살렘이 비로소 이스라엘의 명실상부한 수도이자 신앙의 중심지가 된 것이다.

　여호와 하나님께서 함께하시니 다윗은 점점 강해지고 그의 명성은 온 세상에 퍼졌다. 다윗이 헤브론에서 예루살렘으로 올라온 이후 아내와 후궁들로부터 많은 자손들이 태어났다. 왕실이 안정되자 다윗은 아비나답의 집에 모셔져 있던 언약궤를 예루살렘으로 옮기기 위해 선택된 백성 3만 명과 함께 유다의 바알레(기럇여아림의 다른 이름)로 갔다. 언약궤를 옮기는 과정에서 소가 갑자기 뛰는 바람에 수레에서 떨어지려는 언약궤를 손으로 붙잡은 아비나답의 아들 웃사는 하나님의 노여움으로 그 자리에서 즉사했다. 언약궤는 레위 자손 외에는 아무나 만지거나 함부로 다루어서는 안 되었기 때문이다. 두려움을 느낀 다윗은 언약궤 운반하는 것을 중단하고 가드 사람 오벧에돔의 집으로 돌려 석 달 동안 머무르게 했다. 여호와께서 오벧에돔의 집에 복을 주시자 그 이야기를 들은 다윗은 기쁜 마음으로 언약궤를 모시고 다시 다윗 성으로 올라갔다. 나팔 불며 비파와 수금과 제금 소리에 맞춰 백성들의 찬송 소리와 함께 언약궤가 옮겨지는 모습은 장관 그 자체였다. 하나님의 임재하심으로 기쁨을 감출 수 없었던 다윗은 세마포로 만든 에봇을 입고 언약궤 앞에서 덩실덩실 춤을 추었다. 이를 본 다윗의 아내 미

131　다윗 성이라 이름 붙여진 시온 성은 원래 예루살렘 남동쪽의 언덕에 위치한 여부스 족의 영토이자 요새였다(삼하5:6). 그 후 솔로몬 왕이 이곳에 성전을 세우고 하나님의 언약궤를 안치하면서부터(왕상8:1) 이스라엘의 중심지가 되었다.

같이 왕의 체통을 생각하라며 면박을 주자 다윗이 말했다.

「이는 여호와 앞에서 한 것이니, 내가 이보다 더 낮아져 천하게 보일지라도 나를 이스라엘의 주권자로 택하신 여호와 앞에서는 즐거워하며 뛰어놀 것이요.」

여호와께서는 미갈에게 죽는 날까지 자식을 낳지 못하는 벌을 내리셨다.

하나님의 뜻을 묻다(삼하7~8, 대하17, 22장)

언약궤를 성막 한가운데에 모시게 되자 평화가 찾아왔지만 하나님께 늘 미안한 마음을 갖고 있었던 다윗이 선지자 나단에게 말했다.

「나는 백향목으로 지은 왕궁에 살고 있는데 언약궤는 아직도 장막에 있으니 성전을 짓는 것이 어떻겠소?」

그날 밤 나단에게 나타나신 여호와께서 다윗에게 전하라고 말씀하셨다.

「나는 이스라엘 백성들을 애굽에서 인도하던 날부터 지금까지 장막에서 지냈으나 한 번도 좋은 집을 지어달라고 말한 적이 없다. 나는 목동이었던 너를 이스라엘의 주권자로 삼고 위대한 사람으로 만들었지만 너는 수많은 전쟁을 치르는 동안 많은 피를 흘렸기 때문에 나를 위하여 성전을 지을 수가 없다. 너의 몸에서 태어날 아들 중 하나를 다음 왕으로 삼을 것이니 그가 나를 위해 성전을 건축하게 될 것이다.」

성전 건축은 자신의 대에서 이룰 수 있는 것이 아니라는 하나님의 뜻을 비로소 알게 된 다윗은 하나님 앞에 엎드려 주님의 뜻대로 행하시고 주의 종 다윗의 왕조가 굳건하게 설 수 있도록 보살펴 주셔서 영원한 복을 누릴 수 있도록 해 달라고 감사의 기도를 드렸다.

여호와께서 그와 함께하시고 어디를 가든지 축복해주시니 다윗은 열강과의 전쟁에서 승리하면서 나라가 더욱 부강해졌다. 다윗이 이스라엘을 공정하게 다스리고 강성한 나라를 만들자 모든 나라가 그를 두려워하며 조공을 바쳤다.

다윗과 밧세바의 불륜(삼하11~12장)

봄이 되자 다윗은 암몬 족속의 수도인 랍바 성을 공략하기 위해 군인들을 전쟁터로 보냈다. 어느 날 저녁, 왕궁 옥상에서 산책하던 다윗은 아름다운 여인이 목욕하는 것을 우연히 엿보게 되었다. 그 여인은 다윗의 37 용사 중 한 사람인 우리아의 아내 밧세바였다. 밧세바와 동침한 후 그가 자신의 아이를 가졌다는 사실을 알게 된 다윗은 이를 감추려는 술책으로 전장에 나가 있던 우리아를 급히 불러 밧세바와 잠자리를 같이하도록 유도했다. 그러나 충직한 부하 우리아는 동료들이 전쟁터에서 고생하는데 자신만 편안한 집에서 쉴 수 없다는 이유로 집으로 가지 않았다. 다윗은 할 수 없이 요압 장군에게 보내는 편지를 밀봉하여 우리아 편으로 보냈다. 그 편지에는 우리아를 격전지로 보내 적군의 손에 죽게 하라는 무서운 내용이 들어있었다. 다윗의 의도대로 우리아가 전사하자 다윗은 밧세바를 아내로 맞아들였고 밧세바는 다윗과의 불륜으로 생긴 아들을 출산했다. 다윗이 부하의 아내를 빼앗는 것도 모자라 살인까지 저지르는 것을 보신 하나님께서 선지자 나단을 통하여 그를 꾸짖었다.

「나는 너를 사울의 손에서 구하고 온 이스라엘 왕으로 삼았는데 너는 그것도 모자라 죄 없는 우리아를 죽게 하고 그의 아내를 빼앗는 악행을 저질렀으니, 재앙이 네 집에서 떠나지 않을 것이며 네 아들이 반드시 죽을 것이다. 또 너의 아내들은 백주에 몸을 더럽히는 치욕을 당하게 될 것이다.」

죄의 대가를 반드시 치르게 될 것이라는 하나님의 경고대로 밧세바가 낳은 아들이 일주일 만에 죽자 다윗은 모든 것이 자신의 잘못으로부터 온 것임을 깨닫고 용서받기 위한 회개의 기도를 드렸다.

밧세바가 다시 임신하여 아기를 낳으니 그가 바로 다윗의 대를 이어 이스라엘 세 번째 왕이 될 **솔로몬**[132]이었다. 훗날 다윗의 아들 압살롬이 반란을 일으켜 예루살렘을 장악한 후 왕궁에 남아 있던 아버지의 후궁들을 욕보임으로써 이것 역시 하나님의 말씀대로 되었다. 다윗은 밧세바의 일로 평생 후회하였으며 정직한 영으로 자신을 새롭게 해달라는 참회의 시를 지어 잘못을 빌었다.

「무릇 나는 내 죄과를 아오니 내 죄가 항상 내 앞에 있나이다(시51:3).」

이처럼 다윗은 잘못을 저질렀다는 것을 깨닫는 순간, 인간의 한계와 연약함을 인정하고 하나님께 엎드려 용서를 구했던 위대한 왕이었다.

압살롬의 반란(삼하13~23장)

다윗의 셋째아들 압살롬은 출중한 외모만큼이나 야심 많은 청년이었다. 그의 이복형인 맏아들 암논이 여동생 다말을 욕보인 후 변심하자, 자신이 주최한 연회에서 암논을 살해하고 아버지의 분노를 피해 외조부의 땅 그술에서 3년간 도피 생활을 했다. 군사령관 요압의 중재로 아버지와 화해한 것도 잠깐, 그 후 반란을 일으켜 아버지 다윗을 괴롭혔다. 다윗이 피난길에 오르자 기고만장해진 그는 예

---

132 솔로몬이 태어나자 하나님께서 선지자 나단을 통해 그의 이름을 「여호와께서 사랑하신다.」라는 뜻으로 여디디야로 부르게 하셨다(삼하12:25).

루살렘에 입성하여 기세를 올렸으나, 아버지의 친구이자 뛰어난 모사요 지략가인 후새의 계략에 말려 싸움에서 패하자 노새를 타고 도망가다가 긴 머리카락이 나무에 휘감기는 바람에 결국 요압의 창에 찔려 죽임을 당했다. 아들을 해치지 말라고 신신당부했음에도 불구하고 압살롬이 피살되었다는 소식을 접한 다윗은 가정을 올바르게 다스리지 못한 자신 때문에 이런 결과가 왔다는 것을 깨닫고는 아들을 부르며 몹시 슬퍼했다.

「**내 아들 압살롬아 내 아들 압살롬아 내가 너를 대신하여 죽었더라면(삼하18:33).**」

망명길에서 돌아온 다윗은 공을 세운 요압을 총사령관으로 임명하고, 사독과 아비아달을 제사장으로 세우는 등 조직을 새롭게 정비했다.

왕실은 안정을 되찾았지만 기근이 3년 동안 계속되어 백성들의 살림살이가 어려워지자 다윗은 그 이유를 알려달라고 하나님께 간구했다. 350여 년 전, 기브온 사람들과 맺은 **평화조약**[133]을 어기고 그들을 학살한 사울의 죄 때문이라는 것을 알게 된 다윗은 기브온 사람들의 요구에 따라 사울의 두 아들과 손자 다섯 명을 넘겨주었다. 그러나 자신과 우정을 나누었던 요나단의 아들이자 사울의 마지막 남은 혈족 므비보셋은 보내지 않았다. 기브온 사람들이 사울의 자손 일곱을 기브아의 언덕 위에서 목매달자 사울의 첩 리스바가 아들의 시신 곁을 떠나지 않고 슬퍼했다. 이것을 안타깝게 생각한 다윗이 야베스의 에셀나무 아래에 묻혀 있던 사울과 그의 아들 요나단의 뼈를 거두어오자, 백성들은 기브아에서 목 매달린 사울의 자손 일곱 명의 시체도 함께 거두어 베냐민 땅 셀라에 있는 사울의 가족묘지에 같이 묻어주었다. 그러자 하나님께서 그 땅을 위한 기도를 들어주셨다.

---

133 여리고와 아이 성의 전투에서 여호수아가 크게 승리하였다는 이야기를 들은 히위 족속의 기브온 사람들은 꾀를 내어 길갈에 진을 치고 있던 여호수아를 찾아가 평화조약을 맺는다. 나중에 이를 알게 된 여호수아는 여호와 앞에서 맺은 조약이라 파기하지 못하고 그들을 종으로 삼는다(수9장).

다윗의 인구조사 (삼하24장, 대상21장)

나라가 안정되고 내로라하는 영웅호걸들이 구름같이 모여들자 사탄이 다윗을 충동질하여 자신이 보유한 병력이 얼마나 되는지 알고 싶은 욕심과 백성들 위에 군림하고자 하는 교만함을 주었다. 병력 수를 파악하라는 다윗의 요구에 요압은 과욕을 거두어달라고 간청했지만, 다윗이 고집을 꺾지 않자 할 수 없이 명령에 따랐다. 9개월 20일 만에 조사를 마친 요압이 전쟁을 수행할 수 있는 장정이 이스라엘에 80만 명이요(110만− 대상21:5), 유다에 50만 명(47만− 대상21:5)이라고 보고하자 다윗은 동기가 바르지 못한 판단으로 하나님께 큰 죄를 지었다는 생각에 곧 회개하고 용서를 구했다. 당신을 무시하고 군사력에 의존하려 했던 다윗의 불순한 의도를 못마땅하게 생각하신 하나님께서는 죄에는 반드시 대가가 따른다는 것을 보여주기 위해 선지자 갓을 그에게 보냈다. 그리고 7년 동안의 기근과(3년 기근− 대상21:12) 원수들에게 쫓겨 석 달 동안 도망 다니는 것과 3일 동안 전염병이 도는 것 중 하나를 선택하라고 말씀하셨다.

여호와께서 주시는 벌을 달게 받겠다고 다윗이 말하자 무서운 질병이 전국을 강타하여 7만 명이나 되는 백성들이 목숨을 잃었다. 자신 때문에 무고한 백성들이 피해를 입었다고 생각한 다윗이 여부스 사람 **아라우나(오르난)의 타작마당**[134]에 제단을 쌓고 번제와 화목제로 회개하자 다윗의 기도를 들으신 하나님께서 이스라엘에 내렸던 재앙을 멈추었다.

---

134 여부스 사람 오르난의 타작마당은 다윗이 금 600 세겔을 주고 산 땅으로(대상21:18, 25, 사무엘 하 24장 24절에는 은 50세겔을 주고 구입한 것으로 되어있음.) 아브라함이 이삭을 번제물로 바치려고 했던 모리아 산(창22:2)을 말하며 솔로몬이 성전을 건축한 곳(대하3:1)이기도 하다.

믿음의 지도자 다윗(왕상1, 2장)

다윗이 나이가 들어 기력이 쇠약해지자 왕자들이 후계 자리를 놓고 세력 다툼을 벌였다. 이미 압살롬의 반역을 겪으면서 홍역을 치렀던 다윗은 밧세바와의 사이에서 태어난 솔로몬을 후계자로 세우기로 결심하고 제사장 사독과 선지자 나단과 여호야다의 아들 브나야에게 솔로몬을 왕으로 세우라고 명령했다. 그들이 **기혼샘**[135]으로 솔로몬을 데려가 머리에 기름을 부어 왕으로 추대하자 이제 자신의 역할을 다 했다고 생각한 다윗은 아들 솔로몬에게 여호와의 언약궤를 모실 성전 건축을 완성할 것과 하나님의 명령과 율법과 계명을 잘 지킬 것은 물론 담대함을 잃지 말고 대장부가 되라는 당부로 유언하고 조상들이 묻혀 있는 다윗 성에 장사되었다.

사울의 끈질긴 위협 앞에서도 좌절하지 않았으며, 목숨을 부지하기 위해 미친 행동도 마다하지 않을 정도로 시련과 고난을 겪었던 다윗이 하나님의 택하심으로 왕이 되었을 때 그의 나이 서른 살이었다. 그는 헤브론에서 7년 6개월, 예루살렘에서 33년을 다스림으로써 총 40년 동안 온 이스라엘을 다스렸다. 육신의 정욕을 다스리지 못한 죄로 성적 범죄와 살인과 반역이라는 시련의 열매를 맛보았던 것 외에는 여호와께서 명령하신 일을 정직하게 실천한 다윗은 뛰어난 연주자이자 음악가였다. 또한 시편에 기록된 150편 가운데 73편의 주옥같은 노래와 기도문을 직접 지은 시인으로서 이스라엘의 어떤 왕보다도 용감하고 충성스러운 부하들을 거느렸던 이스라엘의 가장 위대한 왕이요 등불이었다.

육신으로는 다윗의 뿌리요 자손이며(계22:16) 다윗의 열쇠를 가진 사람이라고 (계3:7) 예수님께서 스스로 표현했을 정도로 성경에 나오는 인물 중 하나님으로부터 가장 큰 축복을 받았던 다윗은 율법을 주야로 묵상하며(시1:2) 평생을 여호

---

135 다윗 성 동쪽인 기드론 골짜기에 있는 샘.

와의 집에서 살면서 여호와의 아름다움을 바라보며 성전에서 주님을 뵙는 것이 유일한 소원임을(시27:4) 신앙으로 고백할 정도로 신실한 믿음의 사람이었다. 또한, 블레셋과의 대치 중 갈증으로 고생하는 군주를 위해 세 용사가 적진을 뚫고 샘물을 길어오자 부하들의 피 같은 물을 마실 수 없다면서 여호와 앞에 부어드릴 정도로(대상11:17~19) 하나님을 먼저 생각하고 부하들을 목숨같이 아꼈던 관용의 지도자였다.

「사람을 공의로 다스리는 자, 하나님을 경외함으로 다스리는 자여 그는 돋는 해의 아침 빛 같고 구름 없는 아침 같고 비 내린 후의 광선으로 땅에서 움이 돋는 새 풀 같으니라(삼하23:3, 4).」

하나님으로부터 과분한 칭찬을 들었던 난세의 영웅 다윗은 이스라엘의 진실된 목자로서의 영광된 삶을 마감하고 하나님의 품에서 영생할 수 있게 된 것이다.

☑ 다윗의 시, 시편23편

여호와는 나의 목자시니
내게 부족함이 없으리로다
그가 나를 푸른 풀밭에 누이시며
쉴 만한 물가로 인도하시는도다
내 영혼을 소생시키시고
자기 이름을 위하여 의의 길로 인도하시는도다
내가 사망의 음침한 골짜기로 다닐지라도
해를 두려워하지 않을 것은
주께서 나와 함께 하심이라
주의 지팡이와 막대기가 나를 안위하시나이다
주께서 내 원수의 목전에서 내게 상을 차려 주시고
기름을 내 머리에 부으셨으니 내 잔이 넘치나이다
내 평생에 선하심과 인자하심이 반드시 나를 따르리니
내가 여호와의 집에 영원히 살리로다

다윗의 가계도

(삼하3:1~5, 5:14~16, 대상3:1~9, 2:16, 11:20, 14:4~7)

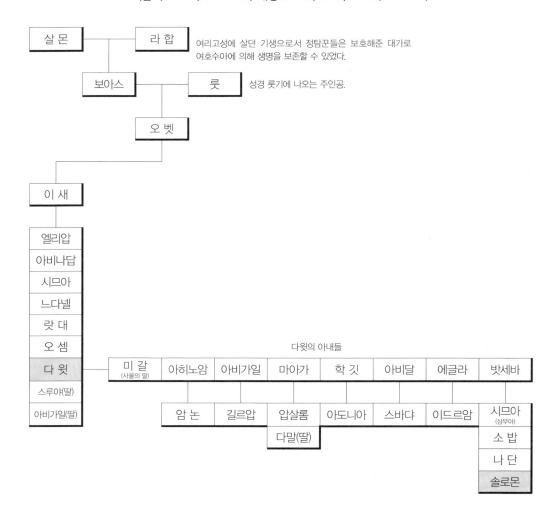

라 합: 여리고성에 살던 기생으로서 정탐꾼들은 보호해준 대가로 여호수아에 의해 생명을 보존할 수 있었다.

룻: 성경 룻기에 나오는 주인공.

- 삼상7:12에는 이새의 아들이 여덟 명이라고 기록되었지만 역대상2:15에는 다윗이 일곱 번째 아들로 기록되어 있다.
- 그 외 다른 아내로부터 낳은 아들들:
  입할, 엘리수아, 엘리벨렛, 노가, 네벡, 야비나, 엘리사마, 브엘랴다, 엘벨렛 등.

지혜의 왕 솔로몬

듣는 마음을 종에게 주사 주의 백성을 재판하여

선악을 분별하게 하옵소서(왕상3:9)

후계자 솔로몬(왕상2장, 대상22, 28, 29장)

다윗이 나이 들어 세상을 하직할 날이 다가오자 왕궁의 고관들과 이스라엘 각 지파의 지도자들을 예루살렘으로 초청하여 성전 건축이 차질 없이 진행될 수 있도록 당부한 후 영감으로 받은 성전 설계도를 솔로몬에게 넘겨주며 유언했다.

「내 아들아! 하나님께서 네게 지혜와 총명함을 주사 백성들로부터 존경받는 왕이 되기를 원하노라. 네가 아직 어리고 미숙하다마는 하나님께 택하심을 받았으니 너는 여호와께서 모세를 통하여 명령하신 규례와 법도와 계명을 반드시 지켜야 하느니라. 그렇게 하면 왕위계승이 대대로 이어질 것이며 네가 무엇을 하든지 성공할 것이다. 그리고 내가 이루지 못한 성전 건축을 시작하여야 한다. 그 성전은 사람을 위한 것이 아니요, 하나님을 위한 것이니 웅장하게 만들어 명성과 영광으로 나타나야 할 것이니라. 내가 성전을 위하여 **10만3,000달란트**[136]의 금과

---

136 구약 시대 1달란트는 무게와 가치의 단위였다. 약 34kg 정도 되는 무게의 단위로서 2024년도 1g의 금 시세 약 110,000원을 대입한다면 계산하기 버거울 정도로 어마어마한 금액이 아닐 수 없다.

100만 7,000달란트의 은, 그리고 놋과 철 등 필요한 건축 자재들을 준비해 놓았으니 그것에 백성들의 감동을 더하여 성전을 완성하여라. 하나님은 모든 것을 감찰하시는 분이시니 온전한 마음으로 섬겨야 할 것이며 네가 그를 찾으면 만날 것이요, 네가 그를 버리면 그도 너를 버린다는 사실을 명심해야 한다. 하나님께서 함께하실 것이니 두려워하지 말고 모든 것을 담대하게 행하도록 하라.」

아버지 다윗이 이룩한 튼튼한 기반 위에서 왕위를 계승하게 된 솔로몬은 역모를 도모한 것도 모자라 아버지의 몸종이었던 아비삭을 취하려 했던 배다른 형 아도니야와 모반에 가담했던 군사령관 요압, 그리고 아버지에게 저주를 퍼부었던 시므이를 제거하고 아도니야에게 협력한 제사장 아비아달을 파직하고 추방함으로써 부왕의 유언을 받들고 왕권을 굳건히 했다. 또한, 외교적 수단으로 **파라오**[137]의 딸과 혼인함으로써 대국 애굽과의 관계를 좋게 했다.

〔 지혜를 구하는 솔로몬(왕상3, 4장, 대하1장)

솔로몬은 아버지의 가르침에 따라 하나님을 섬겼지만, 성전이 지어지지 않은 때라서 백성들과 함께 산당에서 예배를 드렸다. 산당이 있는 기브온에서 **일천 번제**[138]를 드린 그날 밤 솔로몬의 꿈에 나타나신 여호와께서 말씀하셨다.

「내가 네게 무엇을 줄꼬? 너는 구하라.」

「하나님! 제가 왕위를 계승할 수 있도록 은혜를 주셨지만 저는 모든 것이 부족

---

137 제21왕조의 시아멘(주전 978~959년)으로 추정된다.
138 「천 마리의 희생으로 번제를 드렸더라(대하1:6).」 즉, 최선을 다해 바친 제사라는 의미이다.

한 사람이라 옳고 그름을 판단할 수 있는 지혜가 없습니다. 저에게 선악을 분별할 수 있는 능력과 백성들을 잘 다스릴 수 있도록 지혜를 주십시오.」

하나님께서는 솔로몬이 오래 살게 해 달라든지 부자가 되게 해 달라든지 원수를 갚게 해 달라든지 하는 인간 본연의 욕구만을 충족시키려는 것이 아니라 백성들을 바르게 다스릴 수 있도록 지혜를 구하는 것을 보시고 매우 기뻤다.

「너의 요구대로 지혜와 명철을 줄 것이니 너처럼 지혜로운 사람은 이 세상에 없을 것이다. 그뿐만 아니라 부귀와 영광도 함께 누리게 될 터이니 어느 누구도 너를 따를 자가 없을 것이다. 또 너의 아버지 다윗과 같이 나에게 순종하고 법도와 율례를 잘 지킨다면 만사가 형통할 것이다.」

꿈에서 깨어난 솔로몬은 언약궤 앞에 엎드려 감사의 제물로 예배드린 후 신하들을 위해 잔치를 베풀었다.

솔로몬은 정적들을 제거할 때 공을 세운 브나야를 군사령관으로 삼고 사독의 아들인 아사리아를 대제사장으로 임명한 뒤 지방에 열두 관장을 두어 왕실의 필요 물자를 조달하는 데 부족함이 없도록 행정체제를 개편하였다. 또 지중해 연안에 교역소를 설치함으로서 무역은 그 어느 때보다도 활발히 이루어지게 되었다. 솔로몬이 유브라데 강에서부터 애굽 지경에 이르기까지 거의 모든 지역을 다스리게 되자, 주변에 있는 나라들은 조공을 바치면서 그를 섬겼다. 비로소 하나님께서 아브라함에게 언약하신 **약속의 땅**[139]을 모두 확보할 수 있게 된 것이다.

나라가 부강해지고 안정되자 이스라엘 백성들은 평화를 누렸다. 솔로몬을 사랑하신 하나님께서 그에게 지혜와 명철과 포용력을 주심으로써 그는 이 땅의 어느 누구보다도 행복한 사람이 되었으며 그의 명성은 이웃 나라에 널리 퍼졌다.

---

139 하나님께서 아브라함에게 약속하신 땅은 애굽 강에서부터 유프라테스 강까지였으며(창15:18), 모세에게는 홍해에서부터 블레셋 바다까지 그리고 광야에서부터 유프라테스 강까지라고(출23:31) 비교적 자세하게 말씀하셨다.

성전을 건축하다(왕상5~8, 대하2~5, 대상29장)

성전을 건축하라는 아버지의 유언을 한시도 잊지 않았던 솔로몬은 아버지 다윗이 살아생전 동맹관계를 유지했던 **두로**[140] 왕 히람에게 사신을 보내 도움을 청했다.

「선왕께서는 열방과 전쟁을 치러야 했기 때문에 성전 지을 여력이 없었으나 이제 아버지의 유언대로 하나님의 성전을 건축하려 하니 도와주십시오.」

솔로몬과 조약을 맺은 두로 왕 히람이 레바논의 백향목과 잣나무와 금을 포함한 각종 건축자재와 함께 신기술에 능숙한 기술자들을 파견하자, 솔로몬은 그 **대가로**[141] 밀과 보리, 포도주와 기름 등 많은 양식을 보냈다. 솔로몬이 예루살렘의 모리아 산 위에 주춧돌을 세우기 시작할 때는 이스라엘 백성들이 출애굽한지 480년 되던 해였으며 솔로몬 등극 4년째 되던 때인 주전 967년이었다. 성전의 규모는 길이가 60규빗이요(약 27m), 너비가 20규빗이며(약 9m) 높이는 30규빗이나(약 14m) 되었다. 성전의 주랑 앞에는 야긴과 보아스라 명명된 두 개의 놋기둥이 세워졌다. 성전 안에는 놋으로 된 제단과 등잔대 등 각종 기구들이 놓여졌으며 언약궤를 놓아둘 지성소 등 성전 내부는 온통 금으로 입혔으니, 성전에 사용된 놋과 금의 무게를 가히 측정할 수 없을 정도로 그 화려함의 극치는 이루 말할 수 없을 정도였다.

성전 짓는 것을 보신 여호와께서 솔로몬에게 말씀하셨다.

「네가 성전을 건축하였으니 이제부터 내 법도와 율례와 계명을 잘 지킨다면 네 아버지 다윗에게 약속했던 것처럼 너에게 모든 것을 베풀 것이다. 나는 백성들과 더불어 살 것이며 결코 이스라엘을 버리지 않을 것이다.」

18만 3,850명의 역꾼이(왕상5:13~16 9:23) 동원된 성전이 7년 만에 모습을 드

---

140 지중해의 해상 상권을 장악했던 고대 페니키아의 항구 도시로써 오늘날의 레바논 지역에 속한다.
141 성전이 완공되자 솔로몬은 그 답례로 갈릴리지역의 성읍 20개를 히람에게 주었다(왕상9:11).

러내자, **에다님 월**[142] 곧 일곱째 달 절기에 솔로몬은 여호와의 언약궤를 다윗 성에서 새 성전으로 모셔오기 위해 이스라엘의 지도자들을 예루살렘으로 불렀다. 백성들이 지켜보는 가운데 언약궤가 성전의 지성소에 안치될 때, 레위 사람 제사장들이 제금과 비파와 수금을 연주하고 나팔 불며 찬송하자 성전이 여호와의 영광으로 충만하여 제사장들은 감히 머리를 들 수가 없었다.

　이제야 비로소 아버지의 유언을 받들었다고 생각한 솔로몬은 감격에 겨운 목소리로 백성들에게 말했다.

「이곳은 주님께서 영원히 계실 곳입니다. 하나님을 찬양합시다. 하나님께서 말씀하시기를 성전은 다윗이 아니라 다윗의 몸에서 태어날 그의 아들이 지을 것이라고 말씀하셨으니 이제 그 약속이 모두 이루어졌습니다.」

솔로몬의 기도와 성전봉헌(왕상8~9장, 대하6~8장)

　제단 앞에 무릎 꿇은 솔로몬이 하늘을 향해 두 팔을 치켜들고 감사의 기도를 올렸다.

「하나님! 주의 종에게 언약을 지키시고 은혜 베푸시니 천지에 주와 같은 신이 없나이다. 주님께서 우리 조상들을 애굽에서 인도하실 때에 주의 종 모세를 통하여 말씀하신 대로 모든 나라들 가운데 우리를 택하셔서 주님의 백성으로 삼으셨습니다. 주님께서는 저의 아버지 다윗에게 하신 약속을 큰 능력으로 이루셨습니다. 이제 하나님께서 계실 곳인 성전이 완공되었으니 이곳을 지켜봐 주십시오.

142　태양력으로 9월 말에서 10월 초 사이에 해당한다.

주의 종들을 심판하여 그들이 행한 대로 갚아주시되 주님의 백성 이스라엘이 죄를 뉘우치고 이 성전을 향해 부르짖으면 그들의 간구를 들으시고 비록 주님을 배반한 백성일지라도 용서해주시고 도와주시기를 원합니다. 주의 백성이 주께 범죄함으로써 적국에 패하게 되더라도 이 성전에서 주님께 간구하거든 그들의 조상들에게 주신 땅으로 돌아오게 하옵소서. 주께 범죄하지 않는 인생이 없사오니 주님께 범죄한 백성들의 허물을 사하여주셔서 그들이 주님의 백성이라는 것을 기억하게 해주시고 올바르게 살아갈 수 있도록 은혜 베풀어 주소서. 이스라엘에 속하지 않는 이방인일지라도 이 성전을 향해 기도하면 그들이 구하는 대로 이루어지게 하소서. 그러면 온 땅의 백성들이 주님을 두려워하며 오직 주님만이 참 하나님이심을 깨닫게 될 것입니다. 주님께서는 저의 아버지 다윗에게 하신 약속, 즉 네가 나에게 복종하였듯이 네 자손도 나에게 복종하면 이스라엘을 다스릴 사람이 네 집안에서 끊이지 않을 것이라고 말씀하셨으니, 그대로 이루어지게 하실 줄 믿습니다.」

백성들의 간구에 귀 기울여 달라는 솔로몬의 기도에 하나님께서 불을 내려 응답하시자 제단에서 일어난 솔로몬이 백성들을 향해 큰 소리로 말했다.
「여호와를 찬양합시다. 주님께서 이스라엘에 평안을 주셨으니 모세를 통하여 말씀하신 모든 약속이 이루어졌습니다. 그러므로 여러분의 마음을 온전히 바쳐 주님의 법도와 계명을 지켜야 할 것입니다. 그렇게 한다면 하나님께서 우리 조상들과 함께하셨던 것처럼 우리와 함께 계시고 우리를 버리지 않을 것입니다.」
14일 동안 봉헌 예배와 초막절 행사를 같이 치르게 된 백성들은 희생 제물로 2만 2,000마리의 소와 12만 마리의 양으로 하나님께 제사를 드리고 감사하는 마음으로 성전을 바쳤다.

예배를 마친 솔로몬에게 하나님께서 말씀하셨다.
「네가 내 앞에서 기도하는 것을 보았다. 나는 이 성전을 거룩하게 할 것이며 내 마음과 눈길은 항상 그곳에 있을 것이다. 네가 마음을 온전히 하고 나에게 순종하며 내 법도와 율례를 지킨다면 네 집안을 견고하게 만들어 영원토록 이스라엘을 다스릴 수 있도록 하겠지만, 너와 네 자손들이 나를 따르지 않고 계명과 법도를 지키지 않으며 우상을 섬긴다면 내가 백성들을 이 땅에서 쫓아내고, 거룩하게 구별한 성전마저도 없애 버릴 것이니 너희에게는 재앙이요, 모든 나라 가운데 웃음거리가 될 것이다.」

착공한 지 7년 만에 이루어진 성전봉헌은 솔로몬이 즉위한 지 11년째 되던 해인 주전 960년의 일이었다. 솔로몬은 자신이 거주할 왕궁도 지었는데, 그것을 세우는 데에만 13년이 소요됨으로써 성전과 왕궁을 건설하는 데 모두 20년이나 걸린 대역사였다. 성전이 완공되자 예루살렘은 명실공히 종교적 성지로 우뚝 서게 되었고 이스라엘의 중심이 되었으며, 하나님을 믿는 모든 백성들의 정신적 지주로서 영원한 고향으로 남게 된 것이다.

우상을 섬기는 솔로몬(왕상10, 11장, 대하9장)

솔로몬의 명성을 들은 **스바의 여왕**[143]이 예루살렘을 방문하여 성전과 왕궁의 화려함과 그의 뛰어난 지혜에 감탄한 나머지 각종 보석과 진귀한 향품들을 선물하자 솔로몬도 그에 준하는 답례로 그들은 기쁜 마음으로 평화조약을 맺고 돌아갔다. 솔로몬은 무역업자와 상인들 그리고 아라비아의 왕들과 나라의 고관들이 바치는 예물을 받았으며 해마다 666달란트나 되는 많은 금을 세금으로 거둬들였다. 솔로몬은 자신이 사용하는 용기는 물론 상아 옥좌에도 순금으로 입혔으

---

143 여러 가지 설이 있지만 스바의 여왕은 에티오피아 북단 악숨(Aksum)지역을 통치했던 마케다 여왕이라고 고세진 대한성서 고고학회 회장은 주장한다.

며, 심지어 왕궁을 지키는 경호대의 방패조차 금으로 만들 정도로 이 세상 누구보다도 재산이 많았다. 또한 뛰어난 지혜를 지니고 있었으므로 백성들과 주변국의 왕들은 그를 만나 조언을 듣고 싶어 했다. 그러나 그는 남부럽지 않은 지혜와 막대한 부를 소유했음에도 불구하고 이방 민족들과 통혼하게 되면 그들이 이스라엘 백성들의 마음을 돌려 이방 신들을 따르게 할 것이라는(왕상11:2), 하나님의 경고를 듣지 않고 **후궁이 700명이요, 첩이 300명[144]**이나 될 정도로 이방 여인들을 가까이했다. 나라가 부강하게 되어 아쉬운 것이 없게 되자 육신의 길을 따르려는 인간의 본성이 솔로몬의 가슴속에 싹트기 시작했던 것이다. 누구보다 총명했던 솔로몬이었지만 판단력이 흐려지자, 후궁들은 솔로몬을 시돈 백성의 여신 아스다롯(Astarte)을 따르게 하고 암몬 사람들이 섬기는 밀곰(Milcom)에게 예배토록 하였으며 모압의 신 그모스(Chemosh)를 위해 산당을 짓도록 부추겼다. 사사 시대 이후 한동안 잠잠했던 우상숭배의 고질적인 문제가 다시 고개를 들기 시작한 것이다.

이렇게 신의를 거스르는 행위가 이어지고 마병이 1만 2,000이요, 마구간이 4,000개나 될 정도로 **왕이 지켜야 할 윤리적 규범[145]**까지 무너지게 되자 그는 하나님 앞에서 온전하지 못했다. 하나님께서는 솔로몬에게 두 번이나 나타나셔서 다른 신을 섬기지 말라고 거듭 경고하였으나 이미 마음이 떠난 솔로몬이 말씀에 귀 기울이지 않자 하나님은 더욱 진노하셨다.

「너는 약속을 어기고 내가 명령한 것을 지키지 않았으므로 나는 네 나라를 빼앗아 너의 신하에게 주어 다스리도록 할 것이며, 내가 선택한 예루살렘을 위해 두 개 지파(유다, 베냐민)만 네 자손이 다스리도록 할 것이다.」

---

144 아가서 6장 8절에는 「왕비가 60명이요 후궁이 80명이요 시녀가 무수하되」라고 기록되어 있다.
145 첫째: 병마를 많이 두지 말 것. 둘째: 아내를 많이 두지 말 것. 셋째: 자기를 위하여 은·금을 많이 쌓지 말 것. 넷째: 율법서를 평생 자기 옆에 두고 모든 규례를 지켜 행할 것(신17:16~19).

왕국이 분열되다(왕상 9, 11, 12장, 대하 10)

남쪽에서 에돔의 왕족인 하닷을 일으켜 솔로몬의 적이 되게 하신 하나님께서 북쪽에서는 아람 왕 르손을 일으켜 솔로몬을 괴롭혔다. 솔로몬의 통치 말기에는 밀로와 다윗 성의 부역 감독관이었던 여로보암이 반역을 도모하다 이를 감지한 솔로몬을 피해 애굽으로 망명하는 사건까지 벌어졌다. 이방 신을 섬기면 그것이 올무가 될 것이라는(출23:33) 경고대로 솔로몬이 다스리고 있는 나라는 강하고 번성하는 것처럼 보였지만 내부적으로는 서서히 균열이 생기고 있었던 것이다.

영적 타락에서 벗어나지 못한 솔로몬이 마침내 세상을 떠나자 그의 아들 르호보암이 후계자가 되었지만, 망명생활을 접고 애굽에서 돌아온 여로보암이 북쪽 지파의 지원으로 북이스라엘의 첫 번째 왕이 됨으로써 이스라엘은 이제 남과 북으로 갈라지는 운명이 되었다. 결국, 이스라엘은 대규모 건설 사업으로 인한 과중한 세금과 강제부역 그리고 솔로몬의 사치 생활로 백성들의 원성을 사게 되었고 아들 르호보암마저 원로들의 충고를 무시한 채 아버지 솔로몬보다 더 강압적으로 백성들을 다스리겠다고 공언하자, 이에 실망한 북쪽 지파 백성들이 등을 돌리게 됨으로써 다윗이 힘겹게 이룬 통일국가는 이제 남, 북으로 갈라질 수밖에 없었던 것이다. 이 모든 것이 하나님께서 선지자 아히야에게 경고하신 그대로 되었다.

솔로몬의 생애(왕상4장)

40년 동안 이스라엘을 다스렸던 솔로몬(B.C. 970 ~ B.C. 930)은 뛰어난 정치가요, 사상가요, 문학가였다. 또한 지혜 얻기를 힘쓰라는 아버지 다윗의 영향으로 3,000가지나 되는 「잠언」을 남겼으며(성경의 잠언에는 850여 개만 수록되어 있다.) 1,000여 편이나 되는 노래를 지을 정도로 이스라엘 역사상 가장 지혜로웠던 왕이었다.

「**아, 먹고 즐기는 일을 누가 나보다 더해 보았으랴(전2:25).**」라는 말을 고백할 정도로 그가 하루에 소비하는 식재료는 가는 밀가루가 **30고르**[146], 굵은 밀가루가 90고르였으며 소가 30마리요, 양이 100마리이며 그 외 많은 종류의 살진 짐승들이었을 정도로 사치스럽기가 이루 말할 수 없을 정도였다. 그는 사람들이 최고라고 여기는 것들을 모두 누렸지만 재물과 부요와 존귀 등 인생에서 얻는 모든 것이 고통이요, **헛된 것**[147]이라는 허무와 좌절을 경험한 후 하나님을 경외하고 그분의 명령에 순종하는 것만이 사람들이 지켜야 할 본분이며 이를 깨닫는 것이 참 지혜임을 증언하는 자기고백서 「전도서」와 남녀 간의 아름답고 순수한 사랑을 노래한 「**아가서**」[148]를 기록한 왕이기도 하였다.

---

146 고르는 곡식 등을 재는 단위로서 한 고르는 약 220리터를 말한다.30고르×220=6,600리터, 60×220=13,200리터

147 '헛되도다'라는 표현을 무려 다섯 번이나 쓸 정도였다. 「헛되고 헛되며 헛되고 헛되니 모든 것이 헛되도다(전1:2).」

148 아가서에 나오는 남자를 하나님으로, 여자를 이스라엘 또는 교회를 가리킨다고 해석함으로써 남녀 간의 사랑을 노래한 아가서야 말로 이스라엘에 대한 하나님의 사랑 이야기라고 주장하는 학자들도 있다.

솔로몬의 명 판결(왕상 3장)

솔로몬의 지혜와 관련하여 우리에게 너무나도 잘 알려진 이야기가 있다. 바로 솔로몬의 재판 이야기다. 어느 날 창녀 두 사람이 솔로몬을 찾아왔다.

「전하! 이 여인과 저는 한집에 살고 있었습니다. 그런데 제가 출산한 지 3일 후에 이 여인도 아기를 낳았는데, 그 아이가 갑자기 죽게 되자 이 여인은 제가 잠든 사이에 저의 아이를 데려가고 죽은 아이를 저의 품에 뉘어놓았습니다. 아침이 되어 아이에게 젖을 먹이려다 보니 제 품에 있던 아이는 이미 죽어있었습니다. 깜짝 놀라 자세히 보니 그 아이는 저의 아이가 아니었습니다. 그러니 전하께서 제 아이를 찾아주셔서 저의 억울함을 풀어주십시오.」

하소연을 듣고 있던 다른 여인이 솔로몬에게 큰 소리로 말했다.

「전하! 그렇지 않습니다. 살아있는 아이가 내 아들이 틀림없습니다.」

한 아이를 두고 두 사람이 다투는 것을 보고 생각에 잠겨있던 솔로몬이 말했다.

「두 사람 모두 살아있는 아이가 자기 아이이고 죽은 아이는 상대방의 아이라고 우기는구나. 그렇다면 증거가 없으니 아이를 둘로 나눠 가지면 될 것 아니냐?」

그리고 신하에게 명령하여 칼을 가져오게 했다.

「아이를 둘로 갈라 반쪽씩 나누어 주어라.」

왕의 명령을 들은 진짜 어머니가 울부짖으면서 소리쳤다.

「전하! 제 아이가 죽는 것을 보느니 차라리 저 여자에게 보내는 편이 낫겠습니다.」

그렇지만 다른 여인은 아무 말이 없었다. 두 사람의 상반된 태도에서 아이를 양보하려는 여인이 생모임을 확신하게 된 솔로몬이 미소 지으며 말했다.

「저 아이를 첫 번째 여인에게 주어라. 저 여자가 진짜 어머니이니라.」

자신이 낳은 아이를 죽도록 내버려 두는 부모는 세상에 있을 수 없다는 것이 솔로몬의 판단이었기 때문이다. 놀라운 통찰력으로 사건을 명쾌하게 해결하는 왕의 지혜로움을 본 이스라엘 백성들은 솔로몬 왕을 더욱 두려워했다. 이는 하나님의 지혜가 그와 함께한다는 것을 알았기 때문이었다.

분열 왕국의 역사

내가 반드시 이 나라를 네게서 빼앗아

네 신하에게 주리라(왕상11:11)

왕국의 분열

다윗이 힘겹게 이룬 통일 이스라엘은 솔로몬 시대에 들어와서 크게 번성하는 듯 보였으나 대규모 건설 사업으로 인한 과중한 세금과 강제 부역 그리고 솔로몬의 사치 생활과 말년의 우상 숭배로 내부적으로는 서서히 균열이 가고 있었다. 후계자가 된 르호보암조차 원로들의 충언을 무시한 채 강압적인 방법으로 나라를 다스리겠다고 공언하자, 유다와 베냐민 지파를 제외한 북쪽 10개 지파 백성들이 등을 돌리게 됨으로써 이제 이스라엘은 **다윗의 선한 길과 여로보암의 악한 길**[149]로 대변되는 남과 북으로 갈라지게 되었다.

왕국이 분열된 표면적 이유는 솔로몬의 아들 르호보암의 신중치 못한 처신이 원인일 수도 있겠지만, 그 저면에는 야곱의 자손으로서 북 왕국의 구심점 역할을 했던 에브라임 지파와 남 왕국 중심세력이었던 유다 지파와의 뿌리 깊은 갈등

---

149 선한 왕과 악한 왕의 구분은 정치, 외교 등 통치방면의 업적이 아니라 하나님을 향해 얼마나 신실하게 행동했느냐의 여부에 있다.

도 한몫했음을 부인할 수 없을 것이다. 그러나 가장 큰 이유는 솔로몬의 영적 타락으로 인한 하나님의 진노였다.

이처럼 남, 북 지파 간의 알력 다툼으로 왕국이 분열되자, 예루살렘으로 향하는 순례 행렬을 막기 위해 벧엘과 단에 우상 제단을 세운 북이스라엘은 19명의 왕 가운데 7명이 암살되는 등 불안정한 내정으로 이어진 반면 성전이 있는 예루살렘을 확보함으로써 정통성을 표방하게 된 남유다는 **하나님의 약속대로**[150] 다윗의 자손들이 왕위를 계승해 나갔다.

그러나 200여 년간 유지되었던 북이스라엘이 주전 722년 앗수르의 살만에셀 5세에 의해 무너지고, 그로부터 136년 뒤인 주전 586년에는 남유다마저 바벨론의 느부갓네살에 의해 함락됨으로써 한 민족 두 국가 체제로 운영되었던 이스라엘은 하나님의 구속사적 섭리에 따라 종말을 고하게 되었다.

「이스라엘아 네가 패망하였나니 이는 너를 도와주는 나를 대적함이니라(호 13:9).」

---

150 「네 집과 네 나라가 내 앞에서 영원히 보전되고 네 왕위가 영원히 견고하리라 하셨다 하라(삼하 7:16).」

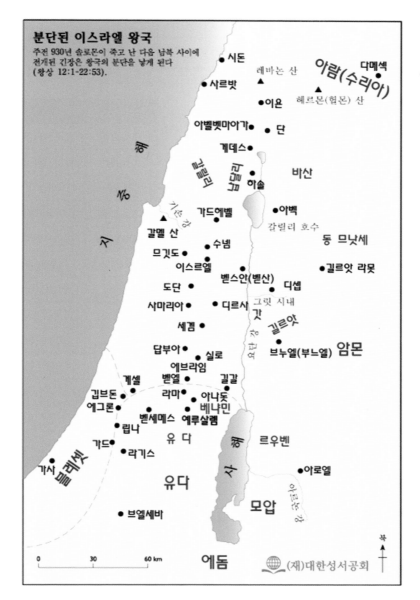

분단된 이스라엘 왕국

주전 930년 솔로몬이 죽고 난 다음 남북 사이에
전개된 긴장은 왕국의 분단을 낳게 된다
(왕상 12:1-22:53).

시돈
레바논 산
아람(수리아)
다메섹
사르밧
이욘
헤르몬(헙몬) 산
아벨벳마아가
단
게데스
바산
갈릴리
납달리
하솔
가드헤벨
아벡
갈릴리 호수
갈멜 산
기손 강
수넴
동 므낫세
므깃도
길르앗 라못
이스르엘
벧스안(벧산)
디셉
도단
사마리아
디르사
그릿 시내
갓
세겜
얍복 강
길르앗
답부아
실로
브누엘(부느엘)
암몬
에브라임
길갈
게셀
벧엘
라마
아나돗
기브돈
베냐민
에그론
벧세메스
예루살렘
립나
유 다
르우벤
가드
라기스
아로엘
가사
블레셋
아르논 강
유다
모압
브엘세바
에돔

지중해

요단 강

염해

북

0   30   60 km

(재)대한성서공회

북 왕국 이스라엘과 남 왕국 유다

이스라엘 역대 왕들

사·울
다·윗
솔로몬

순서	북이스라엘		남유다	
1	여로보암	솔로몬의 신하	르호보암	솔로몬의 아들
2	나·답	여로보암 아들	아비얌	르호보암 아들
3	바아사	반란으로 집권	아·사	아비얌 아들
4	엘·라	바아사 아들	여호사밧	아 사 아들
5	시므리	반란으로 집권	여호람	여호사밧 아들
6	오므리	반란으로 집권	아하시아	여호람 아들
7	아·합	오므리 아들	아달랴	여호람 아내
8	아하시아	아 합 아들	요아스	아하시아 아들
9	여호람	아하시아의 동생	아마샤	요아스 아들
10	예·후	반란으로 집권	웃시아	아마샤 아들
11	여호아하스	예 후 아들	요·담	웃시아 아들
12	요아스	여호아하스 아들	아하스	요 담 아들
13	여로보암2세	요하스 아들	히스기야	아하스 아들
14	스가랴	여로보암 아들	므낫세	히스기야 아들
15	살·룸	반란으로 집권	아·몬	므낫세 아들
16	므나헴	반란으로 집권	요시야	아 몬 아들
17	브가히야	므나헴 아들	여호아하스	요시야 아들
18	베·가	반란으로 집권	여호야김	여호아하스 형제
19	호세아	반란으로 집권	여호야긴	여호야김 아들
20	–		시드기야	요시야 아들

북 왕국 이스라엘

첫 번째 왕 여로보암(재위 기간: B.C. 930 ~ B.C. 909)

여로보암은 에브라임 지파인 느밧의 아들로 솔로몬이 왕궁을 건설할 때 부역을 감독하던 신하였다. 그가 왕이 될 거라는 선지자 아히야의 예언이 솔로몬의 귀에 들어가자 신변 보호를 위해 애굽으로 피신해 있다가 솔로몬이 죽은 뒤 귀국하여 북이스라엘의 첫 번째 왕이 되었다. 디르사에 수도를 정한 그는 예루살렘으로 가는 순례 행렬을 막기 위해 벧엘과 단에 금송아지를 세워 경배토록 하였으며, 자기 마음대로 절기를 정하고 레위 자손만이 할 수 있는 제사장직을 일반 백성들도 대행할 수 있도록 제도를 고치는 등 율법의 정통성을 훼손하였다. 이처럼 자격 없는 사람들까지 제사장 직분을 부여받게 되자 레위 사람들과 하나님을 섬기려는 백성들은 여로보암의 폭정에 실망한 나머지 남쪽으로 이주함으로써 유다를 더욱 강성하게 만드는 계기가 되었다.

이스라엘의 죄를 언급할 때마다 등장하는 악행의 대명사 여로보암의 죄라는 것은 벧엘과 단에 금송아지를 만들고(왕상12:28), 마음대로 절기를 정하고(왕상12:33) 일반 백성들도 원하면 누구든지 제사장으로 삼았다는(왕상12:3) 것이다.

제단에서 분향할 때 손이 마비되는 벌을 받기도 했던 여로보암은 아들 아비야마저 중병에 걸리자 선지자 아히야의 예언을 듣기 위해 아내를 보내지만 가문이 멸절될 것이라는 하나님의 경고를 듣게 된다. 등극한 지 20년 만에 세상을 떠나자 그의 아들 나답이 왕위를 이어받는다(왕상11:26~40, 12:25~33, 13:1~10, 13:33~14:20).

제2대 나답(재위 기간: B.C. 909 ~ B.C. 908)

2년 동안 나라를 다스렸지만, 그도 아버지의 악한 길에서 벗어나지 못하여 여호와 앞에서 온전하지 못했다. 나답이 블레셋과 대치하고 있을 때 이를 기회로 삼은 잇사갈 족속 바아사가 반역하여 나답의 자손들을 진멸하고 왕위를 찬탈함으로써 여로보암의 가문이 멸절될 것이라는 선지자 아히야의 예언대로 되었다(왕상 15:25~32).

제3대 바아사(재위 기간: B.C. 908 ~ B.C. 886)

바아사 역시 여로보암의 길에서 자유롭지 못했다. 통치 기간 내내 우상숭배 문제로 선지자 예후와 갈등했던 그가 죽자 아들 엘라가 왕위를 이어받는다(왕상15:33~16:7).

제4대 엘라(재위 기간: B.C. 886 ~ B.C. 885)

집권 2년째 되던 해, 만취되어 정신을 차리지 못하는 엘라를 궁내 대신 시므리가 시해하고 왕이 된다. 시므리가 반역할 때 엘라의 자손들마저 진멸됨으로써 바아사의 가문이 멸절될 것이라는 선지자 예후의 예언대로 되었다(왕상 16:8~14).

제5대 시므리(재위 기간: B.C. 885)

시므리가 반란을 일으킨 지 7일째 되는 날 왕위를 찬탈하였다는 것을 알게 된 백성들이 엘라 왕의 자손 중에 후계자로 내세울 만한 사람이 남아 있지 않자 군대 장관 오므리를 왕으로 추대한다. 블레셋과 대치 중에 있던 오므리가 회군하여 디르사 성을 공격하자 두려움을 느낀 시므리는 왕궁에 불을 지르고 스스로 생을 마감한다. 이스라엘 역사상 재임 기간이 가장 짧았던 왕으로 기록되었다(왕상16:15~20).

제6대 오므리(재위 기간: B.C. 885 ~ B.C. 874)

시므리의 자살 소식이 전해진 후 한 파벌이 기낫의 아들 디브니를 왕으로 추대하려는 움직임을 보이자, 그들을 제압하고 권력을 장악한 오므리는 집권 6년째 되던 해인 주전 879년 수도를 디르사에서 사마리아로 이전한다. 여로보암의 죄를 그대로 답습하여 여호와 보시기에 온전하지 못했던 그가 재임 12년을 끝으로 생을 마감하자 아들 아합이 왕위를 이어받는다(왕상16:21~28).

제7대 왕 아합(재위 기간: B.C. 874 ~ B.C. 853)

시돈 왕 엣바알의 딸 이세벨을 왕후로 맞이한 아합은 아내와 함께 산당을 짓고 바알과 아세라를 섬기는 일로 여호와 하나님을 진노하게 했다. 3년 동안 가뭄이 계속되는 벌을 받기도 했던 아합은 왕궁 주변에 있던 나봇의 포도원을 강탈하는 것도 모자라 그를 죽이는 악행도 서슴지 않았다.

이들의 행동을 지켜보신 하나님께서 엘리야를 통하여 경고하신다.

「네가 나를 화나게 만들었으니 너에게 속한 남자들이 죽음을 면치 못할 것이요, 개들이 너의 피를 핥을 것이며 너의 아내 이세벨의 시체를 먹을 것이다.」

아람을 무찌르라는 하나님의 명령을 거역하고 그들과 평화조약을 맺기도 했던 아합은 이세벨과의 사이에서 태어난 딸 아달랴를 정략 결혼시키면서 사돈 관계를 맺었던 남유다의 여호사밧 왕과 함께 아람에 대항하기 위해 전쟁터로 나가지만, 아람 군인이 쏜 화살에 맞아 최후를 맞이함으로써 22년간의 통치는 종지부를 찍게 되었다.

부하들이 아합의 피가 흥건히 고인 병거를 연못에서 씻을 때 개들이 몰려와 그 피를 핥았고 바알과 아스다롯의 열렬한 신봉자였던 아내 이세벨도 반란을 일으킨 예후에 의해 내던져지고 짓밟혀 시신조차 찾지 못할 정도로 처참한 죽음을 맞이했으며, 아들 70명과 남아 있던 가족들, 그를 추종하던 세력들 모두 예후에게 살해됨으로써 하나님께서 선지자 엘리야를 통해 경고하신 그대로 되었다(왕상16:29~34, 17:1~22:40, 대하18:28~34).

제8대 아하시아(재위 기간: B.C. 853 ~ B.C. 852)

아합과 이세벨 사이에서 태어난 아하시야가 왕이 되어 2년 동안 다스린다. 그 역시 바알을 섬기는 죄에서 자유롭지 못하여 하나님 앞에서 온전하지 못했다. 낙상 사고로 중상을 입은 후 병세를 알아보기 위해 사신들을 에그론의 신 바알세붑에게 보내자 진노하신 하나님께서 엘리야 선지자를 통해 경고하신다.

「이스라엘에 하나님이 없어서 우상을 섬기느냐? 네가 올라간 침상에서 내려오지 못하고 반드시 죽으리라.」

경고대로 병상에서 내려오지 못하고 생을 마감하게 된 아하시야에게 대를 이을 만한 후사가 없자 동생 여호람이 왕위를 이어받게 되었다(왕상22:51~53, 왕하1:2~18).

제9대 여호람(=요람, 재위 기간: B.C. 852 ~ B.C. 841)

우상을 철거하는 등 하나님의 뜻에 순종하는 듯 보였지만 여호와 보시기에 악한 왕이었다.

조공을 바치던 모압이 배반하자 그들을 제압하기 위해 출정하던 중 엘리사의 기적을 체험했던 그는(엘리사의 기적-모압 광야에 물을 내다 참조) 아람 왕 하사엘과의 전쟁에서 부상을 입고 요양 중에 있을 때 군사령관 예후의 반역으로 권좌에서 쫓겨남으로써 12년간의 통치는 막을 내린다. 아합에게 포도원을 빼앗기고 억울하게 죽은 나봇의 밭에 그의 시신이 던져짐으로써 아합 가문에 속한 남자들은 모두 죽게 될 것이라는(왕상21:21) 하나님의 경고대로 되었다.

이렇게 해서 오므리, 아합, 아하시야, 여호람으로 이어진 오므리 왕조는 막을 내리고 예후 왕조가 등장하게 된다(왕하3장, 9장).

제10대 예후(재위 기간: B.C. 841 ~ B.C. 814)

여호람을 죽이고 권력을 장악한 예후는 여호람이 피살되는 장면을 목격하고 도망가는 유다 왕 아하시야를 므깃도 평원에서 살해하고 아합 왕의 아내인 이세벨마저 말과 병거로 짓밟아 시신조차 찾을 수 없을 정도로 처참하게 죽인다. 이스르엘의 귀족들을 사주하여 사마리아에 있던 아합의 아들 70명을 살육한 예후는 아합의 친족과 그를 따르던 사람들까지 몰살시킨 후 유다 왕 아하시야의 형제 42명마저 제거함으로써 여호와께서 엘리야를 통하여 **말씀하신 것**[151]이 식언이 아니었음을 보여주었다.

그 후 바알을 숭배하는 종교 지도자들을 숙청한 후 바알의 목상을 불사르고 산당을 철거하는 등 하나님의 뜻에 부합하는 행동을 보이기도 하였으나, 벧엘과 단에 있던 금송아지 우상을 섬기는 죄에서 벗어나지 못함으로써 여호와 하나님 보시기에 온전하지 못했다. 예후가 아합 가문과 바알을 멸하는 것을 보신 여호와께서 그에 대한 보상으로 예후의 자손이 4대에 걸쳐 왕위를 보장받게 될 것이라고 약속하신다.

심판 대행의 도구로 쓰였던 예후가 28년간의 집권을 끝으로 사마리아에 장사 되자 그의 아들 여호아하스가 왕위를 이어받는다(왕하9, 10장).

---

[151] 「내가 네게 기름을 부어 여호와의 백성 곧 이스라엘의 왕으로 삼노니 너는 네 주 아합의 집을 치라 내가 나의 종 곧 선지자들의 피와 여호와의 종들의 피를 이세벨에게 갚아주리라(왕하9:6, 7).」

제11대 여호아하스(재위 기간: B.C. 814 ~ B.C. 798)

여호아하스도 사마리아에 아세라 목상을 남겨두는 등 우상을 섬기는 죄에서 벗어나지 못해 여호와 보시기에 온전하지 못했다. 진노하신 하나님께서 이스라엘을 아람 왕의 지배하에 두자 백성들은 고통을 당한다. 아람 왕이 이스라엘에게 행하는 폭거를 두고 열왕기 저자는 그들의 잔인성을 이렇게 기록하고 있다.

「아람 왕이 여호아하스의 백성을 멸절하여 타작 마당의 티끌같이 되게 하고 마병 오십 명과 병거 열 대와 보병 만 명 외에는 여호아하스에게 남겨 두지 아니하였더라(왕하13:7).」

17년의 통치 끝에 그가 죽자 아들 요아스가 왕위를 이어받는다(왕하13:1~9).

제12대 요아스(재위 기간: B.C. 798 ~ B.C. 782)

16년 동안 나라를 다스렸지만, 그 역시 여호와 보시기에 악한 왕이었다. 중병에 걸려 요양 중이던 선지자 엘리사를 문병했을 때 이스라엘이 세 번 공격해야 아람을 이길 수 있을 거라는 탄식을 엘리사로부터 듣는다. 예언대로 선대 왕 여호아하스 때 빼앗겼던 성읍을 세 번 공격 끝에 되찾을 수 있게 되었다.

한편, 에돔을 물리친 후 교만해진 유다 왕 아마샤가 싸움을 걸어오자 벧세메스 전투에서 대승을 거둔 요아스는 아마샤를 사로잡고 400규빗이나 되는 성벽을 허문 뒤 수많은 보물들을 탈취한 후 백성들을 인질로 끌고 간다. 그가 죽자 아들 여로보암이 왕위를 이어받는다(왕하13:10~25, 14:8~16).

제13대 여로보암 2세(재위 기간: B.C. 793 ~ B.C. 753)

10년의 섭정을 포함하여 41년 동안 통치했던 왕이었음에도 성경은 그의 치적을 간략하게 소개하고 있다. 하맛 어귀에서부터 아라바 바다(사해)까지 영토를 넓히는 등 경제적 번영을 누렸던 그도 여호와 보시기에 악한 왕이었다. 그가 죽자 아들 스가랴가 왕위를 이어받는다(왕하14:23~29).

제14대 스가랴(재위 기간: B.C. 753)

살룸의 반역으로 여섯 달 만에 권좌에서 내려온 스가랴도 하나님 보시기에 악한 왕이었다. 그의 죽음으로 4대(여호아하스, 요아스, 여로보암 2세, 스가랴)에 걸쳐 88년간 이어져 내려오던 예후 왕조도 막을 내리게 되었다(왕하15:8~12).

제15대 살룸(재위 기간: B.C. 752)

쿠데타로 집권했던 살룸 또한 므나헴에게 피살됨으로써 한 달간의 짧은 통치는 싱겁게 막을 내렸다(왕하15:13~16).

제16대 므나헴(재위 기간: B.C. 752 ~ B.C. 742)

반란을 일으킬 때 성문을 열어주지 않았다는 이유로 임신한 여인들의 배를 갈라 살해할 정도로 매우 잔인하고 난폭했던 므나헴은 앗수르 왕(디글랏빌레셀 3세)이 쳐들어오자 부자들에게 은 1,000달란트를 강탈하여 앗수르 왕에게 바침으로써 정권을 유지할 수 있었다. 여호와 보시기에 악한 왕이었던 그가 10년의 통치 끝에 세상을 달리하자 아들 브가히야가 왕위를 이어받는다(왕하15:16~22).

제17대 브가히야(재위 기간: B.C. 742 ~ B.C. 740)

브가히야 역시 여호와 보시기에 악한 왕이었다. 부하였던 베가의 반역으로 2년간의 통치는 막을 내린다(왕하15:23~26).

제18대 베가(재위 기간: B.C. 752(740) ~ B.C. 732)

재임 중 앗수르 왕 디글랏빌레셀 3세에 의해 땅을 점령당하고 백성들이 포로 되는 등 수모를 겪었던 베가는 20년 동안 나라를 다스렸다고 하지만 므나헴 왕 과의 대립으로 실제로는 8년간 통치했던 것으로 전해진다. 남유다의 아하스 왕 이 반 앗수르 동맹에 참여하기를 거부하자 아람 왕 르신과 연합하여 남유다를 공격할 정도로 기세등등했던 그도 여호와 보시기에 온전하지 못했으며, 결국 엘라의 아들 호세아의 반역으로 권좌에서 내려오게 되었다(왕하15:27~31).

마지막 왕 호세아(재위 기간: B.C. 732 ~ B.C. 722)

권좌에 오른 호세아가 9년간 나라를 다스린다. 여호와 보시기에 악한 왕이 었던 그는 앗수르 왕 살만에셀에게 조공을 바치다가 중단하고, 애굽 왕 소와 연합하여 반역을 도모한다. 이를 괘씸하게 여긴 앗수르 왕이 그를 감옥에 가 두고 3년 동안 사마리아를 포위한다. 마침내 사마리아를 정복한 앗수르 왕은 반란을 일으키지 못하도록 백성들을 앗수르로 끌고 가는 대신 이방 족속들 을 사마리아로 이주시킨다. 인종과 풍습이 다른 사람들이 사마리아로 유입되 자 혼혈인들이 양산되었으며 종교적 혼합주의가 확산되는 결과가 되었다. 이 런 연유로 북이스라엘은 히브리 민족의 순수한 혈통을 잃어버린 땅이 되었다 하여 사마리아인이라는 이름으로 멸시받는 배경이 되었다.

주전 722년, 앗수르 왕 살만에셀 5세의 공격에 필사적으로 저항했으나 방어선이 무너지고 **사마리아가 함락되자**[152] 200여 년간 이어져 오던 북왕국 이스라엘은 하나님의 말씀을 거역한 대가로 백성들은 뿔뿔이 흩어지게 되었다.

이를 두고 열왕기 저자는 왕국의 멸망이 하나님의 진노 가운데 이루어졌음을 증언하였다.

「**이 일은 이스라엘 자손이 자기를 애굽 땅에서 인도하여 내사 애굽의 왕 바로의 손에서 벗어나게 하신 그 하나님 여호와께 죄를 범하고 또 다른 신들을 경외하며 여호와께서 이스라엘 자손 앞에서 쫓아내신 이방 사람의 규례와 이스라엘 여러 왕이 세운 율례를 행하였음이라(왕하17:7, 8).**」

이제 하나님께서 주신 땅 가나안 중에서 남쪽을 지배하는 유다만 남게 되었다(왕하17장).

남 왕국 유다

첫 번째 왕 르호보암(재위 기간: B.C. 930 ~ B.C. 913)

솔로몬과 암몬 여인 사이에서 태어나 41세에 권좌에 오른 르호보암은 분열된 왕국의 통합을 위해 노력했지만 산당을 짓고 아세라 상을 세우는 등 우상을 섬겼으며, 심지어 남색 하는 자가 있을 정도로 그의 집권기는 타락으로 점철된 시대였다. 재위 5년 차 되던 해에는 애굽 왕 시삭에 의해 예루살렘이 공격당하여 성전과 왕궁의 보물들은 물론 솔로몬이 만든 금 방패까지 약탈당하

---

152 살만에셀 5세의 후임자였던 사르곤 2세(B.C. 722 ~ B.C. 705) 때에 북이스라엘이 함락되었다는 설도 있다.

는 수모를 겪기도 했다. 78명의 아내와 첩 사이에서 88명의 자녀를 두었던 그가 17년간의 통치 끝에 세상을 떠나자 아들 아비얌이 왕위를 이어받게 된다 (왕상12:1~25, 14:21~31, 대하11, 12장).

제2대 아비얌(=아비야, 재위 기간: B.C. 913 ~ B.C. 910)

아비얌이 예루살렘에서 3년 동안 다스린다. **군사적 열세**[153]에도 불구하고 하나님의 도움으로 북이스라엘과의 전쟁에서 대승을 거둔 아비얌은 점점 강성해졌으며 14명의 아내 사이에서 38명의 자녀를 둘 정도로 자손이 번성하였다.

그러나 그 자신도 아버지처럼 여호와 앞에서 온전하지 못했다. 그가 죽자 아들 아사가 후계자가 되었다(왕상15:1~8, 대하13:1~22).

제3대 아사(재위 기간: B.C. 910 ~ B.C. 869)

아버지 아비얌이 만든 이방 제단과 산당을 없애고 우상을 찍어낸 아사는 율법을 준수함으로써 하나님 앞에서 온전한 자가 되었다. 구스(에티오피아와 시리아지역) 군사 100만 명이 병거 300대를 앞세우고 공격해오자, 강한 자와 약한 자의 싸움에서는 하나님께서 도와주셔야 이길 수 있다는 신앙적 신념으로 58만 명의 군사로 100만 대군을 격퇴한다. 어머니가 아세라 목상을 섬기자 태후의 자리를 폐할 정도로 단호함을 보여주었던 그는 재위 36년째 되던 해, 북이스라엘의 바아사 왕이 침략하자 이들을 격퇴하기 위한 요량으로 아람 왕 벤하닷을 끌어들인다. 여호와를 찾지 않고 외세에 의존하는 것을 못마땅하게 생각한 선지자 하나니가 이를 비난하자 선지자를 옥에 가두는 과오를 범하기도 하였다. 등극 39년차에 발에 생긴 불치병으로 2년간 투병하다가 생을 마감하자 그의 아들 여호사밧이 왕위를 이어받는다(왕상15:9~24, 대하14:1~16:14).

---

153 「아비얌의 군사는 40만 명이요 여로보암의 용사는 80만 명이 대진한지라(대하13:3).」

제4대 여호사밧(재위 기간: B.C. 872 ~ B.C. 848)

여호사밧이 우상을 철거하고 다윗의 길로 들어서자 이를 보신 하나님께서 복을 내려 나라를 견고하게 하시고 부귀와 영화를 누리게 하신다. 집권 3년차 되던 해에는 관리들을 선정하여 제사장들과 함께 지방을 순회시키면서 율법을 가르치도록 독려하였고 성읍마다 재판관을 세워 공정하게 판결할 수 있도록 제도적 장치를 마련함으로써 나라가 강성하게 되자 블레셋과 아라비아 사람들이 조공을 바쳤다.

사돈 관계[154]였던 북이스라엘의 아합 왕과 연합하여 아람을 정벌하기 위해 출정했으나 아합 왕이 전사하자 예루살렘으로 돌아온 그는 악한 자를 돕고 여호와를 거역하는 자를 환대했다는 이유로 선지자 예후에게 책망받기도 하였다. 그 후 모압과 암몬 족속의 공격으로 나라가 위태롭게 되자, 백성들을 성전에 세운 여호사밧이 하나님께 도와줄 것을 간구하는 기도를 올린다.

「**우리를 치러오는 이 큰 무리를 우리가 대적할 능력도 없고 어떻게 할 줄도 알지 못하옵고 오직 주만 바라보나이다**(대하20:12).」

전쟁은 하나님께 속한 것이니 두려워할 것 없다는 아삽 자손 야하시엘의 격려에 따라 레위 사람들이 백성들 앞에서 찬송하며 주님을 찬양할 때 여호사밧의 기도를 들으신 여호와께서 대적들끼리 싸우도록 유도함으로써 이스라엘은 손 하나 까딱 않고 대승을 거둘 수 있었다.

평화가 찾아오자 교만해진 여호사밧은 북이스라엘의 아하시야 왕과 동맹을 맺고 오빌에서 금을 실어오기 위해 다시스로 향하는 배를 띄웠으나 하나님의 진노하심으로 배가 침몰당하는 화를 입기도 하였다. 35세에 등극하여 25년간 나라를 다스렸던 그가 생을 마감하자 아들 여호람이 왕위를 이어받는다(왕상 22:41~50, 대하17~20장).

---

154 아합왕의 딸 아달랴와 자신의 아들 여호람을 정략결혼시킨다.

제5대 여호람(재위 기간: B.C. 853 ~ B.C. 841)

32세에 권좌에 오른 여호람은 대권을 물려받았음에도 아버지로부터 재산을 상속받은 동생들을 시기한 나머지 그들을 살해하고 공동통치 4년을 포함하여 8년 동안 나라를 다스렸다. 아합과 이세벨 사이에서 태어난 딸 아달랴와 결혼한 그가 처가의 영향으로 산당을 세우는 등 우상숭배의 죄로부터 자유롭지 못하자 백성들을 범죄자로 만들고 동생들을 죽이는 악행을 저질렀으니 재앙이 닥칠 것이라는 하나님의 경고 말씀이 선지자 엘리야를 통하여 전해진다. 국력이 쇠약해지는 틈을 타 에돔이 배반하고 블레셋과 아라비아로부터 왕궁이 약탈당했으며, 왕자들과 후궁들마저 살해되는 치욕을 당한다. 불치병으로 2년간의 투병 끝에 생을 마감하지만 백성들조차 슬퍼하지 않을 정도로 무시당했으며 왕실 무덤에도 들어가지 못하는 비운의 왕이 되었다(왕하8:16~24, 대하21장).

제6대 아하시야(재위 기간: B.C. 841년)

블레셋과 아라비아의 공격에서 겨우 살아남은 여호람의 막내아들 아하시야가 22세(대하22:2에는 42세로 기록되어 있음.)의 나이로 왕위를 계승하지만, 어머니 아달랴의 영향으로 악한 왕이 되었다. 아람과의 전쟁에서 부상당한 북이스라엘의 여호람 왕을 문병하러 갔다가 여호람이 예후에게 살해되는 것을 목격한 아하시야가 사마리아로 몸을 숨기자, 그를 찾아낸 무리들에 의해 피살됨으로써 1년간의 짧은 통치는 막을 내린다(왕하8:25~29, 9:27~29, 대하22:1~10).

제7대 아달랴(재위 기간: B.C. 841 ~ B.C. 835)

아합과 이세벨과의 사이에서 태어난 딸로 여호람 왕과 결혼한 아달랴는 정치적 야심이 큰 여인이었다. 아들 아하시야가 북이스라엘 왕 예후에 의해 피살되자 반대세력을 제거하고 스스로 권좌에 앉아 6년 동안 나라를 다스렸다. 아달랴가 왕자들을 진멸할 때 여호람 왕의 딸 여호사브앗이 아하시야의 막내 아들 요아스를 빼돌려 훗날을 도모할 수 있도록 하자, 여호사브앗의 남편이며 제사장인 여호야다가 군란을 일으켜 요아스를 왕으로 옹립함으로써 아달랴의 시대는 막을 내린다. 여호야다의 종교개혁으로 예루살렘에 평화가 찾아온다 (왕하11장, 대하22:10~23:21).

제8대 요아스(재위 기간: B.C. 835 ~ B.C. 796)

아달랴 집권기에 여호사브앗의 도움으로 목숨을 보전할 수 있었던 요아스가 왕위에 오를 때 일곱 살이었으며 40년에 걸쳐 왕국을 다스린다. 제사장이며 고모부인 여호야다의 도움으로 하나님 앞에서 온전한 자가 될 수 있었던 그는 성전을 정결하게 하고 선정을 베풀었다. 그러나 정치적 멘토였던 여호야다가 130세의 나이로 세상을 떠난 뒤 백성들이 타락의 길로 들어서는 것을 여호야다의 아들 스가랴가 지적하자, 이를 못마땅하게 생각한 요아스가 여호야다에게 입었던 은혜를 망각하고 자객을 시켜 스가랴를 제거한다.

아람 왕 하사엘이 예루살렘을 정벌하기 위해 출정했을 때 성물들을 헌납함으로써 위기를 모면하기도 했지만, 아람과의 전쟁에서 중상을 입자 이를 기회로 삼은 신복 요사갈과 여호사바드의 반역으로 밀로 궁에서 시해된다. 아들 아마샤가 왕위를 이어받는다(왕하12장, 대하24:1~27).

제9대 아마샤(재위 기간: B.C. 796 ~ B.C. 767)

아버지에 대한 역모 사건을 한시도 잊지 않았던 아마샤는 왕실이 안정을 되찾자 부왕을 살해한 반역자들을 색출하여 복수한다. 에돔과의 전쟁에서 승리한 아마샤가 그들이 섬기는 우상에게 예배드리는 것을 본 하나님께서 그를 벌주기 위해 북이스라엘 왕 요아스를 일으키자 벧세메스 전투에서 패한 아마샤가 포로로 끌려간다. 마침내 성벽은 무너지고 성전과 왕궁의 보물들은 약탈당하여 사마리아로 옮겨진다. 자신에게 패배를 안겨준 요아스가 죽은 뒤에도 15년을 더 살았지만 결국 부하의 반역으로 29년간의 통치를 마감한다. 아마샤는 율법을 따르기는 하였으나, 산당을 제거하지 않는 등 온전한 마음으로 하나님을 섬기지는 않았던 것으로 전해진다(왕하14:1~22, 대하25:1~28).

제10대 웃시야(일명 아사랴, 재위 기간: B.C. 792 ~ B.C. 740)

16세에 왕이 된 웃시야는 아버지 아마샤와 아들 요담과의 공동통치 기간을 포함하여 52년 동안 나라를 다스렸다. 여호와 보시기에 정직한 왕이었으나 산당만은 철거하지 않았던 웃시야가 휘하에 많은 용사들을 거느리며 주변국들을 제압하면서 왕국을 강성하게 만들자 암몬 사람들이 조공을 바쳤으며 그의 이름이 애굽 변방까지 알려지게 된다. 하나님을 신실하게 섬긴 유능한 임금이었지만 신무기가 개발되는 등 나라가 강성해지자, 교만해진 나머지 제사장만이 할 수 있는 성전 분향을 직접 시도하다가 하나님의 진노로 한센병에 걸리는 벌을 받는다. 투병 생활이 길어지면서 별궁에 기거하게 되자 아들 요담이 아버지를 대신하여 백성들을 다스렸다(왕하15:1~7, 대하26장).

제11대 요담(재위 기간: B.C. 750 ~ B.C. 735)

25세의 나이로 왕이 된 요담은 한센병에 걸린 아버지를 대신하여 10년 동안 섭정하였으며 이 기간을 포함하여 16년 동안 나라를 다스렸다. 아버지가 당했던 일을 반면교사 삼아 성전에는 들어가지 않았으나 성전 문을 다시 세우고 성벽을 증축함으로써 강성한 나라로서의 기반을 닦았다. 암몬 족속으로부터 3년 동안 조공을 받았던 요담은 여호와 보시기에 옳은 일을 행한 왕으로 기록되었지만 산당만은 철거하지 않아 백성들은 여전히 우상을 섬기는 죄에서 벗어나지 못했다(왕하15:32~38, 대하27장).

제12대 아하스(재위 기간: B.C. 735 ~ B.C. 715)

20세에 왕위를 계승하여 16년 동안 나라를 다스린 아하스는 바알을 섬기고 산당에서 제사 지내는 것은 물론 아들을 제물로 바치는 이교도적 행위를 서슴지 않음으로써 여호와 앞에서 온전하지 못했다. 아하스 왕의 친 앗수르 정책을 못마땅하게 생각한 아람 왕 르신은 북이스라엘의 베가 왕과 동맹을 맺고 전쟁을 일으킨다. 이 전쟁으로 아하스의 군사 12만 명이 전사하고 20만 명의 백성들이 포로 되어 사마리아로 끌려가는 수모를 당한다.

아람의 기세에 위기를 느낀 아하스가 왕궁의 보물들을 앗수르 왕에게 바치면서 지원을 요청하자, 앗수르 왕 디글랏빌레셀은 다메섹을 점령한 후 아람 왕 르신을 제거한다. 앗수르의 도움에 대한 감사 표시로 다메섹을 방문했을 때 이방 종교의 제단을 보게 된 아하스는 설계도를 작성하여 제사장 우리야에게 보내 제단을 만들도록 하여 성읍마다 신당을 세웠다.

하나님을 의지하라는 이사야 선지자의 충언을 무시하고 다메섹의 신에게 분향하기 위해 성물들을 철거함으로써 하나님의 성전을 피폐하게 만들었던 그는 유다의 역대 왕 중 므낫세와 함께 가장 악명 높았던 왕으로 결국 죽은 뒤에 왕의 묘실에도 들어가지 못하는 벌을 받았다(왕하16장, 대하28장, 사7장).

제13대 히스기야(재위 기간: B.C. 715 ~ B.C. 686)

25세의 나이로 후계자가 된 히스기야는 아버지가 저지른 악행에서 벗어나기 위해 산당을 허물고 아세라 목상과 **모세의 놋뱀**[155]을 철거하고 성전을 정화하는 등 종교개혁을 단행했다. 이스라엘 백성들을 예루살렘으로 나오게 하

---

[155] 출애굽 한 이스라엘 백성들이 지친 나머지 하나님께 불평을 늘어놓자 이에 진노하신 하나님께서 불뱀을 풀어놓아 많은 백성들이 목숨을 잃게 된다. 모세가 용서해 줄 것을 호소하자 하나님께서는 놋뱀을 만들어 장대에 매달아 놓고, 그것을 쳐다보면 독사에 물린 사람들이 살게 될 것이라고 말씀하신다(민21:4~9). 예수님의 십자가 표상과 같은 의미일 것이다.

여 유월절을 지킬 수 있도록 배려한 히스기야 왕이 그동안 규례를 지키지 못하여 여호와 앞에서 온전하지 못하게 된 백성들을 위해 간구함에 따라, 이제 하나님의 거룩한 자녀로 다시 돌아온 백성들은 기쁜 마음으로 고향으로 돌아갈 수 있게 되었다. 또 레위 사람 제사장들이 부여된 임무에 전념할 수 있도록 호구책 마련에 앞장서자 백성들이 자원해서 가져온 예물과 십일조가 풍성하게 됨으로써 히스기야는 하나님 앞에서 형통한 자가 되었다.

주전 701년, 히스기야의 친 애굽 정책을 못마땅하게 생각했던 앗수르 왕 산헤립이 군사적 요충지인 라기스를 점령하고 예루살렘을 포위하자, 히스기야는 은 300달란트와 금 30달란트를 보내 화친을 도모하는 한편 이를 두려워하는 백성들에게 여호와께서 반드시 도와주실 것이라는 말로 용기를 북돋워 준다. 이것을 본 앗수르 왕 산헤립이 **랍사게**[156]를 보내 그 어떤 신도 자신의 손아귀에서 백성들을 구하지 못했으니 유다도 예외 될 수 없다며 하나님을 의지하는 신앙을 비웃자, 이를 전해 들은 히스기야 왕은 그들을 물리칠 힘이 자신에게 없음을 한탄하며 선지자 이사야와 함께 백성들을 대적의 손에서 구원해 달라고 기도한다. 오직 주님만을 바라보며 간절히 구하는 히스기야의 기도를 들으신 하나님께서 천사를 보내 앗수르 군사 18만 5,000명을 몰살시키자, 간신히 고국으로 돌아간 산헤립이 니스록의 신전에서 제사 드리고 있을 때, 두 아들에게 시해당함으로써 성령을 모독하는 죄를 범하고서는 어느 누구도 죽음으로부터 자유로울 수 없음을 보여주셨다.

불치병에 걸려 죽게 되었을 때 자신을 기억해 달라는 눈물의 간구로 15년의 삶을 연장받을 수 있었던 히스기야가 솔로몬의 잠언을 편집하고(잠25:1), 기혼 샘물이 성안까지 들어올 수 있게 수로를 만드는 등 많은 업적을 이룩하자 백성들의 칭송과 더불어 부귀와 영광도 함께 갖춘 행복한 왕이 되었다. 자신에

---

156 술 맡은 관원장 또는 관원장의 우두머리라는 뜻의 앗수르 관직 명칭이다.

게 고통이 온 것도 결국은 더 큰 평안을 주시려는 하나님의 뜻임을 알았던 히스기야가 29년간의 통치 끝에 명을 달리하자 백성들은 그를 애도하며 다윗의 묘실 중 가장 높은 곳에 장사지낸다(왕하18~20장, 대하29~32장).

제14대 므낫세(재위 기간: B.C. 696 ~ B.C. 642)

므낫세가 12살의 어린 나이로 등극한다. 히스기야가 생명을 연장받은 뒤 태어난 아들로서 55년 동안 장기 집권했던 그는 아버지가 헐어버린 산당을 다시 세우고 바알 제단을 쌓았으며 아세라 목상과 일월성신을 섬기는 등 아버지와는 정반대의 길을 택함으로써 역대 유다 왕 중 영적으로 가장 타락한 왕이 되었다. 어떻게 히스기야한테 그런 아들이 태어났을까 싶을 정도로 그의 타락상은 이방 민족이 행하는 수준을 능가할 정도였다. 공포 정치로 무고한 백성들을 괴롭히는 등 므낫세의 악한 행위가 하늘을 찌르자 진노하신 하나님께서 예루살렘을 깨끗이 정화하겠다고 선포하신다. 그리고 예레미아 선지자를 통해 이스라엘 백성들을 원수들의 손에 넘겨 세계 여러 민족 가운데 흩어놓을 것임(렘15:4)을 경고하신 후, 앗수르의 포로가 되는 벌을 므낫세에게 내리신다. 곤경에 빠진 므낫세가 그간의 행위를 후회하며 회개의 기도를 드리는 것을 보신 하나님께서 그를 왕위에 복귀시키자, 비로소 여호와야말로 참 하나님이신 것을 깨닫게 된 므낫세는 우상을 제거하고 주님의 제단을 성결하게 함으로써 감사 제물을 바칠 수 있었다(왕하21:1~18, 대하33:1~20).

제15대 아몬(재위 기간: B.C. 642 ~ B.C. 640)

므낫세의 아들 아몬이 22세에 왕이 되어 2년 동안 다스린다. 그가 아버지의 길에서 벗어나지 못하고 범죄할 때 신하들이 반란을 일으키자 백성들이 이들을 진압한 뒤 아몬의 아들 요시야를 새로운 왕으로 추대한다(왕하21:19~26, 대하33:21~25).

제16대 요시야(재위 기간: B.C. 640 ~ B.C. 609)

여덟 살의 어린 나이에 등극하여 집권 8년 차 되던 해부터 다윗의 선한 길로 들어선 요시야는 집권 12년째 되던 해에 바알 제단과 아세라 목상 등 우상들을 찍어내고 이방 종교의 흔적을 말끔히 제거함으로써 하나님 앞에서 온전한 자가 되었다. 집권 18년째 되던 해인 주전 622년, 성전을 수리하면서 헌금함을 정리할 때 모세의 **율법이 기록된 두루마리**[157]가 제사장 힐기야에 의해 발견되자, 요시야는 성전 앞에 백성들을 세우고 율법 책에 기록된 말씀을 낭독한 뒤 책에 기록된 모든 것을 지키겠다고 선언함으로써 개혁 의지를 확고히 다진다. 우상을 불사른 후 산당의 제사장들을 폐하고 예루살렘에 돌아온 그는 사무엘 이후 수백 년간 잊혀져 왔던 유월절을 규례대로 지킴으로써 말씀대로 실천한다. 300여 년 전 미래의 왕 요시야가 우상 숭배를 근절할 것이라는 (왕상13:1, 2) 예언이 비로소 성취된 것이다.

요시야의 개혁 정책이 자리를 잡을 즈음, 애굽 왕 느고가 가나안 지역의 종주권을 회복하기 위해 진군하자, 이를 막기 위해 전장으로 나간 요시야는 서른아홉의 나이에 전사함으로써 종교개혁을 통해 위대한 다윗 왕국을 재현시키겠다는 야심 찬 꿈은 더 이상 이룰 수 없게 되었다.

유다의 어떤 왕보다도 모세의 율법을 잘 따랐으며 여호와를 정성껏 섬겼다는 평가를 받았던 그를 위해 예레미아 선지자가 애가를 지었으며 백성들의 애도 속에 조상들의 묘실에 장사 됨으로써 31년간의 통치는 막을 내린다.

「요시야와 같이 마음을 다하며 뜻을 다하며 힘을 다하여 모세의 모든 율법을 따라 여호와께로 돌이킨 왕은 요시야 전에도 없었고 후에도 그와 같은 자가 없었더라(왕하23:25).」 (왕하22:1~23:30, 대하34:1~35:27)

---

157 밝혀지진 않았지만, 학자들은 이 책을 구약 성경의 다섯 번째 책인 신명기 사본일 것이라고 주장한다. 「모세가 여호와의 언약궤를 메는 레위 사람에게 명령하여 이르되 이 율법 책을 가져다가 너희 하나님 여호와의 언약궤 곁에 두어 너희에게 증거가 되게 하라(신31:25, 26).」

제17대 여호아하스(=살룸, 재위 기간: B.C. 609)

요시야가 죽자 영적으로 해이해진 백성들은 또다시 우상숭배로 돌아갔다. 여호아하스가 23살의 나이로 아버지의 뒤를 잇자 유다를 속국으로 다스리던 애굽 왕 느고가 그를 권좌에서 끌어내리고 배다른 형제인 엘리야김을 내세워 여호야김으로 개명한 후 꼭두각시 왕으로 세운다. 석 달 만에 권좌에서 쫓겨난 그는 잡혀간 곳에서 죽게 될 것이라는 예레미야의 예언대로(렘22:12) 애굽으로 끌려가 비운의 생을 마감하게 된다(왕하23:31~35, 대하36:1~4).

제18대 여호야김(=엘리야김, 재위 기간: B.C. 609 ~ B.C. 598)

애굽이라는 외세에 의해 25세에 왕으로 세워진 여호야김은 신흥국 바벨론이 갈그미스 전투에서 앗수르-애굽 연합군을 격파하고 가나안 지역을 장악하자 할 수 없이 바벨론 왕을 섬긴다. 남유다가 바벨론에 의해 멸망될 것이라는 하나님 말씀이 기록된 두루마리를 찢어 화롯불에 던지고, 말씀을 전했던 선지자 예레미야마저 체포할 것을 명령할 정도로 교만했던 여호야김이 바벨론 왕 느부갓네살을 3년간 섬기다가 배반하자, 느부갓네살이 그를 포박하여 바벨론으로 끌고감으로써 11년에 걸친 그의 통치는 종말을 고하게 되었다. 진노하신 하나님께서 그가 죽더라도 백성들은 슬퍼하지 않을 것이며 버림받은 그의 시신은 성문 밖으로 던져져 나귀 묻듯이 매장될 것이라는 저주의 말씀을 (렘22:18, 19) 쏟아내신다(왕하23:36~24:7, 대하36:5~8, 렘36장).

제19대 여호야긴(=여고냐, 재위 기간: B.C. 598 ~ B.C. 597)

여호야김의 뒤를 이어 여호야긴이 18세에 왕이 되지만 그 역시 바벨론으로 끌려감으로써 100일 만에 권좌에서 내려오게 되었다. 37년간의 포로생활 끝에 감옥에서 풀려난 그는 왕족으로서의 대접을 받을 수는 있었지만, 숙부 시드기야가 유다 왕으로 세워짐으로써 그가 쫓겨난 땅에서 돌아오지 못하며 그 자손이 왕위를 이어받지 못할 거라는 예레미아의 예언이(렘22:30) 실현된다(왕하24:8~17, 25:7~30, 대하36:9, 10).

유다의 마지막 왕 시드기야(재위 기간: B.C. 597 ~ B.C. 586)

바벨론 왕 느부갓네살의 꼭두각시로 등극할 때 시드기야(원래 이름: 맛다니야)의 나이 21세였으며 11년 동안 나라를 다스렸다. 바벨론과 애굽 사이를 저울질하던 시드기야가 친 애굽 정책으로 돌아서자 재위 9년째 되던 해인 주전 588년, 느부갓네살이 예루살렘을 공격한다. 마침내 도성이 함락되자 아라바 광야 길로 도망치다 사로잡힌 시드기야는 자신의 면전에서 아들이 처형당하는 장면을 목격한 뒤, 두 눈이 뽑힌 채 바벨론으로 끌려가 여생을 감옥에서 보내는 비극적인 인물이 되었다. 바벨론에 항복하는 것만이 훗날을 도모할 수 있는 유일한 길이라는 하나님의 말씀을 외면하고 말씀 전하는 예레미아마저 감옥에 가둘 정도로 교만했던 그가 생명을 다한 것은 신의를 저버린 죄과로서 감옥에서 죽을 것이라는 에스겔과(겔17:16) 예레미아의 예언이(렘34:3) 성취됨을 보여준다.

남유다가 멸망되자 성전과 왕궁은 불탔으며 성전 앞의 두 기둥과 그 안에 있던 기물들은 약탈당하여 바벨론으로 옮겨진다. 마지막까지 성전을 지키던 대제사장 스라야와 왕궁을 지키던 군 지휘관들이 죽임을 당했으며, 유력한 자나 지혜 있는 백성들은 모두 포로됨으로써 이제 유다는 버려진 땅이 되고 말았다.

북이스라엘이 멸망된 지 136년 뒤인 주전 586년, 남유다마저 허망하게 무너지자 460여 년간 이어져 내려오던 이스라엘의 왕정 시대는 종말을 고하게 되었으며, 바사(페르시아) 왕국이 바벨론을 물리치고 이스라엘을 해방시킬 때까지 나라 잃은 백성들은 70년이라는 긴 세월 동안 낯선 땅에서 유배 생활을 하게 되는 운명에 처하게 된 것이다(왕하24:18~25:21, 대하36:11~21, 렘38:14~28, 52:1~11).

엘리야와 엘리사

내가 주의 말씀대로 이 모든 일을

행하는 것을 오늘 알게 하옵소서(왕상18:36)

가뭄을 예언하다(왕상17장)

북이스라엘이 제7대 왕 아합의 지독한 우상숭배로 나라 전체가 몸살을 앓고 있을 때 길르앗 땅에 **엘리야**[158]라는 예언자가 살고 있었다. 백성들이 바알 섬기는 것을 보신 하나님께서 진노한 나머지 백성들을 잘못된 길로 인도하는 아합을 벌주기 위해 엘리야를 보냈다.

「살아계신 하나님 이름으로 맹세하겠소. 앞으로 몇 년 동안 비나 이슬이 내리지 않아 이 땅에 기근이 올 것이요.」

마침내 가뭄이 시작되자 아합의 사악함을 의식하신 하나님께서 엘리야에게 말씀하셨다.

「너는 요단 강 앞 **그릿 시냇가**[159]로 몸을 피하거라. 그러면 까마귀들이 먹을 것을 가져다줄 것이다.」

---

158 히브리어로 '여호와는 하나님이시다.'라는 뜻. 활동 시기: B.C. 870 ~ B.C. 852년경.
159 정확한 위치는 알 수 없으나 요단 강의 작은 지류 중 하나일 것으로 추측된다.

엘리야가 시냇가의 오두막집으로 피신해 있을 때 말씀대로 까마귀들이 떡과 고기를 날라다 주자 엘리야는 그것을 먹고 시냇물을 마시며 살았다. 오랫동안 비가 내리지 않아 시냇물마저 바닥을 보이자 여호와께서 엘리야에게 시돈 땅 사르밧으로 거처를 옮길 것을 주문하셨다. 사르밧에 사는 가난한 과부를 찾아간 엘리야는 마지막 남은 양식으로 먹을 것을 준비하던 여인에게 떡을 만들어 자신에게 가져오라고 말했다. 이방 여인이었음에도 불구하고 당신이 보낸 사자를 극진히 대접하는 것을 보신 하나님께서 가뭄이 끝날 때까지 그 여인의 항아리에 양식이 떨어지지 않도록 채워주셨다.

얼마 뒤 여인의 아들이 병사하는 일이 벌어졌다. 엘리야가 아들을 거두어 갔다고 생각한 사르밧 여인이 그를 원망하자 여인에게서 죽은 아들을 받아 안은 엘리야가 아이를 살려달라고 기도하는 순간 아이의 혼이 다시 돌아오는 기적이 일어났다. 죽었던 아들이 회생하는 것을 보고 하나님의 손길을 체험한 여인은 그가 정말 하나님이 보낸 사람이라고 믿게 되었다.

갈멜 산의 대결(왕상 18장)

유례없는 가뭄으로 식량난이 심화되자 아합 왕은 엘리야를 찾으려고 온 나라를 뒤졌지만 그를 볼 수가 없었다. 그때 여호와께서 엘리야에게 말씀하셨다.

「내가 곧 비를 내릴 것이니 너는 아합에게 가서 나의 말을 전하여라.」

그토록 찾았던 엘리야가 모습을 드러내자 이를 본 아합이 화를 내며 말했다.

「네가 바로 우리 백성들을 괴롭히는 자로구나.」

인간이 만든 신, 바알이 가뭄으로 허덕이는 땅에 비를 내려줄 수 없다는 것을 뻔히 알면서도 하나님을 인정하지 않으려는 아합에게 엘리야가 말했다.

「백성들을 괴롭히는 자는 바로 당신입니다. 당신이 여호와를 찾지 않고 우상을 섬기고 있으니 그것으로 인해 기근이 오고 백성들이 고통당하는 것입니다. 이 세상에 여호와 외에는 신이 없다는 것을 보여줄 테니 바알의 선지자 450명과 아세라의 선지자 400명을 **갈멜 산**[160]으로 오라고 하십시오.」

갈멜 산에 **바알과 아세라**[161]를 섬기는 예언자들이 속속 도착하자 소문을 들은 이스라엘 백성들이 모여들었다. 여호와 하나님과 바알 중 하나를 선택하라는 엘리아의 요구에 백성들이 눈치를 보느라 아무 말이 없자 엘리야가 말했다.

「이곳에는 바알의 예언자 450명이 있고 여호와를 섬기는 사람은 나 홀로 남았으니 누가 과연 진정한 하나님인지 확인을 해야겠소. 그들과 내가 각자 섬기는 신에게 기도해서 그 응답으로 불을 내리는 신이 참 하나님이라 말할 수 있을 것이오.」

엘리야의 말에 백성들이 수긍하자 바알의 예언자들이 소를 잡아 각을 떠서 장작 위에다 올려놓고 불을 내려달라고 기도했다. 칼과 창으로 자신들의 몸을 상하게 하면서 미친 듯이 주문을 외웠지만 저녁이 다 되도록 반응이 없자 엘리야가 앞으로 나가며 자신이 하는 것을 지켜보라고 말했다. 이스라엘 지파의 수효대로 열두 개의 돌로 제단을 쌓고 장작을 놓은 다음 각을 뜬 소를 그 위에 올려놓고 물까지 부은 엘리야가 제단 앞으로 나가 큰소리로 기도했다.

「여호와여! 주님은 이스라엘의 하나님이십니다. 제가 주님의 종이라는 것과 주의 명령대로 모든 일을 행한다는 것을 백성들이 알게 하시고 여호와야말로 진정한 하나님이신 것을 그들이 깨달을 수 있도록 응답하소서.」

엘리야의 간절한 기도에 그때까지 잠잠하던 하늘에서 불이 떨어져 물에 흠뻑

---

160 해발 546m의 산으로 이스라엘과 고대 페니키아 국경에(오늘날의 시리아와 레바논 해안지대) 위치한다.
161 가나안 및 수리아 지역에서 주 신으로 섬김을 받던 태양신으로서 남성을 상징하며 토지의 생산력과 가축의 번식력을 주관하는 풍요의 신이다. 그의 배우자에 해당하는 여성 신이 바로 달을 의미하며 다산과 풍요를 상징하는 아세라이다. 바알 숭배자들은 신전 창기들과 난잡한 성관계를 가졌는데, 그 이유는 그래야만 더욱 풍요로워진다는 믿음 때문이었다.

젖어있던 번제물을 태우고 도랑에 고여 있던 물까지 말리는 기적이 일어났다. 그것을 본 백성들은 땅에 엎드려 여호와야말로 진정한 하나님이라고 외쳤다.

엘리야가 바알의 예언자들을 가리키며 백성들에게 말했다.

「저들이 한 사람도 도망치지 못하도록 붙잡으시오.」

백성들이 명령대로 하자 엘리야가 그들을 기손 시내로 끌고 가 모두 죽였다.

아합 왕에게 이제 곧 큰 비가 내릴 것이니 이스르엘로 돌아갈 것을 요구한 엘리야가 갈멜 산 정상으로 올라가 얼굴을 무릎 사이에 묻고 일곱 번 기도하자, 손바닥 만한 작은 구름이 바다로부터 올라오더니 검은 구름으로 변하여 하늘을 가리고 큰비를 내렸다. 갈증으로 고통받던 땅에 해갈의 기쁨을 주신 분은 인간이 만들어낸 우상 바알이 아니라 유일하신 하나님 여호와이신 것을 만천하에 보여주신 것이다.

시내 산의 엘리야(왕상 19장)

갈멜 산의 대결에서 승리한 엘리야가 바알의 예언자들을 진멸시켰다는 것을 아합 왕으로부터 전해 들은 **이세벨**[162]은 살아계신 하나님을 목격했음에도 반성하기는커녕 자신이 믿는 우상의 힘으로 엘리야를 죽여 반드시 복수하리라 이를 갈았다. 이성을 잃고 날뛰는 이세벨로부터 쫓기는 신세가 된 엘리야는 우상을 섬기는 이스라엘의 패역함에 좌절감을 느낀 나머지 목숨을 거두어 줄 것을 하나님께

---

162 시돈 왕 엣바알의 딸로 아합 왕의 아내이다.

호소했다. 천사들의 보호 아래 40일을 걸어서 하나님의 산인 호렙 산(시내 산)에 도착하여 동굴 속으로 피신한 엘리야 앞에 강한 바람과 지진이 일어나더니 세미한 하나님의 음성이 들렸다.

「엘리야야! 네가 어찌하여 여기 있느냐?」

「하나님! 제가 있는 힘을 다하여 주님을 섬겼습니다. 그러나 이스라엘 백성들이 주님의 제단을 부수고 예언자들을 죽였습니다. 이제 저만 남았는데 그들은 이제 저의 생명까지 빼앗으려고 합니다.」

「두려워하지 마라. 내가 이스라엘 백성 가운데 바알에게 무릎 꿇지 않은 사람 **7,000명을 남겨**[163]두었느니라. 너는 길을 돌려 다메섹(오늘날 시리아 공화국의 수도 다마스쿠스)으로 가서 **하사엘**[164]에게 기름 부어 아람(시리아) 왕으로 세우고 님시의 아들 **예후**[165]에게 기름을 부어 이스라엘의 왕이 되게 하여라. 그리고 사밧의 아들 엘리사에게도 기름을 부어라. 그가 너의 후계자가 될 것이다. 하사엘의 칼을 피하는 자를 예후가 죽일 것이요, 예후의 칼을 피하는 자를 엘리사가 죽이리라.」

하나님 나라를 회복시키기 위해 남겨둔 자가 있다는 여호와의 말씀에 용기를 얻은 엘리야가 **열두 겨릿소**[166]로 밭을 갈고 있던 엘리사를 찾아가 외투를 벗어 그에게 입혀 주자 소명을 깨달은 엘리사가 엘리야를 따라나섬으로 제자가 되었다.

---

163 노아의 가족을 비롯하여 심판 뒤에는 항상 남은 자가 있었다. 그들이 바로 하나님 나라를 세우기 위해 선택된 구원받은 성도들이다(롬11:3~5).

164 아람 왕 벤하닷을 살해하고 왕권을 차지함으로써 엘리야에게 임했던 하나님의 말씀이 실현되었다(왕하8:13~15).

165 엘리사의 제자로부터 길르앗 라못에서 기름 부어짐에 따라 북이스라엘 10대 왕이 된 예후는 하나님의 심판을 대행하는 도구로 쓰였다(왕하9:1~13).

166 스물네 마리의 소가 두 마리씩 한 쌍을 이뤄 멍에를 메고 있는 상태.

하늘로 올라가는 엘리야(왕하2장)

　엘리사를 후계자로 세운 여호와께서 엘리야를 하늘로 데려가려고 하셨다. 하나님의 명령에 따라 두 사람은 **길갈에서 벧엘과 여리고**[167]를 거쳐 요단 강으로 갔다. 엘리야가 외투를 벗어 강물을 치자 물이 갈라지고 마른 땅의 길이 되어 그들은 강을 건널 수 있었다. 하늘로 올려지게 될 것을 예상하고 있었던 엘리야가 말했다.

　「엘리사야! 여호와께서 나를 데려가시기 전에 내가 너에게 무엇을 해주기를 원하느냐?」

　엘리사는 스승이 행하는 영적 사역을 자신이 계속 이어갈 수 있게 해달라고 말했다.

　「여호와께서 나를 데려가는 것을 볼 수 있다면 네가 원하는 것을 받을 수 있을 것이다.」

　두 사람이 길을 가며 말할 때 회오리바람과 함께 불마차가 나타나 엘리야를 태우고 하늘로 올라갔다. 여호와만이 참 하나님이심을 증거하며 백성들을 인도했던 엘리야가 아담의 7대손 에녹이 승천한 지 2,200여 년 만에 **하늘로 들려진**[168] 것이다.

　순식간에 벌어진 일이라 깜짝 놀란 엘리사가 큰 소리로 스승을 불렀지만, 시야에서 멀어져 더 이상 볼 수가 없었다. 엘리야의 몸에서 떨어진 겉옷으로 엘리사가 강물을 치자 강이 갈라지고 마른 땅이 나타나 그는 다시 강을 건널 수가 있

167　길갈은 가나안 땅에 들어온 이스라엘 백성들이 할례를 행함에 따라 애굽의 수치를 떠나가게 한 곳(수5:9)이 었고, 벧엘은 하나님을 만난 야곱이 변화된 모습으로 하나님을 섬기겠다고 맹세한 곳(창28:16~22)이었으며 여리고는 가나안 땅의 첫 성으로서 하나님의 명령에 따라 백성들의 함성으로 놀라운 승리를 거둔 곳(수6장)이었다.

168　죽지 않고 살아서 하늘로 올라간 사람이 성경에 세 사람이 나오는 데 그 첫 번째가 아담의 7대손 에녹이며 두 번째가 엘리야이고 마지막 세 번째가 예수님이다.

었다. 멀리서 이 광경을 지켜보았지만 하늘로 올려진 것을 도저히 믿을 수 없었던 선지자의 제자 50명이 엘리사에게 다가와 경배하며 말했다.

「엘리야께서 하시는 성령의 역사가 지금 당신 위에 있습니다.」

엘리야의 승천은 하나님과 동행하는 자만이 사망과 권세를 이기고 영생할 수 있다는 말씀을 확실하게 증거하는 것이 되었다.

훗날 하나님께서 구약 시대의 마지막 예언자인 말라기를 통하여 말씀하셨다.

「보라 여호와의 크고 두려운 날이 이르기 전에 내가 선지자 엘리야를 너희에게 보내리니 그가 아버지의 마음을 자녀에게로 돌이키게 하고 자녀들의 마음을 그들의 아버지에게로 돌이키게 하리라 돌이키지 아니하면 두렵건대 내가 와서 저주로 그 땅을 칠까 하노라(말4:5, 6).」

민족의 지도자 모세와 비견될 정도로 이스라엘 역사상 가장 위대한 예언자였던 엘리야는 하늘로 올려진 지 800여 년 후에 모세와 함께 변모산에 나타나 예수님과 대화하는 모습이 제자들에 의해 목격되었다(마17:3). 사람들은 예수님께 세례를 베푼 요한과 엘리야의 옷차림이 비슷하다 하여 세례 요한을 보고 하늘로 올라간 엘리야가 다시 온 것이라고 믿었다.

엘리사의 기적

☑ 소금으로 물을 깨끗이 하다 (왕하2:19~22)

여리고 사람들이 엘리사에게 말했다.

「선생님! 이 땅이 살기는 좋은 곳이지만 물이 좋지 않아 농사짓기가 어렵고 열매를 맺더라도 수확하기가 쉽지 않습니다.」

엘리사가 샘의 근원에 소금을 뿌리자 물이 깨끗해져 농사가 잘되는 기적이 일어났다.

☑ 아이들을 저주하다 (왕하2:23~25)

엘리사를 본 아이들이 그를 놀려댔다.

「대머리야 가거라! 대머리야 가거라!」

몸을 돌이킨 엘리사가 여호와의 이름으로 저주하자 숲에서 암곰 두 마리가 뛰쳐나와 어린아이 마흔두 명을 해쳤다.

엘리사가 아마 대머리였던 모양인데 아무리 대머리라는 호칭이 수치와 치욕을 의미한다(사7:20, 겔7:18, 29:18) 하더라도 하나님의 종인 그가 왜 어린아이들을 해쳤는지 참으로 이해할 수 없는 일이 벌어진 것이다. 그러나 이제 본격적으로 하나님의 사역을 시작하려는 시점에서 이를 방해하는 자들은 어느 누구라도 용납하지 않으려는 하나님의 뜻으로 봐야 하지 않을까 싶다.

☑ 모압 광야에 물을 내다 (왕하3:1~20)

조공을 바치던 모압이 배반하자 남유다와 에돔이 동맹을 맺고 출정했으나 식수가 바닥나 진군이 어렵게 되자 하나님께서 자신들을 모압의 손에 넘겨주는 것이라고 생각했다. 예언자 엘리사가 가까운 마을에 거주한다는 것을 알게 된 남유다 왕이 그를 찾아가 의견을 구하자 엘리사가 하나님 말씀을 전한다.

「**여호와께서 이르시기를 너희가 바람도 보지 못하고 비도 보지 못하되 이 골짜기에 물이 가득하여 너희와 너희 가축과 짐승이 마시리라 하셨나이다(왕하3:17).**」

다음 날 아침 예배드릴 때 골짜기에서 물이 흘러나와 웅덩이마다 차고 넘치는 기적이 일어났다. 갈증에서 해방된 남유다 군은 사기가 충천한 나머지 전쟁에서 이길 수 있었다.

☑ 기름으로 가득 채우다(왕하4:1~7)

청빈하게 살던 제자 한 사람이 갑자기 세상을 떠나자 살길이 막막해진 그의 아내가 엘리사를 붙들고 하소연했다. 기름 한 병이 그들이 가지고 있는 전 재산임을 알게 된 엘리사가 빈 그릇을 있는 대로 가져다 놓을 것을 지시하자 그릇마다 기름이 가득 차는 기적이 일어났다. 기름을 얻게 된 과부는 그것을 팔아 빚을 갚았을 뿐만 아니라 두 아들과 생활하는 데 어려움이 없게 되었다.

☑ 여인의 아들을 살리다(왕하4:8~37)

엘리사에게 도움을 주던 노년 부부가 있었다. 그들의 배려에 고마움을 느끼고 있던 엘리사는 그들 사이에 자손이 없다는 것을 알게 되자 아들을 얻게 될 것이라고 말했다. 예언이 실현된 어느 날, 어렵사리 얻은 아들이 갑자기 두통을 호소하며 숨이 넘어가자 여인은 갈멜 산에 있는 엘리사를 찾아가 다급함을 호소했다. 산에서 내려온 엘리사가 죽은 아이의 몸에 올라가 입과 눈과 손을 그 아이의 동일한 부위에 갖다 대자 아이의 몸에 온기가 돌며 일곱 번 재채기하고 회생하는 기적이 일어났다.

생과 사는 오직 하나님의 손에 달려있다는 것과 모든 것을 주님께 맡기고 간절히 기도한다면 하나님께서 응답하신다는 것을 엘리사가 보여준 것이다.

☑ 독을 제거하다(왕하4:38~41)

계속된 흉년으로 양식이 바닥나자 엘리사는 굶주리던 제자들을 위해 야생 채소와 들 호박으로 죽을 끓였다. 그렇지만 독성 때문에 먹을 수가 없다는 것을 알게 된 엘리사가 곡식 가루를 죽에 뿌리자 독성 물질이 해독되는 기적이 일어나 제자들은 배불리 먹을 수 있었다.

☑ 많은 사람을 먹이다(왕하4:42~44)

마을 사람이 제자들 먹으라고 보리 떡 이십 개와 약간의 채소를 가지고 오자, 100명이나 되는 사람들이 먹기에는 턱없이 부족한 양이라고 생각한 제자들이 고민하는 것을 보고 엘리사가 말했다.

「그들이 먹고도 남을 것이라고 여호와께서 말씀하셨으니 그렇게 될 것이다.」

마침내 모든 사람이 배불리 먹고도 남을 만큼 떡이 계속 불어나는 기적이 일어났다. 떡 다섯 개와 물고기 두 마리로 5,000명을 먹이셨다는 예수님의 오병이어(五餅二魚) 기적이 생각나는 대목이다.

☑ 치유와 발병(왕하5장)

아람의 군사령관 나아만은 큰 용사였지만 그는 불행히도 한센병 환자였다. 병을 고칠 수 있는 선지자가 이스라엘에 있다는 것을 알게 된 아람 왕이 나아만을 보내자, 엘리사는 하인을 통해 요단 강에 몸을 일곱 번 씻으면 깨끗이 치유될 거라는 말만 전한다. 자신을 무시하는 듯한 엘리사의 행동에 분노한 나아만이 고국으로 돌아가려고 할 때, 속는 셈 치고 한번 해 보자는 부하들의 설득으로 요단 강에 몸을 담그자 한센병이 깨끗이 치유되는 기적이 일어났다. 말씀에 순종하는 자에게 기적이 일어난다는 것과 여호와가 바로 치료하시는 하나님임을 체험한 나아만은 이에 대한 보답으로 엘리사에게 선물을 주려 했지만 엘리사가 이를 거절하자 앞으로는 여호와 하나님만 섬길 것을 약속하고 돌아간다. 그러나 물욕에 눈이 어두웠던 엘리사의 종 게하시가 스승의 요구인 것처럼 속여 은 두 달란트와 옷 두 벌을 챙기자 이를 알게 된 엘리사에 의해 게하시는 한센병이 발병되는 벌을 받는다.

☑ 쇠도끼를 찾아내다(왕하6:1~7)

제자들이 숙소를 증축하기 위해 나무를 베기 시작했다. 그때 제자 한 사람이 나무를 찍다가 빌려 온 도끼를 물에 빠뜨리고 말았다. 그것을 본 엘리사가 나무를 꺾어 제자가 가리키는 곳으로 던지자 무거운 쇠도끼가 물에서 떠오르는 기적이 일어났다.

☑ 아람 군대를 물리치다(왕하6:8~23)

아람과 이스라엘이 전쟁할 때였다. 전략을 세울 때마다 상대방이 알아채는 것을 이상하게 여긴 아람 왕은 부하 중에 내통하는 자가 있음을 확신하고 첩자를 찾으라고 명령한다. 그러나 이것이 엘리사의 능력임이 밝혀지자 아람 왕은 그를 잡기 위해 성을 포위한다. 이것을 보고 두려움에 떠는 종을 달래기 위해 엘리사가 기도하자 눈이 밝아진 종은 수많은 하늘 군대가 엘리사를 보호하기 위해 에워싸고 있는 것을 볼 수 있었다.

아람 군인들이 포위망을 좁혀오는 것을 보고 이번에는 그들의 눈을 어둡게 해 달라는 엘리사의 기도대로 아람 군인들이 앞을 못 보는 상황이 되자 엘리사는 그들을 사마리아 땅으로 끌고 갔다. 사마리아로 옮겨진 아람 군인들은 이스라엘 군인들에게 몰살당할 위기에 처하지만, 그들을 고향으로 돌려보내라는 엘리사의 권유로 그들은 무사히 귀향할 수 있게 되었다. 아람이 침략을 포기하니 이스라엘에 평화가 찾아왔다.

☑ 굶주림에서 해방시키다(왕하6:24~7:20)

아람 왕 벤하닷이 사마리아를 공격하기 위해 성을 포위하자 외부와의 단절로 굶주림에 시달린 백성들은 절망적 상태로 내몰리게 되었다. 재앙의 원인이 하늘로부터 온 것이라고 판단한 이스라엘 왕이 엘리사를 잡으려고 사자들을 보내지만, 엘리사는 내일이면 곡물을 헐값에 살 수 있을 정도로 식량 사정이 좋아질 거라며 하나님을 믿고 기다려 보라고 설득한다.

하나님께서 성을 에워싸고 있는 아람 군인들의 귀에 군대의 함성 소리를 듣게 하시자 지원군이 도착한 것으로 착각한 아람 군인들은 모든 것을 버리고 줄행랑을 쳤다. 마침내 그들이 버리고 간 군수품을 확보하게 된 이스라엘은 곡물을 싼값에 구입할 수 있을 것이라는 엘리사의 예언대로 힘 하나 안들이고 적의 공격과 굶주림으로부터 해방될 수 있었다.

이 외에도 하사엘이 아람 왕 벤하닷을 살해하고 왕위를 차지하게 될 것이라는 예언을 실현시켰으며(왕하8:7~15), 아람의 지배를 받고 있던 북이스라엘이 요아스 왕 때에 이르러서야 비로소 복수하게 될 것이라는 사실을 예언함으로써 왕으로부터 내 아버지라는 호칭과 함께 눈물로 병문안 받을 수 있었던(왕하13:14~19) 엘리사는 죽은 뒤에도 그의 뼈에 닿은 시신을 회생시키는 놀라운 기적을(왕하13:20, 21) 일으키기도 하였다.

오므리 왕조 말기인 아하시아 왕에서부터 요아스 왕 치세에 이르기까지 50여 년간 최소한 15차례에 걸친 이적을 행함으로써, 스승 엘리야가 보여준 것보다 두 배나 많은 기적을 성취시켰던 엘리사는 성경에 나오는 인물 중, 예수님을 제외하고 가장 많은 기적을 보여주었던 선지자였다. 그가 행한 능력, 즉 한센병을 치유하고 죽은 사람을 살리고 적은 양식으로 많은 사람을 배불리 먹이는 등, 예수님이 행하셨던 기적의 내용과 비슷함을 볼 때 그가 실현시킨 이적이 예수님의 사역을 미리 보여주려는 의미가 아니었나 싶다.

에스라

백성 된 자는 다 유다 예루살렘으로 올라가서
이스라엘의 하나님 여호와의 성전을 건축하라(스1:3)

70년 만의 귀환(스1, 2장)

주전 539년, 이스라엘을 지배하던 바벨론이 바사(페르시아, 오늘날의 이란) 왕 고레스에 의해 패망하자 예레미야를 통해 말씀하신 것을 이루시려는 하나님께서 고레스의 마음을 감동시키니 그는 바벨론에 끌려와 있던 이스라엘 백성들에게 귀향을 허락하는 조서를 내렸다.

「하늘의 하나님 여호와께서 세상 모든 나라를 내게 주셨고 나에게 명령하사 유다 예루살렘에 성전을 건축하라 하셨나니 이스라엘의 하나님은 참 신이시라 너희 중에 그의 백성 된 자는 다 유다 예루살렘으로 올라가서 이스라엘의 하나님 여호와의 성전을 건축하라 그는 예루살렘에 계신 하나님이시라(스1:2, 3).」

고레스는 창고 문을 활짝 열고 그 옛날 느부갓네살이 예루살렘에서 탈취하여 신당에 두었던 여호와의 성전 그릇 5,400개를 모두 꺼내 **유다 총독 세스바살**[169]

---

169 세스바살과 스룹바벨이 친척이었을 것이라는 설과 함께 그들을 동일 인물로 보는 성경학자도 있다.

에게 넘겨주며 원래 있던 장소에 놓아두라고 명령했다.

이듬해인 주전 538년, 스룹바벨, 예수아와 함께 포로에서 해방된 **4만여 명**[170]의 이스라엘 백성들이 70년 만에 귀향하여 예루살렘 성전 터에 이르렀을 때, 그들이 바친 감사 예물은 **금이 6만 1,000다릭(약 510kg)이요, 은이 5,000마네(약 2.8ton)**[171]나 되었고 제사장의 옷이 무려 100벌이나 되었다.

「**보라 내가 노여움과 분함과 큰 분노로 그들을 쫓아 보내었던 모든 지방에서 그들을 모아들여 이곳으로 돌아오게 하여 안전히 살게 할 것이라(렘32:37).**」

하나님의 말씀이 때가 이르매 성취된 것이다.

성전이 재건되다(스3∼6장)

2년 후인 주전 536년, 스룹바벨과 예수아의 주도로 성전의 주춧돌이 놓일 때 레위 사람 제사장들의 연주에 맞추어 백성들이 큰 소리로 찬송하자, 옛 성전의 화려했던 모습을 기억하고 있던 노인들은 만감이 교차한 나머지 감격의 눈물을 흘렸다.

한편 백성들의 열망으로 성전 재건이 착수되었다는 소식을 들은 사마리아 사람들은 자신들도 참여하기를 희망했으나 스룹바벨과 예수아가 반대하자 이방인

---

170 「온 회중의 합계가 사만 이천삼백육십 명이요 그 외에 남종과 여종이 칠천삼백삼십칠 명이요 노래하는 남녀가 이백 명이요(스2:64, 65).」
171 1다릭은 페르시아 화폐의 일종으로 약 8.4g의 금화 1개에 해당하며 1마네는 50세겔과 같은 돈의 단위로서 약 570g 정도의 무게에 해당된다고 본다. 느헤미야서에는 금 41,000다릭, 은 4,200마네, 제사장 옷이 597벌로 기록되어 있다.

취급하며 적대시하는데 앙심을 품은 그들은 공사가 진척되지 못하도록 훼방을 놓았다. 또한, 총독 르훔과 서기관 심새 같은 사람들은 예루살렘이 종교적 행정적 중심지로 새롭게 부상하는 것을 시기한 나머지 반역의 도시였음을 상기시키면서 성전이 재건되어서는 안 되는 이유를 구체적으로 명시하여 **바사 왕**[172]에게 공문을 보낼 정도로 방해 공작은 끈질기게 이어졌다.

결국, 그들의 의도대로 공사를 중단하라는 조서가 내려짐에 따라 성전 공사는 다리오 왕 2년인 주전 520년까지 16년 동안이나 중단될 수밖에 없었다. 이를 안타깝게 지켜보던 선지자 학개와 스가랴가 하나님의 이름으로 격려하자 백성들의 기억 속에 잊혀질 뻔 했던 성전 재건은 스룹바벨과 예수아의 주도로 재개되었다. 그러나 이를 못마땅하게 여긴 사마리아 총독 닷드내는 다리오 왕에게 재차 공문을 보내 성전 재건이 과연 그들이 말하는 대로 선대 왕이신 고레스의 조서에 따른 것인지 확인해달라고 요청한다. 문서 창고에서 포고령을 찾아낸 다리오 왕은 선대 왕께서 허락한 것이 사실임을 확인하고 더 이상 성전 건축을 방해하지 말 것과 건설에 투입되는 비용을 왕의 창고에서 충당토록 하라고 지시하면서 이를 신속히 이행하라고 명령했다.

우여곡절 끝에 재개된 성전 건설이 다리오 왕 6년인 주전 515년 아달월 3일에 (태양력으로 3월 12일) 드디어 완성되자, 봉헌 예배를 드린 백성들이 율법에 기록된 대로 유월절을 지키게 됨으로써 이제 이스라엘은 하나님 앞에 거룩한 백성으로 거듭날 수 있게 된 것이다.

---

172 성경에는 아닥사스다 왕으로 명기되어있지만, 시기적으로 볼 때 고레스 또는 고레스의 아들 캄비세스 2세 왕(B.C. 530 ~ B.C. 522)일 가능성이 크다.

믿음의 지도자 에스라(스7~10장, 느8장)

포로 된 백성들의 귀환과정과 성전 재건에 담긴 역사를 한눈에 알아볼 수 있도록 기록물로 남긴 에스라는 바사의 아닥사스다 왕 시대의 사람으로 주전 458년, 바벨론에서 2차 귀환을 이끌었던 지도자였다. 또한, 대제사장 아론의 16대 손으로 **율법을 연구한 학자**[173]요 제사장으로서 왕으로부터 크게 존귀함을 받던 사람이었다.

아닥사스다 왕 제7년, 귀향을 허락하면서 그들이 구하는 것을 신속히 집행하라는 **조서**[174]가 내려짐에 따라 성전 예물과 기구들을 지니고 1,496명의 백성들과 함께 예루살렘으로 돌아올 수 있었던 에스라는 귀환자를 파악하던 중, 성전 봉사를 감당해야 할 레위인들이 보이지 않자 가시뱌 지방의 지도자 잇도에게 부탁하여 레위 자손 38명과 성전 일꾼 220명을 확보함으로써 성전 예배를 준비할 수 있었다.

4개월이나 걸리는 고된 여행 끝에 예루살렘으로 귀환하여 여호와의 율법을 연구하며 율례와 규례를 백성들에게 가르치는 일에 전념했던 에스라는 포로 되었던 백성들이 **율법을 거역하고**[175] 이방 민족들과 통혼함으로써 민족의 순수성을 잃게 되었다는 것과 백성들에게 모범을 보여야 할 지도자들이 오히려 그 일에 앞장섰다는 것을 알게 되자 크게 실망한 나머지 성전 앞에 엎드려 여호와 하나님

---

173 율법학자의 모델은 제사장 겸 학사 에스라이다. 사람들에게 율법을 해석하고 쉽게 풀어 가르쳐주며 때때로 송사를 해결하고 재판하는 것이 그들의 주요 임무였다. 율법학자들은 랍비(선생)라고도 불렸고 공의회의 의원도 될 수 있었다(성경통독, 조병호 지음, 통독원, 2012).
174 바사국에 포로로 있는 이스라엘 백성들은 누구든지 본국으로 귀환해도 좋다는 것과 하나님의 성전을 위해 필요한 것이 있다면 무엇이든지 궁중 창고에서 가져가 사용하고 백성들을 가르치라는 내용이었다(스7:11~26).
175 「그들과 혼인하지도 말지니 네 딸을 그들의 아들에게 주지 말 것이요 그들의 딸도 네 며느리로 삼지 말 것은 그가 네 아들을 유혹하여 그가 여호와를 떠나고 다른 신들을 섬기게 하므로 여호와께서 너희에게 진노하사 갑자기 너희를 멸하실 것임이니라(신7:3, 4).」

의 명령을 지키지 못했음을 자복하는 회개의 기도를 드렸다.

「**이스라엘의 하나님 여호와여 주는 의로우시니 우리가 남아 피한 것이 오늘날과 같사옵거늘 도리어 주께 범죄하였사오니 이로 말미암아 주 앞에 한 사람도 감히 서 지 못하겠나이다**(스9:15).」

마침내 이방 여인과 혼인한 백성들의 면면이 파악되자 그들로부터 이혼 약속을 받아내는 등, 영적 회개 운동을 통하여 율법 준수와 민족의 정체성을 확립하는 일에 앞장섰던 에스라는 말씀에 순종하는 것만이 축복받을 수 있는 비결임을 깨 달았기에 이러한 일들을 해낼 수 있었던 것이다.

그래도 그렇지 어떻게 혼인한 백성들까지 이혼하게 함으로써 한 가정을 파탄 낼 수 있을까? 너무 가혹한 처사가 아닐까? 라는 생각이 인간의 감정상 들 수도 있을 것 같다. 하지만 믿음의 공동체를 회복시키기 위해서는 어떤 희생을 감수해 서라도 당신을 거역하는 민족과 섞이면 안 된다는 하나님의 명령을 최우선 순위 에 둘 수밖에 없었던 에스라의 충정으로 이해해야 할 것으로 보인다. 또한 이런 강직한 지도자가 있었기에 뿔뿔이 흩어졌던 백성들이 다시 고향 땅을 밟을 수 있었을 것이며 이를 본받은 수많은 순교자의 피 흘림을 통해 복음이 땅끝까지 갈 수 있었던 것은 아닐까 싶다.

성전이 재건된 지 70년 뒤인 주전 445년, 무너진 채 방치되었던 예루살렘 성 벽이 총독 느헤미야의 주도 아래 복구되자, 모세의 율법을 되새겨주며 백성들을 주님께 인도했던 에스라는 이스라엘이 선택된 민족이라는 자긍심을 심어주기 위 해 창조세계로부터 다윗으로 이어지는 계보를 자세히 설명하고, 유다왕국의 역 사 그리고 왕국의 멸망과 회복에 대한 기록서인 역대기의 저자로 알려질 정도로 위대한 믿음의 지도자였다.

3차에 걸쳐 이루어진 포로 귀환

	1차(스2, 느7장)	2차(스7, 8장)	3차(느2장)
귀환연도	B.C. 538년	B.C. 458년	B.C. 445년
지 도 자	스룹바벨	에스라	느헤미아
귀환자 수	일반인: 42,360 남종과 여종: 7,337 노래하는 사람: 200 계: 49,897명	남자: 1,496 레위인: 38 성전 일꾼: 220 계: 1,754명	기록이 없음
당시의 바사 왕	고레스	아닥사스다 7년	아닥사스다 20년

에스라 시대의 바사(페르시아) 왕들

고레스	캄비세스	다리오 1세	아하수에로 (크세르크세스 1세)	아닥사스다	

B.C. 539   530   522   486   465   B.C. 424

B.C. 332년
알렉산더 대왕에 의해
바사제국이 멸망된다.

느헤미야

- - - - - - - - - - - - - - -

내 하나님이여 나를 기억하사

복을 주옵소서(느13:31)

성벽 재건을 독려하다(느1~4장)

바사(페르시아, 오늘날의 이란) 왕 아닥사스다 제20년인 주전 445년, 바사국의 수도인 수산 궁에서 왕의 술 담당 관리로 일하던 느헤미야는 예루살렘에 성전이 다시 세워졌음에도 불구하고, 고국 백성들이 죄악 가운데 여전히 고통당하고 있다는 소식을 듣게 되자 주님의 백성들을 구원해 줄 것을 하나님께 간구했다. 느헤미야의 얼굴에 수심이 가득한 것을 본 아닥사스다 왕이 그 연유를 묻자, 느헤미야는 고향 땅이 폐허가 되었으니 그곳을 재건할 수 있도록 자신을 파견해 줄 것을 간청했다.

왕이 이를 허락하면서 재건에 필요한 물자를 공급받으라는 조서까지 내리자, 하나님의 도움 없이는 어느 것 하나 해결할 수 없다는 것을 잘 알고 있었던 느헤미야는 하나님께서 이 일을 주관하고 계시다는 것을 깨닫고는 감사의 기도를 드렸다.

총독으로 부임한 지 삼 일째 되던 날, 사람들 몰래 성안을 둘러본 느헤미아는 성벽을 복구해야겠다는 결심이 서자 백성들을 설득했다.

「여러분! 예루살렘이 황폐해졌고 성문은 불타 없어졌습니다. 성벽을 재건하여 더 이상 수치를 당하지 맙시다.」

마침내 성벽중수가 시작되자 소식을 들은 사마리아 총독 산발랏과 암몬 사람 도비야 그리고 아라비아 사람 게셈은 자신들의 영향력이 약화될 것을 우려한 나머지 공사가 진척되지 못하도록 방해하는 것은 물론 협박하는 짓도 서슴지 않았다. 그들의 위협적인 행동에 백성들이 동요하는 기색을 보이자 느헤미아는 백성들은 격려하는 한편 한 손으로는 벽돌을 나르게 하고 다른 손으로는 무기를 들게 하여 경계하기를 게을리하지 않으면서 성벽 재건에 온 힘을 쏟았다.

「성을 건축하는 자와 짐을 나르는 자는 다 각각 한 손으로 일을 하며 한 손에는 병기를 잡았는데 건축하는 자는 각각 허리에 칼을 차고 건축하며 나팔 부는 자는 내 곁에 섰었느니라(느4:17, 18).」

나는 이 부분을 읽을 때마다 1970년대 초반, 그 당시 유행했던 노래가 생각나 나도 모르게 흥얼거리곤 한다. 제목이 향토 방위의 노래였던 것 같은데 경제 개발과 국토 방위의 양 날개를 견고히 해야만 했던 그때 그 시절, 당시의 정세와 잘 어우러졌던 노래였던 것으로 기억한다. 한 소절만 불러볼까요?

「한 손에 망치 들고 건설하면서~ 한 손엔 총칼 들고 나가 싸우세~ 일하며 싸우고 싸우며 일하세~♫」

비교가 될지는 모르겠으나 느헤미야의 처지가 바로 이런 분위기가 아니었을까 싶다.

느헤미야의 리더십(느5~10장)

한편 백성들의 빈곤한 삶을 통해 부조리와 부패상을 보게 된 느헤미야는 가난한 백성들이 다시 일어설 수 있도록 부채를 탕감해주는 것은 물론 율법에 따라 이자를 받지 말라고 귀족들을 설득했다. 그리고는 총독의 관록조차 받지 않기 위해 세금을 거두지 않는 등 자신에게 부여된 합법적인 권리마저 스스로 포기한 채 오직 유다 사회의 재건과 개혁을 추진하는 일에만 몰두했다.

성벽이 완성되는 것을 보고 초조해진 대적자들은 느헤미야가 유다의 왕이 되려 한다는 유언비어로 백성들을 동요시키는 것도 모자라 느헤미야를 해치려고까지 했다. 집요한 방해 공작에도 흔들리지 않는 느헤미야의 리더십으로 주전 444년 10월, 52일이라는 짧은 기간에 성벽공사가 마무리되자 대적자들은 이 모든 일이 하나님의 역사로 가능할 수 있었다는 것을 깨닫고는 두려움에 떨었다.

「성벽 역사가 오십이 일 만인 엘룰월 이십오 일에 끝나매 우리의 모든 대적과 주위에 있는 이방 족속들이 이를 듣고 다 두려워하여 크게 낙담하였으니 그들이 우리 하나님께서 이 역사를 이루신 것을 앎이니라(느6:15, 16).」

무너진 채 방치되었던 성벽과 성문이 마침내 복구됨으로써 예루살렘이 옛 모습을 되찾자 유다 백성들은 불가능했던 일이 가능해지는 것을 보고는 제사장이며 학사인 에스라에게 율법을 낭독해줄 것을 요청했다. 왜냐하면, 여호와의 말씀을 주야로 묵상하는 것만이 축복받는 비결임을 깨달았기 때문이었다.

수문[176] 앞 광장에서 말씀을 듣게 된 백성들이 아멘으로 화답하며 율법에 기록된 대로 초막절을 지키게 되자, 백성들은 베옷을 입고 재를 뒤집어쓰고 금식하며 자신들이 하나님의 선택된 백성으로 그동안 많은 축복을 받았음에도 불구하고 말씀을 거역했던 죄를 뉘우치고 회개했다. 그리고 모세를 통해 주어진 여호와

---

176 10개의 성문 가운데 하나.

의 계명과 규례와 율례를 굳게 지킬 것을 한목소리로 맹세했다.

「우리가 이 모든 일로 말미암아 이제 견고한 언약을 세워 기록하고 우리의 방백들과 레위 사람들과 제사장들이 다 인봉하나이다(느9:38).」

성벽봉헌과 느헤미야의 개혁(느11~13장)

성벽 재건이 마무리되자 제사장들을 포함한 지도자들을 성안으로 이주시킨 느헤미아는 백성들 중 십 분의 일을 제비뽑아 예루살렘에 거주토록 하는 한편 나머지 백성들은 그들이 기업으로 받은 고향 땅에서 살도록 배려했다.

무너진 채 방치된 지 140여 년 만에 성벽 중수를 마친 백성들이 비파와 수금과 제금을 연주하는 제사장들과 함께 봉헌 예배를 드리게 되자 온 예루살렘이 기뻐하는 소리로 가득 찼다.

총독으로 부임한 지 12년째 되던 해(B.C. 433년경) 바벨론으로 귀환했다가 다시 돌아온 느헤미야는, 암몬 사람과 모압 사람은 여호와의 총회에 들어오지 못하게 하라는(신23:3) 율법의 말씀을 거역하고 암몬 사람 도비야를 위해 제사장 엘리아십이 성전 창고 하나를 내주었다는 사실에 분노한 나머지 도비야의 세간들을 밖으로 내쳤다. 그리고 산발랏 가문과의 정략결혼으로 제사장 직분을 더럽힌 엘리아십의 손자마저 추방함으로써 율법준수에 해이해진 백성들의 태도에 경종을 울렸다. 또 호구지책으로 고향으로 돌아간 레위 사람들을 불러모아 직무를 감당하게 하는 한편 안식일에 일하거나 상거래를 일삼는 자들을 엄하게 질책한 후 안식일을 거룩하게 함으로써 개혁을 완수할 수 있었다.

현실에 안주했더라면 편안한 장래가 보장될 수 있었지만 이를 마다하고 고난의 길을 택했던 느헤미야는 이방 여인들과 통혼함으로써 율법을 어긴 백성들을 징계하고 그들로부터 신앙의 정절을 지키겠다는 다짐을 받아냄은 물론, 성벽 재건을 통해 영적 부흥 운동과 할 수 있다는 비전을 제시함으로써 백성들에게 희망을 안겨 준 행동하는 지도자였다. 목숨까지 노리는 대적들의 위협 앞에서도 굴하지 않았으며 하나님의 도우심으로 불가능을 가능하게 할 수 있었다는 신앙 고백으로 하나님만을 바라보는 믿음의 사람이었기에 수많은 개혁을 성공시킨 위대한 지도자로 우뚝 설 수 있었던 것이다.

「내 하나님이여 내가 이 백성들을 위하여 행한 모든 일을 기억하사 내게 은혜를 베푸시옵소서(느 5:19).」

지혜로운 왕비 에스더

네가 왕후의 자리를 얻은 것이
이때를 위함이 아닌지 누가 알겠느냐(에4:14)

왕비가 되다(에1, 2장)

인도에서 **구스**[177] 까지 광활한 영토를 다스리던 강력한 군주 **바사 국의 아하수에로 왕**[178]은 집권 3년째 되던 해인 주전 483년, 나라의 부강함을 과시하기 위해 관리와 귀족들을 왕궁으로 초대하여 무려 180일 동안 연회를 베풀었다. 행사가 끝나자 이번에는 백성들을 위한 잔치가 7일 동안 이어졌다. 술에 취하여 거나해진 국왕은 왕비의 출중한 미모를 자랑하고 싶은 나머지 내시에게 명하여 와스디 왕비를 연회장으로 나오게 했다. 그러나 어찌 된 영문인지 와스디가 국왕의 부름을 거부하자 이에 격노한 아하수에로 왕은 명령을 따르지 않은 왕비를 어떻게 하면 좋을지 대신들에게 의견을 구했다. 대신들은 왕후의 불순종 행위가 소문이 나면 그것이 나쁜 선례가 되어 나라의 규율이 바로 서지 못하게 된다는 것을 지

---

177 오늘날의 아프리카 북동부 지역으로 수단과 에티오피아를 포함한다.
178 바사국은 고대 페르시아 제국으로서 오늘날의 이란을 말한다. 히브리식 이름 크세르크세스(Xerxes) 1세로 추정되는 그는 다리오 왕의 후계자로서 재위 기간은 주전 486~465년이었다.

적하면서 명령을 거역한 왕비를 폐위시키고 더 좋은 사람을 새 왕비로 세울 것을 건의했다. 결국, 와스디 왕비는 폐위되었으며 아하수에로 왕은 새로운 왕비를 간택하게 되었다.

그때 포로로 끌려왔지만 고향으로 돌아가지 않고 유배의 땅 바벨론에 남아 있던 디아스포라 유다인 중 모르드개라는 사람이 있었는데, 그는 조실부모로 고아가 된 사촌 동생 에스더(본명은 하닷사였다.)를 입양하여 딸처럼 키우고 있었다. 새 왕비를 간택한다는 조서가 반포되자 수많은 규수들이 궁중으로 모여들었고, 그들 가운데에는 모르드개의 사촌 에스더도 있었다.

그로부터 4년 뒤인 주전 479년, 국왕의 부름에 대비하여 궁녀들의 보살핌을 받던 에스더의 차례가 되자 아하수에로 왕은 그녀의 출중한 외모에 반한 나머지 그를 새로운 왕비로 삼았다. 모르드개는 왕비가 된 에스더에게 앞으로 어떤 일이 닥칠지 모르니 유다인이라는 사실을 비밀로 해두라고 단단히 일렀다.

어느 날 불만을 품은 내시 두 명이 국왕을 살해하려는 음모를 꾸미는 것을 우연히 알게 된 모르드개는 이를 왕비에게 알려주었다. 음모가 사실로 밝혀지면서 내시 두 사람은 모반죄로 체포되어 죽임을 당하였고 이 모든 사실이 궁중일지에 기록되었다.

하만의 음모(에3~5장)

이 일이 있은 후, 왕은 **하만**[179] 이라는 사람을 총리로 세우고 백성들에게 그를 받들도록 명령했다. 백성들이 하만에게 무릎 꿇고 절하였지만 모르드개는 아말렉 족속의 후손에게 절할 수 없다는 생각에 머리 숙이지 않았다. 이를 괘씸하게 여긴 하만은 그를 제거하기 위해 기회를 엿보던 중 그가 보잘것없는 유다인인 것을 알게 되자 이번 기회에 모르드개뿐만 아니라 그의 동족들을 모두 없애버리려고 궁리했다.

아하수에로가 왕이 된 지 12년째 되던 해인 주전 473년 첫째 달, 무리들이 하만 앞에서 제비를 뽑아 열두째 달인 아달월을 거사일로 정하고는 왕에게 머리를 조아렸다.

「전하! 우리나라의 여러 지방에 흩어져 살고 있는 한 민족이 있는데, 그들은 우리와 풍습이 다를 뿐만 아니라 자기들끼리만 모여 살고 나라의 법도 지키지 않으니 그들을 그대로 둔다는 것은 나라의 장래를 위해서 좋은 일이 아닙니다. 그러니 그들을 진멸시키라는 조서를 내려주신다면 은 1만 달란트를 전하의 금고에 넣을 것입니다.」

하만을 신임한 국왕은 그가 유다인들을 말살하려는 속셈이 있는 것도 모른 채 알아서 처리하라고 말했다. 기회를 잡은 하만은 아달월 13일에 모든 유다인들을 도륙하고 그들의 재산을 빼앗으라는 왕의 조서를 전국 각지로 보냈다. 하만의 끔찍한 음모에 격분한 모르드개와 유다인들이 베옷을 입고 재를 뒤집어쓴 채 대궐 앞에서 통곡하자 이러한 사실을 전해 들은 에스더는 크게 상심했다. 에스더를 보좌하는 내시를 통해 하만이 하고자 하는 음모를 알려준 모르드개는 왕비의 자리에 오른 것도 이런 때를 대비한 하나님의 뜻일지도 모르니 어려움이 있더

---

179 아각 사람 함므다다의 아들 하만은 에서의 자손인 아말렉 족속의 후손이었다.

라도 왕 앞에 나가 유다 백성들을 구하라고 말했다.

수산 성에 있는 유다인들을 한곳으로 모이게 한 후 3일 동안 금식기도 하라 이른 에스더는 동족을 위해 죽기를 각오하고 왕을 알현하겠다고 약속했다. 왜냐 하면, 국왕의 부름 없이 왕궁 안뜰에 들어가는 것은 법을 어기는 행위라 곧 죽음을 의미했기 때문이었다.

왕궁 안뜰에 에스더가 불쑥 나타나자 왕비의 수척해진 모습을 본 아하수에로 왕은 왕비를 가까이 오게 한 후 소원을 말해주면 들어주겠다고 약속했다. 에스더는 왕을 위한 연회를 준비할 테니 하만과 함께 참석해 달라고 간청했다. 왕비의 계획을 눈치채지 못한 하만은 왕비가 주최하는 연회에 자신만이 초대받았다는 사실에 기분이 들뜬 나머지 이를 아내에게 자랑하자, 눈엣가시 같은 모르드개를 죽일 절호의 찬스라고 생각한 하만의 아내는 모르드개를 매달 수 있도록 긴 장대를 준비해 놓고 연회에 참석하라고 거들었다.

백성들을 구원하는 에스더(에6~10장)

그날 밤 잠이 오지 않아 몸을 뒤척이던 아하수에로 왕은 왕궁 일지를 가져와 낭독하라고 신하에게 말했다. 그 일지에는 반역을 꾀하던 궁중 내시 두 사람의 음모가 모르드개에게 발각되어 이를 사전에 저지할 수 있었다는 내용이 들어있었다. 그러나 큰 공을 세운 모르드개에게 상응하는 보상이 없었다는 것을 알게 된 왕이 하만을 불렀다.

「나라에 큰 공을 세워 상을 주고 싶은 사람이 있는데 어떻게 하면 좋겠소?」

왕이 의견을 구하자 그 상이 자신에게 오는 것인 줄 착각한 하만이 왕에게 말했다.

「전하! 그 사람에게 용포를 입히고 전하의 말을 태워 성안을 다니게 하면서 전하의 신하 중 가장 높은 사람을 시켜 국왕께서 상을 주고 싶은 사람에게는 이렇게 해주신다고 외치게 한다면 모든 백성들이 그 사람을 우러러볼 것입니다.」

상을 받을 사람은 유다인 모르드개이니 지금 말한 그대로 시행하라고 왕이 명령하자, 자신이 제안한 방식대로 모든 것을 집행하고 집으로 돌아간 하만은 기분이 상한 나머지 집에서 쉬고 싶었지만, 그날이 왕비가 주최하는 연회날이라 할 수 없이 참석하게 되었다. 분위기가 무르익을 즈음, 그간의 사정을 이야기한 에스더가 유다 민족을 살려달라고 눈물로 호소하자, 아하수에로 왕은 왕비를 힘들게 한 자가 바로 자신이 그토록 신임하던 하만이라는 것을 알고는 크게 충격받은 나머지 자리를 박차고 일어나 왕궁 후원으로 나갔다. 왕이 이처럼 화를 내는 모습을 본 적이 없었던 하만은 생명의 위협을 느낀 나머지 에스더를 붙들고 목숨만 살려달라고 애걸하였다. 연회장으로 다시 들어오다가 하만이 에스더의 무릎에 엎드려 있는 것을 목격한 국왕은 그가 왕비를 겁탈하려는 것인 줄 착각하고 더욱 진노하여 하만이 모르드개를 죽이려고 준비했던 장대에 그를 매달도록 명령했다.

비로소 모르드개와 에스더의 혈연관계를 알게 된 아하수에로 왕은 하만의 재산을 몰수하여 왕비에게 주도록 명령하고 유다인들을 해치려는 민족이 있다면 보복해도 좋다는 내용의 조서를 다시 내려보냈다. 그렇게 해서 유다인들은 하만의 아들 열 명을 교수대에 매달 수 있었으며 지방에서만 7만5,000명이나 되는 사람들을 처단할 수 있었다. 에스더의 간청으로 하루를 더 연장받은 수산 성에서는 이틀에 걸쳐 800명을 죽일 수 있었으니, 이 사건으로 인해 그 땅의 백성들은 하나님의 보살핌을 받는 유다인들을 몹시 두려워하게 되었다.

주전 473년 열두째 달 14일과 15일(태양력으로는 3월 8일과 9일로 추정된다.) 두 날은 대적들에게 몰살당할 뻔했던 유다인들의 간절한 기도에, 너를 저주하는 자에게는 내가 저주할 것이라는(창12:3) 하나님의 언약을 응답해준 날이었으며, 원수들을 물리친 날이고 슬픔이 기쁨으로 바뀐 날이어서 유다인들은 해마다 그날을 기억하고 지켰다.

비록 당신을 배반한 민족이었지만 언약 백성 이스라엘의 구원이 변할 수 없는 하나님의 섭리임을 깨닫게 해주는 그 날은 「**부림절**」[180]이라는 이름으로 유다인들에게는 평생 잊을 수 없는 명절이 되었다.

아하수에로 왕의 신임으로 총리가 된 모르드개와 아비하일의 딸 에스더는 이 일로 인해 민족을 파멸로부터 구한 사람들이라는 이름으로 모든 유다인들로부터 존경받는 사람이 되었다.

하나님의 이름이 단 한 번도 등장하지 않는 에스더의 이야기가 성경에 기록된 이유는 무엇일까요? 하나님은 우리의 눈에 보이지 않지만 당신을 의지하고 찾는 사람들에게는 어떠한 환경 속에서도 보호해주시기 위해 일하고 계신다는 사실을 알게 하려는 뜻일 것이다.

---

180 부림(pourim)이란 제비뽑기를 뜻하는 히브리어에서 유래되었다고 한다. 주전 473년 3월 8일과 9일로 추정되는 부림절은 아각 사람 하만이 유다인들을 진멸시킬날을 제비뽑아 정한 데서 유래한다. 가장 비극적인 날로 기억될 뻔하였던 이날은 유다인들이 하만의 음모로부터 구원받은 것을 기념하기 위해 지금도 지키는 명절이라고 한다.

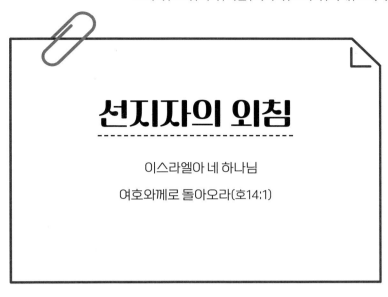

선지자의 외침

이스라엘아 네 하나님

여호와께로 돌아오라(호14:1)

선지자들이 출현하던 시기는 이스라엘에 있어서 그 끝이 보이지 않을 정도로 암울했던 시대였다. 왕국이 분열된 것도 모자라 앗수르와 바벨론이라는 외세 앞에 무릎 꿇고 말았으며 나라 잃은 백성들은 뿔뿔이 흩어졌기 때문이다. 하나님께서는 선민 이스라엘을 도구로 잃어버린 에덴, 즉 하나님 나라를 다시 세우려고 하였으나 백성들의 거듭된 불순종으로 이마저도 어렵게 되자 주전 9세기부터 5세기까지 약 400년에 걸쳐 16명의 선지자를 보내신다. 그들을 파송하면서 백성들이나 선지자들이 지켜야 할 4가지 원칙을 당부하신다.

첫 번째가 바로 당신께서 명령하는 것을 백성들에게 그대로 전해야 한다는 것이며(신18:18), 두 번째는 당신의 이름으로 전하는 말을 듣지 않는 자는 벌을 받는다는 것(신18:19), 세 번째는 당신께서 명령하지 않은 것을 제멋대로 전하거나 다른 신들의 이름으로 말하는 선지자는 죽임을 당한다는 것(신18:20), 마지막 네 번째는 선지자의 예언이 성취됨이 없다면 그는 당신의 말씀을 전한 것이 아니니 그 예언자를 하나님의 사람으로 받아들이지 말라는(신18:22) 내용이었다. 그리고 당신의 말씀을 제대로 전달하지 못하여 백성들이 회개의 길로 들어서지 못한다면 그에 관한 책임 또한 반드시 묻겠다는 경고의 말씀도 잊지 않으셨다.

「가령 내가 악인에게 말하기를 너는 꼭 죽으리라 할 때에 네가 깨우치지 아니하거나 말로 악인에게 일러서 그의 악한 길을 떠나 생명을 구원하게 하지 아니하면 그 악인은 그의 죄악 중에서 죽으려니와 내가 그의 피 값을 네 손에서 찾을 것이고 네가 악인을 깨우치되 그가 그의 악한 마음과 악한 행위에서 돌이키지 아니하면 그는 그의 죄악 중에서 죽으려니와 너는 네 생명을 보존하리라(겔3:18, 19).」

비록 당신을 배반한 백성들이었지만 회개하고 돌아오면 용서하신다는 것을 끊임없이 호소했음에도 백성들이 귀담아듣지 않자, 구약의 마지막 선지자인 말라기를 보내신 후 400여 년이라는 긴 시간을 침묵하신 하나님께서 마침내 특단의 조치를 취하신다. 그것이 바로 우리 죄를 담당하기 위해 성육신으로 오시는 예수님인 것이다.

우리들의 눈에는 침묵하시는 하나님으로 비춰질 수 있을지 몰라도 창세로부터 계획하셨던 구속 사역을 마침내 완성시키기 위해 때가 차기를 기다렸던 것이다.

심판에 대한 경종을 울림으로써 사람들을 회개시키고 하나님 앞으로 나오게 하는 것이 자신들에게 부여된 임무였던 16명의 선지자들이 공통적으로 전하는 말씀은 크게 세 가지였다.

첫 번째는 당신의 은혜를 망각하고 범죄한 이스라엘은 심판받게 되겠지만, 결국에는 자비와 긍휼로 용서받게 된다는 것이며, 두 번째는 당신의 백성 이스라엘을 괴롭히는 열방은 벌을 받게 된다는 것, 그리고 세 번째는 구원을 베풀 메시아의 출현으로 평화의 나라가 새 하늘과 새 땅이라는 이름으로 이 땅에 세워질 것이라는 희망의 말씀이었다. 즉 선민 이스라엘에 대한 경고이자 심판에 대한 선언으로써 순종은 구원이요 불순종은 멸망이라는 이분법적 메시지였던 것이다.

예언자의 활동 지역 및 시대 구분(B.C.)

시대구분 \ 활동지역	북이스라엘	남유다	앗수르	에돔	바벨론
북이스라엘이 멸망할 때까지 사역했던 것으로 추정되는 선지자	아모스 760~754년경	요엘 835년 무렵(?)	요나 760년경		
	호세아 758~715년경	이사야 740~673년경			
		미가 738~698년경			
남유다가 멸망할 때까지 사역했던 것으로 추정되는 선지자		스바냐 640~626년경	나훔 661~612년경		
		예레미야 626~586년경			
		하박국 605~598년경		오바댜 586년경	
포로 시대에 사역했던 선지자					에스겔 593~572년경
					다니엘 605~532년경
포로 시대 이후에 사역했던 선지자		학개 520년경			
		스가랴 520~518년경			
		말라기 460년경			

이사야

신약의 초석을 다지다

이사야를 부르시다

이사야는 웃시야부터 히스기야까지 4대에 걸친 유다 왕 시대에 예루살렘을 중심으로 활동하던 선지자였다.

「하늘이여 들으라 땅이여 귀를 기울이라 여호와께서 말씀하시기를 내가 자식을 양육하였거늘 그들이 나를 거역하였도다(사1:2).」

첫 장부터 심상치 않은 탄식으로 하나님께서 당신의 백성들에게 진노하고 있음을 보여주는 이사야서는 공교롭게도 신, 구약 전체와 동일하게 66장으로 이루어진 방대한 양의 예언서이다. 학자들은 이를 두고 전반부 39장은 구약을 대변하는 한편, 후반부 27장은 신약을 예표한다고 주장한다.

북 왕국 이스라엘의 국운이 다해가던 주전 740년, 영광 중에 다스리는 하나님을 환상 중에 뵐수 있었던 이사야는 선택된 백성 이스라엘이 축복받았음에도 불구하고 이방의 가증한 풍습에 물든 나머지 입술로는 당신을 공경하나 마음으로는 떠났음을 한탄하시는 하나님으로부터 그들에게 심판을 경고하라는 소명을 받는다.

「내가 누구를 보내며 누가 우리를 위하여 갈꼬 하시니 그때에 내가 이르되 내가 여기 있나이다 나를 보내소서 하였더니(사6:8).」

남은 자만 돌아오리라

이사야에게 두 아들이 생기자 **스알야숩과 마할살랄 하스바스**[181]라는 이름을 부여함으로써 이스라엘의 멸망을 예표하신 하나님께서 이스라엘의 패망은 당신을 거역했기 때문임을 밝히시며 심판의 도구로 사용된 앗수르 역시 벌 받게 될 것이라고 선포하신다.

「앗수르 사람은 화 있을 진저 그는 내 진노의 막대기요 그 손의 몽둥이는 내 분노라 내가 그를 보내어 경건하지 아니한 나라를 치게 하며 내가 그에게 명령하여 나를 노하게 한 백성을 쳐서 탈취하며 노략하게 하며 또 그들을 길거리의 진흙같이 짓밟게 하려 하거니와(사10:5, 6).」

「그러므로 주의 일을 시온 산과 예루살렘에 다 행하신 후에 앗수르 왕의 완악한 마음의 열매와 높은 눈의 자랑을 벌하시리라(사10:12).」

여호와의 증인이요 택함을 받은 백성 이스라엘의 구원은 당신밖에 할 수 없다는 것을 상기시킨 하나님께서 흩어졌던 백성들이 속량함을 받아 예루살렘의 거룩한 산에서 예배드릴 수 있을 것이라는 말씀으로 언약백성 이스라엘의 회복이 당신의 변할 수 없는 약속임을 암시하신다.

「야곱아 이스라엘아 이 일을 기억하라 너는 내 종이니라 내가 너를 지었으니 너는 내 종이니라 이스라엘아 너는 나에게 잊혀지지 아니하리라(사44:21).」

심판의 도구 앗수르에 의해 열방이 겪게 될 수난을 예표하기 위해 3년 동안 벗은 몸과 맨발로 이사야를 다니게 하신 하나님께서는 남 왕국 유다를 지배하는 바벨론이 메대에 의해 멸망될 것이며, 블레셋을 포함한 그 주변국들 또한 심판받게 될 것임을 선포하시면서 그들이 심판받는 이유는 언약백성 이스라엘을 약탈하고 멸망시키려는 것에 대한 당신의 징계라고 말씀하신다.

---

181 스알야숩(남은 자가 돌아오리라는 뜻- 스7:3), 마할살랄 하스바스(빨리 빼앗긴다는 뜻- 사8:3)

임마누엘의 징조

이사야서가 크게 주목받는 이유는 그가 전한 수많은 예언 가운데 구원자요 심판자이신 독생자 예수 그리스도의 탄생과 우리 죄를 짊어지고 십자가에서 돌아가시는 고난 받는 종의 모습을 생생하게 기록함으로써 마침내 그 모든 것이 실현되었기 때문이다.

「그러므로 주께서 친히 징조를 너희에게 주실 것이라 보라 처녀가 잉태하여 아들을 낳을 것이요 그의 이름을 임마누엘[182]이라 하리라(사7:14).」

「이는 한 아기가 우리에게 났고 한 아들을 우리에게 주신 바 되었는데 그의 어깨에는 정사를 메었고 그의 이름은 기묘자라, 모사라, 전능하신 하나님이라, 영존하시는 아버지라, 평강의 왕이라 할 것임이라(사9:6).」

「그는 주 앞에서 자라나기를 연한 순 같고 마른 땅에서 나온 뿌리 같아서 고운 모양도 없고 풍채도 없는 즉 우리가 보기에 흠모할 만한 아름다운 것이 없도다 그는 멸시를 받아 사람들에게 버림받았으며 간고를 많이 겪었으며 질고를 아는 자라 마치 사람들이 그에게서 얼굴을 가리는 것 같이 멸시를 당하였고 우리도 그를 귀히 여기지 아니하였도다 그는 실로 우리의 질고를 지고 우리의 슬픔을 당하였거늘 우리는 생각하기를 그는 징벌을 받아 하나님께 맞으며 고난을 당한다 하였노라 그가 찔림은 우리의 허물 때문이요 그가 상함은 우리의 죄악 때문이라 그가 징계를 받으므로 우리는 평화를 누리고 그가 채찍에 맞으므로 우리는 나음을 받았도다 우리는 다 양 같아서 그릇 행하여 각기 제 길로 갔거늘 여호와께서는 우리 모두의 죄악을 그에게 담당시키셨도다(사53:2~6).」

육신의 몸으로 세상에 오신 예수님은 이사야서의 본문을 인용하여 말씀하시고 묵상하셨으며, 나사렛의 회당에서 당신께서 오신 이유를 설명하며 예언대로 될 것임을 선포하신 것을 보더라도 이 예언서가 바로 신약의 배경이 되었음을 알 수 있게 한다.

---

182 히브리어로 하나님이 우리와 함께하신다는 뜻.

아사야는 또 세례자 **요한의 출현**[183]과 오실 예수님께서 이 땅에서 이루게 될 공생애 사역까지도 예언하였으며, 심지어 다윗의 가문에서 예수님이 태어나실 것과(사11:1) 두 죄인이 함께 십자가형을 받는다는 것과 죽은 후에는 부자의 무덤에 있을 것이라고(사53:9) 말할 정도로 구체적이었으며 예수님에 관한 한 어떤 예언서보다도 분명하였다. 그로부터 700여 년 후 그 예언이 그대로 실현되고 완성되었으니 참으로 놀라운 일이 아닐 수 없다.

하나님의 임재를 증거하다

주전 701년, 예루살렘을 포위한 앗수르 왕 산헤립이 살아계신 하나님을 모독하자, 그의 죽음을 예언함으로써 하나님의 전령으로서의 역할을 다했던 이사야는 히스기야 왕이 죽을병에 걸렸을 때도 15년을 더 살 수 있도록 도와준(사38장) 히스기야의 정치적 정신적 조언자였다. 그리고 그의 기도와 응답을 통해 하나님의 임재를 증거했던 희망의 전도사였다.

또한 하나님을 믿고 의지하면 세상에 두려울 것이 없다는 말씀으로 낙심한 사람들을 위로하고 구원에 대한 희망의 끈을 놓지 않도록 용기를 주었던 의로운 선지자였다.

「오직 여호와를 앙망하는 자는 새 힘을 얻으리니 독수리가 날개 치며 올라감 같을 것이요 달음박질하여도 곤비하지 아니하겠고 걸어가도 피곤하지 아니하리로다(사 40:31).」

「두려워하지 말라 내가 너와 함께 함이라 놀라지 말라 나는 네 하나님이 됨이라 내가 너를 굳세게 하리라 참으로 너를 도와주리라 참으로 나의 의로운 오른손으로 너를 붙들리라(사41:10).」

---

183 「외치는 자의 소리여 이르되 너희는 광야에서 여호와의 길을 예비하라 사막에서 우리 하나님의 대로를 평탄하게 하라(사40:3).」

하나님을 누구와 같다 하겠으며 무슨 형상으로 비교하겠느냐(사40:15, 18)는 말로 우상을 섬기는 것 자체가 무익하고 헛된 것임을 상기시킨 이사야는 바벨론에 유배되었던 백성들이 바사 왕 고레스에 의해 귀환하게 될 것과 무너진 성전이 다시 세워지게 될 것이라는 위대한 예언과(사45:13) 함께 심판받은 이스라엘을 이방의 빛으로 삼아 하나님의 구원이 땅끝까지 이르게 할 것이라는(사49:6) 말씀을 전함으로써 이스라엘이 거룩한 하나님의 제사장 나라로 거듭나게 되리라는 사실을 담대히 선포한다.

위대한 선지자 이사야

하나님 말씀 한마디에 자신을 학대하며 60여 년 동안 하나님의 신실한 예언자로서 위선적인 믿음 생활을 질타했던 이사야, 율법과 증거의 말씀을 따를 것을 권면하고 이스라엘의 심판과 구원에 대한 경종을 줄기차게 외친 이사야, 그가 전하고자 했던 메시지는 하나님께 대적하는 자들은 심판받게 되겠지만 회개하고 돌아오는 백성에게는 사랑과 긍휼로 용서받게 된다는 것이며, 하나님의 진노로 잠시 버림을 당했던 당신의 백성 이스라엘이 의롭게 회복된다는 것이었다. 그리고 메시아의 임재로 죄 없는 세상으로 돌아감으로써 고통에서 해방되는 평화의 나라 예루살렘이 새 하늘과 새 땅이라는 이름으로 새롭게 창조될 것이라는 희망의 약속이었다.

신약에서 가장 많이 인용된 예언서를 기록함으로써 신약의 초석을 다진 이사야는 지도자들의 부패상을 고발하며 언약백성의 멸망을 예견하고 경고했던 의로운 선지자였으며 예레미야, 에스겔과 함께 3대 선지자로 꼽힐 정도로 식견을 갖춘 행동하는 지식인이었다.

우상의 득세로 희망이 보이지 않던 어두운 시대에 하나님의 부름을 받아 외롭고 고통스러운 선지자로서 한평생을 보낸 이사야를 통해 우리들은 그가 전한 위대한 약속들이 어떻게 실현되고 성취되었는지 역사적 사실을 목격할 수 있게 되었다.

이제 우리들은 하나님께서 예정하신 세계 경영 가운데 마지막으로 이루어지게 될 새 하늘과 새 땅의 구속사적 약속이 반드시 이루어지게 될 것이라는 믿음으로 현재 진행형인 주님의 말씀을 두렵고 떨리는 마음으로 온전히 지켜봐야 할 것이다. 왜냐하면 당신께서 언급한 것은 반드시 이룰 것이며 계획하였은즉 반드시 시행할 것이라고 말씀하셨기 때문이다.

「만군의 여호와께서 맹세하여 이르시되 내가 생각한 것이 반드시 되며 내가 경영한 것을 반드시 이루리라(사46:11).」

예레미야 70년 동안 바벨론을 섬기리라

회개하고 돌아오라

유다의 16대 왕 요시야의 집권기부터 마지막 왕 시드기야 까지 5대에 걸쳐서 제사장 가문인 예레미야에게 심판과 회복에 대한 말씀이 임하신다.

말씀이 선지자의 입을 통해 전해진다는 것을 보여주기 위해 예레미야의 입에 손을 대시며 어떤 명령을 내릴지라도 두려워하지 말고 따라야 할 것을 주문하신 하나님께서 **살구나무 가지**[184]와 **남쪽으로 기울어진 끓는 가마**[185]의 환

---

184 말씀하신 바를 그대로 지키겠다는 상징.
185 재앙이 북방 민족으로부터 온다는 뜻.

상을 보여주신다. 즉, 당신을 배반한 이스라엘은 심판받게 되겠지만, 이스라엘을 삼키려는 자에게도 재앙이 닥치게 됨을 경고한 것이다.

이스라엘이 선택받은 백성임에도 어려움이 닥칠 때만 당신을 찾는 것을 책망하시고 지도자들조차 탐욕을 부리며 거짓 맹세하는 것도 모자라 여호와를 부정하고 있는 것을 한탄하신 하나님께서 진흙이 토기장이의 손에 있는 것 같이 모든 것이 당신의 의지에 달려 있음을 비유로 들며 회개하지 않는다면 반드시 심판받게 됨을 천명하신다.

「예루살렘아 네 마음의 악을 씻어버리라 그리하면 구원을 얻으리라 네 악한 생각이 네 속에 얼마나 오래 머물겠느냐(렘4:14).」

언약파기를 그들 스스로 했음을 상기시킨 하나님께서 당신의 목소리에 순종하지 않는 백성들을 열방 가운데 흩어버리고 진멸될 때까지 칼을 거두지 않을 것이라는 말씀으로 노여움을 쏟아내신다.

「내가 어찌 이 일들에 대하여 벌하지 아니하겠으며 내 마음이 이런 나라에 보복하지 않겠느냐(렘5:9).」

생명의 길과 사망의 길

악한 자의 길이 형통하며 반역한 자가 평안함은 무슨 까닭이냐(렘12:1) 라는 질문을 통해 당신을 배반한 이스라엘은 물론 그들에게 악행을 저지른 열방 역시 심판받게 되겠지만, 죄를 뉘우치고 돌아온다면 분노를 거두시겠다는 약속을 얻어낼 수 있었던 예레미야가 백성들에게 전해야 했던 말은 왕궁과 성전의 보물이 적국 바벨론의 손에 넘어가고 예루살렘이 멸망된다는 섬뜩한 경고였다(렘20:4, 5).

한편 바벨론의 공격으로 다급해진 유다 왕 시드기야가 나라를 위해 기도해 달라고 요구하자 백성들의 불순종에 진노하신 하나님께서 그들을 느부갓네살의 손에 넘길 것이라는 말씀을 전한 예레미야는 현재로선 그 어떤 대안도 부질없는 짓이니 다가올 운명을 겸허히 받아들이고 바벨론에 항복하는 것만이 생명을 보존하는 길이며 그것이 훗날을 도모하는 해결책임을 제시한다(렘21장). 하나님의 징계를 달게 받고 환란을 견딘다면 반드시 회복될 것이니 좌절하지 말고 기다리라는 거였다.

유다는 결코 망하지 않을 것이라는 달콤한 말로 백성들을 위험에 빠뜨리는 거짓 선지자들을 향한 준엄한 경고와 유다 왕국이 바벨론 왕 느부갓네살에게 정복당함으로써 그들을 섬기는 기간이 **70년에 이를 것**[186] 이라는 메시지를 전하며, 심판 후에는 흩어진 백성들을 불러 모아 이스라엘을 다시 세우고 지킬 것이라는 하나님의 구원 계획을 밝힌 예레미야는 언약 백성들을 해치려는 자들에게는 저주가 내려질 것이라고 선포한다.

마침내 예루살렘이 멸망되자 이스라엘의 정신적 지주였던 성전과 왕궁은 불타고 백성들이 포로 됨으로써 모든 것이 예언대로 이루어지는 것을 지켜본 하나님께서는 흩어진 양 이스라엘을 외면하지 않으시고 심판 후 그들은 당신의 백성이 되고 당신께서는 그들의 하나님이 될 것이라는 새 언약을 주시며, 여호와의 성물이요 첫 열매인 이스라엘의 모든 죄를 용서하시고 다시 세우시고 지키시리라는 것을 거듭 약속하신다.

불순종한 백성들을 당신의 방법에 따라 징계하시되 70년이라는 훈련 기간이 지나면 다시 회복시킨다는 것, 그리고 예루살렘이 열방 앞에서 당신의 기쁜 이름이 된다는 것, 이것이 바로 예레미야에게 말씀하신 하나님의 일관된 약속이었던 것이다.

「내가 이 백성에게 큰 재앙을 내린 것 같이 허락한 모든 복을 그들에게 내리리라(렘32:42).」

---

186 「이 모든 땅이 폐허가 되어 놀랄 일이 될 것이며 이 민족들은 칠십 년 동안 바벨론의 왕을 섬기기라(렘25:11).」 예레미야의 이 예언은 유다의 여호야김 시대인 주전 605년 첫 번째 포로 되어 끌려간 백성들이 주전 537년 귀환하게 됨으로써 실현되었다.

하나님의 신실한 일꾼 예레미야

스무 살도 안 된 젊은 나이에 선지자로 부름받은 예레미야가 말씀을 전할 때마다 자신에게 돌아온 것은 조롱과 모욕과 협박뿐이었다고 한다.

불순종의 죄과로 유다왕국이 멸망될 것이라는 하나님 말씀이 기록된 두루마리를 화롯불에 던질 정도로 교만했던 여호야김 왕한테는 듣기 싫은 소리를 했다는 이유로 쫓기는 신세가 되었으며, 바벨론에 항복하는 것만이 살길이라는 말씀에 받아들이기를 망설였던 시드기야 왕 시대에는 두 번이나 투옥될 정도로 핍박받았던 고난의 선지자였다.

백성들에게 파멸을 경고하라는 여호와를 원망하며 선지자로 부름받은 것을 한탄하기도 했지만(렘20:7~18), 생명의 위협 앞에서도 하나님의 말씀을 전하지 않고서는 답답함을 견딜 수 없을 정도로 말씀을 전하는 데 주저함이 없었던 의로운 선지자였다.

이는 택하신 민족이니 당연히 보호해줄 것이라는 거짓 선지자들의 예언을 철석같이 믿고 있었던 백성들에게 귀에 거슬리는 말이라도 진실을 전해야 하는 것이 자신에게 주어진 소명이었음을 깨달을 수 있었기에 가능했던 것이다.

어둡고 절망적이던 시대에 40여 년 동안 말씀을 전하며 하나님을 거역하는 것이 멸망의 길임을 뻔히 알면서도 돌아오지 못하는 동족 이스라엘을 위해 눈물로 회개할 것을 간구했던 예레미야는 가정을 이루지 말라는 하나님의 명령에 따라(렘16장), 평생을 독신으로 지냄으로써 유다의 멸망이 임박했음을 행동으로 보여주었다. 또한, 나라의 운명이 풍전등화와 같은 위급한 상황이었음에도 불구하고 오히려 베냐민 땅의 밭을 매입함으로써(렘32장) 포로로 끌려간 백성들을 다시 돌아오게 할 것이라는 하나님의 의지를 상징적으로 보여주기도 하였다.

시드기야 왕 제11년인 주전 586년, 예루살렘이 함락되자 바벨론으로 끌려가던 예레미야는 유다 땅으로 돌아갈 기회가 있었지만 정변을 일으킨 요하난에 의해 애굽으로 끌려가게 됨으로써 애굽으로 들어가면 다시는 이 땅을 보지 못할 것이라는(렘44:12) 하나님의 경고대로 결국 고향 땅으로 돌아오지 못하고 그곳에서 여생을 마감했을 것으로 추정된다.

이스라엘을 괴롭혔던 열방이 심판받게 될 것과 징벌의 도구로 쓰였던 바벨론도 결국은 메대에 의해 멸망되리라는 것을 예언한 예레미야는 황무지로 변한 예루살렘을 비탄한 눈으로 바라보며 애절한 마음으로 하나님께 용서를 구하는 슬픈 노래, 「예레미야 애가」와 이스라엘 왕국의 번영과 분열 그리고 나라 잃은 백성들이 뿔뿔이 흩어지는 내용이 담겨 있는 「열왕기 상·하」의 기록자로 알려질 정도로 학문적 지식을 겸비한 선지자였다.

요시야 왕의 종교개혁에 협력함을 물론 하나님의 심판과 회복에 대한 약속을 담대하게 선포한 제사장으로서 메시아의 출현으로(렘23:1~8) 백성들의 죄가 사해질 것이라는(렘31:31~34) 놀라운 예언까지 성사시킨 위대한 선지자 예레미야는 그의 고뇌와 눈물을 통해 이 세상에서 가장 고통받고 계신 분이 바로 하나님이라는 사실을 우리에게 깨우쳐주고 있었던 것이다.

「어찌하면 내 머리는 물이 되고 내 눈은 눈물의 근원이 될꼬 죽임을 당한 딸 내 백성을 위하여 주야로 울리로다(렘9:1).」

에스겔 범죄하는 영혼은 죽으리라

에스겔을 부르시다(1~7장)

남 왕국 유다가 바벨론에 함락당하기 직전인 주전 593년, 제사장 에스겔이 바벨론의 그발 강가에서 포로된 백성들과 절망에 빠져 있을 때 환상을 통하여 패역한 백성 이스라엘을 깨우치게 하라는 사명을 하나님으로부터 부여받는다.

「인자야 내가 너를 이스라엘 족속의 파수꾼으로 세웠으니 너는 내 입의 말을 듣고 나를 대신하여 그들을 깨우치라(3:17).」

이스라엘의 죄를 짊어지기 위해 390일을 왼편으로만 눕고 유다의 죄악을 짊어지기 위해 40일을 오른편으로 눕게 한 후, 거친 보리 떡을 먹게 함으로써 **이스라엘이 겪게 될 참혹한 현실[187]**을 행동으로 깨우쳐 줄 것을 요구하신 하나님께서 당신에게 불순종하는 이스라엘을 행위대로 보응하실 것을 경고함으로써 백성들에게 분노하고 있음을 보여준다.

「너희 가운데에서 삼 분의 일은 전염병으로 죽으며 기근으로 멸망할 것이요 삼 분의 일은 너의 사방에서 칼에 엎드려질 것이며 삼 분의 일은 내가 사방에 흩어 버리고 또 그 뒤를 따라가며 칼을 빼리라(겔5:12).」

---

187 에스겔의 행동은 이스라엘 백성들이 저지른 죄악을 상징하는 것으로 1일을 1년으로 계산할 때 390일은 여로보암의 반역(B.C. 931년) 때부터 이스라엘이 바사왕 고레스에 의해 해방될 때(B.C. 538년)까지의 기간을 말하며, 40일은 유다인들이 바벨론에 포로로 잡혀갔을 때(B.C. 586년)부터 귀환할 때까지(B.C. 538년)의 기간을 말한다는 것이 일반적인 해석이다.

패망의 징조를 보이다(8~20장)

이스라엘 지도자와 백성들이 성전을 등지고 앉아 우상을 섬기며 태양을 향해 예배드리는 가증스러운 광경을 보여주신 하나님께서 심판하실 때에 그들이 부르짖더라도 듣지 않고 불쌍히 여기지도 않을 것이라며 진노의 말씀을 쏟아내신다.

「내가 그들을 불쌍히 여기지 아니하며 긍휼을 베풀지 아니하고 그들의 행위대로 그들의 머리에 갚으리라(겔9:10).」

그러나 끊으려야 끊을 수 없는 당신의 백성 이스라엘을 심판하신 뒤에는 다시 회복시켜주실 것을 약속하신다.

「내가 너희를 만민 가운데에서 모으며 너희를 흩은 여러 나라 가운데에서 모아내고 이스라엘 땅을 너희에게 주리라(겔11:17).」

선지자로 택함받게 되면 편안하고 안락한 삶은 포기해야 되었던 모양이다. 이사야가 그랬고 예레미야가 그랬던 것처럼 에스겔 역시 자신의 몸을 학대함으로써 심판이 있다는 것을 행동으로 보여주어야만 했기 때문이다. 예루살렘이 황무지로 변하고 백성들이 낯선 땅으로 끌려가게 될 것이라는 경각심을 주기 위해 몇 가지 상징적인 행위를 명령하신 하나님께서 백성들을 잘못된 길로 인도하는 거짓 선지자와 그들을 따르는 자에게 심판이 따르게 되리라는 것을 경고하는 것도 잊지 않으신다.

「선지자의 죄악과 그에게 묻는 자의 죄악이 같은즉 각각 자기의 죄악을 담당하리니(겔14:10).」

은혜를 망각하고 당신을 배반한 이스라엘을 행음하는 창녀로 표현하시면서 그들이 율법과 규례를 업신여기는 악한 죄를 짓고 있음을 한탄하신 하나님께서는 의인은 구원받게 되겠지만 악인은 그들의 행위로 반드시 심판받게 될 것임을 거듭 경고하신다.

「네가 맹세를 멸시하여 언약을 배반하였은즉 내가 네 행한 대로 네게 행하리라(겔16:59).」

그렇지만 악인이라도 벌 받는 것을 원치 않는다는 점을 강조하시며 언약을 배반한 이스라엘이 그에 따른 대가를 치르게 되겠지만, 잘못을 뉘우치고 돌아온다면 용서받을 수 있다는 것을 약속하며 당신의 백성 이스라엘이 회개하고 돌아올 것을 간곡히 호소하신다.

「이스라엘 족속아 내가 너희 각 사람이 행한 대로 심판할지라 너희는 돌이켜 회개하고 모든 죄에서 떠날지어다 그리한즉 그것이 너희에게 죄악의 걸림돌이 되지 아니하리라(겔18:30).」

열방에 대한 심판 경고(21~34장)

주전 588년, 바벨론이 예루살렘을 향해 포위망을 좁혀오자 파멸의 징조를 예표하기 위해 하나님께서 에스겔에게 주문하신다. 무슨 일을 당하더라도 슬퍼하거나 소리 내어 울지 말라는 것이다. 그날 저녁 아내가 갑자기 세상을 떠나는 일이 벌어지자 에스겔은 이를 감내함으로써 하나님 명령에 따른다. 예루살렘이 무너지고 성소가 더럽혀지더라도 이를 하나님의 뜻으로 받아들여야 한다는 것과 이를 경고하신 여호와야말로 만군의 하나님이신 것을 백성들이 깨달을 수 있도록 하기 위한 조치였던 것이다.

선민 이스라엘을 괴롭히고 조롱한 이방 민족 또한 바벨론이라는 진노의 막대기 앞에서 공동운명체가 될 것임을 거듭 선포하신 하나님께서 입으로는 사랑을 말하지만 마음으로는 부정한 이득만을 탐하는 이스라엘 백성들과 목자들을 질타하신 후 당신께서 친히 목자가 되실 것을 약속하신다.

「내 양 떼가 노략거리가 되고 모든 들짐승의 밥이 된 것은 목자가 없기 때문이라 내 목자들이 내 양을 찾지 아니하고 자기만 먹이고 내 양 떼를 먹이지 아니하였도다(겔34:8).」

「그 잃어버린 자를 내가 찾으며 쫓기는 자를 내가 돌아오게 하며 상한 자를 내가 싸매 주며 병든 자를 내가 강하게 하려니와 살진 자와 강한 자는 내가 없애고 정의대로 그것들을 먹이리라(겔34:16).」

이스라엘의 회복(35~48장)

다윗의 가문에서 한 목자를 세우겠다는 말씀으로 메시아의 출현을 예고하신 하나님께서 마른 뼈들이 가득한 골짜기에서 뼈들을 모아 살을 붙여 몸을 만들고, 생기를 불어넣어 큰 군대로 되살리는 놀라운 환상을 보여주신다. 흩어놓았던 부정한 민족 이스라엘을 영적으로 회복시켜 약속의 땅으로 돌아가게 하시겠다는 것과 둘로 나누어진 유다와 이스라엘을 하나 된 민족으로 통일시켜 당신의 처소가 그 가운데 있게 함으로써 당신이 바로 이스라엘을 거룩하게 지키는 여호와이심을 모든 민족 앞에 드러내시겠다는 거다.

당신께서 택하신 민족이라고는 하지만 은혜를 망각하고 배반한 백성들을 끊임없이 용서하신다는 이유는 도대체 무엇 때문일까?

바로 당신의 거룩함을 훼손시키지 않고 영광받기 위함일 것이다.

「주 여호와께서 이같이 말씀하시기를 이스라엘 족속아 내가 이렇게 행함은 너희를 위함이 아니요 너희가 들어간 그 여러 나라에서 더럽힌 나의 거룩한 이름을 위함이라(겔36:22).」

성전이 전소된 지 13년째 되던 해인 주전 573년, 하나님께서 새롭게 세워질 성전의 구조와 형상을 에스겔에게 보여주신다. 그리고 회개하는 백성들에게 새 성전에 대한 규례와 법도를 알려줄 것을 당부하시며 백성들이 이를 따를 수 있도록 하라고 말씀하신다. **에스겔 성전**[188]이라 일컬어지는 새 성전을 통해 새로운 계약을 맺음으로써 미래에 세워지게 될 예루살렘이 여호와 삼마(여호와께서 거기 계신다)라는 이름으로 성취될 것을 약속하신 것이다.

포로 된 지 5년째 되던 해에 선지자로 부름 받아 20여 년 동안 생명을 얻는 것과 영혼이 죽는 것은 하나님의 뜻임을 줄기차게 설파하면서 영적 각성을 촉

---

188 에스겔이 환상 속에서 본 성전으로 실제로는 지어지지 않았지만, 앞으로 완성될 하나님의 나라일 것이다.

구했던 에스겔은 하나님의 파수꾼으로서 말씀을 전할 때를 제외하고는 혀가 굳어 말 못하는 자가 될 정도로 온몸으로 하나님의 뜻을 보여준 신실한 일꾼이었다.

탄식을 통해 재앙이 온다는 것을 미리 알려주려고 노력했던 파수꾼 에스겔은 이스라엘의 죄악으로 성전을 떠났던 여호와의 영광이 백성들 가운데 다시 임재하는 것을 목격함으로써 생명수(예수그리스도의 복음을 의미 할 것이다.)로 말미암아 온 인류가 구원받게 되리라는 사실을 확인할 수 있었다.

「내 처소가 그들 가운데에 있을 것이며 나는 그들의 하나님이 되고 그들은 내 백성이 되리라(겔37:27).」

다니엘

살아계신 하나님을 증거하다

신앙의 정절을 지키다(1장)

주전 605년, 앗수르-애굽 연합군을 격파하고 가나안 지역을 장악한 바벨론의 느부갓네살 왕이 식민지 정책의 일환으로 포로 된 유다 백성들 중, 지혜가 충만한 젊은이를 뽑아 궁중에서 일할 수 있도록 하라고 명령하자, 다니엘과 그의 세 친구를 선택한 환관장은 바벨론식 이름으로 개명하고 교육시킨다. 그러나 그들이 왕이 내린 음식과 포도주 마시기를 거부하며 신앙의 정절을 지키자 이를 높이 산 하나님께서 다니엘에게 환상과 꿈을 해석할 수 있는 특별한 능력을 부어주신다.

느부갓네살의 꿈(2, 3장)

주전 603년, 네 가지 금속으로 만들어진 커다란 신상이 갑자기 나타난 돌에 맞아 흔적 없이 사라지고 신상을 부순 돌은 태산을 이루어 온 땅을 덮는 이상한 꿈을 꾸게 된 느부갓네살 왕은 마술사를 불러 꿈 내용은 알려주지 않은 채 해몽할 것을 요구했다. 그러자 불가능한 것을 요구하고 있다고 생각한 마술사들이 그것을 알아내고 해석할 수 있는 이는 오직 신밖에 없다고 머리를 조아리자 진노한 왕은 바벨론의 모든 마술사들을 없애버리라고 명령한다. 환상을 통해 그 비밀을 알게 된 다니엘이 왕을 알현하며 왕이 꿈꾼 내용을 알아내는 것은 물론 미래에 있게 될 왕국의 멸망과 하나님께서 다스리게 될 나라를 미리 보여주신 것이라는 내용으로 해석까지 달자, 이에 감탄한 느부갓네살은 다니엘이 믿는 하나님을 찬양하며 귀한 선물을 하사하면서 다니엘과 세 친구에게 높은 관직으로 보답한다.

살아계신 하나님을 체험했음에도 불구하고 높이가 60규빗(약 27m)이나 되는 거대한 황금 신상을 세운 느부갓네살이 이번에는 신상 섬길 것을 강요하면서 명령을 따르지 않는 자들을 풀무 불로 다스리겠다고 선포하자, 다니엘의 친구들이 오직 하나님만 섬긴다는 것을 알게 된 신하들은 그들을 결박하여 용광로 속으로 던져 넣는다. 그러나 머리털 하나 그을리지 않고 불 가운데에서 살아 나오는 것을 목격한 느부갓네살 왕은 조서를 내려 그들을 구원하신 하나님이야말로 최고의 신이라고 찬양하며 다니엘의 세 친구에게 더 높은 관직으로 환대한다.

다니엘이 본 환상(4, 5, 7, 8, 11장)

자신의 능력으로 위대한 바벨론을 건설했다고 큰소리치며 교만에서 벗어나지 못한 벌로 7년 동안 들 짐승처럼 방황하던 느부갓네살이 권좌에서 쫓겨나던 해에, 환상을 통하여 미래에 세워질 나라를 상징하는 **네 마리의 짐승**[189]과 생명책을 펼쳐놓고 심판하시는 하나님의 모습을 볼 수 있었던 다니엘은 구름을 타고 임재하신 그리스도께서 세상을 다스리게 된다는 사실도 확인할 수 있었다.

그로부터 2년 후인 벨사살 왕 3년에는 가브리엘 천사를 통해 세상 끝날에 일어날 일들과 앞으로 도래하게 될 구속사의 흐름이 세계역사를 주관하시는 하나님의 섭리 가운데 있게 됨을 알게 된다.

한편 벨사살 왕이 귀족들을 초대하여 연회를 베풀면서 예루살렘 성전에서 탈취한 잔으로 축배를 들 때, 사람의 손가락이 나타나 수수께끼 같은 글을 왕궁 벽에 써내려 가자 두려움에 떨던 왕은 그 뜻을 해석하도록 명령한다. 왕 앞으로 불려간 다니엘이 제국의 앞날이 얼마 남지 않았음을 암시하는 하나님의 경고라고 해석하자, 벨사살 왕은 다니엘을 나라의 셋째 가는 통치자로 세우지만, 바로 그날 밤 경고는 현실로 나타나 벨사살은 바벨론의 마지막 통치자가 되었으며 예순두 살의 **메데 사람 다리오**[190]가 새로운 왕이 되었다.

하나님께서 당신의 뜻에 따라 나라의 지도자를 세우신다는 말씀이 실현된 것이다.

189 이 네 마리의 짐승들은 바벨론, 메대와 바사, 헬라 제국 그리고 로마 제국을 상징하며 한편으로는 세상의 권세로 묘사되기도 한다(단7:1~17).
190 바사의 세 번째 왕인 다리우스 1세(B.C. 522 ~ B.C. 486)와는 다른 사람으로 학자마다 의견이 분분하지만, 고레스 왕의 장인이며 외숙부가 되는 시악사레스 2세일 가능성이 크다고 한다.

사자굴 속의 다니엘(6장)

120명의 총독 위에 세 사람의 총리를 세운 다리오 왕이 그중 책임 있는 자리에 다니엘을 임명한 후 나라 살림을 맡기려 하자, 그의 성공을 시기한 고관들은 그를 곤경에 빠뜨리기 위한 계략으로 다른 신에게 경배하는 자가 있다면 누구든지 사자의 밥이 되어야 한다는 법을 만든다. 하나님을 사모하는 믿음으로 하루에 세 번씩 기도하는 다니엘이 고발당하자 다니엘을 총애하던 다리오 왕도 어쩔 수 없이 그를 사자 굴 속에 넣으라고 명령하면서 한편으론 그의 신변을 걱정한다.

「네가 항상 섬기는 너의 하나님이 너를 구원하시리라(단6:16).」

그러나 사자굴 속에 던져졌던 다니엘이 멀쩡하게 살아나오자, 그를 통해 살아계신 하나님을 목격하게 됨으로써 그의 신앙을 흠모했던 다리오 왕은 그를 모함한 관리들을 사자들의 먹이로 다스린 후 조서를 내려 다니엘이 믿는 하나님을 두려운 마음으로 섬길 것을 명령한다.

믿지 않는 자의 입을 통해 영광 받으시는 분이 바로 하나님이신 것을 보여주신 것이다.

하나님을 증거하다(9, 10, 12장)

다리오 왕 원년인 주전 539년, 예루살렘 거리에서 웃음소리가 끊어지고 70년 동안 황무지로 남게 될 것이라는(렘7:34) 예레미아의 예언을 깨닫게 됨으로써, 이제 그 기한이 거의 다 찼다는 것을 알게 된 다니엘은 백성들이 범죄함으로 이방 민족들에 의해 수치를 당하고 있으니 분노를 거두시고 주의 성전을 다시 일으켜 달라고 간구한다. 결국 하나님의 사자인 가브리엘 천사로부터 하나님의 세계경영 가운데에 이루어지게 될 구속사의 흐름을 듣게 된다.

바벨론을 멸망시킨 고레스 왕의 해방선언에 따라 포로 된 백성들이 고국 땅으로 돌아간 지 3년째 되던 해인 주전 536년, 금식하며 기도할 때에 그리스도를 힛데겔(티그리스) 강가에서 환상 중에 만날 수 있었던 다니엘은 세상 끝날에 하나님을 대적하는 적그리스도의 등장으로 대환란이 오겠지만, 생명책에 기록된 사람들은 구원받게 될 것이라는 종말론과 함께 마지막 때까지 이 내용을 봉인해두라는 하나님의 명령을 듣는다.

해석하기 난해한 것으로 정평이 나 있는 다니엘서는 바벨론과 바사 제국을 시대적 배경으로 바벨론 유수와 열강의 박해 가운데에서 나온 예언서들의 집합체로 알려져 있다. 세 이레(10:2), 일곱 이레(9:25), 예순두 이레(9:25), **일흔 이레**[191](9:24), 한때 두때 반때(12:7), 21일(10:13), 1,290일(12:11), 1,335일(12:12), 2,300일(8:14) 등 가늠하기 어려운 역사적 사건들, 즉 예루살렘의 멸망과 회복, 메시아의 임재와 십자가의 죽음, 그리고 세상의 마지막 때에 일어나게 될 대환란과 종말의 징후와 관련된 것으로 여겨지는 숫자들이 많이 나오는 것을 볼 때, 신약의 요한계시록과 연관된다고 볼 수 있을 것이다. 더군다나 마지막 때까지 비밀로 해두라는 하나님의 명령이(단12:4) 그로부터 600여 년 후에는 이제 때가 되었으니 예언의 말씀을 인봉에서 해제하라는(계22:10) 하나님의 계시로 이어졌으니, 시·공간을 초월하는 것은 물론 하나님의 말씀은 한치의 오차가 없음을 깨닫게 하는 이유가 될 것이다.

10대의 젊은 나이에 포로로 끌려가 혹독한 시련 속에서도 하나님을 거역하는 세력과의 타협을 거부하며 하나님만을 바라보는 신앙정절로 평생을 보낸 다니엘은 적국 바벨론의 한가운데에서 하나님을 증거하였으며, 유배된 백성들이 고향으로 돌아갈 수 있도록 담대히 준비하고 행동했던 믿음의 사람이었다.
환상으로 보여주신 계시가 실현된다는 사실을 깨닫게 함으로써 세계 역사를 주관하시는 분이 바로 하나님이심을 증거하면서, 당신을 믿고 따르는 사람

---

191 이레가 7년을 뜻한다고는 하지만 사실 어떠한 암시도 없다. 그러므로 일흔 이레는 70×7=490년을 나타낼 수도 있지만, 종말론과 관련된 한정할 수 없는 어떤 기간으로 보는 것이 타당할 것이다.

들에게는 어떠한 역경 속에서도 보호해주시며 그에 상응하는 상급을 주신다는 것이 바로 다니엘서가 우리에게 주는 교훈이 아닐까 싶다.

「지혜 있는 자는 궁창의 빛과 같이 빛날 것이요 많은 사람을 옳은 데로 돌아오게 한 자는 별과 같이 영원토록 빛나리라(단12:3).」

호세아

깨닫지 못하는 백성은 망하리라

부정한 아내 이스라엘(1~3)

여로보암 2세가 북 왕국을 다스리던 때인 주전 8세기 중엽, 브에리의 아들 호세아에게 이스라엘의 심판과 구원에 대한 말씀이 임하신다.

당신을 배반한 이스라엘의 부정함을 알리기 위해 음란한 여인과 결혼하여 부정한 자식을 낳으라는 명령에 따라 호세아는 고멜이라는 매춘부를 아내로 맞아들인다. 그들 사이에 삼 남매가 태어나자 하나님께서는 이스라엘을 심판하고 구원할 것이라는 뜻으로 그들의 이름을 **이스르엘, 로루하마 그리고 로암미**[192]라 부르게 하신다.

---

[192] 맏아들 이스르엘은 '하나님께서 흩으신다.'라는 뜻이고 딸 로루하마는 '긍휼히 여김을 받지 못하는 자'라는 뜻이며, 막내아들 로암미는 '내 백성이 아니다.'라는 뜻이었으나, 부정적이었던 첫 번째 이름과는 달리 나중에는 이스르엘(하나님께서 심으신다.)과 루하마(긍휼히 여김을 받는 자) 그리고 암미(내 백성이다.)라

우상을 섬기는 이스라엘을 간음한 아내로, 간음한 아내가 돌아오기만을 기다리는 남편이 바로 당신임을 나타냄으로써 당신과 이스라엘을 부부 사이로 비유한 하나님께서 호세아에게 원하시는 것은 배신한 아내 고멜을 용서하고 다시 찾으라는 거였다. 비록 당신을 거역하고 범죄한 백성이지만, 용서해주기 위해 찾고 계신다는 것을 호세아(하나님)와 고멜(범죄한 이스라엘)과의 재결합이라는 관계 설정을 통해 아이들(이스라엘 백성들)을 끝까지 포기하지 않고 사랑으로 용서하는 분이 바로 하나님이심을 보여주신 것이다.

「내가 네게 장가들어 영원히 살되 공의와 정의와 은총과 긍휼히 여김으로 네게 장가들며 진실함으로 네게 장가들리니 네가 여호와를 알리라(호2:19, 20).」

회개하고 돌아오라(4~14)

이스라엘이 우상을 섬기고 음행하며, 백성들을 인도해야 할 제사장들조차 범죄하는 것을 보신 하나님께서 이를 경고하시며 백성들의 불성실한 회개를 질책하시자, 호세아는 회개하고 돌아오면 용서해주실 것이니 여호와께 돌아가자고 눈물로 호소한다.

「오라 우리가 여호와께로 돌아가자 여호와께서 우리를 찢으셨으나 도로 낫게 하실 것이요 우리를 치셨으나 싸매어 주실 것임이라 여호와께서 이틀 후에 우리를 살리시며 셋째 날에 우리를 일으키시리니 우리가 그의 앞에서 살리라(호6:1, 2).」

하지만 이를 거부하는 백성들을 앗수르라는 도구를 통해 징계하실 뜻을 밝히시며, 심판 후에는 부정한 아내를 용서했던 호세아처럼 그들을 구원하실 것을 약속하신 하나님께서 회개하고 돌아와 당신께 의지하라고 말씀하신다.

「에브라임[193]이여 내가 어찌 너를 놓겠느냐 이스라엘이여 내가 어찌 너를 버리

불리게 됨으로써 심판 후에는 하나님의 자비와 긍휼로써 이스라엘이 회복될 것임을 선포하신다(호1:4~11, 2:23).

193 에브라임은 요셉과 아스낫과의 사이에서 태어난 둘째 아들이지만(창41:52) 북이스라엘을 상징하는 뜻으로 쓰인다.

겠느냐 내가 어찌 너를 아드마 같이 놓겠느냐 어찌 너를 스보임[194] 같이 두겠느냐 내 마음이 내 속에서 돌이키어 나의 긍휼이 온전히 불붙듯하도다 내가 나의 맹렬한 진노를 나타내지 아니하며 내가 다시는 에브라임을 멸하지 아니하리니 이는 내가 하나님이요 사람이 아님이라 네 가운데 있는 거룩한 이니 진노함으로 네게 임하지 아니하리라(호11:8, 9).」

　　우상 숭배를 매춘 행위로 비유하며 언약의 파기와 종교 지도자들의 부패상을 고발하면서 하나님을 대적하는 범죄로 이스라엘의 패망을 경고한 선지자는 모든 죄를 용서해 달라고 간구하는 한편, 회개하고 돌아와 여호와께 순종할 것을 호소함으로써 언약 백성 이스라엘을 사랑으로 지켜주시겠다는 하나님의 약속을 이끌어낼 수 있었다.
　　「내가 그들의 반역을 고치고 기쁘게 그들을 사랑하리니 나의 진노가 그에게서 떠났음이니라(호14:4).」
　　북 왕국의 멸망을 지켜보며 그들의 죄악을 본받지 말 것을 남 왕국 백성들에게 호소했던 선지자 호세아는 생명과 사망이라는 두 갈래 길 중 하나를 선택하라고 권면한다.

　　「누가 지혜가 있어 이런 일을 깨달으며 누가 총명이 있어 이런 일을 알겠느냐 여호와의 도는 정직하니 의인은 그 길로 다니거니와 그러나 죄인은 그 길에 걸려 넘어지리라(호14:9).」

194　스보임과 아드마는 소돔과 고모라가 멸망될 때 함께 심판받았던 도시였을 것이다(창10:19).

요엘
메뚜기 떼의 경고

첫 장부터 농사를 망친 농부들의 애곡 소리로 여호와의 날이 임박했음을 보여주는 요엘서는 그 저작연대에 대해 대체로 두 가지 견해가 있다고 한다. 하나는 유다 왕 요아스가 권좌에 있던 주전 835년경에 기록되었다는 설과 또 하나는 에스라, 느헤미야가 활동하던 시기인 주전 400년대 중반쯤에 기록되었을 것이라는 주장이다. 어떤 것이 맞는지는 단정 지을 수 없으나 혼란기의 시대적 배경 속에서 브두엘의 아들인 요엘에게 하나님의 말씀이 임하신 것이다.

백성들의 온전치 못한 영적 생활이 재앙으로 귀결되었음을 지적하며, 축복을 의미하는 곡식과 포도주와 기름이 이 땅에서 끊어졌음을 탄식한 선지자는 심판의 날을 어둡고 캄캄한 날, 짙은 구름이 덮인 날, 새벽빛이 산꼭대기에 덮인 것과 같다는 비유로 모든 사람들이 두려움에 떨게 되는 절망의 날이 될 것이라고 선언한다.

「슬프다 그날이여 여호와의 날이 가까웠나니 곧 멸망같이 전능자에게로부터 이르리로다(욜1:15).」

주의 군대가 등장하는 심판의 날에 하나님께 배역하는 이스라엘이 황폐해질 것이라는 경고로 여호와 앞에 당할 자가 없음을 선언한 선지자는, 회개하고 돌아온다면 백성들을 긍휼히 여기시는 하나님의 자비로 심판을 피할 수 있을 것이라는 희망의 메시지를 전하며 모든 백성들이 하나님 앞으로 나와 간절히 구할 것을 호소한다.

「너희는 옷을 찢지 말고 마음을 찢고 너희 하나님 여호와께로 돌아올지어다 그는 은혜로우시며 자비로우시며 노하기를 더디 하시며 인애가 크시사 뜻을 돌이켜 재앙을 내리지 아니하시나니(욜2:13).」

「누구든지 여호와의 이름을 부르는 자는 구원을 얻으리니 이는 나 여호와의 말

대로 시온 산과 예루살렘에서 피할 자가 있을 것임이요 남은 자 중에 나 여호와의
부름을 받을 자가 있을 것임이니라(욜2:32).」

마당에는 밀이 가득하고 독에는 새 포도주와 기름이 넘칠 것이라는 말씀으로
고통 속에 있는 백성들을 구원해주실 것을 약속하신 하나님께서 당신의 변함없
는 사랑을 전하고 있었던 것이다.

「유다는 영원히 있겠고 예루살렘은 대대로 있으리라(욜3:20).」

신약 시대, 사도 베드로는 오순절 설교를 통해 성령의 은사로 제자들이 방언
으로 말하게 된 것은 하나님께서 요엘을 통하여 선포하신 말씀이 그대로 이루어
진 것이라고 증언함으로써, 늙은이가 꿈을 꾸고 젊은이가 이상을 보게 될 것이
라는(욜2:28) 요엘의 위대한 예언은 그로부터 800여 년이 지난 오순절 날 성령세
례를 통하여 성취될 수 있었다.

아모스

여호와를 찾으라 그리하면 살리라

이스라엘과 열방에 대한 심판 선언(1~6장)

아모스는 요나 선지자가 니느웨를 향해 회개할 것을 권면하고 있을 때 북이
스라엘에서 활동했던 선지자였다. 그는 베들레헴 남쪽에 있는 드고아의 고원
에서 목축을 하며 뽕나무를 재배하던 농부였으나 여로보암이 북 왕국을 다스

리던 때인 주전 760년경, 이상을 보여주신 하나님께서 그것을 백성들에게 전하라는 명을 받게 된다.

열강이 저지른 만행을 서너 가지 죄라고 표현하시며 약자들을 짓밟고 괴롭혔던 그들에게 불(불은 보통 전쟁을 의미한다.)을 보내 심판하실 것을 선포하신 하나님께서 당신의 거룩한 백성이요 제사장 나라로 선택받은 것에 대한 은혜를 망각하고 정의와 공의대로 행하지 못한다면 유다와 이스라엘 역시 혹독한 심판을 면치 못할 것이라고 경고하신다.

「내가 땅의 모든 족속 가운데 너희만을 알았나니 그러므로 내가 너희 모든 죄악을 너희에게 보응하리라(암3:2).」

그러나 모든 예언서가 그러하듯 회개하고 돌아오면 여호와를 만나게 될 것이라는 말씀으로 언약백성 이스라엘이 당신과는 끊으려야 끊을 수 없는 관계임을 보여주신다.

「너희는 나를 찾으라 그리하면 살리라(암5:4).」

환상을 통해 심판을 보여주다(7~9장)

자신이 말하는 것은 곧, 하나님의 계시임을 상기시키며 왕국의 멸망으로 백성들이 대적들의 볼모가 될 것을 예언한 아모스는 하나님께서 백성들을 심판하기 위해 보내는 기근은 양식이 없어 당하는 주림이 아니라 여호와의 말씀을 듣지 못한 기갈임을 밝히면서 범죄하는 백성들을 용서하지 않을 것이라는 하나님의 말씀을 전달한다.

주전 722년, 마침내 북 왕국 이스라엘이 패망함으로써 당신의 비밀을 예언자에게 미리 알려주신다는(암3:7) 말씀이 거짓이 아니었음이 다시 한번 입증되었다.

심판의 날을 어둠의 날로 표현하신 하나님께서 범죄한 이스라엘이 정죄 받게 되리라는 사실을 예표하는 다섯 가지 환상, 즉 메뚜기 재앙과(암7:1~3) 불의 징벌(암7:4~6), 다림줄(암7:7~9), 여름 과일 한 광주리(암8:1~3), 그리고 심판을 상징하는 성소의 파괴를(암9:1~4) 보여주시고 심판 후에는 이스라엘을 새롭게 세울 것을 약속함으로써 절망 속에 빠져있는 백성들에게 희망의 불씨를 남겨주신다.

선택받은 나라가 심판의 대상으로 전락해버린 사실에 안타까움을 드러내신 하나님께서 다윗의 무너진 장막 이스라엘이 새롭게 회복됨으로써 영원한 약속의 땅이 될 것을 확인하신 것이다.

「내가 내 백성 이스라엘이 사로잡힌 것을 돌이키리니 그들이 황폐한 성읍을 건축하여 거주하며 포도원들을 가꾸고 그 포도주를 마시며 과원들을 만들고 그 열매를 먹으리라 내가 그들을 그들의 땅에 심으리니 그들이 내가 준 땅에서 다시 뽑히지 아니하리라 네 하나님 여호와의 말씀이니라(암9:14, 15).」

오바댜

교만한 에돔의 심판 선언

오바댜가 받은 계시는 야곱의 형 에서의 자손이 세운 나라 에돔, 그러니까 지금의 요르단으로 불리는 사해 남쪽 지방의 산악지대에 살던 족속에 대한 심판 선언이었다.

출애굽 백성들이 광야 길로 들어설 때 자기들 땅으로 통과하는 것을 허락하지 않은 것과(민20:14~21) 바벨론의 침략으로 곤경에 처했을 때도 피를 나눈 형제국으로 도움을 주기는커녕 오히려 그들을 치기 위해 적국의 선봉에 섰던 만행을(옵

1:11,12) 기억하고 계신 하나님께서는 그들이 언약백성에게 보인 적대행위 그대로 당하게 될 것이라고 선포하신다. 형제를 사랑하라는 계명을 어기고 반목했던 에서와 야곱의 뿌리 깊은 장자권 싸움이 그의 후손들에게까지 미치게 되었다는 사실을 경고하신 것이다.

마침내 교만했던 에돔은 심판의 도구, 바벨론에 의해 멸망됨으로써 하나님 말씀이 결코 헛된 것이 아니었음을 보여주었다.

「드만아 네 용사들이 놀랄 것이라 이로 말미암아 에서의 산에 있는 사람은 다 죽임을 당하여 멸절되리라(옵1:9).」

세계 모든 민족이 여호와 앞에 서게 되는 날, 에돔 역시 심판받게 됨을 선언하신 하나님께서 거룩한 곳 시온(예루살렘)에 심판을 피해 남은 자들이 있게 될 것이라는 말씀으로, 언약백성에 의해 하나님 나라가 온전히 회복되리라는 희망의 메시지가 오바댜의 묵시를 통해 전해진다.

「구원받은 자들이 시온 산에 올라와서 에서의 산을 심판하리니 나라가 여호와께 속하리라(옵1:18).」

요나

회개하면 구원해주시는 하나님

하나님께서 아밋대의 아들 요나에게 죄악으로 가득한 니느웨(앗수르 제국의 수도)를 회개시키라는 임무를 주신다. 그러나 잘못된 선민의식으로 그들이 주님께 돌아오는 것을 원치 않았던 요나는 선지자로서의 소명을 거부하고 **다시스**[195]로 도망치기 위해 배에 오른다. 출항하자마자 거센 폭풍을 만난 뱃사람들은 재앙의 원인이 요나의 불순종에 있다는 것을 알게 되자 하나님의 진노에서 벗어나기 위해 요나를 바다 한가운데로 던진다. 그러나 큰 물고기를 예비하신 하나님에 의해 물고기 뱃속에 갇힌 요나는 3일 동안 회개의 시간을 갖는다. 요나의 기도를 들으신 여호와께서 물고기를 토하게 만들어 죽음의 문턱에서 구해주시자 마지못해 니느웨로 향한 요나는 앞으로 40일이 지나면 니느웨가 멸망될 것이라는 하나님의 말씀을 전한다.

요나의 외침을 들은 앗수르 왕이 금식을 선포하며 백성들에게 근신할 것을 명령하자 악한 길에서 돌아서는 것을 보신 하나님께서 심판의 뜻을 접고 그들에게 내리려고 작정했던 재앙을 거두어들인다.

이스라엘을 위협하는 적국 니느웨가 멸망되기만을 학수고대하던 요나에게 가장 두려워했던 일이 현실로 나타나자 하나님의 뜻을 이해하지 못한 요나는 불평을 털어놓는다.

「저는 진작부터 하나님께서 그들을 용서해주실 줄 알았습니다. 제가 다시스로 도망친 것도 그런 연유였으니 이제 저의 생명을 거두어 주십시오. 사는 것보다 죽는 것이 차라리 낫겠습니다.」

불만으로 가득 찬 요나를 설득하기 위해 박넝쿨을 이용하여 그늘의 고마움과 햇볕의 고통을 번갈아 체험하게 하신 하나님께서 그늘의 고마움에 기뻐하는 요나를 보고 말씀하신다.

「네가 심지도 가꾸지도 않은 박넝쿨을 그렇게 아끼는데 하물며 옳고 그름을 분별할 줄 모르는 사람들이 12만 명이요, 수많은 가축들도 살고 있는 이곳을 내가 어찌 아끼지 않을 수 있겠느냐?」

---

195 밝혀지진 않았지만, 오늘날 스페인 남단의 해협에 위치했던 것으로 추정된다.

심판 때에 니느웨 사람들이 일어나 이 세대 사람들을 정죄할 것이라는(마12:41) 예수님의 말씀처럼 그때 사람들은 요나의 외침을 듣고 회개하였으나, 이 세대 사람들은 요나보다 더 큰 예수님의 말씀을 듣고도 회개하지 않았음을 지적하는 요나의 이야기는 니느웨 같이 악명높은 곳이라도 회개하면 용서받을 수 있다는 점을 깨닫게 함으로써 심판의 목적은 구원에 있다는 것과 회개하면 누구든지 용서해주시는 하나님의 사랑과 긍휼을 보여주는 교훈이 되었다.

신의 아들이 맞다면 그 증거를 대라는 바리새인들의 요구에 예수님께서는 선지자 요나의 표적밖에 보일 것이 없다고 말씀하신다. 즉, 요나가 사흘 동안 물고기 뱃속에 있었던 것처럼 당신도 사흘 동안 땅속에 있게 될 것이라는 말씀으로(마12:38~40) 십자가의 죽음과 부활보다 더 큰 표적은 없으며 부활의 권능이 자신에게 있음을 증거하신 것이다.

이스라엘 영토가 하맛 어귀에서 아라바 바다(사해)까지 확장되어 번성하게 될 것이라는 하나님의 말씀을 북이스라엘 왕 여로보암에게 전달하기도 했던 요나(히브리어로 비둘기라는 뜻)는 자신이 겪었던 독특한 체험을 통해 회개와 구원이라는 신앙적 의미를 되새겨준 선지자였다.

미가

베들레헴을 주목하라

요담과 아하스와 히스기야 왕이 유다를 통치할 때인 주전 8세기 중엽 모레셋 사람 미가에게 여호와의 말씀이 계시된다.

북 왕국의 멸망이 예정되어 있는 것처럼 예루살렘의 파멸 또한 피할 수 없는 운명임을 언급하며 온몸으로 애통함을 보여준 미가는 이스라엘의 지도자들과 예언자들이 하나님의 뜻을 왜곡하는 것도 모자라 가증한 말을 늘어놓는 것에 분노하며 하나님의 준엄한 심판이 따르게 될 것임을 경고한다.

「이러므로 너희로 말미암아 시온은 갈아엎은 밭이 되고 예루살렘은 무더기가 되고 성전의 산은 수풀의 높은 곳이 되리라(미3:12).」

쟁기를 쳐서 칼을 만들고 낫을 쳐서 창을 만든다는 말씀으로(욜3:10) 섬뜩한 심판을 경고했던 요엘 선지자의 주장과는 반대로 칼을 쳐서 쟁기를 만들고 창을 쳐서 낫을 만든다는 말씀으로(미4:3), 여호와의 성전이 있는 시온 산이 세상의 중심이 되어 평화의 시대가 도래하게 될 것을 예언한 미가는 고난받은 백성들을 불러모아 강한 나라를 세우겠다는 하나님의 구속사적 의지를 밝힘으로써 예루살렘의 영광이 회복될 것이라는 희망의 메시지를 전한다.

「율법이 시온에서부터 나올 것이요 여호와의 말씀이 예루살렘에서부터 나올 것임이라(미4:2).」

「베들레헴 에브라다야 너는 유다 족속 중에 작을지라도 이스라엘을 다스릴 자가 네게서 내게로 나올 것이라 그의 근본은 상고에, 영원히 있느니라(미5:2).」

이사야와 같은 시대, 같은 지역에서 사역했던 미가는 고난받는 종의 모습을 생생하게 기록함으로써 **임마누엘**[196]의 징조를 예견했던 이사야의 증언에 더하여 베들레헴이라는 작은 마을에서 지도자가 탄생하여 메시아 왕국이 실현될 거라고 믿었다.

700여 년 후 마침내 예수 그리스도가 이 땅에 오심으로 미가의 위대한 예언은 성취된다. 그러나 미가가 지목한 대로 구원자가 베들레헴에서 나올 것으로 믿었던 유대인들은 예수님을 갈릴리 출신으로 오해한 나머지 그를 메시아로 인정할 수 없었으며 아기 예수의 탄생을 저지하기 위해 혈안이 된 헤롯 왕은 베들레헴과 주변 마을의 어린이들을 죽이는 어이없는 일이 벌어지기도 하였다.

---

196 히브리어로 하나님이 우리와 함께하신다를 뜻한다.

이스라엘을 구원하신 은혜가 백성들로부터 온전히 기억되기를 원했던 여호와께서 그들에게 요구하는 것은 당신을 사랑하고 겸손함으로 동행하는 것임을(미 6:8) 증언한 미가는 주님을 경외하는 것이 지혜임을 망각한 백성들이 사람들이 만든 예법과 전통을 따르고 있기 때문에 결국 심판받게 되는 것이라면서 오직 하나님께 순종할 것을 권면한다.

이스라엘에 만연된 부패와 타락상을 고발하고 의로운 자가 세상에서 끊어졌음을 한탄하며, 메시아와 관련된 신학적 논제를 줄기차게 역설한 하나님의 신실한 대언자 미가는 여호와께서 이스라엘의 죄악에 분노하고 계시지만 결국은 용서하시고 회복시켜줄 것을 확신하면서 간절한 소망으로 구원의 하나님을 찬양한다.

「주와 같은 신이 어디 있으리이까 주께서는 죄악과 그 기업에 남은 자의 허물을 사유하시며 인애를 기뻐하심으로 진노를 오래 품지 아니하시나이다 다시 우리를 불쌍히 여기셔서 우리의 죄악을 발로 밟으시고 우리의 모든 죄를 깊은 바다에 던지시리이다(미7:18, 19).」

나훔

악의 상징 니느웨에 대한 경고

150여 년 전 요나 선지자가 니느웨(앗수르 제국의 수도)의 멸망을 예언했을 당시만 해도 백성들이 근신함으로써 하나님의 진노에서 벗어날 수 있었지만, 피의 도성이라 불릴 정도로 교만과 잔혹함이 하늘을 찌르자, 나훔은 회개하지 않는 악인들은 반드시 심판받게 될 거라고 준엄하게 경고한다.

「화 있을진저 피의 성이여 그 안에는 거짓이 가득하고 포악이 가득하며 탈취가

떠나지 아니하는도다(나3:1).」

북이스라엘을 멸망시키고 남유다마저 속국으로 다스리던 세계 최강 앗수르의 멸망을 예고함으로써 하나님의 백성들을 핍박하는 열강에게 경종을 울리며 징계받은 이스라엘이 회복될 것을 선포했던 나훔은 니느웨의 파멸이 눈앞에 그려질 정도로 생동감 있는 표현으로 하나님 말씀을 담대히 선포한다.

「휙휙 하는 채찍소리, 윙윙 하는 병거 바퀴 소리, 뛰는 말, 달리는 병거, 충돌하는 기병, 번쩍이는 칼, 번개 같은 창, 죽임당한 자의 떼, 주검의 큰 무더기, 무수한 시체여 사람이 그 시체에 걸려 넘어지니(나3:2, 3).」

악의 상징 니느웨를 같은 주제로 다루면서 회개하면 용서받을 수 있다는 요나서와 달리, 여호와를 대적하는 자들은 심판을 면치 못할 것이라는 나훔의 경고에 따라 하나님의 심판 도구로 사용되었던 앗수르는 주전 612년 메대-바벨론 연합군에 의해 함락됨으로써 마침내 지도에서 사라지게 되었다.

하박국

의인은 믿음으로 살리라

하박국서는 선지자의 질문과 하나님의 답변, 그리고 하나님의 뜻을 깨달은 하박국이 모든 것을 주님께 맡기고 오직 당신만을 바라보고 섬길 것을 약속하는 짧은 문답형 예언서이다.

그 당시 세계 최강 앗수르도 바벨론이라는 새로운 질서 앞에 무너지고 가나안 지역의 종주권마저 넘어가던 때에 세상이 불의로 가득 찬 것도 모자라 예루살렘이 바벨론이라는 패역의 무리 앞에 놓인 것을 보시고도 침묵하시는 하나님께 의

문을 품고 있던 하박국은 이것이 과연 옳은 것인지 하나님께 질문한다.

「주께서는 눈이 정결하시므로 악을 차마 보지 못하시며 패역을 차마 보지 못하시거늘 어찌하여 거짓된 자들을 방관하시며 악인이 자기보다 의로운 사람을 삼키시는데도 잠잠하시나이까(합1:13).」

하박국이 염려하는 의도를 알아채신 하나님께서 유다를 단죄하기 위해 바벨론을 징계의 채찍으로 준비하셨음을 밝히시며 때가 이르면 교만한 그들 역시 심판을 피하지 못할 것이라고 답하신다.

「이 묵시는 정한 때가 있나니 그 종말이 속히 이르겠고 결코 거짓되지 아니하리라 비록 더딜지라도 기다리라 지체되지 않고 반드시 응하리라 보라 그의 마음은 교만하며 그 속에서 정직하지 못하나 의인은 그의 믿음으로 말미암아 살리라(합 2:3, 4).」

왜 의인이 고통당해야 하며 악을 심판하기 위해 그들보다 더 큰 악을 사용할 수 있는지에 대해 말씀 듣기를 갈망했던 하박국은 자기 소유 아닌 것을 모으는 자들(합2:6), 부당한 이득을 취하는 자들(합2:9), 불의의 피로 성읍을 건축하는 자들(합2:12), 백성들을 취하게 하여 그들의 하체를 드러내려 하는 자들(합2:15), 그리고 우상을 섬기는 자들에게는(합2:19) 화가 미치게 될 것이라는 말로, 언약 백성에게 고통을 주며 가증한 일을 저지르는 침략자 바벨론처럼 의인을 핍박하는 악인을 공의로 다스리겠다는 하나님의 계획을 들을 수 있었다.

이에 하박국은 주님의 뜻을 빠른 시일 내에 체험할 수 있도록 간구하면서 오직 하나님만을 바라보며 섬길 것을 신앙으로 고백한다.

「비록 무화과나무가 무성하지 못하며 포도나무에 열매가 없으며 감람나무에 소출이 없으며 밭에 먹을 것이 없으며 우리에 양이 없으며 외양간에 소가 없을지라도 나는 여호와로 말미암아 즐거워하며 나의 구원의 하나님으로 말미암아 기뻐하리로다(합3:17, 18).」

정의롭지 못한 지금의 현실이 당신의 통치 영역을 벗어난 것처럼 보일지라도 모든 것은 정한 때가 있으니 당신께서 세상을 정의와 공의로 다스린다는 진리를 믿으며, 자녀 된 자로서 본분을 지킨다면 축복은 자연스럽게 찾아오게 되리라는 교훈을 하박국의 질문을 통해 하나님께서 증거하고 계셨던 것이다.

악한 자의 길이 형통하며 반역한 자가 평안함은 무슨 까닭이냐(렘12:1)는 질문을 통해 예레미아가 답을 얻어낸 것처럼 하나님께서 다스리시는 세상에 왜 악인이 득세하고 의인이 고통당하는가? 라는 풀리지 않는 의문을 통해 하나님께서 악인들의 행위에 침묵하고 계실지언정 결코 뒷짐만 지고 계시는 분이 아니라는 사실과 비록 시간은 걸릴지라도 생명책이 펼쳐지게 되는 그 날, 의와 공평으로 다스려지는 하나님의 세상이 이 땅에 임하게 될 것이라는 믿음으로 좌절하지 말라는 희망의 메신저가 바로 하박국이었던 것이다.

「의인은 그의 믿음으로 말미암아 살리라(합2:4)」

스바냐

대적의 심판과 이스라엘의 구원

유다 왕 요시야의 종교개혁이 속도를 낼 무렵 당신의 백성들이 이방의 가증한 풍습과 우상숭배의 늪에서 벗어나지 못하는 것을 보신 하나님께서 히스기야 왕의 현손, 스바냐를 통해 땅 위의 모든 것을 쓸어버리겠노라고 진노의 말씀을 쏟아내신다.

「여호와를 배반하고 따르지 아니한 자들과 여호와를 찾지도 아니하며 구하지도 아니한 자들을 멸절하리라(습1:6)」

여호와의 날이라 불리는 그 날을 분노의 날, 환란과 고통의 날, 패망의 날, 캄캄하고 어두운 날, 구름과 흑암의 날로써 나팔을 불어 경고하며 견고한 성읍들과 높은 망대를 치는 날로(습1:15, 16) 정의한 스바냐는 요엘 선지자가 경고한 것처럼 엄청난 재앙으로 두려움에 떠는 날이 될 것을 암시한다.

선지자는 또 우리를 위해 오래 참으시는 하나님을 가리켜 무능하고 무관심한 분으로 오해한 나머지 성령을 모독하는 것도 모자라 하나님의 존재 자체를 부인하는 불신자들은 혹독한 대가를 치르게 될 것을 경고한다.

「그때에 내가 예루살렘에서 찌꺼기 같이 가라앉아서 마음속에 스스로 이르기를 여호와께서는 복도 내리지 아니하시며 화도 내리지 아니하시리라 하는 자를 등불로 두루 찾아 벌하리니(습1:12).」

여호와를 경외하며 공의를 구하는 자들에게는 구원이 따르게 될 것이라는 사실을 강조함으로써(습2:3) 하나님을 사모하는 의인들에게 희망을 전할 수 있었던 스바냐는 하나님의 백성들을 괴롭히고 억압한 열방은 당연히 심판받게 되겠지만, 당신께 배역하고 불순종하는 언약백성 이스라엘 역시 혹독한 심판 앞에서 예외가 될 수 없음을 준엄하게 경고한다.

「나 여호와가 말하노라 그러므로 내가 일어나 벌할 날까지 너희는 나를 기다리라 내가 뜻을 정하고 나의 분노와 모든 진노를 쏟으려고 여러 나라를 소집하며 왕국들을 모으리라 온 땅이 나의 질투의 불에 소멸되리라(습3:8).」

그러나 **남은 자들**[197]은 보호받게 된다는 것을 강조한 스바냐는 전능자이신 여호와께서 대적들을 쫓아내시고 백성들 가운데 거하심으로 예루살렘은 영광과 찬송으로 위로받게 될 것이라는 말씀으로 이스라엘의 구원이 피할 수 없는 하나님의 섭리임을 밝힌다.

「너희 하나님 여호와가 너희 가운데에 계시니 그는 구원을 베푸실 전능자이시라 그가 너로 말미암아 기쁨을 이기지 못하시며 너를 잠잠히 사랑하시며 너로 말미암아 즐거이 부르며 기뻐하시리라(습3:17).」

---

197 구원받은 하나님의 백성을 가리킨다.

학개

하나님 일을 최우선으로 하라

포로생활을 접고 고향으로 돌아오긴 했지만 성전 재건에 대한 대적들의 방해와 생활고라는 현실 앞에서 백성들이 하나님 일에 관심을 보이지 않자, 당면한 문제들이 성전 재건을 미루어 왔기 때문에 생겼다는 것을 확신한 학개는 **다리오왕**[198] 제2년인 주전 520년 6월 1일, 자신에게 계시된 여호와의 말씀을 유다 총독 스룹바벨과 대제사장 여호수아(예수아)에게 전하면서 성전 재건을 독려한다.

「너희는 산에 올라가서 나무를 가져다가 성전을 건축하라 그리하면 내가 그것으로 말미암아 기뻐하고 또 영광을 얻으리라(학1:8).」

하나님께서 백성들의 마음을 감동시킴에 6월 24일 성전 공사가 마침내 재개되자 한 달 뒤인 7월 21일, 당신께서 함께할 것이니 두려워하지 말고 진행하라는 여호와의 격려 말씀이 공사에 종사하는 모든 사람들에게 전해진다.

「너희가 애굽에서 나올 때에 내가 너희와 언약한 말과 나의 영이 계속하여 너희 가운데에 머물러 있나니 너희는 두려워하지 말지어다(학2:5).」

나중에 올 영광이 이전 것보다 클 것이라는(학2:7~9) 위로의 말씀으로 성전의 규모에 백성들이 실망할 필요가 없음을 보여주시며, 재건된 성전을 통하여 백성들에게 넘치는 축복을 내려주시기를 원하셨던 여호와께서 성전 재건이 당신의 인장이 될 스룹바벨에 의해 완성됨과 함께 위대한 다윗 왕조의 회복을 약속하신다.

---

198 페르시아 왕 다리우스 1세(B.C. 522 ~ B.C. 486)를 말한다. 그는 주전 522년 고레스의 아들인 캄비세스 2세 왕(B.C. 530 ~ B.C. 522)이 죽자 무력을 동원하여 왕위에 오른다. 재위 초기에는 많은 반란에 시달려야 했으나 효과적으로 진압함으로써 최강의 군대를 보유하게 된다. 주전 521년 수사를 행정수도로 삼아 요새와 궁전을 재건했다.

불과 넉 달이라는 짧은 기간에 다섯 번에 걸쳐 학개에게 임하신 여호와의 말씀은 하나님을 섬겨야 할 백성들이 안락한 삶을 구하는 데만 관심을 두는 것에 대한 경고와 함께, 성전 재건이라는 신앙적 행위를 통하여 하나님 일에 최우선을 둠으로써 하나님 중심적인 삶을 살라는 거였다.

희생과 헌신이라는 주의 길을 외면한 채 오로지 가족들의 안위와 기복만을 추구하는 잘못된 신앙생활에서 이 시대 그리스도인들이 지켜야 할 삶의 태도는 과연 무엇이며 어디에 초점을 맞춰야 하는지, 학개서의 교훈이 바로 이 같은 질문에 대한 답이 되지 않을까 싶다.

스가랴

구원을 베풀 왕이 오신다

8가지 환상을 보다(1~8장)

백성들의 무관심 속에 16년 동안 중단되었던 성전 건축이 주전 520년, 스룹바벨과 여호수아(예수아)에 의해 재개되자 두 달 뒤인 여덟째 달에 회개하고 돌아올 것을 백성들에게 전하라는 말씀이 선지자이며 제사장인 스가랴에게 임하신다.

그로부터 석 달 후, 여덟 가지 환상을 통해 위대한 역사의 성취를 암시하신 하나님께서 성전 재건은 사람의 힘이나 능력으로 되는 것이 아니고 오직 성령의 은혜로 이루어지게 됨을 밝히면서, 그 어떤 것도 성전 건축을 주도하고 있는 유다 총독 스룹바벨과 대제사장 여호수아의 앞길을 막을 수 없음을 선포하신다.

「큰 산아 네가 무엇이냐 네가 스룹바벨 앞에서 평지가 되리라 그가 머릿돌을 내놓을 때에 무리가 외치기를 은총, 은총이 그에게 있을지어다 하리라 하셨고 스룹바벨의 손이 이 성전의 기초를 놓았은즉 그의 손이 또한 그 일을 마치리라 하셨나니 만군의 여호와께서 나를 너희에게 보내신 줄을 네가 알리라 하셨느니라(슥4:7, 9).」

주전 518년 아홉째 달에 스가랴를 다시 부르신 하나님께서 예루살렘이 황무지로 변하고 백성들이 이산(離散)의 고통을 당하는 이유는 그들의 조상들이 여호와의 가르침을 따르지 않고 불러도 대답하지 않았기 때문이라면서, 당신께서 기뻐하는 일을 실천한다면 예루살렘이 은혜의 땅이 될 것이라는 말씀으로 영광이 회복될 것을 약속하신다.

「유다 족속아, 이스라엘 족속아, 너희가 이방인 가운데에서 저주가 되었었으나 이제는 내가 너희를 구원하여 너희가 복이 되게 하리니 두려워하지 말지니라 손을 견고히 할지니라(슥8:13).」

구원을 베풀 왕이 오신다(9~14장)

언약백성을 괴롭힌 열방에게 심판이 있음을 경고하신 하나님께서 흩어진 주의 백성들을 불러모아 번성하게 할 것을 언약하시고 구원을 베풀 왕, 그리스도의 임재로 평화의 나라가 세워지게 됨을 선포하신다.

「시온의 딸아 크게 기뻐할지어다 예루살렘의 딸아 즐거이 부를지어다 보라 네 왕이 네게 임하시나니 그는 공의로우시며 구원을 베푸시며 겸손하여서 나귀를 타시나니 나귀의 작은 것 곧 나귀 새끼니라(슥9:9).」

「내가 그들에게 이르되 너희가 좋게 여기거든 내 품삯을 내게 주고 그렇지 아니하거든 그만두라 그들이 곧 은 삼십 개를 달아서 내 품삯을 삼은지라 여호와께서 내게 이르시되 그들이 나를 헤아린바 그 삯을 토기장이에게 던지라 하시기

로 내가 곧 그 은 삼십 개를 여호와의 전에서 토기장이에게 던지고(슥11:12, 13).」

주님께서 나귀를 타고 오시며 은돈 30에 팔리게 될 것과 목자를 치면 양이 흩어질 것이라는 스가랴의 위대한 예언은 그로부터 500여 년 후 모두 실현되었다.

성육신으로 오신 예수님께서 마지막 성주간, 예루살렘에 입성하실 때 나귀를 타셨으며 은 30에 예수님을 넘겨준 가룟 유다가 양심의 가책으로 성전에 돈을 던지고 자살하자 대제사장이 그 돈으로 토기장이의 밭을 사서 나그네들의 공동묘지로 삼았고, 십자가 고난 후 흩어진 제자들의 말씀 전파로 복음이 땅끝까지 전해지게 되었으니 말이다. 시공간을 뛰어넘는 놀라운 예언으로 스가랴서는 이사야서와 함께 신약에서 가장 많이 인용되는 구약의 예언서가 되었다.

하나님께서 세상을 심판하기 위해 감람산에 서게 되는 그 날, 대적들을 정복하시고 천하의 왕이 되신 하나님께서 홀로 영광 받게 될 것을 선언하며 백성들이 그 가운데 살게 됨으로써 다시는 저주가 없음을 증언한 스가랴는 그 날에는 말 방울에까지 여호와께 **성결**[199]이라 기록될 정도로 거룩한 세상이 되어 하나님 앞에 바쳐질 성물이 되리라는 사실을 담대히 선포한다.

십자가의 대속을 이루기 위해 예루살렘에 입성하신 예수님께서 상인들을 내쫓으며 성전을 정화하는 것을 본 사람들은 「**그날에는 만군의 여호와의 전에 가나안 사람이 다시 있지 아니하리라(슥14:21).」**는 스가랴의 위대한 예언이 성취된 것으로 믿었다.

---

199 너는 또 순금으로 패를 만들어 도장을 새기는 법으로 그 위에 새기되 '여호와께 성결'이라 하고 그 패를 청색 끈으로 관 위에 매되 곧 관 전면에 있게 하라 이 패를 아론의 이마에 두어 그가 이스라엘 자손이 거룩하게 드리는 성물과 관련된 죄책을 담당하게 하라 그 패가 아론의 이마에 늘 있으므로 그 성물을 여호와께서 받으시게 되리라(출28:36~38).

말라기

율례와 법도를 기억하라

바벨론에 끌려갔던 백성들이 돌아오고 총독 스룹바벨과 대제사장 여호수아의 지도 아래 성전이 재건됨으로써 마침내 예언이 성취되자 메시아 왕국의 도래에 대한 기대로 희망에 부풀었던 때가 **말라기**[200] 선지자가 부름받던 때의 시대 상황이었다.

그러나 생활고에 허덕이는 백성들이 늘어나면서 하나님에 대한 기대가 실망으로 바뀌고 영적으로 타락하는 상황까지 벌어지자 이를 바로잡기 위해 하나님으로부터 부름받은 말라기는 온전하지 못한 예물과 예배는 하나님께서 결코 용인하지 않을 것임을 경고하면서 그럴 바에는 차라리 성전 문을 닫는 것이 좋겠다는 하나님의 탄식을 전한다.

백성들을 잘 가르쳐 여호와의 길로 인도하는 것이 레위 자손에게 부여된 사명임을 상기시킨 하나님께서 백성들에게 본이 되어야 할 제사장들조차 말씀을 거역하는 범죄로 생명과 평강의 약속이 파기되었음을 책망하시며, 이스라엘이 자신들을 구원해준 하나님을 잊어버리고 우상을 섬기는 것도 모자라 가증한 일을 일삼는 범죄에 대해서는 준엄하게 심판하겠다고 선언한다.

정의의 하나님이 어디 계시며 우리가 하나님을 괴롭힌 것이 도대체 무엇이냐는 (말2:17) 항변으로 백성들이 당신을 의심하며 불평하고 있다는 것을 지적하신 하나님께서는 아들은 아버지를, 종은 그 주인을 공경하는 법인데도 이를 찾을 수 없음에 한숨지으시며 메시아의 임재를 통해 당신을 두려워하지 않는 악인들에

---

200 말라기는 「나의 사자」라는 뜻으로 선지자의 이름일 수도 있겠지만, 그가 맡은 직책을 가리키는 것일 수도 있다.

대해 공의로 심판하실 것을 선포하신다.

「보라 내가 내 사자를 보내리니 그가 내 앞에서 길을 준비할 것이요 또 너희가 구하는 바 주가 갑자기 그의 성전에 임하시리니 곧 너희가 사모하는바 언약의 사자가 임하실 것이라 그가 임하시는 날을 누가 능히 당하며 그가 나타나는 때에 누가 능히 서리요 그는 금을 연단하는 자의 불과 표백하는 자의 잿물과 같을 것이라(말 3:1, 2).」

예언서 가운데 유일하게 십일조와 봉헌물의 당위성에 대해 많은 기록을 할애한 말라기서는 정직하지 못한 헌금은 도둑질하는 것과 같다는(말3:8) 표현으로 감당해야 할 의무를 지키지 않는 백성들에게 이를 준수할 것을 권면한다. 선지자는 또 하나님을 믿는 것이 헛되고 부질없는 짓이라고 망언을 일삼는 자들이 있음을 지적하며, 심판의 날에 여호와를 경외하는 자와 그 이름을 존중히 여기는 자들은 당신의 특별한 소유가 될 것이라는 말씀으로 구원의 소망으로 심판의 날을 준비할 것을 설득한다.

「만군의 여호와가 이르노라 나는 내가 정한 날에 그들을 나의 특별한 소유로 삼을 것이요 또 사람이 자기를 섬기는 아들을 아낌같이 내가 그들을 아끼리니 그때에 너희가 돌아와서 의인과 악인을 분별하고 하나님을 섬기는 자와 섬기지 아니하는 자를 분별하리라(말3:17, 18).」

심판의 날은 용광로 불같이 뜨겁고 두려운 날로써 징벌과 보상이 있는 날이 될 것을 선포하며 회개하고 돌아올 것을 권면한 말라기는 하나님께서 모세에게 명령한 율례와 법도를 기억할 것을 당부한다.

심판의 날이 이르기 전에 하늘로 올라간 엘리야가 메시아 맞을 준비를 위해 다시 오게 되리라는 말라기의 예언을 끝으로 구약 시대의 예언자는 더 이상 나타나지 않는다. 결국 세례자 요한이 나타나기까지 하늘의 침묵은 400여 년간 계속된다.

주께서 어떻게 우리를 사랑하셨는지 증거를 보여 달라는(말1:2) 백성들의 요구에 그들을 선택하고 함께하셨음을 증언함으로써 이스라엘에 대한 변함없는 사랑을 확인하신 하나님께서 구속사역을 완성하기 위해 창세로부터 약속되었던 구원자 예수님을 이 땅에 보내기 위한 준비 기간이 우리들의 눈에는 긴 침묵으로 보였던 것이다.

신약편

그리스도인에 대한 권면

로마서 | 고린도전서 |
고린도후서 | 갈라디아서 |
에베소서 | 빌립보서 |
골로새서 | 데살로니가전서 |
데살로니가후서 | 디모데전서 |
디모데후서 | 디도서 |
빌레몬서 | 히브리서 |
야고보서 | 베드로 전·후서 |
요한 1·2·3서 | 유다서 |
요한계시록

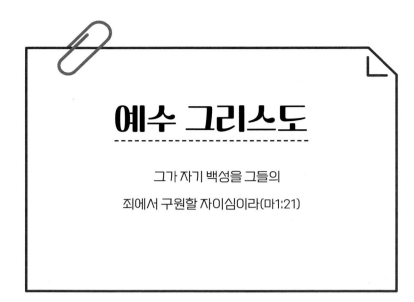

예수 그리스도

그가 자기 백성을 그들의
죄에서 구원할 자이심이라(마1:21)

언약이 성취되다(마1, 눅1장)

갈릴리 지방의 나사렛 마을에 다윗 왕의 27대손으로 목수 일을 하는 요셉과 마리아라는 처녀가 살고 있었다. 정혼한 사이였던 그들이 결혼을 앞둔 어느 날 하나님께서 보내신 **천사 가브리엘**이 하늘에서 내려와 마리아에게 놀라운 말씀을 전했다.

「마리아야! 두려워하지 마라. 네가 하나님 은혜를 입어 아들을 낳으리니 그의 이름을 **예수**[201]라 하라. 그가 큰 자가 되고 지극히 높으신 이의 아들이라 일컬어질 것이요, 주 하나님께서 다윗의 왕위를 그에게 주시리니 그 나라가 무궁하리라.」

깜짝 놀란 마리아가 천사에게 물었다.

「저는 남자를 알지 못하는 처녀이온데 어찌 그런 일이 있을 수 있습니까?」

---

201 자기 백성을 죄에서 구원할 자라는 뜻(마1:21).

「대저 하나님의 말씀은 능하지 못함이 없느니라.」

구약에 기록된 **예언의 성취**[202]가 자신을 통해 이루어진다는 사실을 알게 된 마리아는 이를 믿기 어려웠지만 두렵고 떨리는 마음으로 하나님을 찬양했다.

「저는 주의 여종이오니 말씀대로 이루어지게 됨을 믿습니다.」

어느 날 요셉은 잠자리를 함께하지 않았는데도 약혼녀가 임신했다는 사실을 알게 되었다. 이해할 수 없는 일이 벌어지자 고민 끝에 파혼하려던 요셉에게 하나님께서 보내신 천사 가브리엘이 나타나 말했다.

「요셉아! 마리아를 아내로 맞아들이는 것을 두려워하지 마라. 마리아가 임신한 것은 성령께서 하신 일이니 곧 아들이 태어날 것이다. 그가 태어나면 이름을 예수라 하라. 그가 백성들을 죄에서 구원해 낼 것이니라.」

도저히 수긍할 수 없는 일이었지만 신앙심이 남달랐던 요셉은 의심하지 않고 마리아와 결혼하였으며, 아들이 태어날 때까지 잠자리를 같이하지 않았다.

주전 4년경 그 당시 로마를 지배하던 **아구스도**[203]의 칙령에 따라 온 나라가 인구조사를 실시하게 되자 요셉도 만삭의 아내와 함께 고향인 베들레헴으로 호적등록을 하러 갔다. 고향 방문길에 출산의 징후를 본 부부는 급히 여관을 찾았으나 구하지 못하자 결국 **마구간에서 아들을 낳아**[204] 강보에 싸서 구유에 눕혔다. 그때 베들레헴 근처에서 양 떼를 지키던 목자들에게 천사가 나타나 다윗의 마을에 **구세주가 태어나셨음**[205]을 알려주며 수많은 천군 천사와 함께 하나님을 찬양했다.

---

202 「보라 처녀가 잉태하여 아들을 낳을 것이요 그의 이름을 임마누엘(하나님이 우리와 같이 계심이라.)이라 하리라(사7:14).」

203 Augustus(재위 기간: B.C. 27 ~ A.D. 14) 로마 제국의 창시자인 가이우스 율리우스로 본명은 옥타비아누스이다. 로마 원로원으로부터 아우구스투스라는 황제 칭호를 받음으로써 로마의 초대 황제가 되었다. 후에 이 칭호는 로마 황제를 의미하게 되었다.

204 예수님께서 마구간에서 태어나셨다는 직접적인 기록은 없다. 다만 강보에 싸여 구유에 누이셨다는 말씀(눅2:7)을 통해 마구간에서 태어났으리라 추정할 뿐이다.

205 성탄절은 부활절과 함께 기독교 최대 축일로 예수님의 탄생을 축하하며 기념하는 날이지만 12월 25일 탄생하셨다는 확증은 없다. 학자들은 눅2:8 말씀을 인용하여 목자들이 밤에 밖에서 양 떼들을 지키고

「지극히 높은 곳에서는 하나님께 영광이요, 땅에서는 하나님이 기뻐하신 사람들 중에 평화로다.」

구약성서에서 언급되던 여자의 후손이며(창3:15) 유다 지파이고(창49:10) 처녀가 잉태한 아들로(사7:14) 베들레헴에서 나올 것이라는(미5:2) 약속된 메시아가 인류를 죄로부터 구원하기 위해 가장 낮은 모습으로 이 땅에 오신 것이다.

☑ 천사

천사란 하나님께서 창조하신 영적 존재로서 하나님의 명령에 따른 임무를 수행하기 위해 초자연적인 능력을 부여받은 하나님의 사자를 말한다.

천사를 지칭하는 다른 이름으로는 「여호와의 사자」, 「여호와의 군대 대장」, 「거룩한 자」, 「천군」, 「하늘 군대」, 「하늘에 있는 통치자들과 권세」, 「섬기는 영」, 「군주」, 「추수 꾼」, 「하나님의 종」 등 여러 가지 호칭이 있으나 가브리엘이나 미가엘처럼 이름 있는 천사들도 있다.

선지자 다니엘과 사도 요한이 이상 중에 수많은 천사들을 목격하고 그들의 음성을 들을 수 있었다는 것을 보면, 하나님 보좌 주변에는 그 수를 헤아릴 수 없을 정도로 많은 천사들이 하나님을 섬기기 위해 진을 치고 있다는 것을 알 수가 있다.

「내가 또 보고 들으매 보좌와 생물들과 장로들을 둘러선 많은 천사의 음성이 있으니 그 수가 만만이요 천천이라(계5:11).」

이렇게 수많은 천사들이 존재하다 보니 그들 중에는 하나님처럼 되고 싶은 욕망 때문에 자신의 지위를 지키지 않고 처소를 떠나 사탄이 된 것으로 보이는 타락한 천사와(유1:6) 범죄한 천사도(벧후2:4) 있다고 한다. 이들이 바로 광명한 천사로 위장하여 하나님을 믿는 사람들을 함정에 빠뜨리기 위해 주변을 기웃거리고 있으

있었다는 것으로 보아 베들레헴의 기상 조건상 12월은 아니었을 것이라고 추측한다. 예수님의 탄생 년도에 대해서도 여러 가지 학설이 있으나 그 시기는 서기(서력기원의 약자) 연대보다 약 4년 정도 앞당겨져야 한다는 것이 학자들의 대체적인 견해이다. 왜냐하면, 헤롯 대왕이 주전 4년에 죽었는데 예수님은 그가 죽기 바로 전에 태어났기 때문이다. 크리스마스는 그리스도의 미사라는 뜻의 고대 영어 Cristes maesse에서 유래되었다고 하며 크리스마스 축제는 주후 336년 로마에서 처음 시작되었다고 전해진다.

니, 그리스도인들은 굳건한 믿음 가운데 말씀으로 무장함으로써 천사와 사탄을 구별할 수 있는 능력과 사탄의 유혹을 뿌리칠 수 있는 힘을 구해야 할 것이다.

☑ 가브리엘과 미가엘

그렇다면 가브리엘과 미가엘은 어떤 일을 하는 천사였을까? 하나님께서 유독 그들에게만 이름을 주신 것을 보면 아마 특별한 임무를 부여하기 위함이었을 것으로 보인다.

제사장 사가랴에게 나타난 가브리엘은 아들이 태어나게 되면 이름을 요한이라 지으라고 말하고(눅1:11~38) 결혼을 앞둔 요셉과 마리아에게는 성령으로 아들이 태어날 것이니 이름을 예수로 하라는 하나님의 말씀을 전한다(눅1:26~38). 그는 또 다니엘에게 날아와 지혜와 총명을 주기 위해 왔다고 말했으며(단9:21,22) 수산 성의 을래 강변에서 다니엘이 보았던 숫양과 숫염소에 담긴 의미와(단8:15~27) **일흔 이레에 관한 비밀**[206]에 대해서도 알려주었다(단9:20~27). 다니엘에게 날아왔다는 표현을 쓴 것을 보면 우리가 그림에서 흔히 보듯 가브리엘은 아마 날개 달린 천사였던가 보다. 물론 천사들이야 하나님의 명령을 받들어 임무를 수행해야 했으니 시공간을 초월하여 이동하는 것은 전혀 문제가 없었을 것이다.

이번에는 미가엘에 대해서 알아보자. 힛데겔(티그리스) 강가에 있던 다니엘에게 나타나신 주께서 바사(페르시아) 왕과 싸울 때 미가엘이 당신을 도와주었다고(단10:13) 말씀하신 것을 보면 미가엘은 하나님을 도와줄 정도로 능력 있고 힘 있는 천사였던 모양이다. 심판의 날에 천군을 지휘하는 미가엘과 그의 천사들 그리고 사탄의 무리들과의 사이에 큰 싸움이 벌어져 결국 싸움에서 진 사탄과 그 졸개들이 하늘에서 쫓겨나는 것을 사도 요한이 환상 중에 볼 수 있을 정도였다니 말이다(계12:7, 8).

---

206 팔레스타인을 지배하던 바벨론이 바사(숫양)에 의해 멸망되고 바사는 다시 헬라(숫염소)의 알렉산더에게 멸망될 것이며, 알렉산더가 죽은 뒤에 부하 장군들에 의해 4개의 나라로 분할되어 팔레스타인은 남방 왕이라고 표현되는 이집트의 프톨레미 왕조와 북방 왕으로 표현되는 시리아의 셀룩시드 왕조에 의해 지배 당하게 될 것이며 셀룩시드 왕조의 안티오쿠스 에피파네스 왕에 의해 성전이 더럽혀지게 된다는 것으로 훗날 이 예언은 그대로 실현되었다.

천사장으로 불리는 미가엘은 모세가 죽은 뒤 시신을 장사지내기 위해 파견되지만 애굽인을 살해했던 일을 핑계 삼아 모세의 시신에 대해 권리를 주장하는 마귀와 다툼을 벌인다는 내용이(유:9) **외경**[207]에 출처를 두고 잠깐 언급되기도 한다. 그리스도께서 심판주로 재림하실 때 천사장의 소리와 함께 하늘로부터 강림하실 것이라고 선포하셨으니(살전4:16) 아마 미가엘을 대동하고 오시는 모양이다.

이와 같이 가브리엘과 미가엘은 하나님을 지근거리에서 보좌하는 대천사의 일원으로, 천국의 문지기로, 하늘과 땅의 질서를 지키는 자로, 또는 하나님의 말씀을 전달해주는 등 다방면에서 역할을 수행했던 하나님의 사자로 알려지고 있다. 보통 미가엘은 전사(戰士) 또는 이스라엘 민족의 운명을 지키는 수호천사(守護天使)로 표현되며 가브리엘은 하나님 말씀을 전달하는 메신저로서의 역할을 수행했던 것으로 보여진다.

성서에 나오는 이름 있는 천사 외에도 외경에는 여러 명의 이름 있는 천사가 등장한다고 하지만 가브리엘은 이슬람의 예언자인 무함마드에게 나타나 신의 계시를 전해주었던 하나님의 사자로도 소개되고 있다.

한편 천사장 미가엘이 바로 예수님이라고 주장하는 성경학자들도 있다. 그들은 **데살로니가전서 4장 16절**[208]과 **요한계시록 12장 7절**[209] 그리고 **다니엘서 12장 1절**[210]을 인용하며 미가엘이 예수 그리스도의 또 다른 이름일 거라고 추정한다. 천사장이라 하면 천사들 중 으뜸을 말하는 것이니 예수님일 수도 있겠다는 생각이 들기도 하며 또 여러 가지 정황상 개연성 있는 논리가 될 수도 있겠으나, 하나님이신 예수님을 천사장으로 비유할 수 있는 것인지…, 예수님=미가엘이라~. 글쎄요, 설득력이 있어 보이나요?

---

207 자격을 충족시키지 못하여 우리가 읽고 있는 신, 구약 성경 66권에 포함되지 못함으로써 정경으로 인정받지 못한 책을 말한다.
208 「주께서 호령과 천사장의 소리와 하나님의 나팔 소리로 친히 하늘로부터 강림하시리니 그리스도 안에서 죽은 자들이 먼저 일어나고(살전4:16).」
209 「하늘에 전쟁이 있으니 미가엘과 그의 사자들이 용과 더불어 싸울새 용과 그의 사자들도 싸우나(계12:7).」
210 「그때에 네 민족을 호위하는 큰 군주 미가엘이 일어날 것이요 또 환란이 있으리니 이는 개국 이래로 그때까지 없던 환란일 것이며 그때에 네 백성 중 책에 기록된 모든 자가 구원을 받을 것이라(단12:1).」

헤롯이 아기 예수를 찾다(마2장)

태어난 지 8일째 되는 날, 아기는 율법에 따라 할례를 받았고 이름은 천사가 알려준 대로 예수라 지었다. 하늘에 나타난 신령한 별을 보고 유대 땅 베들레헴에 메시아가 오셨음을 감지한 **동방박사**[211]들이 경배하기 위해 예루살렘을 방문하자 이 소식에 경악한 유대 왕 헤롯은 대제사장과 율법학자들을 불러 **그리스도**[212]가 어디에서 태어날 것인지 물었다. 700여 년 전 선지자 미가가 예언한 것을 기억하고 있던 그들이 베들레헴이라는 작은 마을을 지목하자, 자신의 정치적 위상이 위태롭게 될 것을 염려한 헤롯은 아기 예수를 없애버릴 것을 결심하고 동방박사들을 불러 아기를 찾게 되면 자신에게 먼저 알려 달라는 당부와 함께 그들을 베들레헴으로 보냈다. 하늘의 별이 멈춰선 곳에서 마리아와 함께 누워있던 아기 예수를 발견한 박사들은 **황금과 유향과 몰약**[213]을 예물로 바치며 경배했다. 그날 밤 꿈에 헤롯에게 이 사실을 알려주지 말라는 하나님의 영이 나타나자 그들은 자신들의 나라로 조용히 돌아갔다.

한편 박사들로부터 아무 소식이 없자 헤롯은 아기 예수가 태어난 곳으로 추정되는 베들레헴과 그 주변 마을에 살고 있는 두 살 아래의 사내아이들을 찾아 모두 죽일 것을 명령했다.

---

211 유대 동쪽 지방에서 온 것으로 알려진 그들은 점성술 등을 이용하여 점을 치거나 운세를 보는 마술사들로 보는 것이 타당할 것이다.

212 Christ, 기름 부음 받은 자란 뜻으로 히브리어 메시아와 같은 뜻이다. 우리를 구원하실 분이란 뜻으로 쓰인다.

213 동방박사들이 왜 이런 종류의 선물을 했는지는 밝혀지지 않았지만, 황금은 왕을 상징하는 것이며 유향은 향료로서 제사장을 상징하며 몰약은 상처에 바르거나 마취제의 용도로 쓰는 것으로써 십자가의 죽음이라는 상징적인 의미를 지니고 있다는 것이 학자들의 일반적인 해석이다.

예수님 시대의 가나안 지역

예수님의 어린 시절(눅2장)

이스라엘에서 처음 태어난 것은 사람이나 짐승을 막론하고 하나님께 바쳐야 한다는 모세의 율법에 따라 정결 예식을 치러야 하는 때(출산한 지 33일 후— 레12:4)가 다가오자 마리아와 요셉은 예루살렘으로 올라갔다. 그때 그리스도를 보기 전에는 절대 죽지 않을 것이라는 성령의 계시로 구원의 빛이 이스라엘 땅에 오기만을 학수고대하던 의롭고 경건한 신앙인 시므온이 성령의 충만함을 받아 성전으로 들어왔다. 마침 그곳에 있던 아기 예수를 만나게 되자 한눈에 메시아임을 알아본 그는 이제 죽어도 여한이 없다는 생각에 기쁜 마음으로 하나님을 찬양했다.

「주님! 제 눈으로 주의 구원을 보았습니다. 이는 만민 앞에 예비하신 것이요, 이방을 비추는 빛이요, 주님의 백성 이스라엘에게는 영광이니이다.」

요셉과 마리아가 시므온의 찬양을 듣고 놀라움을 표시하자 시므온이 아기 예수를 받아 안으며 말했다.

「이 아이는 많은 사람들을 패하거나 흥하게 하며(심판과 구원의 표적) 사람들의 비난을 받는 표적이(십자가의 멸시와 조롱) 될 것이므로 사람들의 마음에 있는 생각이 드러나게 될 것입니다. 그러나 당신의 마음은 칼로 찢기는 것같이 아플 것(십자가의 죽음)입니다.」

또 그곳에는 일찍이 홀로 되어 하나님께 헌신하던 안나라고 하는 여든네 살의 늙은 선지자가 있었다. 이 여인이 성전을 떠나지 않고 주야로 금식하며 기도하던 중 아기 예수를 만나게 되자 하나님께 감사를 드리고 예루살렘의 구원을 기다리는 사람들에게 이 아이가 바로 하나님께서 보내신 메시아임을 증언했다. 2,000여 년 전 믿음의 조상 아브라함과 사라에게 예언되었던 구원의 언약이 하나님의 섭리에 따라 시므온과 안나라는 두 사람의 늙은 선지자를 통해 증거된 것이다.

천사의 지시에 따라 아기 예수를 보호하기 위해 애굽으로 피신해있던 요셉의 가족들은 헤롯이 세상을 떠났다는 소식을 접하자 다시 나사렛 마을로 들어갔다.

세월이 흘러 예수님이 열두 살 되던 해에 요셉의 가족들은 유월절 관습에 따라 예루살렘으로 갔다. 성지 순례를 마치고 수많은 인파에 묻혀 고향으로 돌아가던 길에 당연히 따라올 줄로 알았던 예수가 보이지 않자 아들을 잃어버렸다고 생각한 부부는 가던 길을 되돌려 예루살렘으로 다시 올라갔다. 성전에 도착했을 때 율법학자들과 문답을 즐기고 있던 예수님을 발견한 어머니 마리아가 반가운 나머지 예수님께 말했다.

「아들아! 왜 우리를 따라오지 않았느냐. 아버지와 내가 얼마나 걱정했는지 아느냐?」

소년 예수가 담대하게 말했다.

「어머니 왜 저를 찾으셨습니까? 제가 아버지 집에 있어야 한다는 것을 모르셨습니까?」

예수님의 이야기를 듣게 된 모든 사람들은 소년 예수의 뛰어난 영적 지혜와 의젓한 대답에 놀라움을 표시하였지만, 그의 말뜻을 선뜻 이해하지 못했다. 그렇지만 가브리엘 천사의 예언을 한시도 잊지 않았던 어머니 마리아는 이 모든 일을 마음속에 새겨 두었다. 하나님의 은혜가 함께하시니 소년 예수는 건강하게 자라며 지혜도 많아져서 사람들로부터 많은 사랑을 받았다.

세례를 받다(마3, 4, 막1, 눅4장)

예수님께서 서른 살이 되실 무렵 자신보다 6개월 먼저 태어난 요한이 선지자 이사야의 예언대로 유대의 광야에서 전도사역을 시작하자 예수님은 요단 강가에 있는 그에게 가서 세례를 받았다. 세례를 받으신 예수님께서 물 밖으로 나오자 하늘이 열리고 성령이 비둘기 같은 형체로 그의 위에 **강림하시더니**[214] 그가 바로 하나님의 아들임을 증거하는 소리가 하늘로부터 들렸다.

「이는 내 사랑하는 아들이요 내 기뻐하는 자로다.」

예수님께서 세례를 받으신 후 성령에 이끌려 40일 동안 금식기도 하실 때 여자의 후손이 네 머리를 상하게 할 것이라는(창3:15) 하나님의 경고를 기억하고 있던 사탄은 시편(시91:11, 12)을 인용하며 **3가지 시험**[215]으로 예수님의 마음을 떠보았다. 당신이 하나님 아들이 맞다면 내가 시키는 것을 해 보라는 사탄의 빈정거림에 하나님의 말씀으로 살 것과(마4:4) 주 너의 하나님을 시험하지 말고(마4:7) 하나님께 경배하고 다만 그를 섬기라(마4:10)는 신명기 말씀으로 사탄의 시험을 물리치자 천사들이 와서 예수님의 시중을 들었다.

첫 사람 아담은 시험에 빠져 그 후손들에게 죄와 사망을 물려주었지만, 마지막 아담인 예수 그리스도께서 사탄과의 대결에서 승리함으로써 시험의 늪에서 헤어나지 못하는 사람들에게 본을 보이시고 생명에 이르는 길을 여신 것이다.

---

214 선지자 이사야는 예수님 위에 강림하시는 여호와의 영이 곧 지혜와 총명의 영이요, 모략과 재능의 영이요, 지식과 여호와를 경외하는 영이라고 선언한다(사11:2).

215 예수님께서 시험받으신 것은 그 누구도 사탄의 유혹에서 면제되지 않는다는 것과 사탄의 시험 앞에 무릎 꿇은 첫 사람 아담과는 달리 예수님은 죄를 범하지 않는다는 것을 증명하기 위함이었으며, 사탄의 유혹을 어떻게 해야 극복해 낼 수 있는지 가르쳐주기 위함이었다.「그가 시험을 받아 고난을 당하셨은즉 시험받는 자들을 능히 도우실 수 있느니라(히2:18).」

사역이 시작되다(마5~20, 막2~8, 눅5~20, 요2~11장)

헤롯 안티파스의 악행을 책망한 일로 세례자 요한이 투옥되자 그때부터 본격적으로 공생애 사역을 시작하신 예수님께서 열두 명을 제자로 삼으시고 그들과 함께 유대 온 지역을 다니면서 사람들을 가르치시고 **천국 복음을 전파하시며 백성들의 병을 고쳐주셨다**[216]. 사람들이 예수님의 옷깃에 손을 스치기만 해도 고침을 받게 되자 그것을 이해하지 못한 바리새인들은 사탄의 힘을 빌려 귀신을 내쫓는 것이라고 애써 외면하였으며 예수님의 친척들조차 그를 배척하고 미친 사람 취급하였다. 그를 별 볼 일 없는 목수의 아들이라고 생각하던 나사렛 사람들은 고향에서 환영받은 선지자가 없음을 증거하는 예수님을 벼랑 밑으로 밀쳐 죽이려고까지 했다. 귀신들조차 예수님을 하나님의 거룩한 자요(눅4:34) 하나님의 아들이심을 고백하였지만(눅4:41), 정작 고향 사람들은 메시아로서 이루시는 예수님의 표적을 인정하려 들지 않았던 것이다.

예수님에 대한 소문이 온 지역에 퍼지자 많은 사람들이 그를 따랐다. 산으로 올라가신 예수님께서 천국 백성이 되려면 어떻게 행동해야 하는지에 대해 설교하자, 그것을 지켜보던 사람들은 율법학자들과 비교할 수 없을 정도의 권위와 사람들의 가슴을 뜨겁게 만드는 지혜로운 가르침에 놀라움을 금치 못했다. 산에서 내려오신 예수님은 **이사야 선지자의 예언**[217]을 이루기 위해 앞 못 보는 사람, 귀신들린 사람, 말 못하는 사람, 중풍병자, 나병환자 등 병든 자를 고치시고 죽은 사람을 소생시키는 놀라운 기적을 베풀었다.

예수님께서는 「씨 뿌리는 사람(마13:3~23)」, 「겨자씨와 누룩(마13:31~33)」, 「곡식과 가라지(마13:24~43)」, 「용서할 줄 모르는 종(마18:21~35)」, 「포도밭 주인과 일

---

216 가르치시고 천국 복음을 전파하시며 모든 병과 모든 약한 것을 고치시는 것(마9:35)을 예수님의 3대 사역이라고 말한다.
217 「우리의 연약한 것을 친히 담당하시고 병을 짊어지셨도다(마8:17).」

꾼들(마20:1~16)」,「신랑을 기다리는 처녀들(마25:1~13)」,「혼인 잔치(마22:1~14)」,「달란트 비유(마25:14~30)」,「선한 사마리아인(눅10:25~37)」,「어리석은 부자(눅12:16~21)」,「잃어버린 아들을 되찾은 아버지(눅15:11~32)」,「바리새인과 세리(눅18:9~14)」 등 수많은 비유를 통하여 가장 적절한 방법으로 당신의 가르침을 설명하시고 회개하라는 메시지와 함께 하나님 나라의 복음과 심판에 대한 경고를 핵심 주제로 말씀하셨다.

비유로 말씀하시는 이유를 묻는 제자들에게 믿음을 가진 사람들은 그에 담긴 의미를 이해할 수 있겠지만 그렇지 못한 사람들은 이해할 수 없을 것이라는 말씀으로 계시된 진리를 감추기 위한 것과 드러내기 위한 방편으로 쓰인다는 것을 완곡하게 표현하셨다. 그리고 말씀을 듣고 깨닫는 자는 삼십 배, 육십 배, 백배의 결실을 맺게 될 것이라고 말씀하셨다.

가나의 혼인 잔치에서 물로 포도주를 만드는 첫 번째 이적을 통해 당신이 세상의 구원자로 오셨음을 보여주신 예수님께서 보리 떡 다섯 개와 물고기 두 마리로 5,000명을 먹이셨다는 그 유명한 오병이어(五餅二魚)의 기적과 떡 일곱 개와 작은 생선 두어 마리로 4,000명을 먹이시는 놀라운 일도 행하셨다. 이처럼 인간이라면 도저히 행할 수 없는 수많은 기적을 이루심은 물론이요, 물 위를 걸으시고 거친 파도를 일으키는 바다를 꾸짖어 바람까지 잔잔하게 하시자 이를 본 제자들은 놀라움을 금치 못한 나머지 뒤에서 수군거렸다.

「도대체 이 사람이 누구이기에 거센 풍랑까지 잔잔하게 할 수 있단 말인가?」

생명의 떡 논쟁(요6장)

오병이어(五餠二魚)의 기적으로 5,000명이나 되는 사람들을 배불리 먹이는 것을 본 유대인들이 갈릴리 호숫가의 마을까지 따라오자 예수님이 말씀하셨다.

「여러분들이 나를 찾는 것은 내가 행하는 기적을 보았기 때문이 아니요 떡을 배불리 먹었기 때문입니다. 썩어 없어질 양식을 위해 일하지 말고 썩지 않을 양식, 곧 영생을 주는 양식을 위해 일하십시오.」

「우리가 어떻게 해야 하나님께서 원하시는 일을 할 수가 있겠습니까?」

「하나님께서 보내신 이를 믿는 것이 하나님이 원하시는 일입니다.」

예수님의 말씀에 유대인들이 다시 물었다.

「우리 조상들은 광야에서 하나님께서 주신 **만나**[218]라는 음식을 먹었는데 선생님은 어떤 표적으로 당신을 믿도록 하시겠습니까?」

「나는 하나님께서 여러분에게 주시는 생명의 떡이니 내게 오는 자는 결코 주리지 아니할 것이요, 나를 믿는 자는 영원히 목마르지 아니할 것입니다. 내가 하늘에서 내려온 것은 내 뜻을 행하려 함이 아니요 나를 보내신 이의 뜻을 이루려 함이니 나를 보내신 이의 뜻은 내게 주신 자 중에 한 사람도 잃어버리지 않고 마지막 날에 그들을 부활시켜 영생을 얻게 하려는 것입니다. 그런데도 당신들은 나를 보고도 믿지 않고 있습니다.」

당신이 바로 영혼구원자로서 죄인들에게 생명을 주기 위해 하늘에서 내려온 생명의 떡이라고 말씀하시는 것을 본 유대인들이 그가 목수 요셉의 아들인 것을 뻔히 알고 있는데 어떻게 저런 거짓말을 할 수 있는 것이냐고 수군거리자 예수님께서 말씀하셨다.

「당신들의 조상은 광야에서 만나를 먹었어도 죽었으나 나는 하늘에서 내려온 살아있는 떡이니 사람이 이 떡을 먹으면 결코 죽지 않을 것입니다. 내가 줄 떡은

---

218 「하늘의 양식 만나」 참조.

세상의 생명을 위한 내 살이기 때문입니다.」

　하늘에서 내려온 떡을 만나로만 알고 있었던 유대인들이 예수님의 말씀을 이
해하지 못한 나머지 어떻게 자기 살을 먹으라고 내줄 수 있겠느냐고 소리치며 흥
분하자 예수님께서 다시 말씀하셨다.

　「내 살을 먹고 내 피를 마시는 자는 내 안에 거하고 나도 그들 안에 거하나니
인자의 살을 먹지 아니하고 인자의 피를 마시지 아니하면 생명에 이를 수가 없습
니다. 그러므로 나를 먹는 자는 나로 말미암아 영원히 살게 될 것입니다.」

　당신의 살과 피를 제단에 뿌림으로써 믿는 자들을 영원히 살게 할 것이라는
예수님의 말씀에 제자들조차 고개를 갸웃거리며 누가 이 말을 알아들을 수 있겠
느냐고 수군거렸다.

　「살리는 것은 영이니 육은 무익한 것입니다. 내가 여러분에게 이른 말은 성령의
말씀이요 생명의 말씀입니다. 사람이 내게 오는 것을 아버지께서 허락하지 않으
시면 누구든지 내게 올 수 없을 것이라고 말한 이유가 바로 여기에 있습니다.」

　로마의 압제로부터 자신들을 구원해줄 메시아라 생각하고 예수님을 따르긴 했
지만 알아들을 수 없는 이상한 말로 백성들을 미혹하고 있다고 생각한 사람들
이 발길을 돌리자 예수님께서 제자들을 바라보시며 물었다.

　「너희도 내 곁을 떠나려느냐?」

　예수님을 영접함으로써 생명을 체험할 수 있었던 베드로가 대답했다.

　「영생의 말씀이 주님께 있고 주님이 하나님의 거룩한 분이심을 알고 있는데 우
리가 누구에게 가겠습니까?」

죽음과 부활을 말씀하다(마16, 17, 20, 막9, 눅9장)

「너희들은 나를 누구라고 생각하느냐?」라는 질문을 통해 주는 그리스도시요 살아계신 하나님의 아들이라는 신앙고백을 제자들로부터 들으신 예수님께서 기도하기 위해 산으로 올라가셨다. 그때 구약 시대 사람인 모세와 엘리야가 나타나 빛나는 해와 같이 영광스런 모습으로 변한 예수님과 말씀 나누는 것을 지켜본 제자들이 두려움에 떨고 있을 때 그가 바로 하나님의 아들임을 다시 한번 확인시켜주는 소리가 하늘로부터 들렸다.

「이는 내 사랑하는 아들이요 기뻐하는 자니 너희는 그의 말을 들어라.」

율법의 대표자인 모세와 선지자의 대표 격인 **엘리야**[219]가 나타나 예수님과 대화를 나눈 것은 예수님이 바로 모세와 엘리야의 연장선상 위에 있다는 것과 구약에서 약속된 모든 것이 예수님으로부터 성취된다는 것을 상징적으로 보여주는 사건이 되었다.

신비스러운 광경을 목격한 제자들이 산에서 내려올 때 예수님께서 당부하셨다.

「인자가 죽은 자 가운데에서 다시 살아나기 전에는 너희가 본 것을 아무에게도 말하지 말아라.」

「죽은 자 가운데에서 다시 살아난다는 것이 도대체 무슨 뜻일까?」

말뜻을 이해하지 못한 제자들이 수군거리는 것을 보신 예수님께서 자신은 장로들과 대제사장들과 서기관들에게 버린 바 되어 죽임을 당하고 사흘 만에 다시 살아날 것이라고 비로소 알려주시고, 당신께서 온 것은 섬김을 받으려 함이 아니라 섬기러 왔으며 당신의 생명을 많은 사람들을 구원하기 위한 대속물로 주려고 왔다고 말씀하시자, 영적인 눈이 부족했던 제자들은 그 말씀의 뜻이 궁금했지만 두려운 마음에 더 이상 물어보지 못했다.

219 「엘리야와 엘리사」 참조.

성주간의 시작- 예루살렘 입성(마21, 막11, 눅19, 요12장)

십자가 죽음과 부활에 대하여 세 번에 걸쳐 언급하신 예수님께서 당신께서 세상에 오신 목적을 이룰 때가 다가오자 예루살렘으로 발걸음을 옮기셨다. 감람산 기슭의 베다니 마을에 이르렀을 때, 구원을 베풀 왕이 나귀를 타고 입성할 것이라는 구약 시대의 선지자 **스가랴가 예언한**[220] 것을 증거하기 위해 제자 두 사람을 마을로 보내며 말씀하셨다.

「건너편 마을로 가거라. 그곳에 가면 아무도 타본 적이 없는 나귀 새끼 한 마리가 매여 있을 것이니 나귀를 이리로 끌고 오너라. 누가 묻거든 주께서 쓰시겠다고 말하여라.」

나귀를 끌고 온 제자들이 외투를 벗어 나귀의 등에 걸치자 예수님께서 그 위에 앉으셨다. 그러자 예수님을 따르던 수많은 사람들이 옷을 벗어 길에 펴고 나뭇가지를 잘라 길 위에 깔고는 종려나무 가지를 흔들며 소리 높여 외쳤다.

「**호산나!**[221] 찬송하리로다. 주의 이름으로 오시는 이여.」

예루살렘의 파괴와 성전이 무너져 내릴 것을 미리 보신 예수님께서 그 성을 바라보며 눈물을 흘리실 때 따르던 사람들로 인하여 온 도시가 소란스럽자 이를 지켜보던 군중들이 서로에게 물었다.

「저 사람이 누구요?」

「저 사람은 갈릴리 나사렛 출신의 예언자 예수라는 사람이요.」

예수님이 바로 자신들을 구원해줄 메시아임을 깨닫지 못한 백성들은 그가 엘리야나 세례 요한 또는 예레미아와 같은 선지자 중 한 사람일 거라고 생각했다.

---

220 「시온의 딸아, 크게 기뻐할지어다 예루살렘의 딸아 즐거이 부를지어다 보라 네 왕이 네게 임하시나니 그는 공의로우시며 구원을 베푸시며 겸손하여서 나귀를 타시나니 나귀의 작은 것 곧 나귀 새끼니라(슥 9:9).」
221 「우리가 당신께 구하오니 우리를 구원하소서.」라는 뜻으로 히브리어에서 유래되었다.

이튿날 예수님께서 제자들과 함께 성전에 들어갔을 때 그곳에는 물건 파는 사람들로 가득하여 어수선했다. 하나님의 거처가 시끄러운 저잣거리로 변한 것도 모자라 성전을 관리해야 할 제사장들이 오히려 율법을 악용하여 부도덕한 상행위를 일삼는 모습을 보신 예수님께서 상인들을 내쫓으시고 환전상과 비둘기 파는 사람들의 탁자를 둘러 엎으셨다.

「내 집은 만민이 기도하는 집이라 하였거늘 당신들은 강도의 소굴로 만들었도다.」

예수님께서 성전 정화하는 모습을 지켜본 사람들은 「**그날에 만군의 여호와의 전에 가나안 사람이 다시 있지 아니하리라**(슥14:21)」」는 스가랴의 예언이 마침내 실현된 것으로 믿었다.

군중들이 예수님을 환영하면서 장차 이스라엘의 왕이요, 메시아로 인정하는 것을 보고 심사가 뒤틀린 대제사장들과 율법학자들은 예수님께서 병자들을 고치시고 가르치시며, 천국 복음을 전파하시는 놀라운 일들을 거침없이 행하시자, 자신들을 향한 도전이라 생각하고는 예수님의 권위에 흠집을 내기 위하여 볼멘소리로 물었다.

「당신은 무슨 권위로 이런 일을 하는 거요? 그리고 누가 당신에게 이런 권한을 주었소?」

그들은 당장에라도 예수님을 체포하고 싶었지만, 말씀에 귀 기울이고 있는 사람들의 감정을 잘못 건드렸다가는 민란으로 번질 것을 우려한 나머지 기회를 미룰 수밖에 없었다.

예수님을 죽이려고 모의하다(마22~25, 막12, 14, 눅21, 요11장)

　예수님의 명성으로 사람들의 시선이 그에게 쏠리는 것을 의식한 **바리새파**[222] 사람들은 고소할 빌미를 찾기 위해 예수님의 언행을 예의 주시하였다. 심지어 로마 황제에게 세금을 바치는 것이 과연 옳은 일인지를 묻는 민감한 질문을 포함하여 그를 함정에 빠뜨리기 위해 온갖 방법을 다 동원하였지만, 예수님의 가르침에 번번이 실패하였다. 부활신앙을 인정하지 않던 **사두개파**[223] 사람들의 세속적 논쟁에 하나님은 죽은 자의 하나님이 아니요, 살아있는 사람들의 하나님이라는 말씀으로 그들의 잘못된 생각을 꾸짖자, 그 소문을 들은 어떤 율법학자가 예수님을 시험하려고 질문하였다.

　「선생님! 율법에서 어느 계명이 가장 중요하다고 보십니까?」

　「마음을 다하고 목숨을 다하고 뜻을 다하여 주 너의 하나님을 사랑하라는 것이 첫째 되는 계명이요, 네 이웃을 너 자신같이 사랑하라는 것이 두 번째 계명입니다. 율법과 예언자의 말씀이 이 두 계명, 즉 하나님 사랑과 이웃 사랑에서 근거하는 것이니 이보다 더 큰 것은 없습니다.」

　예수님께서 죽었던 나사로를 회생시킴으로써 당신이 바로 생명과 부활의 주역임을 보여주자 믿는 사람들이 늘어나는 것을 두려워한 유대인들은 더 이상 참을 수 없었던 나머지 예수님을 죽이기 위해 온갖 트집으로 모함하는 것은 물론 이참에 나사로까지 죽이려고 모의했다.

222　유대의 종교 당파들 중의 하나로 현실과 타협하지 않고 율법의 순수성을 보존하려는 동기에서 출발했지만 대부분 형식에만 치우쳐 형식주의자로 통한다. 하나님을 이해하는 데 있어 율법의 중요성은 필수적이지만, 이것이 형식적으로 지켜진다는 데 문제가 있었던 것이다. 그들은 사두개인들과는 달리 부활과 내세를 믿었지만, 예수님께서는 그들이 말하는 바는 행하고 지키되 그들의 위선적인 행위를 본받지 말라고 지적하셨다(마23:3).

223　사두개라는 용어는 다윗 시대의 제사장이었던 사독에서(왕상2:35) 비롯된 것으로 제사장 가문으로 이스라엘의 상류 계급에 속했던 사두개파 사람들은 바리새인들과 달리 현실주의자들로서 모세오경만을 성경으로 받아들였으며 내세와 부활 그리고 천사의 존재를 부인하였다(마22:23~33, 행4:1, 23:8).

말만 앞세우고 실천하지 않으며 겉으로는 의롭게 보이지만 내면은 탐욕과 위선이 가득한 율법학자들과 바리새인들을 회칠한 무덤으로 비유하시며 결코 지옥의 심판을 피할 수 없음을 경고하신 예수님께서 감람산에 앉아계실 때, 세상의 마지막 때에 어떤 징조가 있을 것인가 라는 문제를 두고 제자들이 궁금해하자 심판의 징조는 재난으로부터 시작될 것이라고 명쾌하게 대답해주셨다.

　　「재난의 시작은 전쟁과 기근과 지진이 될 것이다. 거짓 그리스도와 거짓 선지자가 나타나 큰 증거와 기적을 보이며 사람들을 속일 것이다. 불법이 활개 치며 사랑이 식고 천국 복음이 온 세상에 전파될 때 세상의 끝날이 될 것이다. 그때 인자가 아버지의 영광으로 천사들과 함께 다시 오리니 모든 민족을 앞에 모으고 각 사람이 행한 대로 심판 할 것이다. 악인은 영원한 벌에 들어갈 것이요, 의인은 영원한 생명을 얻게 될 것이다. 그러나 그날은 하늘의 천사들도 모르고 아들도 모르며 오직 하나님만 아시나니 항상 준비하고 깨어있어야 할 것이다.」

　　한편 예수님이 말씀과 이적으로 사람들을 놀라게 하고 당신이 하나님의 아들이라고 서슴없이 선포하자 그가 그럴듯한 말로 군중을 현혹시키는 것도 모자라 신성모독적인 행위를 일삼는다고 생각한 대제사장들과 장로들은 예수를 그대로 놔두었다가는 앞으로 무슨 일이 벌어질지 장담할 수 없음을 깨닫고 대제사장인 가야바의 공관에 모였다. 그들이 예수님을 죽일 방도를 찾기 위해 궁리하고 있을 때 열두 제자 중 한 명인 유다가 은밀히 찾아와 말했다.

　　「예수를 당신들에게 넘겨주면 얼마를 주겠소?」

　　대제사장들이 기뻐하며 은화 30을 주자 유다는 예수를 넘길 기회를 엿보았다.

목요일의 마지막 만찬(마26, 막14, 눅22, 요13~17장)

유월절 저녁이 되자[224] 예수님과 제자들이 유월절 음식을 먹기 위해 성내의 어느 큰 **다락방**[225]에 모였다. 섬김의 자세야말로 하나님의 백성들이 반드시 지켜야 할 덕목임을 몸소 보여주기 위해 자리에서 일어난 예수님께서 허리에 수건을 두르고 대야의 물로 제자들의 발을 손수 씻겨 주셨다.

제자들과 함께 식탁에 둘러앉아 식사하던 예수님께서 말씀하셨다.

「너희 중에 한 사람이 나를 팔 것이다. 나와 함께 그릇에 손을 넣는 자가 바로 그 사람이니라.」

예수님의 충격적인 발언에 놀란 제자들이 서로 얼굴을 쳐다보며 웅성거리고 있을 때 예수님을 배반한 유다가 시치미를 떼고 말했다.

「선생님! 설마 저는 아니겠지요?」

「네가 말하였도다. 네가 할 일을 어서 하여라.」

그곳에 모인 제자들 중 예수님께서 유다에게 하신 이 말씀을 이해하는 사람은 없었다. 감사기도를 드린 예수님께서 빵과 포도주를 나눠주시며 이것이 내 몸이며 사람들의 죄를 용서받게 하려고 흘리는 나의 피, 곧 언약의 피라고 말씀하셨다. 그리고는 내가 너희를 사랑한 것 같이 너희도 서로 사랑하라는 새 계명을 주시고, 내가 곧 길이요 진리요 생명이니 나를 통하지 않고서는 하나님께 갈 수 없다는 것과 하늘나라의 일 그리고 진리의 영이신 **보혜사 성령**[226]께서 하시는 일에 대하여 제자들에게 마지막으로 설교하셨다.

계명을 지키는 자라야 나를 사랑하는 자라고 선포하신 예수님께서 내가 아버지를 떠나 세상에 왔으니 이제 세상을 떠나 아버지에게 돌아갈 것이라는 말씀으

---

224 마태, 마가, 누가복음에서는 유월절 밤에, 요한복음은 유월절 전날 밤에 주의 만찬이 있었다고 기록되어 있으므로 하루 차이가 있다.

225 그곳이 마가의 다락방이라고 말하는 성경학자도 있지만 성경에는 기록되어있지 않다. 전승에 의하면 예수님 부활 이후 오순절 날 성령이 제자들에게 임하신 곳으로도 알려지고 있다.

226 성령 하나님을 가리키는 말로, 신약에서 사도 요한이 이 단어를 사용했다.

로 고별설교를 마치자 제자들이 한목소리로 말했다.

「주님이 바로 하나님으로부터 오신 분임을 믿습니다.」

최후의 만찬이라 불리는 제자들과의 식사모임은 이렇게 끝났다. 이것을 기념하라는 예수님의 말씀대로 죄를 용서받기 위해 빵을 먹고 포도주를 마시는 의식을 **성찬식**[227]이라고 하는데 오늘날 세례와 함께 교회에서 행하는 가장 중요한 의식이 되었다.

어두운 그림자가 드리워진 만찬이 끝나자 베드로와 야고보와 요한과 함께 감람산 기슭의 겟세마네 동산으로 올라가신 예수님께서 엎드려 얼굴을 땅에 대고 기도하셨다.

「아버지여! 만일 할 수만 있다면 이 잔을 내게서 지나가게 하옵소서. 그러나 나의 원대로 마시옵고 아버지의 뜻대로 하옵소서.」

우리와 똑같은 사람으로 고난을 피하고 싶어 하는 인간의 모습을 그대로 보여주는 이 가슴 절절하고 심금을 울려주는 기도를 예수님께서 두 번을 더 하셨다. 땀으로 흠뻑 젖은 모습으로 간절하게 아버지의 뜻을 구할 때 땀이 마치 핏방울처럼 땅에 떨어졌다. 이제 인류가 저지른 죄가 유월절 희생양이 될 예수님에게 전가되는 순간이 점점 다가오고 있었던 것이다.

---

227 예수님의 살을 상징하는 빵과 피를 상징하는 포도주를 나누어 먹음으로써 예수님의 수난을 기념하는 기독교의 성례 의식을 말한다. 피를 마시고 살을 먹는다는 것은 그분이 누구시고 우리를 위해 어떤 일을 하셨는지 깨닫고 이를 전파하기 위함이며(고전11:26) 십자가의 고난에 동참하기 위한 것으로써 믿음과 순종을 다짐하는 의식이다.「내 살을 먹고 내 피를 마시는 자는 내 안에 거하고 나도 그의 안에 거하나니 인자의 살을 먹지 아니하고 인자의 피를 마시지 아니하면 너희 속에 생명이 없느니라(요6:53, 56).」

예수님께서 잡히다(마26, 막14, 눅22, 요18장)

십자가의 죽음이 예고된 긴장된 순간임에도 이를 깨닫지 못하고 잠에 취해 있던 제자들을 깨우신 예수님께서 당신을 파는 자가 가까이 왔음을 밝히실 때, 많은 무리들이 횃불을 들고 칼과 몽둥이를 흔들며 예수님을 잡으러 왔다. 예수님의 얼굴을 모르는 이들에게 유다가 말했다.

「내가 볼에 입 맞추는 자가 예수이니 그를 잡으시오.」

유다의 신호에 따라 무리들이 예수님을 붙잡자 흥분한 베드로가 칼을 빼어 말고라고 하는 대제사장 종의 귀를 베었다. 이것을 보신 예수님께서 말씀하셨다.

「네 칼을 도로 넣어라. 칼을 가지는 자 칼로 망하느니라.」

그리고 떨어져 나간 종의 귀를 치료해주시며 말씀하셨다.

「너는 내가 아버지께 구하여 열두 군단도 더 되는 천사를 보내시게 할 수 없는 줄 아느냐?

내가 만일 그렇게 한다면 이런 일이 있으리라 한 말씀이 어떻게 이루어지겠느냐?」

분위기가 심상치 않게 돌아가자 제자들이 예수님을 버리고 **도망갔다**[228]. 목자를 치면 양들이 흩어질 것이라는(슥13:7) 스가랴의 예언대로 된 것이다.

예수님을 결박한 무리들이 그를 전직 대제사장인 안나스에게 끌고 가 심문한 후 다시 그의 사위인 대제사장 가야바에게 끌고 갔다. 대제사장들과 율법학자 그리고 **공회**[229] 의원들이 예수님을 죽이기 위한 구실을 찾으려고 애썼지만 만족할 만한 결과를 얻지 못하자 대제사장 가야바가 예수님께 물었다.

---

228 제자들이 위험에 처하게 되면 도망갈 것을 이미 알고 계셨던 예수님은 무리들이 자신을 잡으러 오자 제자들이 피신할 수 있도록 오히려 도우신 것이라고 요한은 밝힌다(요18:8, 9). 즉 말씀 전파의 사역을 감당시키기 위함이었다는 것이다.

229 공회라고 불리는 산헤드린(Sanhedrin)은 71명으로 구성된 유대인의 최고 종교 회의를 말한다. 독립적인 기구로 사법권을 행사할 뿐 아니라 때로는 율법에 따른 형사권을 행사하는 때도 있었다고 한다(포토성경사전– 이원희 저).

「살아계신 하나님께 맹세하게 하노니 당신이 하나님의 아들 그리스도가 맞습니까?」

「당신이 지금 말하였소. 내가 말하노니 이후에 인자가 전능하신 하나님의 오른편에 앉아 있는 것과 하늘 구름을 타고 오는 것을 보게 될 것이오.」

하나님의 아들 그리스도임을 공식 선언하시고 부활을 예고하신 예수님께서 세상 끝날에 다시 오실 것을 선포하자 그가 시편에 기록된 **다윗의 예언**[230]을 이용하고 있다고 생각한 가야바가 자기 옷을 찢으며 소리쳤다.

「이 자가 이렇게 하나님을 모독하고 있으니 더 이상 무슨 증거가 필요하겠소?」

흥분한 무리들이 그를 죽이라고 아우성치며 예수님의 얼굴에 침을 뱉고 폭력을 가했다. 먼발치에서 곁불을 쬐며 이 광경을 지켜보고 있던 베드로에게 한 여종이 다가와 물었다.

「당신도 예수와 함께 있던 사람이 아닙니까?」

「아니요, 나는 저 사람이 누구인지 모릅니다.」

베드로가 예수님을 모른다고 세 번째 부인하고 있을 때 첫닭이 울었다.

오늘 밤 닭이 울기 전에 네가 나를 세 번 부인하게 될 것이라는 예수님의 말씀에 모두가 주님을 버릴지라도 결코 주님을 부인하는 일은 없을 것이라고 큰소리치던 자신의 결의가 사탄의 시험 앞에 맥없이 무너지게 되자 자신을 쳐다보는 예수님의 동정 어린 눈길과 마주친 베드로는 밖으로 나가 통곡했다.

다음날인 금요일 새벽, 대제사장과 장로들이 예수님을 결박하여 **로마 총독 빌라도**[231]에게 넘겨주기 위해 끌고 가는 것을 본 유다는 그제야 사태의 심각성을 깨닫고는 은화를 대제사장과 장로들에게 돌려주려고 했지만, 그들이 거절하자

---

230 「여호와께서 내 주에게 말씀하시기를 내가 네 원수들로 네 발판이 되게 하기까지 너는 내 오른쪽에 앉아 있으라 하셨도다(시110:1).」

231 로마의 티베리우스 황제 때 유다 속주를 관장했던 총독(재위: A.D. 26 ～ A.D. 36)으로 예수님의 재판 이후 그의 행적에 대해서는 알려진 바 없으나, 전승에 의하면 사마리아인의 학살 사건에 연루되어 로마에 소환되자 자살한 것으로 전해진다. 총독은 황제의 대리자로서 속국에 대한 정치, 사법, 군사 등의 모든 통치권을 감독하고 관할하는 역할을 하는 자였다.

성전에 던져넣고 스스로 목을 매어 생을 마감했다. 대제사장이 은화를 거두며 말했다.

「이 돈은 피 값이니 성전에 두어서는 안 될 것이요.」

그들은 그 돈으로 토기장이의 밭을 사서 공동묘지로 만들 것을 결정함으로써 이것 역시 스가랴 **선지자의 예언대로**[232] 이루어졌다.

십자가에 못 박히다(마27, 막15, 눅23, 요19장)

사형판결을 받아내기 위해 무리들이 예수님을 총독에게 끌고 가서 말했다.

「이 사람은 백성들을 미혹시키고 로마 황제에게 세금을 바치지 못하게 하였으며 본인 스스로 그리스도이며 왕이라고 하는 자입니다.」

사회 안정을 해치는 위험인물이라는 뜻으로 예수님을 고발하자 총독 빌라도가 물었다.

「네가 유대인의 왕이 맞느냐?」

「당신 말이 옳습니다.」

빌라도가 다시 물었다.

「이 사람들이 너를 여러 가지 죄명으로 고발하였는데 너는 그것을 알고 있느냐?」

변명할 것이 있다면 말해보라는 빌라도의 심문에 예수님은 아무 대답도 하지 않으셨다. 곤욕을 당하여 괴로울 때도 입을 열지 않았으며 마치 도수장으로 끌

---

232 「그들이 은 삼십 개를 달아서 내 품삯을 삼은 지라 여호와께서 내게 이르시되 그들이 나를 헤아린바 그 삯을 토기장이에게 던지라 하시기로 내가 곧 그 은 삼십 개를 여호와의 전에서 토기장이에게 던지고(슥 11:12, 13).」

려가는 어린 양과 같았다는 이사야의 예언을(사53:7) 성취하기 위해 침묵으로 일관함으로써 하나님의 뜻을 겸허히 받아들이신 것이다. 예수님이 갈릴리 출신이라고 생각한 빌라도는 골치 아픈 재판에서 손을 떼고 싶은 마음에 마침 예루살렘에 와있던 갈릴리 지역의 통치자 헤롯 안티파스에게 예수님을 넘겼다. 헤롯이 예수님을 심문하였지만 역시 대답이 없으시자 실컷 조롱한 후 다시 빌라도에게 보냈다.

유대인들 간의 종교적 문제 때문에 예수가 잡혀 왔다고 생각한 빌라도는 그에게서 극형을 선고할 만한 근거를 찾을 수가 없자 명절에 죄수 한 명을 사면해주는 관례를 생각해 내고는 책임을 회피하기 위해 군중들에게 물었다.

「너희들은 사람을 죽인 바라바와 그리스도라 하는 예수 중 누구를 놓아주기를 원하느냐?」

대제사장과 장로들이 살인자 바라바를 놓아주고 예수를 죽여야 한다고 선동하자 군중들은 예수님을 가리키며 살기등등한 목소리로 외쳤다.

「저 사람을 십자가에 못 박게 하소서.」

흥분한 군중들의 성화에 폭동이 일어날지도 모른다고 생각한 빌라도는 물을 떠다가 손을 씻으며 말했다.

「나는 이 사람의 피에 관하여 아무 책임이 없으니 너희들이 알아서 하여라.」

「그 사람의 피에 관한 책임은 우리와 우리의 자손들이 지겠습니다.」

예수님의 가르침과 이적을 보고 그를 메시아로 생각하는 사람들도 많았지만 이를 시인함으로써 배척당할 것을 두려워한 유대인들이 한 목소리로 대답하자 빌라도는 할 수 없이 죄수 바라바를 풀어주고 예수님을 십자가에 매달도록 명령했다. 이에 총독의 군인들이 예수님의 옷을 벗기고 붉은색 옷을 입히며 가시나무로 엮어 만든 관을 머리에 씌워 왕처럼 만든 다음 예수님께 무릎 꿇고 절하며 조롱했다.

「유대인의 왕이라고 하는 자여 평안할지어다!」

그들은 채찍으로 예수님을 때리고 침을 뱉고 실컷 조롱한 후에 예수님이 입었던 원래의 옷으로 다시 입힌 후, **십자가**[233]에 못 박기 위해 **골고다**[234] 로 끌고 갔다. 가슴을 치며 울면서 따라오는 한 무리의 여인들을 보신 예수님께서 그들에게 말씀하셨다.

「예루살렘의 딸들아 나를 위하여 울지 말고 너희와 너희 자녀를 위하여 울라.」

그들은 **아침 아홉 시**[235] 에 밤새 심문을 받아 지친 예수님을 벌거벗긴 후 십자가에 못 박고 머리 위에 「유대인의 왕 나사렛 예수」라고 쓴 죄 패를 걸어놓은 다음 예수님의 옷을 제비뽑아 나누어 가졌다. **「내 겉옷을 나누며 속옷을 놓고서 제비 뽑나이다(시22:18).」**라는 다윗의 예언이 적중된 것이다.

강도죄를 범하여 사형 판결을 받은 두 죄인을 군인들이 예수님 좌우에 있는 십자가에 매달자 흡족한 표정으로 이를 지켜보던 대제사장과 율법학자와 장로들이 빈정거리며 말했다.

「당신은 다른 사람들은 구원하면서 정작 자신은 구하지 못하는구려. 당신이 정말 하나님의 아들이 맞다면 십자가에서 내려와 보시오. 그러면 우리가 당신의 말을 믿겠소.」

조롱과 핍박과 고통을 당하면서도 그들을 원망하지 않은 예수님은 오히려 그들을 위해 기도 하셨다.

「아버지 저들을 사하여주옵소서 자기들이 하는 것을 알지 못함이니이다(눅 23:34).」-①[236]

좌우의 십자가에 매달린 두 명의 죄인 가운데 한 사람이 예수님을 욕하며 말했다.

「당신이 정말 그리스도가 맞다면 우리를 구원해 보시오.」

---

233 심하게 고문당한 몸으로 십자가를 지고 가시다가 탈진으로 쓰러지자, 예수님을 대신하여 구레네 사람이며 알렉산더와 루포의 아버지인 시몬이 그 자리를 지나가다가 로마 군인들에게 붙들려 십자가의 형주를 지고 가게 되었다(막15:21). 요한복음에는 예수님께서 십자가를 직접 지고 골고다로 가셨다고 기록되어 있다(요19:17).

234 골고다는 해골을 의미하는 아람어이며 라틴어로 번역하면 갈보리가 된다고 한다.

235 요한복음은 예수님이 낮 12시에 십자가에 못 박히셨다고 기록되었다(요19:14).

236 가상칠언(架上七言, 예수님께서 십자가에서 하신 일곱 가지 말씀)- ①~⑦

그러나 다른 죄인은 예수님을 욕하는 그를 꾸짖었다.

「너는 죄를 짓고서도 하나님을 두려워하지 않는구나. 이분이 하신 일 중에 옳지 않은 것이 하나도 없다는 것을 너는 모르느냐?」

그리고 예수님을 바라보며 은혜를 구했다.

「예수여! 당신이 주님의 나라에 들어갈 때 나를 기억하소서.」

「내가 진실로 네게 이르노니 오늘 네가 나와 함께 낙원에 있으리라(눅23:43).**」-②**

아무리 악한 죄를 저질렀다 하더라도 하나님을 믿고 회개하면 구원받을 수 있다는 기독교 핵심교리를 보여주신 예수님께서 어머니 마리아와 사랑하는 제자가 (아마 요한이었을 것이다.) 곁에 서 있는 것을 보시고 말씀하셨다.

「여자여 보소서 아들이니이다(요19:26).**」-③**

그리고 그 제자에게 어머니를 잘 보살펴줄 것을 당부했다.

「보라 네 어머니라(요19:27).**」-③**

금요일- 숨을 거두다(마27, 막15, 눅23, 요19장)

하나님께서도 아들의 죽음을 보고 싶지 않으셨던지 대낮인데도 온 땅이 어둠으로 덮였다. 오후 3시경 십자가의 고통 속에서 예수님이 큰 소리로 부르짖었다.

「나의 하나님, 나의 하나님, 어찌하여 나를 버리셨나이까(마27:46).**」-④**

예수님께서 다시 한번 큰 소리로 외치신 후 **「내가 목마르다**(요19:28).**」-⑤** 말씀하시자 사람들이 신 포도주를 적신 해면을 우슬초 막대기에 달아 예수님의 입에 갖다 대었다. 신포도주로 마른 입술을 축이신 예수님께서 이 땅에서의 사역이 완성되었음을 선포하셨다.

「다 이루었다(요19:30).」-⑥

「아버지 내 영혼을 아버지 손에 부탁하나이다(눅23:46).」-⑦

예수님께서는 이 말씀을 마지막으로 **숨을 거두셨다.**[237] 그때 예수님의 나이 서른세 살이었다. 시신을 빨리 수습하기 위해 예수님 좌우에 있던 두 죄인의 다리를 부러뜨린 군인들이 예수님의 옆구리를 창으로 찌르자 피와 물이 쏟아져 나왔다.

「그의 모든 뼈를 보호하심이여 그중에서 하나도 꺾이지 아니하도다(시34:20).」 다윗의 예언이 또 이루어진 것이다. 그 순간 **성전의 휘장**[238]이 양쪽으로 찢어지고 땅이 진동하며 바위들이 갈라지고 무덤에서 잠들어있던 성도들이 다시 살아나는 기적이 일어나자 예수님을 지키던 병사들이 두려움에 떨며 소리쳤다.

「이 사람은 진실로 하나님의 아들이었도다.」

공생애 기간 내내 예수님과 동고동락하며 주는 그리스도시오, 살아계신 하나님의 아들이라는 말로 예수님이 바로 구세주임을 신앙으로 고백했던 제자들이었지만 막상 예수님께서 처형되는 순간 모두 그의 곁을 떠났으나, 십자가의 형벌을 끝까지 지켜보고 있던 로마 군인들이 예수님이 바로 하나님의 아들임을 입으로 시인하고 있었던 것이다.

예수님을 섬기기 위해 갈릴리에서부터 따라온 많은 여인들이 멀리서 이 엄청난 장면을 보고 있었다. 그곳에는 예수님의 어머니 마리아와 막달라 마리아 그리고 야고보와 요한의 어머니 살로메도 있었다.

---

237 성경학자들은 이날이 주후 30년 4월 7일 금요일이었을 것으로 추정하고 있으며 후에 기독교인들은 이날을 수난일로 정했다.

238 구약 시대의 백성들은 언약궤를 모셔둔 장소인 지성소에 자유롭게 드나드는 것이 허용되지 않았지만, 지성소와 성소를 구분해놓았던 휘장, 즉 인간의 죄로 인하여 하나님과 인간 사이에 만들어놓은 장벽의 상징이 예수님의 피로 인하여 위에서 아래로 둘로 찢어진 사건은 제사장이라는 인간 중재자 없이 모든 성도들이 직접 하나님께 나아가게 되었음을 의미하는 사건이 된 것이다. 「형제들아 우리가 예수의 피를 힘입어 성소에 들어갈 담력을 얻었나니, 그 길은 우리를 위하여 휘장 가운데로 열어놓으신 새로운 살길이요 휘장은 곧 그의 육체니라(히10:19, 20).」

그날 저녁 산헤드린 공회 회원으로 예수님을 따랐던 아리마대 사람 요셉이 빌라도에게 간청하여 예수님의 시신을 인수하고 **니고데모**[239]와 함께 세마포로 싸서 바위 속에 판 새 무덤에 모시고는 큰 돌을 굴려 입구를 막아놓았다. 「**그의 무덤이 악인들과 함께 있었으며 그가 죽은 후에 부자와 함께 있었도다**(사53:9).」 이사야의 예언이 또 성취된 것이다.

하나님의 역사하심은 참으로 위대하다. 태어날 때 육신의 아버지 요셉의 도움으로 강보에 쌓여 구유에 누울 수 있었던 예수님이 죽을 때는 아버지와 같은 이름을 가진 또 다른 요셉이라는 사람의 도움으로 세마포에 쌓여 무덤에 누울 수 있게 되었으니 말이다.

죽은 지 사흘 만에 다시 살아날 것이라는 예수님의 예언을 기억하고 있던 대제사장과 장로들은 제자들이 시신을 훔쳐내어 예수님이 부활했다고 선전하고 다닐 것을 염려한 나머지 총독 빌라도를 채근하여 경비병들로 하여금 무덤을 굳게 지키도록 시켰다.

부활하고 승천하다(마28, 막16, 눅24, 요20, 21, 행1장, 고전15장)

안식일 다음날인(유대인들의 안식일은 토요일이었다) 일요일 첫 새벽에 막달라 마리아와 야고보의 어머니 마리아 그리고 살로메가 예수님 몸에 바를 향료를 가지고 **무덤에 갔을 때**[240] 큰 지진이 일어나며 흰옷을 입은 주의 천사가 하늘로부터

---

239 본문 「니고데모와 사마리아 여인」 참조.
240 요한복음은 안식 후 첫날 막달라 마리아와 베드로와 예수님께서 사랑하시던 제자(아마 요한일 것이다.)가 처음으로 무덤에 도착했다고 전한다(요20:1~10).

내려와 무덤 입구에 있던 돌을 치우고 그 위에 앉아 있는 것이 보였다.

무덤 안을 보기 위해 허리를 굽히던 이들에게 천사가 말했다.

「예수님은 여기 계시지 않소. 그가 말씀하시던 대로 다시 살아나셔서 갈릴리로 가셨으니 그곳에서 뵐 수 있을 것이오.」

죽은 자 가운데에서 다시 살아날 것이라는 예수님의 말씀을 세 번이나 들었지만, 아직도 깨닫지 못했던 그들이 두려움과 큰 기쁨으로 달려갈 때 예수님께서 막달라 마리아에게 나타나셨다.

「두려워하지 마라. 내 형제들에게 갈릴리로 가라고 하라. 그곳에서 나를 볼 수 있을 것이다」

무덤을 지키고 있던 경비병들이 이 놀라운 광경을 목격하고는 성으로 들어가 지금까지 있었던 일들을 모두 보고했다. **부활**[241]을 인정하고 싶지 않았던 대제사장과 장로들은 경비병들에게 돈을 쥐여주며 제자들이 예수님의 시신을 도둑질해 갔다고 말하라고 시켰다.

예수님께서 돌아가시자 낙담한 나머지 엠마오라는 고향 마을로 가던 길에 부활하신 예수님을 만난 두 제자가 다른 제자들에게 이 사실을 알렸으나 아무도 그들의 말을 믿으려 하지 않았다. 갈릴리로 간 열한 제자가 예수님을 직접 뵙고 경배하였으나 부활을 의심하자 이를 본 예수님이 말씀하셨다.

「어찌하여 의심하느냐? 내 손을 만져보라 너희들이 보는 바와 같이 나는 있느니라.」

그들이 못 박힌 자국과 옆구리의 상처를 확인하고 나서야 비로소 이를 믿자, 예수님께서 제자들의 믿음이 약한 것을 꾸짖으셨다. 그리고는 모세의 율법과 선지자의 글과 시편에 기록된 예언이 모두 이루어졌음을 선포하시고 당신의 이름

---

241 그리스어로 파스카(pascha)라고 하는 부활절은 예수님이 십자가에 못 박혀 죽으시고 3일 만에 부활하신 것을 기념하기 위한 기독교 최대 축일이다. 오늘날 지켜지고 있는 부활절은 주후 325년 니케아 공의회에서 결정된 것으로 춘분(3월 21일) 후 처음 맞는 만월(滿月) 다음에 오는 첫 번째 주일을 말한다. 예수님의 부활은 기독교를 다른 종교와 구별시키는 핵심적인 진리에 속하는 것으로 만일 그리스도의 부활이 없다면 영생의 소망도 죄의 용서도 없는 것이라고 바울은 역설한다(고전15:14, 17).

으로 죄 사함을 받는 회개가 예루살렘에서 시작하여 모든 민족에게 전파될 것이니 이 일에 증인이 되라고 당부하셨다.

「하늘과 땅의 모든 권세를 내게 주셨으니 그러므로 너희는 가서(① 믿지 않는 자들에게 가라.) 모든 민족을 제자로 삼아(② 사람들을 사랑으로 섬겨라.) 아버지와 아들과 성령의 이름으로 세례를 베풀고(③ 세례를 베풀어라.) 내가 너희에게 분부한 모든 것을 가르쳐(④ 가르쳐라.) 지키게 하라(⑤ 말씀대로 살게 하라.) 볼지어다 내가 세상 끝 날까지 너희와 항상 함께 있으리라[242](마28:18~20).」

예수님은 부활하신 후 40일 동안 500여 명의 사람에게 나타나시어 하나님 나라에 대하여 증언하셨다.

그가 십자가에 못 박힘으로 인간의 죄를 대속하시고 우리를 새로운 피조물로 만들기 위해 죽은 자 가운데에서 다시 살아남으로써 하나님의 아들임을 증명하셨으며, 하나님께서 하시고자 하는 뜻에 따라 모든 것을 바쳐 순종하였다. 믿는 자들에게는 당신의 이름으로 기적을 행할 능력이 있음을 선포하신 예수님께서는 제자들에게 아버지께서 약속하신 선물이 올 때까지 예루살렘을 떠나지 말고 기다릴 것을 명령하셨다. 그리고 성령이 임하게 되면 권능을 받아 예루살렘과 온 유대와 사마리아, 그리고 땅끝까지 가서 당신의 증인이 될 것(행1:8)을 당부하셨다. 이 말씀을 마지막으로 3년에 걸친 위대한 구속 사역을 마치신 예수님께서 제자들이 지켜보는 가운데 감람산에서 하늘로 올라가 하나님의 오른편에 앉으셨다.

때가 이르면 우리의 왕이요 새 언약의 대제사장이신 그는 고난의 삶, 그리고 죽음과 부활을 통해 시작하신 인류 구속의 일을 마침내 완성하기 위해 하늘로 오르신 것 같이 성경에 기록된 그대로 이 땅에 다시 오실 것이다.

「보라 내가 속히 오리니 내가 각 사람에게 줄 상이 있어 그들이 일한 대로 갚아주리라 (계12:22).」

---

[242] 예수님의 마지막 지상 대명령– ①〜⑤

☑ 예수님께서 세상에 오신 이유

인류의 조상 아담의 죄성을 물려받고 태어난 인간은 죄로부터 자유롭지 못했다. 그로 인해 세상이 죄악으로 가득하자 하나님께서 물로써 심판하셨지만, 인간의 새로운 조상 노아도 죄의 속성에서 벗어날 수 없었으므로 죄는 없어지지 않았다. 하나님께서 믿음의 조상 아브라함을 선택하여 언약하시고 그보다 600여 년 뒤에는 모세를 통하여 율법을 주셨지만 율법 아래에서는 누구도 구원받을 수 없다는 것을 아셨다. 율법은 하나님 백성이라면 당연히 지켜야 할 원칙이지만 죄를 측정하고 판단할 수 있는 윤리적 기준만을 제시할 뿐 그 자체로는 죄를 없애주지 못했기 때문이다. 그러므로 율법을 우리에게 주신 것은 인간으로 하여금 자신이 죄인임을 깨닫게 함으로써 약속된 자손인 그리스도 안에서 구원받게 하시려는 하나님의 계획 가운데 하나였을 것이다.

하나님께서는 선민 이스라엘을 도구로 하여 잃어버린 땅 에덴을 복원시키려 하셨지만 백성들의 거듭된 불순종으로 뜻을 이룰 수가 없게 되자, 주전 9세기부터 5세기까지 400여 년에 걸쳐 16명의 선지자를 통해 회개하고 돌아오면 용서해 주겠다는 것을 끊임없이 호소하셨다. 그것이 반응 없는 메아리가 되자 구약 시대의 마지막 예언자인 말라기 이후 더 이상 예언자를 보내지 않으신다. 오랜 기간의 침묵 끝에 마침내 결단을 내리시는데 그것이 바로 구약에서 약속된, 말씀으로 계시다가 성육신으로 오시는 구원자 예수님이시다.

허물과 죄 때문에 죽었던 인간을 구원하기 위해 당신의 아들을 이 땅에 보내신 것이다.

예수님 역시 죄로 가득한 세상을 구원하기 위해 이 땅에 오셨다고 말씀하신다.

「하나님이 세상을 이처럼 사랑하사 독생자를 주셨으니 이는 그를 믿는 자마다 멸망하지 않고 영생을 얻게 하려 하심이라 하나님이 그 아들을 세상에 보내신 것은 세상을 심판하려 하심이 아니요 그로 말미암아 세상이 구원을 받게 하려 하심이라 그를 믿는 자는 심판을 받지 아니하는 것이요 믿지 아니하는 자는 하나님의 독생자의 이름을 믿지 아니하므로 벌써 심판을 받은 것이니라(요3:16~18).」

예수님은 또 당신이 하늘에서 내려온 것은 아버지 하나님의 뜻을 온전히 이루기 위한 것이라고 말씀하신다.

「내가 하늘에서 내려온 것은 내 뜻을 행하려 함이 아니요 나를 보내신 이의 뜻을 행하려 함이니라 나를 보내신 이의 뜻은 내게 주신 자 중에 하나도 잃어버리지 아니하고

마지막 날에 다시 살리는 이것이니라 내 아버지의 뜻은 아들을 보고 믿는 자마다 영생을 얻는 이것이니 마지막 날에 내가 이를 다시 살리리라(요6:38~40).」

그리고 하나님을 아는 지식이 온 땅에 가득하도록 전도하기 위해 오셨다고 말씀하신다.

「내가 다른 동네들에서도 하나님의 나라 복음을 전하여야 하리니 나는 이 일을 위해 보내심을 받았노라(눅4:43).」

나는 의인을 부르러 온 것이 아니요 죄인을 불러 회개시키러 왔으며(눅5:32) 잃어버린 자를 찾아 구원하려 함이라고(눅19:10) 선포함으로써 아버지를 배반했지만 회개하고 돌아온 아들을 사랑으로 용서하고 받아들인다는 탕자의 이야기처럼(눅15:11~32), 죄를 지었지만 뉘우치고 돌아온 사람들은 누구를 막론하고 따뜻하게 품어주고 사랑으로 용서하시는 분이 바로 당신임을 증거하고 계신 것이다.

예수님께서 이 땅에 오신 목적은 가난한 자, 마음이 상한 자, 슬픈 자, 포로된 자, 눈먼 자, 억눌린 자들을 자유롭게 하시고 율법 아래에서 죄의 종이 될 수밖에 없었던 사람들을 해방시킴으로써 하나님의 나라가 이 땅에 세워지고 있음을 보여주기 위함인 것이다. 또 우리를 심판하려는 것이 아니요 사랑과 섬김, 나눔과 배려, 평화와 평등의 가치를 몸소 실천함으로써 세상을 변화시켜 누구든지 당신을 믿고 회개하면 죄의 고통에서 벗어나 영원한 생명으로 구원받을 수 있게 하려고 오신 것이다. 또한, 하나님의 집을 맡은 아들로서 자신을 통해야만 하나님 나라에 들어갈 수 있다는 사실을 증거하기 위함이며 전파하고 가르치고 치유하는 3대 사역을 통해 아버지 하나님의 뜻을 온전히 이룸으로써 그분께 영광 돌리기 위해 이 땅에 오신 것이다.

그러나 사랑으로 용서하시는 분이시며 세상의 모든 죄를 대속하기 위해 오셨다 하더라도 누구나 구원받을 수 있는 것은 아닐 것이다. 이스라엘 자손의 수가 비록 바다의 모래 같을지라도 남은 자만 구원받을 것이라는(롬9:27) 말씀과 같이, 자신이 죄인임을 깨닫고 주님을 영접하는 사람들에게는 주님이 세상에 오신 목적에 부합하는 축복이 함께하겠지만 그렇지 못한 사람들에게는 그에 상응하는 벌이 주어질 것이기 때문이다.

「아들을 믿는 자에게는 영생이 있고 아들에게 순종하지 아니하는 자는 영생을 보지 못하고 도리어 하나님의 진노가 그 위에 머물러 있느니라(요3:36).」

☑ 예수님께서 십자가에 못 박히신 이유

모세의 율법은 죄를 분별하고 깨닫게 함으로써 도덕성을 높일 수는 있지만, 사람들을 죄에서 구원해주지 못하는 것처럼 율법에 따라 제사장이 드리는 제사 또한 육체의 예법으로서 죄를 기억나게 할 뿐 사람들의 양심까지 온전하게 할 수 없었다. 하나님께서는 피가 곧 생명이기 때문에 피 흘림이 없다면 죄의 용서도 있을 수 없으므로 피를 제단에 뿌려야 속죄할 수 있다고 말씀하셨지만(레17:11), 동물의 피로 드리는 희생 제사는 임시적 방편으로써 한계가 있을 수밖에 없었다.

우리는 아담의 불순종 때문에 영적으로 죽게 되었고 그 죄로 인하여 하나님과 단절된 상태였다. 그러나 어린양의 피를 문설주에 바름으로써 이스라엘 백성들이 죽음의 문턱에서 구원받았던 것처럼 우리 죄를 위해 속죄 제물이 되신 예수님께서 흠 없는 보배로운 피로 단 한 번의 속죄 제사를 드림으로써 아담으로부터 시작된 죄가 용서받게 되었고 단절되었던 하나님과의 관계가 복원될 수 있었던 것이다. 다시 말해서 율법 아래의 대제사장이 동물의 피로 속죄 제사를 매년 해왔던 것을 예수님의 단 한 번 피 흘림으로 인류의 죄가 근본적으로 해결되었음을 의미하는 것이다. 예수님이 죽을 때 성전의 휘장이 두 갈래로 찢어진 사건은 더 이상 동물의 피로 제사 드릴 필요가 없게 되었음을 상징하는 것이 되었으며, 죄로 인해 가로막혔던 하나님과 사람들과의 관계가 온전히 회복되었다는 것을 의미함으로써 오직 당신을 통해야만 사람들의 죄가 용서받을 수 있다는 것과 인류 구원의 역사가 당신으로부터 나온다는 것을 보여주기 위함이었던 것이다.

「그들의 죄와 그들의 불법을 내가 다시 기억하지 아니하리라 하셨으니 이것들을 사하셨은즉 다시 죄를 위하여 제사드릴 것이 없느니라(히10:17, 18).」

히브리서 기자의 말처럼 그리스도께서 자신을 희생제물로 삼아 인류가 받아야 할 벌을 대신 받으셨기 때문에 이제 더 이상 속죄를 위한 제사는 필요하지 않게 된 것이다.

예수님은 당신을 믿는 모든 사람들을 위한 대속물로써 그들의 죄를 담당하기 위해 육신의 몸으로 세상에 오신 하나님이라는 이사야 선지자의 신앙고백과 같이 십자가의 피로 율법의 참모습을 완성하신 예수님께서 말씀하신다.

「인자가 온 것은 섬김을 받으려 함이 아니라 도리어 섬기려 하고 자기 목숨을 많은 사람의 대속물로 주려 함이니라(막10:45).」

예수님의 죽음과 부활을 통하여 인간이 구원받게 되었으며 죄로 인해 단절되었던 하나님과 화해하게 된 것이라고 사도 바울은 말한다.

「우리가 아직 죄인 되었을 때에 그리스도께서 우리를 위하여 죽으심으로 하나님께서 우리에 대한 자기의 사랑을 확증하셨느니라 그러면 이제 우리가 그의 피로 말미암아 의롭다 하심을 받았으니 더욱 그로 말미암아 진노하심에서 구원을 받을 것이니 곧 우리가 원수 되었을 때에 그의 아들의 죽으심으로 말미암아 하나님과 화목하게 되었은즉 화목하게 된 자로서는 더욱 그의 살아나심으로 말미암아 구원을 받을 것이니라 그뿐 아니라 이제 우리로 화목하게 하신 우리 주 예수 그리스도로 말미암아 하나님 안에서 또한 즐거워하느니라(롬5:8~11).」

바울은 또 유대인만 구원받을 수 있었던 율법을 십자가의 피로 허무신 예수님께서 모든 백성들을 하나님 앞에서 하나 되게 하셨다고 증언한다.

「이제는 전에 멀리 있던 너희가 그리스도 예수 안에서 그리스도의 피로 가까워졌느니라 그는 우리의 화평이신지라 둘로 하나를 만드사 원수 된 것 곧 중간에 막힌 담을 자기 육체로 허시고(엡2:13, 14).」

「이는 그로 말미암아 우리 둘이 한 성령 안에서 아버지께 나아감을 얻게 하려 하심이라(엡2:18).」

인간의 죄가 깨끗이 씻김 받고 용서받을 수 있는 유일한 길은 무엇이었을까?

나는 수송아지나 어린 양이나 숫염소의 피를 기뻐하지 않는다(사1:11)는 말씀이나, 하나님이 제사와 예물을 원하지 아니하시고 오직 나를 위하여 한 몸을 예비하셨다(히10:5)는 말씀과 같이 죄 없는 몸으로 세상에 오신 예수님께서 당신을 믿는 사람들을 위해 십자가에서 죽는 것밖에 다른 방법이 없었을 것이다. 그러므로 당신의 죽음을 통하여 사탄을 멸하시고, 죽음에 대한 두려움에 사로잡혀 사는 사람들을 자유롭게 함으로써 죄인일 수밖에 없었던 인류에게 구원받을 수 있는 길을 활짝 열어놓으신 것이다.

예수님께서 십자가에 못 박혀 죽으신 것은 우리가 범죄한 것 때문이며 우리를 그의 피로 속량하시고 거룩하고 흠 없게 함으로써 선한 일을 하는 하나님의 백성으로 만들려고 하신 것이다. 또 죄로 인해 가로막혔던 하나님과의 사이를 십자가의 피로 화해할 수 있도록 하시고 하나님의 인간에 대한 구원 계획에 순종함으로써 우리에게 본을 보이려고 하신 것이다.

첫 사람 아담이 하나님께 범죄함으로써 지금까지 짊어지고 왔던 인간의 죄는 그의 죽음으로 깨끗이 청산되었으며 그의 부활로 새로운 피조물로 거듭나게 되었다. 그렇게 함으로써 하나님은 당신의 아들이신 독생자 예수 그리스도를 통해 우리를 경직된 율법 아래에 있지 않게 하시고 은혜 가운데 있게 함으로써 영원히 죽을 수밖에 없었던 우리에게 생명을 주신 것이다.

세상 죄를 지고 가는 하나님의 어린 양, 예수님의 죽음과 부활로 인간은 죄의 사슬에서 벗어나 믿음 안에서 새로운 출발을 할 수 있게 되었으므로 이제는 우리들이 그 은혜에 보답해야 할 차례가 되었다. 우리를 구원해주신 예수님의 죽음이 헛되지 않도록 주님을 사랑하고 증거해야 할 것이며, 예수님을 구주로 영접하고 하나님께 영광 돌리는 삶을 살아야 하는 것이 앞으로 우리가 해야 할 영원한 과제로 남게 된 것이다. 그렇게 해야만 그리스도께서 심판주로 재림하실 그 마지막 날에 천국 영생이라는 큰 구원의 축복이 주어질 것이기 때문이다.

「아담 안에서 모든 사람이 죽은 것 같이 그리스도 안에서 모든 사람이 삶을 얻으리라(고전15:22).」

☑ 왜 예수님을 죽이려고 했을까?

다윗의 마을 베들레헴에서 그리스도가 태어날 것이라는 미가 선지자의 700여 년 전 예언을(미5:2) 굳게 믿었던 유대인들은 예수님이 세상에 오셨음에도 갈릴리 나사렛 출신으로 착각한 나머지 그를 메시아로 인정할 수가 없었다.

오랜 세월 외세로부터 고통받았던 유대인들은 하나님이 보내실 메시아가 인류를 죄로부터 구원해 줄 거라는 생각보다는 자신들을 핍박하던 로마의 압제로부터 해방시키고 강한 이스라엘을 세울 정치적 지도자로서 모세나 다윗 반열의 인물일 것으로 오해하고 있던 터여서 예수님의 삶과 가르침은 유대인들의 이 같은 인식을 뿌리째 흔들기에 충분했다. 더군다나 경직된 율법의 틀에서 벗어날 수 없었던 바리새인들은 율법에 얽매이지 않는 파격적인 언행으로 백성들을 가르치며 자신들의 위선적인 행동을 지적하는 것도 모자라 엄중한 심판을 받게 될 것이라고 경고까지 하자, 그를 그대로 두었다가는 사람들이 그를 믿게 될 것을 두려워한 나머지 자신들의 종교적 권위를 부정하는 이단의 우두머리로 인식하고 예수님을 끊임없이 모함하고 시험하였던 것이다.

안식일을 범하며 성전을 정화하고 하나님을 자신의 친아버지라고 말하는 등 예수님께서 하시는 언행이 신성모독적인 행위라고 판단되었기 때문에 그를 용서할 수 없는 죄인으로 몰아갔던 것이다.

더군다나 자신과 하나님은 하나라고 말씀하시고 병자들을 치유하면서 그들이 믿음으로 죄 사함을 받았다고 선포하시자, 그 말씀을 할 수 있는 분은 오직 하나님 한 분뿐이라고 생각했던 유대인들은 하나님을 사칭하고 성전에서 난동을 부렸다는 이유를 들어 신성모독과 성전모독이라는 종교적 죄명으로 예수님을 죽이려고 했다. 그러나 사형 집행권이 없었던 공회는 결국 로마 총독 빌라도를 앞세울 수밖에 없었을 것이다.

마침내 유대인들은 자신을 유대인의 왕이라고 말하고 다니는 등 로마 황제에게 도전함으로써 로마법을 어겼다는 정치적인 이유를 내세워 반역죄라는 죄명으로 예수님을 십자가에 매달 수 있었던 것이다(요5:8, 10:30, 막2:5~7, 눅19:45~48, 미5:2).

예수님의 가계도

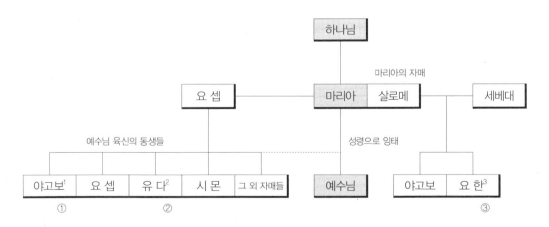

1. 야고보: 예루살렘 초대교회의 지도자였으며 야고보서의 저자로 알려져있다.
2. 유다: 유다서의 저자로 추정된다.
3. 야고보, 요한: 예수님의 열두제자였던 그들은 예수님과는 사촌 관계였다.

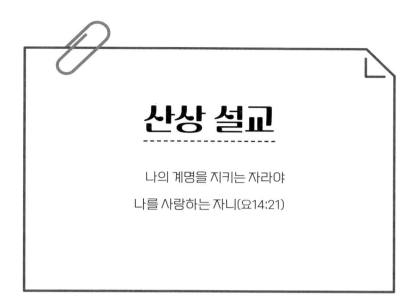

산상 설교

나의 계명을 지키는 자라야

나를 사랑하는 자니(요14:21)

많은 사람들이 따라오는 것을 보신 예수님께서 갈릴리에 있는 산으로 올라가셨다. 오늘의 고통이 내일 하늘나라에서의 행복임을 강조하시며, 그리스도인이 누릴 수 있는 여덟 가지 복과 지켜야 할 계명에 대하여 설교하신 예수님께서는 그대로 실천하는 사람은 반석 위에 집을 지은 것 같은 지혜로운 사람이며, 듣고도 행하지 않는 사람은 모래 위에 집을 지은 것 같은 어리석은 사람이라고 말씀하셨다.

예수님이 산 위에서 내린 교훈이라 해서 이 말씀을 산상설교(山上說敎) 또는 산상수훈(山上垂訓)이라고 말한다. 이 외에도 많은 비유를 통해 천국 복음을 설파하셨지만, 신앙생활의 근본원리가 간명하게 정리된 이 혁신적인 가르침이야말로 율법의 완성이요 새 계명인 네 마음을 다하고 목숨을 다하고 뜻을 다하여 주너의 하나님을 사랑하고 네 이웃을 너 자신같이 사랑하라(마22:37~39)는 말씀 안에서 오늘날 그리스도교 신앙을 이루는 중요한 토대가 되었다.

여덟 가지 복(마5:1~12, 눅6:20~23) ✏

1. 심령이 가난한 자(마음을 비우고 하나님을 전적으로 의지하는 사람)는 복이 있나니 그들이 천국에 들어갈 수 있기 때문이다.
2. 애통하는 자(회개하는 죄인)는 복이 있나니 그들이 위로받을 수 있기 때문이다.
3. 마음이 온유한 자(인내심과 겸손함이 배어있는 사람)는 복이 있나니 그들이 땅을 **기업**[243]으로 받을 수 있기 때문이다.
4. 의에 주리고 목마른 자(예수님을 구주로 영접하고 말씀을 구하는 사람)는 복이 있나니 그들에게 채워질 것이기 때문이다.
5. 긍휼히 여기는 자(자비를 베푸는 사람)는 복이 있나니 그들이 하나님으로부터 긍휼히 여김을 받을 것이기 때문이다.
6. 마음이 청결한 자(오직 하나님만 믿고 순종하는 사람)는 복이 있나니 그들이 하나님을 만날 수 있기 때문이다.
7. 화평하게 하는 자(모든 것을 내려놓을 줄 아는 사람)는 복이 있나니 그들은 하나님의 아들이라 불릴 것이기 때문이다.
8. 의(하나님의 뜻)를 위하여 박해를 받는 자는 복이 있나니 천국이 그들의 것이기 때문이다. 나 때문에 너희가 욕을 먹고 박해받고 온갖 나쁜 말을 들을 때에 너희에게 복이 있나니, 기뻐하고 즐거워하라 하늘에서 너희의 상이 클 것이다. 너희보다 먼저 살았던 선지자들도 박해를 받았느니라.

---

[243] 이스라엘이 가나안 땅을 차지하게 된 것과 연관되는 말로 하나님의 축복을 가리키는 영적인 의미로 사용되기도 한다.

지켜야 할 계명과 교훈 ✏

- **노하지 말라**(마5:21~26, 눅12:54~58, 엡4:31, 32)

  형제에게 화내는 자마다 심판받게 될 것이니 형제들과 화목하라. 형제에게 원망들을 만한 일을 했거나 너를 고발하는 자가 있을 때는 빨리 회개하고 화해하기를 노력하라. 노함과 분냄과 비방 등 모든 악의를 버리고 사랑과 온유함으로 하나님이 그리스도 안에서 너희를 용서함과 같이 서로 용서하라.

- **간음하지 말라**(마5:27~32)

  음욕을 품고 여자를 바라보는 사람은 이미 마음으로 간음한 것이다. 음행한 경우를 제외하고 아내와 이혼하는 사람은 아내로 하여금 간음하게 하는 것이며 이혼한 여자에게 장가드는 사람 역시 간음죄를 짓는 것이다.

- **맹세하지 말라**(마5:33~37, 약5:12)

  하나님 이름으로 맹세하지 말고 단지 예나 아니오로 말하라. 그 이상의 말은 나쁜 생각에서 나오는 것이다. 하늘로나 땅으로나 다른 아무것으로도 맹세하지 말고 오직 너희가 그렇다고 생각하는 것은 그렇다 하고 아니라고 생각하는 것은 아니라고 하여 정죄받음을 면하라.

- **너희는 이렇게 기도하라**(마6:5~15, 눅11:2~4)

  기도할 때에 남에게 보이려 하지 말고 골방에 들어가 은밀한 중에 중언부언함이 없이 아버지께 기도하라. 은밀한 중에 보시는 네 아버지께서 응답하실 것이다. 너희는 이렇게 기도하라.

  「하늘에 계신 우리 아버지여 이름이 거룩히 여김을 받으시오며 나라가 임하시오며 뜻이 하늘에서 이루어진 것 같이 땅에서도 이루어지이다 오늘 우리에게 일용할 양식을 주시옵고 우리가 우리에게 죄지은 자를 사하여 준 것 같이 우리 죄

를 사하여 주시옵고 우리를 시험에 들게 하지 마시옵고 다만 악에서 구하시옵소서(나라와 권세와 영광이 아버지께 영원히 있사옵나이다 아멘)(마6:9~13).」

- 위선으로 금식하지 말라(마6:16~18)

  금식하는 것을 자랑하지 말고 위선자들같이 슬픈 기색을 보이지 말 것이며 금식하지 않을 때보다 오히려 몸을 더 깨끗이 하고 단정히 하라. 은밀한 중에 진실함을 보시는 네 아버지께서 갚으실 것이다.

- 보물을 하늘에 쌓아두라(마6:19~24, 눅12:33, 34, 16:13)

  세상에 재물을 쌓아 두지 마라. 재물이 있는 곳에 네 마음이 있으니 오직 너희를 위하여 해지지 않는 배낭을 만들어 하늘에 쌓아두라. 그곳에는 좀이나 도둑이 없는 곳이다. 한 사람이 두 주인을 섬기지 못하듯이 하나님과 재물을 겸하여 섬길 수 없는 것이다.

- 악한 자를 대적하지 말라(마5:38~42, 눅6:29~30)

  악한 자와 맞서지 마라. 누구든지 네 오른쪽 뺨을 치거든 왼편도 돌려대고 네 속옷을 가지고자 하는 자에게 겉옷까지 내어주고 네게 구하려고 오는 사람에게 줄 것이며 네게 꾸러 온 사람에게 거절하지 말라.

- 원수를 사랑하라(마5:43~48, 잠25:21, 눅6:32~36, 요13:34)

  네 원수가 배고파하거든 음식을 먹이고 목말라 하거든 물을 마시게 하라. 너희 원수를 사랑하며 너희를 박해하고 저주하는 자를 위해 축복하고 기도하라. 그러면 하늘에 계신 아버지의 아들이 될 것이다. 하나님 아버지의 자비로우심 같이 너희도 자비로운 자가 되어라. 너희에게 유익한 사람만 받아들인다면 남보다 나은 것이 무엇이며 무슨 상을 받을 수 있겠느냐. 내가 너희를 사랑한 것 같이 너희도 서로 사랑하라.

- 도와주는 것을 은밀하게 하라(마6:1~4, 눅18:22)

  착한 일 하는 것을 사람들에게 보이려고 하지 마라. 남을 도울 때 오른손이 하는 것을 왼손이 모를 정도로 은밀하게 하라. 은밀한 중에 보시는 하나님께서 갚아주실 것이다. 아무것도 바라지 말고 가난한 자들에게 나누어주어라. 그러면 하늘에서 네게 보화가 있을 것이다.

- 걱정하지 마라(마6:25~34, 눅12:22~30, 고후7:10, 벧전5:7)

  너희는 먹는 것 입는 것에 대하여 걱정하지 말고 먼저 하나님 나라와 그의 의를 구하라. 하늘에 계신 너희 아버지께서 너희들에게 필요한 것이 무엇인지 아시느니라. 너희 중에 누가 염려함으로 키를 한자라도 더 키울 수 있겠느냐? 이처럼 너희는 아주 작은 것도 감당하지 못하면서 어찌하여 다른 일들을 염려하느냐? 또 내일 일을 걱정하지 말라 내일 일은 내일이 걱정할 것이요 오늘의 고통은 오늘로 충분하다. 하나님의 뜻대로 하는 근심은 구원에 이르게 하는 회개를 이루는 것이요, 세상 근심은 사망에 이르는 것이다. 모든 근심을 다 주께 맡겨라. 그가 너희를 돌보실 것이다.

- 비판하지 말라(마7:1~6, 눅6:37, 41, 42, 약4:12)

  비판받지 않으려거든 비판하지 말고 정죄받지 않으려면 정죄하지 말고 용서받으려면 용서하라. 어째서 네 형제의 작은 잘못은 보면서 네 마음속에 있는 큰 죄악은 보지 못하느냐. 판단하고 정죄할 수 있는 분은 오직 하나님 한 분뿐이시니 그분만이 너희들을 구원할 수도 있으며 멸할 수도 있는 것이다.

- 남을 대접하라(마7:12, 10:42, 눅6:31, 14:13, 14)

  남에게 대접을 받고자 한다면 너희가 먼저 남을 대접하라. 보잘것없는 사람에게 냉수 한 그릇이라도 주는 사람이 하늘나라의 상을 받게 될 것이다. 잔치를 베풀려거든 차라리 가난한 자들과 몸이 불편한 자들을 청하라. 갚을 것이 없는 그들이 너희에게 복이 되어 의인들이 부활할 때에 보상받게 될 것이기 때문이다.

- 구하라, 찾으라, 문을 두드리라(마7:7, 8, 21:22, 눅11:9~13)

   구하라, 그러면 너희에게 주실 것이요 찾으라, 그러면 찾아낼 것이요 두드리면 열릴 것이니 구하는 이마다 받을 것이요 찾는 자가 찾아낼 것이요 두드리는 이에게 열릴 것이다. 너희가 기도할 때에 무엇이든지 믿고 구하는 것은 다 받게 될 것이다.

- 좁은 문으로 들어가기를 힘쓰라(마7:13, 14, 눅13:24)

   멸망으로 인도하는 문은 크고 넓어서 그곳으로 들어가는 사람이 많고 생명으로 인도하는 문은 좁아서 찾는 자가 적으니 좁은 문으로 들어가기를 힘쓰라.

- 거짓 예언자들을 조심하라(마7:15~20, 눅6:43~45)

   거짓 예언자들을 조심하라. 그들은 양의 옷을 입고 다가오지만 마음속은 노략질하는 자들이다. 좋은 나무가 아름다운 열매를 맺고 못된 나무가 나쁜 열매를 맺는 법이니 삶의 열매인 그들의 성품으로 거짓 예언자들을 판별할 수가 있는 것이다. 사람은 마음에 쌓인 것을 나타냄이니 선한 사람은 마음속에 쌓은 선한 것을 내고 악한 사람은 마음속에 쌓은 악한 것을 내기 때문이다.

- 하나님 뜻대로 실천하라(마7:21~27, 12:50, 눅6:46~49)

   나에게 주여, 주여 하는 자마다 천국에 들어가는 것이 아니요 하늘에 계신 아버지의 뜻대로 행하는 자라야 들어갈 수 있다. 그러므로 말씀대로 실천하는 자가 지혜로운 사람이며 듣고도 실천하지 않는 자는 어리석은 사람이다. 누구든지 하늘에 계신 내 아버지의 뜻대로 하는 자가 내 형제요 자매요 어머니이니라.

제자의 길

너희는 온 천하에 다니며
만민에게 복음을 전파하라(막16:15)

제자의 길

「나를 따라오라 내가 너희로 사람을 낚는 어부가 되게 하리라(막1:17).」

제자들을 선택하기 전, 밤을 새워 기도하신 예수님께서 제자 열둘을 세운 이유는 그들과 함께 전도하기 위함이었으며, 귀신을 내쫓는 것은 물론 치유의 권능을 주셔서 하나님 나라의 표적이 믿는 자들에게 있음을 보여주기 위한 것이었다. 또한, 고대 이스라엘의 열두 지파로 상징되는 그들이 바로 세상의 빛이요 소금으로서, 당신께서 십자가를 지고 하늘나라로 가셨을 때 이 땅에 증인으로 남아 말씀을 증거해야 했기 때문이었다.

제자가 되기 위해서는 모든 것을 내려놓을 수 있어야 가능하다고 예수님께서 말씀하신다.

「무릇 내게 오는 자가 자기 부모와 처자와 형제와 자매와 더욱이 자기 목숨까지 미워하지 아니하면 능히 내 제자가 되지 못하고 누구든지 자기 십자가를 지고 나를 따르지 않는 자도 능히 내 제자가 되지 못하리라(눅14:26, 27).」

희생과 헌신이라는 마음가짐이 선행되어야 한다는 것이며 이전의 삶의 방식을 떠나 말씀에 따라 사는 것을 최우선에 두지 않고서는 제자의 도리를 감당할 수 없다는 뜻일 것이다. 고난 가운데 복이 있음을 언급하신 예수님께서 제자가 되려면 사람들에게 본이 되는 삶을 살아야 한다고 당부하신다.

「나로 말미암아 너희를 욕하고 박해하고 거짓으로 너희를 거슬러 모든 악한 말을 할 때에는 너희에게 복이 있나니 기뻐하고 즐거워하라 하늘에서 너희의 상이 큼이라 너희 전에 있던 선지자들도 이같이 박해하였느니라(마5:11, 12).」

「너희는 세상의 빛이라 이같이 너희 빛이 사람 앞에 비치게 하여 그들로 너희 착한 행실을 보고 하늘에 계신 너희 아버지께 영광을 돌리게 하라(마5:16).」

재물이 많은 부자 청년에게 모든 것을 팔아 가난한 자를 도와주어야 하늘의 보화로 천국 영생을 얻게 될 것이라는 말씀을 두고 부(富)가 하늘로부터 내린 은사의 표시라고 생각했던 제자들은 자신들이 받게 될 특별한 보상에 관심이 많았던 나머지 그렇다면 과연 어떤 사람들이 구원받을 수 있으며 모든 것을 버리고 주님을 따르게 된 자신들이 받을 수 있는 것이 무엇이냐고 질문한다. 예수님께서는 세상이 새롭게 창조될 때 하늘 보좌에 앉은 제자들이 이스라엘 열두 지파를 심판하게 될 것이라 말씀하시고, 하나님 나라를 위해 모든 것을 내려놓을 수 있어야만 영생을 얻게 될 것이라고 말씀하신다. 당신을 따르는 사람들이 이 세상에서는 핍박받게 되겠지만, 주님과 동행하는 삶을 살게 된다면 영원한 생명으로 안식을 누리게 될 것을 약속하신 것이다.

종은 주인이 하는 일을 알지 못하나 아버지께 들은 것을 너희에게 다 말하였으니 명한 대로 한다면 제자들은 곧 친구라 말씀하신 예수님께서 당신에 대하여 증언할 것을 주문하신다. 그것이 바로 십자가 죽음에서 부활하신 후 제자들 앞에 나타나신 예수님께서 그들에게 마지막으로 당부한 유언이셨다.

「너희는 가서(믿지 않는 자들에게 가라.) 모든 민족을 제자로 삼아(사랑으로 섬겨라.) 아버지와 아들과 성령의 이름으로 세례를 베풀고(세례를 베풀어라.) 내가 너희에게 분부한 모든 것을 가르쳐(가르쳐라.) 지키게 하라(말씀대로 살게 하라.) 볼지어다 내가 세상 끝날까지 너희와 항상 함께 있으리라(마28:19, 20).」

　교회의 주된 사명인 사랑과 섬김, 나눔과 배려, 평화와 평등, 그리고 제자훈련과 봉사의 사명을 부여하신 것이다.

　하늘에서 내려온 성령의 세례로 권능을 받게 될 것을 예표하신 예수님께서 온 세상에 말씀이 전파될 수 있도록 증인의 삶을 살 것을 당부하시고 승천하셨다.

　「내가 아버지께로부터 너희에게 보낼 보혜사 곧 아버지께로부터 나오시는 진리의 성령이 오실 때에 그가 나를 증언하실 것이요 너희도 처음부터 나와 함께 있었으므로 증언하느니라(요15:26, 27).」

　「오직 성령이 너희에게 임하시면 너희는 권능을 받고 예루살렘과 온 유대와 사마리아와 땅끝까지 이르러 내 증인이 되리라(행1:8).」

　공생애 3년 동안 동고동락하며 예수님께서 보여주셨던 십자가의 길과 수많은 기사와 표적을 체험했던 제자들도 예수님의 가르침을 이해하지 못한 나머지 틈만 나면 좋은 자리를 차지하려고 다투는가 하면 누가 더 큰 사람인지 언쟁하였다. 심지어 십자가의 죽음 앞에서도 예수님을 버리고 도망갔던 것을 보면 제자로 살기란 결코 쉬운 일이 아닐 것이다. 예수님께서 우리 죄를 위해 생명을 내줌으로써 사랑의 본을 보여주셨듯이 사랑이라는 최고의 은사 위에서 십자가의 길을 걸어갈 때, 예수님의 제자임을 증명할 수 있게 될 것이다. 참된 제자로 산다는 것은 자기희생 없이는 불가능하기 때문이다.

　「너희가 서로 사랑하면 이로써 모든 사람이 너희가 내 제자인 줄 알리라(요13:35).」

십자가 사건 이후

많이 배우지도 못했고 내세울 만한 것이 없어 사람들로부터 천대받았던 제자들이었지만, 예수님의 가르침 3년 만에 놀랍도록 변화된 제자들은 십자가 사건 이후 사명감의 상실로 뿔뿔이 흩어졌다. 이처럼 복음의 역사가 중단되는 것처럼 보였으나 예수님의 죽음과 부활을 목도함으로써 그것이 구약 예언의 성취였음을 깨닫게 된 제자들은 예루살렘으로 다시 모이면서 본격적으로 사도로서의 역할을 수행하게 된다.

40일간의 부활 사역을 마친 예수님께서 승천한 지 10일째 되는 오순절 날, 성령세례를 통해 성령 충만을 체험한 제자들은 병든 자들을 고쳐주며 죽은 사람을 소생시키는 등 많은 이적을 일으키고, 예수님이 바로 하나님의 아들 그리스도임을 증거하면서 말씀 전파에 온 힘을 쏟았다. 예수님을 배반한 가룟 유다 대신 맛디아를 새로운 사도로 세워 **다윗의 예언**[244] 을 성취시킨 제자들은 구제사역을 전담시키기 위해 **일곱 일꾼**[245] 을 세우지만 그중 한 사람인 스데반이 순교하는 등 고난은 계속되었다. 스데반 사건은 교회에 대한 박해로 이어졌으나 핍박을 피해 흩어진 그리스도인들로 하여금 오히려 복음이 확산되는 계기가 되었다. 한 알의 밀이 땅에 떨어져 죽지 아니하면 한 알 그대로 있고 죽으면 많은 열매를 맺게 된다(요12:24)는 예수님의 말씀대로 된 것이다. 희생이 따르지 않는 사역은 있을 수 없는 것처럼 제자들은 갖은 역경 속에서도 예수님의 삶과 가르침 그리고 죽음과 부활을 목격한 최초의 증인들로서 그들은 초대교회라는 놀라운 기적을 이끌어내고 그 안에서 중요한 역할을 담당하게 되었다.

너희가 거저 받았으니 거저 주라(마10:8)는 말씀을 행동으로 실천하며 견딜 수 없는 고난 속에서도 핍박당하는 것을 오히려 기뻐했을 정도로 신앙심이 남달랐

---

244 「그의 연수를 짧게 하시며 그의 직분을 타인이 빼앗게 하시며(시109:8).」
245 초대교회의 일곱 집사로 일컬어지던 그들은 믿음과 성령이 충만한 사람으로 스데반, 빌립, 브로고로, 니가노르, 디몬, 바메나, 니골라였다(행6:5).

던 사도들의 이야기는 신약성서 중 4권의 복음서와 사도행전 전반부 외에는 찾아볼 수 없지만, 사도들 중 요한만 향수를 다했다고 하며 베드로를 포함한 모든 제자들이 순교로 생을 마감한 것으로 전해지고 있다.

열두 제자(후에 사도, 즉 보내심을 받은 자라고 불리게 된다.)

베드로

벳새다 출신의 어부로 본명은 시몬이며 시몬 베드로 또는 게바(바위를 뜻하는 아람어)라고도 불린다. 제자 중 처음으로 예수님이 바로 하나님의 아들임을 신앙으로 고백했던 그는 리더로서의 역할을 수행했던 수제자였다. 십자가 사건에서 예수님을 세 번이나 부인했지만 부활하신 예수님께서 그를 용서하시고 내 어린 양을 먹이라(요21:15)는 당부에 따라 초대교회의 가장 영향력 있는 지도자로 활약하였다. 예루살렘 사도 회의에서는 이방인들도 유대인들과 동일하게 구원받을 수 있다는 논리를 설파함으로써 유대교적 율법주의자들의 잘못된 신앙인식을 바로잡았다.

예수 그리스도의 이름으로 세례를 받고 회개한다면 죄의 용서와 더불어 성령의 선물을 받게 될 것이라는 오순절 설교로 그날 세례받은 신자의 수가 3,000명이나 되었으며, 솔로몬 행각에서 설교할 때 믿음을 갖는 성도의 수가 5,000명이나 되는 등 죄 사함을 받게 하는 회개가 예루살렘에서 시작하여 모든 민족으로 전파될 것이라는(눅24:47) 예수님의 말씀을 증거했다.

복음의 진리에 따라 바르게 행동하지 않았다는 이유로(갈2:14) 바울로부터 책망받기도 하였지만, 여러 지역을 다니면서 병자를 치유함은 물론 다비다라는 여 제자를 소생시키는 등(행9:36) 그의 사역 또한 바울과 비견될 정도로 활발했던 것으로 전해진다.

이방인에게도 복음을 전파하라는 하나님의 명에 따라 로마 군대의 백부장 고넬료를 개종시킴으로써(행10장) 금기시되었던 이방인에 대한 세례를 최초로 수행했던 그는 결혼했다고 알려진(막1:30) 유일한 사도로써 신약 성경 베드로전·후서의 기록자로도 전해진다.

예수님을 증언하기 위해 로마로 간 그는 로마 황제 네로가 그리스도인들을 박해할 때 거룩하신 예수님을 바로 볼 수 없다는 생각에 십자가에 거꾸로 매달려 순교함으로써 **「네가 젊어서는 스스로 띠 띠고 원하는 곳으로 다녔거니와 늙어서는 네 팔을 벌리리니 남이 네게 띠 띠우고 원하지 않는 곳으로 데려가리라(요21:18).」** 라는 예수님의 예언대로 생을 마감하게 되었다고 한다.

천주교(Catholic)에서는 베드로가 천국의 열쇠를 받았다는 **마태복음 16장 말씀**[246]을 근거로 그를 최초의 교황으로 인정하고 있다.

안드레

베드로의 동생으로 어부였던 그는 한때 세례 요한의 제자였다고 한다. 베드로를 예수님께 인도함으로써 제자의 길을 걸을 수 있도록 도와주었던 그는 그리스와 아시아 소국, 러시아에 가서 복음을 전했다고 하며 ×자 모양의 십자가에서 순교한 것으로 전해진다.

---

[246] 「또 내가 네게 이르노니 너는 베드로라 내가 이 반석 위에 내 교회를 세우리니 음부의 권세가 이기지 못하리라 내가 천국 열쇠를 네게 주리니 네가 땅에서 무엇이든지 매면 하늘에서도 매일 것이요 네가 땅에서 무엇이든지 풀면 하늘에서도 풀리리라 하시고(마16:18, 19).」

야고보

세베대[247]의 아들이며 요한의 형으로 어부 일을 하다가 제자가 되었다. 예수님께서 보아너게(천둥의 아들이라는 뜻의 아람어)라는 이름을 주셨으며 헤롯 아그립바 왕이 그리스도인들을 박해 할 때 참수형을 당함으로써(행12:2) 열두 제자 중 최초의 순교자가 되었다. 어머니 살로메를 내세워 앞으로 있게 될 주님의 나라에서 동생 요한과 함께 주님의 좌·우편 자리에 앉게 해줄 것을 요청하기도 했던 그는 변화 산에서 예수님과 모세와 엘리야 세 분이 대화하는 모습을 지켜본 세 사람(베드로, 요한, 야고보) 중 한 사람이었다.

겟세마네 동산에서 예수님이 잡혀가실 때도 두 사람(베드로, 요한)과 함께 현장에 있었던 것으로 전해진다.

요한

세베데의 아들이며 야고보의 동생으로 보아너게라는 이름으로 불렸다. 갈릴리의 어부 출신으로 신약 성경 5권(요한복음, 요한1, 2, 3서, 요한계시록)의 기록자로 알려져 있다. 최후의 만찬 석상에서도 예수님의 품에 기대 앉을 정도로 예수님께서 사랑하시는 제자였으며(요21:7), 예수님께서 돌아가실 때 십자가 옆을 떠나지 않고 마지막 임종을 지킨 유일한 사도였다. 복음전파를 위해 노력하다가 밧모 섬(에게해의 작은 섬)에 유배되어 고난을 겪었지만, 그곳에서 요한계시록이라는 놀라운 예언서를 기록할 수 있었다. 사도들 중 가장 오래 살았던 것으로 전해지고 있으며 예수님을 따르기 위해 세례 요한을 떠났던 두 제자 중 한 사람이었다는 설도 있다.

---

247 예수님의 십자가형을 지켜본 여인들 중 한 사람인 살로메의 남편이다.

빌립

베드로와 안드레와 같은 벳새다 출신으로 바돌로매를 예수님께 인도했다. 예수님께서 당신을 통하지 않고서는 아버지께 올 자가 없다고 선포하시자, 말씀을 이해하지 못한 빌립이 하나님을 보여달라고 요구함으로써 크게 꾸중 듣는다(요14:8). 예수님께서 보리 떡 다섯 개와 물고기 두 마리로 5,000명을 먹이는 놀라운 능력을 보이실 때 빌립이 어떻게 행동하는가를 보시려고 그를 시험하기도 하였다(요6:6).

바돌로매

갈릴리 가나 출신으로 요한복음에 나오는 나다니엘(요1:45)과 동일 인물로 여겨진다. 선지자들이 예언했던 메시아가 바로 예수님이라고 소개하자, 나사렛 출신이 메시아가 될 수 없다는 생각에 예수님을 의심하기도 하였지만(요1:45, 46) 그를 만난 예수님께서 자신의 내면을 꿰뚫어 보시는 능력에 감탄한 나머지 주는 하나님의 아들이시오, 이스라엘의 왕이라는(요1:49) 신앙고백으로 예수님을 영접한다.

도마

도마라는 이름은 쌍둥이를 뜻하는 아람어에서 유래되었다고 한다. 부활을 믿지 못한 나머지 예수님의 옆구리 상처에 손을 넣어보고 나서야 부활의 기적을 믿을 정도로 의심 많은 제자였다. 디두모라는 별명을 가진 그는 로마 제국의 경계를 넘어 인도까지 가서 선교하다가 순교한 것으로 전해진다.

마태

알패오의 아들로서 레위라고도 불리는 마태는 가버나움의 **세리**[248] 출신으로 세금을 거두는 일을 하던 중 예수님의 부름을 받고 제자가 되었다. 에티오피아를 포함하여 여러 지역에서 복음을 전했다고 전해질 뿐 구체적인 행적에 대해서는 알려진 것이 없다. 신약 성경 마태복음의 기록자로 알려져 있다.

야고보

그에 관한 기록 역시 찾아보기 어렵다. 다만 알패오의 아들로서 마태의 형제일 것으로 추정될 뿐이다. 예수님의 형제 야고보와는 동일 인물이 아니다.

다대오

야고보의 아들(눅6:16) 또는 형제로(행1:13) 표현되고 있으며 **열심당**[249] 당원이었다고 전해진다. 유다라는 이름으로 불리기도 했지만, 예수님의 형제 유다와는 동일 인물이 아니다.

시몬

가나나인(아람어에서 나온 말로 열심당원이라는 뜻)으로 그 역시 행적에 대해 알려진 것이 거의 없다. 시몬 베드로와는 다른 사람이다.

---

248 세리들은 점령자인 로마라는 외세와 결탁하여 그들에게 부역한 사람들이었다. 그들은 할당받은 세액보다 더 많은 세금을 거둬들임으로써 로마 정부의 앞잡이 노릇을 하고 있었으므로 유대인들은 그들을 역겨운 존재로 여겼으며, 심지어 매국노로 여길 정도로 배척당하는 부류에 속해있던 사람들이었다. 나는 의인을 부르러 온 것이 아니라 죄인을 부르러 왔다는 예수님의 말씀대로(마9:13) 이렇게 배척당하고 소외당할 정도로 결점투성이였던 사람들을 제자로 삼으신 것이다.
249 로마의 무력에 항거하기 위해 생긴 열성적이고 급진적인 유대인 집단을 말한다.

가룟 유다

가룟 사람 시몬의 아들로 은돈 30에 예수님을 배반하지만, 예수님이 잡혀가는 것을 보고는 죄책감으로 성전에 돈을 던지고 자살한다. 예수님께서는 차라리 태어나지 않았더라면 좋았을 것이라는 말씀으로(막14:21) 그가 배신자가 될 것을 암시하셨다. 죽은 나사로를 소생시킨 예수님께서 베다니에 있는 집을 방문하셨을 때 나사로의 누이 마리아가 값비싼 향유를 예수님의 발에 붓자 그것을 책망했으며, 돈궤를 맡은 자로서 헌금에 손을 댄 도둑이라고 사도 요한이 표현할 정도로(요12:1~8) 주님보다 재물을 더 사랑한 자였다.

맛디아

예수님께서 승천하시자 예루살렘으로 돌아온 열한 명의 제자들은 함께 다녔던 요셉과 맛디아 두 사람 가운데 제비 뽑아 맛디아를 새로운 사도로 임명한 후(행1:23~26) 가룟 유다의 자리를 대신하도록 한다. 예수님께서 부활하셨음을 증언해야 할 임무가 부여되지만, 그 후의 행적에 대해서는 알려진 것이 없다.

기사와 표적을 보이다

일어나 가라 네 믿음이
너를 구원하였느니라 (눅17:19)

치유와 회복의 근원

예수님께서 3년여에 걸친 공생애 기간, 천국 복음을 전파하시며 가난하고 병든 자들을 치유하시고 귀신을 내쫓으시며 죽은 자를 살리시는 등 기사와 표적이라는 놀라운 능력을 통해 죄로부터 고통받는 사람들을 자유롭게 하셨다.

태어날 때부터 앞 못 보는 사람을 치유하시는 예수님을 보고 제자들이 물었다. 「선생님! 이 사람이 맹인으로 태어난 것은 부모의 죄 때문입니까, 아니면 자신의 죄 때문입니까?」

궁금해하는 제자를 향해 그가 맹인으로 태어난 것은 누구의 잘못이 아니라 그를 도구로 하나님께서 하시고자 하는 일을 나타내기 위함이라고(요9:3) 증언하시며 당신께서 세상을 심판하러 왔으니 보지 못하는 자들을 보게 하고 보는 자들을 보지 못하게 하기 위함이라고 말씀하셨다(요9:39). 세상이 바로 영적 맹인이므로 세상의 빛인 당신을 통해야만 세상을 바로 볼 수 있다는 것을 지적하면서, 내가 아버지 안에 있고 아버지께서 내 안에 계시다는 것을 믿지 못하겠다면 당신께서 행하는 기적을 보고 믿으라는 말씀으로(요14:11) 죄를 사하고 세상을 다스리는 능력과 권세가 예수님 자신에게 있음을 **실증하셨다**[250].

윤석준 목사님은 **저서**[251]를 통해 예수님이 행한 기적은 그 자체가 목적이 아니라 그것을 통하여 하나님이 하시고자 하는 것을 나타내는 수단으로, 하나님의 말씀을 확증하기 위한 도구로 사용된 것이라고 말한다. 즉, 선지자를 통해 **선포된 말씀을(마8:17)**[252] 실현시키기 위한 것으로써 예수님 자신이 세상의 구원자임을 알려주기 위한 방편이라는 것이다. 또한 고통받는 사람들을 자유롭게 하신 것은 메시아로 오신 예수님에 의해 하나님 나라가 이 땅에 임하게 되었다는 것을 보여주는 징표이며, 하나님 나라는 거룩한 곳이기 때문에 그곳에 있어서는 안 될 것들(죄의 영향으로 생기게 된 질병이나 고통 등)이 쫓겨나게 됨을 보여주는 것이라고 주장한다.

당신이 바로 하나님의 독생자라는 것을 믿게 함으로써 당신의 이름을 온 세상에 전파시키기 위해 보여준 기적의 특징은 「**네게 무엇을 하여 주기를 원하느냐(눅18:41),**」라는 질문을 통해 상대방으로 하여금 믿음을 고백하게 하여 치유의 능력이 당신께 있다는 것을 확신해야 한다는 것이었다. 그런 다음 상대방에게 죄를 용서받았다는 것을 말씀하시고(막2:5) 환부를 만져주시거나(막1:41), 명령하시거나(막2:11), 침을 바르시거나(막7:33), 진흙을 발라주시는(요9:6) 등 예수님만의 특유한 방식으로 은혜를 베푸셨다.

멸시와 배척으로 얼룩진 당신의 고향에서는 정작 별다른 이적을 보이지 않으신 것도 믿음이 없으면 은혜도 없다는 것과 믿음이 선행되어야 구원받을 수 있

---

250 「인자가 땅에서 죄를 사하는 권세가 있는 줄을 너희로 알게 하려 하노라(막2:10),」죄를 사하실 수 있는 분은 하나님 한 분뿐이므로 이 말씀을 통하여 예수님 자신이 바로 하나님이심을 사람들에게 나타내려 한 것이다.

251 한국교회가 잘못 알고 있는 101가지 성경 이야기(2)(부흥과 개혁사, 2011)

252 「이는 선지자 이사야를 통하여 하신 말씀에 우리의 연약한 것을 친히 담당하시고 병을 짊어지셨도다 함을 이루려 하심이더라(마8:17),」

다는 불변의 진리를 알게 함으로써 하나님의 능력과 사람들의 믿음이 합쳐질 때 비로소 큰 역사가 일어날 수 있다는 사실을 증거하신 것이다.

그러나 복음에는 관심이 없었던 나머지 기적에만 주목할 뿐 기사와 표적을 보지 못하면 도무지 믿으려 하지 않는다는 사실에도 불구하고 꼭 필요할 때, 꼭 필요한 사람들에게만 능력을 행하셨다. 썩어 없어질 육신의 표적보다는 썩지 않을 말씀이 더 기억되기를 바라셨던 예수님께서는 육신이 아니라 영혼을 구원하여 생명을 주는 것이 그분이 정한 최종 목표였기 때문이다.

가난한 자, 슬픈 자, 포로 된 자, 눈먼 자, 억눌린 자들의 눈물을 닦아주시며 상한 마음까지 온전히 회복시키는 놀라운 기적과 함께, 어둠 속에서 방황하는 사람들을 빛의 길로 인도하시는 예수님의 인간에 대한 끝없는 사랑을 접하면서 우리는 입을 다물 수가 없다. 왜냐하면, 그분이 보여준 위대한 능력을 일일이 설명할 수 없을뿐더러 무한한 하나님의 신성을 이해할 수 있는 방법이 없기 때문이다.

세상을 다스리는 권세를 실증하다

명 칭	마태복음	마가복음	누가복음	요한복음
〈병든 자를 치유하다〉				
귀신들린 자, 간질하는 자, 중풍병자	4:23~25		6:17~19	
나병환자	8:1~4	1:40~45	5:12~16	
백부장의 하인	8:5~13		7:1~10	
베드로 장모의 열병과 귀신들린자	8:14~16	1:29~34	4:38~41	
귀신들린 두 사람	8:28~34	5:1~20	8:26~39	
중풍병자	9:1~8	2:1~12	5:17~26	
혈루병을 앓는 여자	9:20~22	5:25~34	8:43~48	
맹인들	9:27~31			
말 못하는 사람	9:32~34			
손이 오그라진 사람	12:9~13	3:1~5	6:6~10	
귀신들려 눈멀고 말 못하는 사람	12:22~23	3:20~30	11:14	
벳세다의 병자	14:14		9:11	
게네사렛의 병자	14:34~36	6:53~56		
귀신들린 가나안 여자	15:21~28	7:24~30		
장애인, 맹인, 말 못하는 사람	15:29~31	7:31~37		
귀신들린 아이	17:14~20	9:14~29	9:37~43	
유대 지방에서 만난 사람들	19:2			
맹인 바디매오	20:29~34	10:46~52	18:35~43	
맹인과 다리 저는 자	21:14			
더러운 귀신들린 자		1:21~28	4:31~37	
귀먹고 말 더듬는 자		7:31~37		

벳세다의 맹인		8:22~26		
왕의 신하 아들				4:43~54
38년 된 병자				5:1~15
날 때부터 맹인 된 자				9:1~12
등이 굽은 여자			13:10~17	
수종병 든 사람			14:1~4	
나병 환자 열 명			17:11~19	
대제사장 하인의 귀			22:50~51	
〈자연을 다스리다〉				
바람과 바다를 잔잔하게 하시다	8:23~27	4:35~39	8:22~25	
5,000명을 먹이시다 (오병이어)	14:13~21	6:30~44	9:10~17	6:1~14
물 위를 걸으시다	14:22~33	6:45~52		6:16~21
4,000명을 먹이시다 (칠병이어)	15:32~39	8:1~9		
물고기 입에서 동전을 찾으시다	17:27			
무화과 나무가 마르다	21:18~22	11:20~24		
물고기를 잡으시다			5:4~11	21:6
물로 포도주를 만드시다				2:1~11
〈죽은 자를 살리다〉				
회당장 야이로의 딸	9:23~26	5:35~43	8:49~56	
나인 성의 과부 아들			7:11~17	
나사로				11:1~44

위트(Wit)가 넘치는 예수님

주 안에서 항상 기뻐하라

내가 다시 말하노니 기뻐하라(빌4:4)

16세기 초반, 영어로 번역된 성경이 세상에 첫선을 보인 이후 인류가 사용하는 수많은 언어로 발간되는 성경은 인류 역사상 최고의 베스트셀러임은 부인할 수 없는 사실일 것이다. 워낙 유명한 책이어서 그런지 성경을 읽다 보면 사회에서 통용되는 금과옥조(金科玉條) 같은 교훈을 많이 발견하게 된다. 물론 하나님 말씀이니까 당연하다 싶겠지만 「아! 어디선가 들었던 이야기가 성경 말씀이었구나~」 하는 감탄과 함께 무릎을 치게 한다. 그 속에는 하늘 보좌를 버리시고 세상에 오신 예수님께서 고난과 핍박이라는 어려운 환경 속에서도 기쁨을 주는 가르침으로 우리들에게 희망을 주고 있기 때문이며, 예수님이 아니라면 감히 상상할 수 없는 진리의 말씀으로 깨달음을 주고 있기 때문이다.

인류 구원이라는 위대한 역사 가운데 천국 비밀이 숨겨져 있을 법한 예수님 말씀을 어떻게 위트와 유머로 받아들일 수 있겠는가? 하며 의아하게 생각하는 분들도 계실 것이다. 그러나 예수님의 말씀을 위트로만 받아들이자는 것이 아니라 그 말씀을 할 수밖에 없었던 당시의 분위기를 상상해가면서 말씀 속에 담겨 있는 지혜의 큰 뜻을 가벼운 마음으로 다시 한번 생각해 보자는 뜻이다.

범사에 감사하며 기쁜 마음으로 삶을 추구하라는 것이 우리를 향한 하나님의 뜻일진대 모든 사람들이 그리스도 안에서 행복해 지기를 원하는 하나님께서 이 또한 바라는 것이기 때문이다. 천국에는 유머가 없다는 미국 소설가 마크 트웨인의 주장대로라면 우리들이 사는 삭막한 이 세상이 바로 위트와 유머가 꼭 필요한 곳이 아닐까 싶다.

입에서 나오는 말이 더러운 것(마15:1~20)

씻지 않은 손으로 음식을 먹는 제자들을 보고 바리새파 사람들과 율법학자들이 예수님께 물었다.

「당신의 제자들은 어째서 장로들의 전통을 지키지 않고 더러운 손으로 음식을 먹습니까?」

그러자 사람으로부터 내려오는 전통만을 고집하려는 그들에게 예수님께서 따끔하게 충고하신다.

「입으로 들어가는 것이 사람을 더럽게 하는 것이 아니라 입에서 나오는 것이 사람을 더럽게 만듭니다. 입으로 들어가는 것은 뱃속으로 들어갔다가 결국은 뒤로 나가는 것을 당신들도 알지 않습니까? 그러나 입에서 나오는 말은 마음에서 비롯된 **악한 생각**[253]이니 이런 것들이 사람을 더럽힙니다. 씻지 않은 손으로 음식을 먹었다고 해서 사람이 더러워지는 것은 아니란 말씀입니다.」

---

253 인간의 마음속에 있는 12가지 죄악- 음란, 도둑질, 살인, 간음, 탐욕, 악독, 속임, 음탕, 질투, 비방, 교만, 우매함(막7:21~23).

「혀는 능히 길들일 사람이 없나니 쉬지 아니하는 악이요 죽이는 독이 가득한 것이라(약3:8).」

믿음을 보시는 예수님(마15:21~28)

예수님께서 지방으로 내려가셨을 때 그 지역에 사는 가나안 여인이 예수님을 보고 소리쳤다.

「다윗의 자손이여! 나를 불쌍히 여기고 도와주십시오. 제 딸이 귀신들려 고통받고 있습니다.」

예수님께서 그 여인에게 대답하셨다.

「나는 이스라엘 집의 잃어버린 양(택하신 백성 이스라엘) 외에는 다른 데로 보내심을 받지 않았소. 그러므로 자기 자식이 먹어야 할 떡을 떼어서 개들(유대인이 이방인을 경멸하는 의미로 부르는 말)에게 주는 것은 옳지 않소이다.」

그러자 가나안 여인이 절박한 어조로 다시 외쳤다.

「주여! 그 말은 옳습니다. 그러나 개라도 주인의 밥상에서 떨어진 음식 부스러기는 먹습니다.」

개라고 표현하시는 예수님의 말씀에 자존심 상하고 상처받았을 수도 있었겠지만, 자신이 처한 위치를 인정하며 은혜의 부스러기라도 얻기 위해 믿음으로 구하는 그 여인에게 감동하신 예수님께서 말씀하셨다.

「여자여! 당신의 믿음이 크니 원하는 대로 될 것이오.」

말씀대로 그의 딸이 깨끗이 치유되는 기적이 일어났다.

예수님께서 그 여인의 딸을 못 본 체한 것이 아니라 그 여인의 믿음을 확인하고자 했던 것이다. 예수님은 당신을 믿고 찾는 사람들에게 응답하는 분이시며 이스라엘 백성들만 위하는 분이 아니라 온 세상의 하나님이기 때문이다.

독신으로 사는 것(마19:3~12)

이유가 타당하다면 아내와 이혼하는 것이 괜찮은지 바리새파 사람들이 질문하자, 하나님께서 남녀를 지으시고 짝지어 주셨으니 마음대로 이혼하게 되면 창조질서를 어지럽히게 된다는 점을 강조한 예수님께서 부정을 저지르지 않았는데도 아내를 버리고 다른 데로 장가드는 것은 결국 간음죄를 저지르는 것과 같다고 말씀하셨다. 그러자 이를 듣고 있던 제자들이 물었다.

「주여! 남편과 아내와의 관계가 이와 같다면 차라리 장가들지 않는 것이 좋겠나이다.」

독신으로 사는 것이 더 좋겠다는 제자들의 말에 예수님께서 대답하셨다.

「모든 사람들이 독신으로 지낼 수는 없고 하나님께서 허락하신 사람들이라야 그렇게 할 수 있다. 그것은 태어날 때부터 고자로 된 사람이 있고 사람이 만든 고자도 있고 하늘나라를 위해 스스로 고자가 된 사람도 있으니 이 말을 받아들일 수 있는 사람은 받으라.」

남자로서의 기능이 상실된 자는 여호와의 총회에 참석할 수 없다는 모세의 율법이(신23:1) 있음에도 불구하고 하나님께서 기뻐하시는 일을 하기 위해 스스로 독신자가 된 이들에게 자녀를 얻는 것보다 더 큰 축복으로 하나님의 집에서 끊어지지 않도록 영원한 이름을 주시겠다고 약속하신 것이다(사56:3~5).

독신은 특별한 사역을 위한 은사의 영역이므로 하나님의 영광을 위해 독신을 선택한 신앙인들에게 가정으로부터 얻는 행복보다 더 큰 축복으로 보답하시겠다는 뜻이 아닐까 싶다.

온몸을 씻겨 달라는 베드로(요13:4~10)

유월절 저녁 마지막 만찬을 위해 제자들이 성내의 어느 큰 다락방으로 모였다. 이제 하늘로 돌아갈 시간이 가까이 왔음을 아신 예수님께서 섬김의 본을 보여주기 위해 허리에 수건을 두르고 대야의 물로 제자들의 발을 씻길 때 베드로의 차례가 되자 그가 말했다.

「주여! 주님께서 제 발을 씻기려 하십니까? 절대로 그렇게는 못 합니다.」

그러자 예수님께서 말씀하신다.

「내가 하는 일을 지금은 이해하지 못하나 곧 알게 될 것이다. 그러므로 내가 너의 발을 씻겨주지 않으면 너는 나와 상관없는 사람이 되리라.」

「주님! 그렇다면 제 발뿐 아니라 손과 머리도 씻겨 주십시오.」

인간의 죄를 씻어주고자 가장 낮은 모습으로 오신 예수님의 사명을 이해하지 못한 베드로의 황당한 요구에 예수님께서 말씀하셨다.

「이미 목욕한 사람은(예수님을 믿고 세례받은 자) 온몸이 깨끗하므로 발만 씻으면 될 것이다. 그러나 너희 모두가 깨끗한 것은 아니니라.」

제자들 모두가 깨끗한 것은 아니라고 말씀하신 것은 그들 중에 배반자가 있었기 때문이다. 가룟 유다의 배신으로 공생애 사역을 마무리할 때가 다가왔음에도 의젓하게 제자들과 대화 나누며 당신이 종으로 온 메시아임을 보여주는 예수님의 겸손한 모습이 눈에 보일 듯하다.

낙타와 바늘 귀(마19:21~24)

어떤 부자 청년에게 가진 것을 다 팔아 가난한 사람들에게 나누어 주어야 하늘의 보화로 천국 영생을 얻게 될 것이라고 말씀하신 예수님께서 부자가 천국에 들어가기는 어렵다는 것을 강조하기 위해 비유를 들며 말씀하셨다.

「낙타가 바늘귀로 들어가는 것이 부자가 하나님 나라에 들어가는 것보다 쉬울 것이오.」

수많은 동물 가운데 등에 큰 혹이 있어서 어느 곳이든지 빠져나가기 쉽지 않을 것 같은 낙타를 예로 들며 말씀하신 것은 예수님이 아니고서는 감히 상상할 수 없는 비유가 아닐까 싶다.

어떤 학자는 예수님께서 말씀하시는 바늘구멍은 비유가 아니라 실제로 존재하는 문이었다고 주장한다. 성으로 들어가는 큰문 옆에 사람들이 드나들 수 있는 작은 곁문을 바늘귀로 불렀다는 것이다. 덩치 큰 낙타가 짐까지 지고 곁문으로 들어갈 수는 없는 노릇이므로 그 문을 통과하기 위해서는 부득이 짐을 내려놓아야 했다는 거다. 예수님 시대에 그 문을 바늘귀로 불렀는지 또 예수님이 그것을 알고 말씀하셨는지는 모르겠으나, 어찌 되었든 세상의 짐인 부와 명예를 짊어지고서는 들어갈 수가 없는 곳이 하늘나라이므로 자신을 비우지 않고서는 천국문은 결코 열릴 수 없다는 이야기가 성립되는 것이다.

그러나 이 비유를 두고 약간 다른 뜻으로 해석하는 성경학자도 있다. 즉 부요한 자는 이미 위로를 받았다는(눅6:24) 예수님의 말씀이 부자가 천국에 들어가기가 쉽지 않다는 뜻이 아니라 이미 이 세상에서 부(富)라는 축복을 누렸기 때문에 아예 들어갈 수가 없다는 뜻으로 받아들여야 한다는 것이다. 어떤 것이 바른 해석인지는 하나님만 아시겠지만 궁금해지는 대목이 아닐 수 없다.

믿음 약한 베드로(마14:22~33)

보리 떡 다섯 개와 물고기 두 마리로 5,000명을 배불리 먹이신 예수님께서 제자들을 배에 태워 호수 건너편으로 보내고 당신께서는 기도하러 산으로 가셨다. 새벽녘이 되어 기도를 마친 예수님께서 호수 위를 걸어오자 배에 있던 제자들은 놀란 나머지 유령이라고 소리치며 두려움에 떨었다. 그것을 보신 예수님께서 말씀하셨다.

「안심하라, 나니 두려워하지 말아라.」

호수 위를 걸어오시는 분이 예수님인 것을 확인한 베드로가 말했다.

「주여! 정말 주님이 맞다면 저에게 물 위로 걸어오라고 명하소서.」

「그래~ 이곳으로 오너라.」

호수 위로 발을 내딛는 순간, 몸이 물에 잠기기 시작하자 겁에 질린 베드로가 예수님을 향해 소리쳤다.

「주여! 나를 구원하소서.」

손을 내밀어 베드로를 끌어올린 예수님께서 말씀하셨다.

「믿음이 작은 자야. 왜 의심하였느냐?」

예수님이 베드로와 함께 배 위로 올라오자 이를 지켜보던 사람들이 예수님께 경배하며 말했다.

「진실로 하나님의 아들이로소이다.」

「누구든지 이 산더러 들리어 바다에 던져지라 하며 그 말하는 것이 이루어질 줄 믿고 마음에 의심하지 아니하면 그대로 되리라(막11:23).」

어리석은 부자(눅12:13~21)

어떤 부자가 자신의 형에게 명하여 유산을 나눌 수 있도록 해달라고 부탁하자 예수님께서 말씀하셨다.

「누가 나를 당신들의 재판장이나 물건 나누는 자로 세웠습니까?」

그리고 비유를 들며 말씀하셨다.

「어떤 부자가 많은 곡식을 수확하게 되자 이 곡식들을 어떻게 할까 궁리하다가 결국 창고를 크게 지어 그곳에 쌓아 두어야겠다고 결론지었소. 창고에 가득한 곡식에 흐뭇해진 부자는 이제부터는 편히 먹고 마시며 즐겨야겠다고 생각했소.」

예수님께서 계속해서 말씀하셨다.

「어리석은 사람아! 오늘 밤 당신의 영혼을 내가 가져가면 당신이 먹고 마시려고 준비한 것은 누구의 것이 되겠소? 자기를 위하여 재물을 쌓아두고 하나님께 대하여 부요하지 못한 자가 이와 같으니 욕심을 내려놓으시오. 사람의 생명이 그 소유의 넉넉함에 있지 않기 때문이요.」

한 사람이 두 주인을 섬기지 못하듯 하나님과 재물을 겸하여 섬길 수는 없는 법, 세상의 재물로 소외된 이웃을 구제하는 것이 하나님의 사역에 동참하는 것은 물론 하늘에 없어지지 않을 보물을 쌓게 되는 일이라는 것을 명심해야 할 것이다.

「내일 일을 너희가 알지 못하는 도다 너희 생명이 무엇이냐 너희는 잠깐 보이다가 없어지는 안개니라(약4:14).」

마르다와 마리아 (눅10:38~42)

예수님께서 제자들과 함께 마을에 들어오신 것을 알게 된 마르다는 음식을 대접하기 위해 예수님을 집으로 초대했다. 예수님께서 오시자 동생 마리아는 언니를 도와줄 생각은 하지 않고 예수님의 발치에 앉아 말씀 듣는 데 여념이 없었다. 손님 맞을 채비로 분주하게 움직이던 마르다가 예수님 앞에서 말씀을 경청하던 동생을 발견하자 예수님께 말했다.

「주여! 제 동생이 예수님 앞에만 앉아있으니 저를 도와주라고 말씀 좀 해주십시오.」

예수님께서 미소 지으며 말씀하셨다.

「마르다야, 네가 많은 일로 걱정하고 근심하고 있구나. 그러나 필요한 일은 한 가지만으로도 족할 것이다. 네 동생 마리아는 그 좋은 쪽을 택하였으니 빼앗기지 않을 것이다.」

언니를 도와주지 않고 예수님 앞에만 앉아 있는 마리아의 편을 드는 예수님을 우리는 선뜻 이해하기 어렵다. 그러나 손님을 잘 대접해야 한다는 세상적인 관심과 인간적인 분주함에서 벗어나지 못하여 부산을 떠는 마르다와 하나님 일에 관심을 두며 영적 양식인 말씀에 귀 기울이는 동생 마리아를 보는 예수님의 시각에서 우리가 지향해야 하는 것이 어떤 것인지 어렴풋이나마 이해할 수 있을 것 같다.

비유로 깨닫게 하다

내가 입을 열어 비유로 말하고
창세부터 감추인 것들을 드러내리라(마13:35)

비유로 말씀하신 이유

비유를 들어 말하는 목적은 당연히 알고 있을 이미지나 우화를 통해 생동감 있는 표현으로 사람들을 공감시키고 설득하기 위함에 있다. 예수님께서도 천국 복음을 전파하는 과정에서 많은 비유를 들어가며 당신의 생각을 나타내셨다. 그러나 쉽고 간단하게 받아들일 수 있는 친숙한 비유임에도 불구하고 거기에는 심오한 비밀이 감추어져 있었다. 즉 두 개의 상반된 이유가 그 속에 존재한다고 보는 것이 옳을 것 같다.

첫 번째는 하늘나라의 표적을 보고도 믿지 않는 자들에게는 천국 비밀을 감추기 위한 도구로 쓰시겠다는 거다.

「천국의 비밀을 아는 것이 너희에게는 허락되었으나 그들에게는 아니 되었나니 무릇 있는 자는 받아 넉넉하게 되되 없는 자는 그 있는 것도 빼앗기리라(마13:11, 12).」

「하나님 나라의 비밀을 너희에게는 주었으나 외인에게는 모든 것을 비유로 하나니 이는 그들로 보기는 보아도 알지 못하며 듣기는 들어도 깨닫지 못하게 하여 돌이켜 죄 사함을 얻지 못하게 하려 함이라(막4:11, 12).」

예수님을 받아들이는 사람들은 깨달을 수 있도록 허락하겠지만 그렇지 못한 사람들에게는 알아듣지 못하게 하여 죄 사함을 받지 못하도록 하겠다는 거다.

두 번째는 비유의 원래 목적대로 비밀스런 영적 진리를 밝히 드러내기 위한 도구로 쓰시겠다는 거다.

「예수께서 이러한 많은 비유로 그들이 알아들을 수 있는 대로 말씀을 가르치시되 비유가 아니면 말씀하지 아니하시고 다만 혼자 계실 때에 그 제자들에게 모든 것을 해석하시더라(막4:33, 34).」

「내가 입을 열어 비유로 말하고 창세부터 감추인 것들을 드러내리라(마13:35).」

예수님께서 「씨 뿌리는 자」의 비유로 사람들을 가르치실 때, 받아들이는 사람들의 부류에 따라 그 결과물인 열매 맺음도 다르다는 것을 설명하면서 준비된 자는 들으라고 말씀하신 것을 보더라도(막4:1~20) 비유로 설명하신 이유는, 첫째로는 감추기 위한 도구로, 둘째로는 드러내기 위한 방편으로 사용했다고 보는 것이 타당한 이유가 아닐까 싶다.

다시 말해서 예수님을 받아들이는 사람들은 천국의 축복이 허락되겠지만 그렇지 못한 사람들은 심판대 앞에 서게 하겠다는 것이다. 예수님은 믿는 자들을 구원하는 분이시지 불신자까지 구원하는 분은 아니기 때문이다.

잃었던 아들을 되찾은 아버지(눅15:11~32)

세리들은 물론 죄인들까지 예수님께서 가까이하는 것을 지켜본 바리새인들과 율법학자들은 사회로부터 냉대받는 그들을 반기는 것도 모자라 음식 나눠 먹기를 주저하지 않는다고 수근거렸다. 그러자 나는 의인을 부르러 온 것이 아니라 죄인을 불러 회개시키러 왔음을 밝힌 예수님께서 비유를 들며 말씀하셨다.

어떤 사람에게 두 아들이 있었는데 작은아들이 자신에게 돌아올 몫을 미리 상속해 줄 것을 요구하자 아버지는 두말없이 재산을 분할해 주었다. 아버지 곁을 떠난 작은아들은 방탕한 생활로 그 많던 재산을 모두 탕진하고 말았다. 결국 종의 신분으로 전락하고 나서야 정신을 차린 작은아들은 그래도 반겨 줄 사람은 아버지밖에 없다는 생각에 고향으로 돌아갔다.

당신을 배반하고 떠난 아들이었지만 그가 돌아왔다는 소식에 한 걸음으로 달려온 아버지가 아들을 얼싸안고 입을 맞추자 감격한 아들이 엎드리며 잘못을 빌었다.

「아버지! 제가 죄를 지었으니 저는 아버지의 아들이라 불릴 자격이 없습니다.」

작은아들을 용서한 아버지는 새 옷과 새 신발로 말끔하게 갈아 입히고는 송아지를 잡아 잔치를 벌이라고 하인들에게 명했다. 그러자 밭에서 일하다가 돌아온 맏아들은 집에서 벌어지고 있는 광경에 화가 난 나머지 아버지를 원망했다.

「아버지! 제가 그동안 말씀을 거역한 바 없고 지금까지 잘 모시고 살았는데 어째서 저에게는 염소 새끼 한 마리 안 주면서 재산을 탕진하고 돌아온 동생에게는 살찐 송아지를 잡는 것입니까?」

아버지가 맏아들을 다독거리면서 말했다.

「아들아! 너는 항상 나와 같이 있었으니 이 모든 것이 네 것이 아니겠느냐? 그러나 네 동생은 죽었다가 다시 살아났고 잃었다가 다시 찾았으니 우리가 기뻐하고 즐거워하는 것이 마땅하지 않겠느냐?」

이 비유의 말씀을 이해할 수 있을 것 같나요? 비록 당신을 저버리고 떠났을지언정 뉘우치고 돌아오는 죄인들을 사랑으로 감싸주며 용서하고 보호해주는 분이 바로 하나님이라는 겁니다.

「이와 같이 죄인 한 사람이 회개하면 하늘에서는 회개할 것 없는 의인 아흔아홉으로 말미암아 기뻐하는 것보다 더하리라(눅15:7).」

착한 사마리아인(눅10:25~37)

어떤 율법 교사가 예수님을 시험하기 위해 물었다.

「선생님! 제가 무엇을 해야 영생을 얻을 수 있습니까?」

질문의 의도를 알아채신 예수님께서 그들 스스로 답을 말할 수 있도록 유도하셨다.

「율법에는 무어라 기록되었으며 당신은 그것을 어떻게 받아들였습니까?」

율법 교사가 대답했다.

「네 마음을 다하며 목숨을 다하며 힘을 다하며 뜻을 다하여 주 너의 하나님을 사랑하고 또한 네 이웃을 너 자신같이 사랑하라고 되어 있습니다.」

예수님께서 말씀하셨다.

「맞습니다. 그대로 실천하십시오. 그러면 얻게 될 것입니다.」

그러면 누가 나의 이웃이냐고 다시 묻자 예수님께서 비유를 들며 설명하셨다.

어떤 사람이 길을 가다가 강도를 만나 상해를 입었다. 그때 어떤 제사장이 그 광경을 보고는 얼굴을 외면한 채 그냥 지나쳤다. 그 앞을 지나던 레위인도 도망치듯 피했다. 마침 사마리아 사람이 지나가다가 쓰러진 사람을 발견하고는 주막으로 데리고 가서 그를 정성껏 치료해 주었다. 이튿날이 되자 사마리아 사람은 주인에게 돈을 주면서 그 사람을 잘 보살펴달라는 부탁과 함께 비용이 더 든다면 돌아올 때 갚겠노라고 말했다.

여기까지 말씀하신 예수님께서 율법 교사를 바라보며 물었다.
「이 세 사람 중에 누가 강도 만난 자의 이웃이라고 생각하십니까?」
율법학자가 대답했다.
「자비를 베풀어 준 사람입니다.」
「그러면 당신도 이와 같이 하십시오.」
잡다한 설명 없이 예화 하나를 툭 던져주며 그들에게 답을 말하게 하면서 당신도 이와 같이 실천하라는 말씀으로 우리의 진정한 이웃이 과연 누구인지 확실하게 밝혀주는 예수님이 대단하지 않습니까?

레위인과 제사장들조차 길가에 쓰러진 사람을 외면했음에도 불구하고 유대인의 혈통을 더럽혔다는 이유로 배척받았던 사마리아인이 오히려 이웃 사랑을 실천하였다는 것은 그 당시 사회적 통념상 굉장한 충격으로 다가왔을 것이다. 예수님은 이런 사마리아인에게조차 편견을 가지지 않았음은 물론 선민이라는 우월감에 빠져있었던 유대인들보다 오히려 그들이 낫다는 것을 보여주며 레위인들의 위선을 경고했던 것이다.
예수님께서는 천국에 들어갈 수 있는 6가지 선행을 말씀하셨다(마25:34~40). 그 첫 번째는 주릴 때 먹을 것을 준 사람, 두 번째는 목마를 때 마시게 한 사람, 세 번째는 나그네를 영접한 사람, 네 번째는 헐벗은 사람에게 옷을 입혀준 사람, 다섯 번째는 병든 자를 돌봐준 사람, 마지막 여섯 번째는 감옥에 있을 때 찾아준 사람이 바로 그들이라는 것인데 이 같은 선행을 실천한 사마리아인이 바로 천국의 주인이라는 것을 말씀하신 것이다.

바리새인과 세리(눅18:9~14)

자기만 의롭다 하고 다른 사람을 멸시하는 자들을 깨우쳐주기 위해 예수님께서 비유로 말씀하셨다.

바리새인과 세리가 기도하러 성전으로 올라갔다.

바리새인은 이렇게 기도했다.

「하나님! 저는 불의를 저지르거나 간음하는 사람과 같지 않고 이 세리와도 같지 않은 것에 감사합니다. 또 저는 일주일에 두 번씩 금식하며 모든 수입에서 십일조를 드립니다.」

또 한 사람 세리는 멀리 서서 고개를 숙이고 가슴을 치며 이렇게 기도했다.

「하나님이시여! 저를 불쌍히 여기소서 나는 죄인이로소이다.」

예수님께서 말씀하셨다.

「이 두 사람 중에 구원받을 사람이 누구일 것 같습니까?

「….」

「바로 이 세리가 의롭다 함을 인정받고 집으로 돌아갈 수 있었습니다. 누구든지 자기를 높이는 자는 낮아지고 낮추는 자는 높아지기 때문입니다.」

교만이 하늘을 찌르는데 금식하고 십일조를 잘 드리면 뭐합니까? 자신이 죄인임을 회개하면서 모든 것을 주님께 의탁하고 주님의 처분만을 바라는 세리 같은 겸손한 사람들을 사랑하시는 분이 바로 하나님이십니다.

달란트 비유(마25:14~30)

어떤 사람이 여행을 떠나면서 첫 번째 종에게는 금 다섯 달란트를, 두 번째 종에게는 두 달란트를, 세 번째 종에게는 한 달란트를 맡겼다. 그러자 다섯 달란트와 두 달란트 받은 종은 그 돈으로 장사를 했으나 한 달란트 받은 종은 땅속에 그 돈을 묻어 두었다. 주인이 돌아오자 다섯 달란트 받았던 종이 와서 말했다.

「저는 주인님이 맡기신 돈으로 다섯 달란트를 벌었습니다.」

그러자 주인이 말했다.

「잘했다. 착하고 충성스런 사람아. 네가 작은 일에 충성하였으므로 내가 더 많은 것을 맡길 것이니 나의 즐거움에 참여할지어다.」

두 달란트 받은 종이 와서 자신도 두 달란트를 벌었다고 말하자 주인은 앞서 말했던 것처럼 기뻐하며 그를 축복해주었다.

그러자 이번에는 한 달란트 받았던 종이 와서 말했다.

「주인님! 당신은 굳은 사람이라 심지 않은 데서 거두고 씨 뿌리지 않는 데서 거두는 분이라 생각했습니다. 그래서 주인님께서 주신 달란트를 땅속에 묻어 두었으니 이제 이 돈을 받으십시오.」

한 달란트가 그대로 오는 것을 본 주인은 그를 꾸짖었다.

「이 악하고 게으른 종아. 내가 심지 않은 데서 거두고 씨 뿌리지 않은 곳에서 거두어들인다고 생각했느냐? 그렇다면 마땅히 그 돈을 굴려서 이자를 받도록 해야 하지 않았느냐?」

그리고 주위를 돌아보면서 말했다.

「저 종에게 돈을 빼앗아 열 달란트 가진 종에게 주어라. 무릇 있는 자는 받아 풍족하게 되고 없는 자는 그 있는 것까지 빼앗기리라. 이 무익한 종을 바깥 어두운 데로 내쫓으라. 거기서 슬피 울며 이를 갈리라.」

달란트는 고대 그리스의 화폐였지만 성경에서는 하나님께서 우리에게 주시는 특별한 은사로 비유되는 뜻으로도 쓰였다. 그러므로 하나님께서 주시는 은사를 최대한 활용하여 맡겨진 사명을 지혜롭게 감당함으로써 더 큰 결실을 맺어야 하나님께서 기뻐한다는 뜻일 것이다. 맡겨진 일을 충성스럽게 한다면 예수님께서 다시 오실 세상 끝날에 칭찬과 상급이 주어지겠지만, 게을리하는 자에게는 심판이 따르게 될 거라는 말씀이다.

일한대로 보응하는 분이 바로 하나님이시니 착하고 충성된 종으로 살 것인가 아니면 악하고 게으른 종으로 살 것인가는 전적으로 각자의 선택에 달려있다는 뜻이 아닐까?

옳지 않은 청지기 비유(눅16:1~13)

어떤 부자에게 재산 관리인이 있었는데 그가 재산을 빼돌린다는 소문이 들리자 주인이 그를 불렀다.

「자네에 대해 이상한 소문이 돌고 있는데 이것이 어찌 된 영문인가? 더 이상 일을 맡길 수 없으니 하던 일이나 정리하고 그만두게나.」

해고 통지를 받자 낙심한 관리인이 속으로 생각했다.

「일터를 잃게 되었으니 이제 무엇을 해서 먹고 사나? 땅을 파자니 힘이 없고 구걸을 하자니 부끄럽구나.」

궁하면 통한다고 고민하던 관리인에게 한 가지 묘안이 떠올랐다. 빚을 탕감해 주면 빚진 자들이 자신을 환대해 줄 거라는 생각이 미치자 그는 채무자들을 불러 빚이 얼마나 되는지 물었다.

채무자가 와서 기름이 백 말이라 하면 차용증서에다 오십이라 고치고, 또 다른 채무자가 와서 밀이 백석이라 하면 팔십이라 고치게 함으로써 주인 모르게 빚을 탕감해주었다.

그러나 그것을 알게 된 주인은 그 불의한 관리인에게 화를 내기는커녕 슬기롭게 일을 처리한다고 칭찬까지 했다.

예수님께서 제자들을 보시며 말씀하셨다.

「불의한 재물로 친구를 사귀어라. 그러면 그 재물이 없어지더라도 그들이 너희를 영원히 거주할 처소로 영접하리라. 지극히 작은 일에 충실한 사람은 큰일에도 충실하고 지극히 작은 일에 불의한 자는 큰일에도 불의하니라. 너희가 만일 불의한 재물에도 충실하지 못한다면 누가 참된 것을 너희에게 맡기겠으며 너희가 만일 남의 것에 충실하지 않는다면 누가 너희 것을 너희에게 주겠느냐? 하인이 두 주인을 섬길 수 없나니 그 이유는 한편을 미워하고 다른 편을 사랑하거나, 또는 한편을 중히 여기고 다른 편을 경히 여기기 때문이다. 그러므로 너희는 하나님과 재물을 겸하여 섬길 수 없느니라.」

주인 모르게 빚을 탕감해준 청지기를 슬기롭다고 칭찬한 주인이나 불의한 재물로 친구를 사귀라는 예수님의 말씀이 무엇을 의미하는지 여러분은 해석 가능한가요? 혹자는 주인의 자비를 채무자에게 느끼게 해 주었으니 이를 두고 칭찬한 것이라고 말하지만, 또 다른 혹자는 불의한 재물이 바로 세상에 있는 재물을 뜻한다면서 자신의 미래를 준비하는 관리인의 행동을 주인이 칭찬해 준 것이며, 하나님과 재물을 겸하여 섬길 수 없으니 이웃의 구제를 위해서는 불의한 재물을 사용해도 좋다는 뜻으로써 재물 사용에 대한 기준을 제시한 것으로 받아들여야 한다고 주장하기도 한다. 비록 세상에 속한 것일지라도 그것을 어떻게 사용하느냐에 따라 결실 또한 달라진다는 것이다.

이 비유를 두고 해석 또한 제각각이지만 어떻게 보면 난해한 예수님의 이 말씀이 바로 감추기 위한 도구로 쓰인 비유 중 하나가 아닐까요?

궁금해지는 대목이 아닐 수 없다.

포도원의 악한 농부(눅20:9~18)

예수님께서 말씀하셨다.

어떤 사람이 포도밭을 농부들에게 빌려주고 여행을 떠났다. 수확 철이 되자 포도밭 주인은 소작료를 받기 위해 종을 보냈지만, 농부들은 계산해 주기는커녕 종을 때리고 빈손으로 돌려보냈다. 주인이 다른 종을 보냈지만, 그 역시 농부들에게 폭행당하고 빈손으로 돌아왔다.

주인이 세 번째로 종을 보냈지만, 농부들의 행동은 조금도 달라지지 않았다. 난감해진 주인은 아들을 보내면 그들이 존대할 것으로 생각하고 이번에는 아들을 보냈다. 주인 아들을 만난 농부들은 유산까지 가로채기 위해 그를 포도밭에서 끌어내 죽이고 말았다. 여기까지 말씀하신 예수님께서 사람들에게 물었다.

「그들이 주인의 아들을 죽였으니 포도밭 주인이 농부들에게 어떻게 할 것 같습니까?」

사람들이 머뭇거리자 예수님께서 말씀하셨다.

「주인이 돌아와서 농부들을 벌하고 포도밭을 다른 사람에게 줄 것입니다.」

그러자 사람들이 한목소리로 말했다.

「제발 그런 일이 일어나지 않았으면 좋겠습니다.」

포도밭을 이스라엘로, 포도밭 주인을 하나님으로, 포도밭을 경작했던 농부들을 유대인 지도자로, 주인이 보낸 종을 하나님의 선지자로, 주인의 아들을 예수님으로, 다른 사람들을 이방인으로 대입하면 해석 가능할까요?

선택된 민족 이스라엘이 말씀을 거역한 것도 모자라 구원자이신 예수님을 십자가에 못 박게 하는 잘못을 저질렀으니, 이제 복음은 유대인에서 이방인으로 향하게 되었다는 것을 말씀하신 것으로 보입니다.

열 처녀 비유(마25:1~13)

세상 마지막 때의 일에 대해 제자들이 궁금해하자 천국은 마치 등불을 들고 신랑을 맞으러 나간 열 처녀와 같다고 예수님께서 말씀하셨다.

결혼 잔치가 열린 유대의 어느 마을에 신랑을 맞이하기 위해 기다리던 열 명의 처녀가 있었다.

신랑 도착 시간이 예정보다 길어지자 기다리던 여인들은 졸기 시작했다. 한밤중이 되어 신랑이 도착했다는 소리가 들리자 여인들은 등불을 들고 밖으로 나갔다. 그러나 시간이 너무 지체된 탓인지 열 명 중 다섯 명이 들고 있던 등잔에서 기름이 떨어져 등불이 꺼지게 되었다. 그러자 그들은 기름을 넉넉하게 준비한 다섯 명의 여인들에게 기름을 나누어 달라고 부탁했다. 기름이 바닥날 것을 염려한 여인들은 밖으로 나가 기름을 사 오라고 말했다. 그들이 기름을 구해서 돌아왔을 때는 이미 지혜로운 여인 다섯 명이 신랑과 함께 잔칫집에 들어간 뒤였다.

어리석은 여인들이 문을 두드리며 말했다.

「주여! 우리도 잔치에 참여할 수 있도록 문을 열어주십시오.」

신랑이 대답했다.

「내가 당신들을 알지 못합니다.」

여기까지 말씀하신 예수님께서 제자들에게 당부하셨다.

「그런즉 깨어있으라 너희는 그날과 그때를 알지 못하느니라.」

이 비유의 말씀은 예수님이 다시 오실 그때를 위해 우리가 어떤 자세로 살아야 하는지를 보여주는 이야기로서 신랑은 다시 오실 예수님, 기름은 믿음이며 지혜로운 다섯 여인은 믿음으로 준비되어있는 사람, 어리석은 다섯 여인은 믿음이 없는 사람을 뜻한다고 볼 수 있다. 어느 날 갑작스럽게 찾아오실 주님의 재림을 대비하여 항상 준비된 신앙인으로 깨어있어야 천국에 들어갈 수 있다는 것을 보여주는 열 처녀 이야기, 여러분들은 천국 가기 위해 어떤 준비를 하고 계십니까?

간음한 여인(요8:2~11)

예수님께서 성전 뜰에 앉아 백성들을 가르치실 때 간음하다가 붙잡힌 여인을 끌고 온 바리새인과 율법학자들이 예수님을 시험하기 위해 물었다.

「모세의 율법에는 이런 자들을 돌로 쳐서 죽이라고 되어있는데 당신이라면 어떻게 하시겠소?」

몸을 굽혀 손가락으로 땅에 글을 쓰신 예수님께서 몸을 일으키시고 그들에게 말씀하셨다.

「여러분 중에 죄 없다고 생각하는 사람이 먼저 돌을 던지시오.」

말씀하시고는 다시 몸을 굽혀 땅에 글을 쓰셨다.

양심의 가책을 느낀 사람들이 들고 있던 돌을 버리고 하나둘씩 자리를 뜨자 그곳에는 예수님과 여인만 남게 되었다.

다시 몸을 일으킨 예수님께서 사람들이 모두 떠나간 것을 보시고는 여인에게 말씀하셨다.

「나도 당신을 정죄하지 않을 것이니 다시는 죄를 짓지 마십시오.」

기세등등했던 바리새인들의 시험 앞에서 단 한마디의 말씀으로 그들을 완벽하게 제압하고 해결하는 예수님의 모습이 보이지 않나요?

예수님께서 땅에 글을 쓰는 모습을 보고 대체 무슨 글을 쓰셨을까? 궁금해지는 대목이 아닐 수 없지만, 예수님의 행동은 여호와를 떠나는 자는 흙에 기록될 것(렘17:13)이라는 예레미아의 경고를 보여주는 것일지도 모른다. 그것이 맞다면 돌에 맞아야 할 사람은 간음한 여인이 아니라 그 여인을 정죄하기 위해 모인 사람들이 아닐까 싶다.

우리 모두 허물과 죄로부터 자유로울 수 없는 만큼 다른 사람들을 정죄할 수 없다. 오직 판단하고 심판할 수 있는 분은 하나님 한 분뿐이라는 사실을 잊어서는 안 될 것이다.

니고데모와 사마리아 여인

내가 주는 물을 마시는 자는
영원히 목마르지 아니하리니(요4:14)

니고데모(요3:1~22)

바리새인으로써 산헤드린 공회원이었던 니고데모는 많은 이적을 행하며 말씀으로 사람들을 열광시키는 예수가 도대체 어떤 사람인지 궁금했던 나머지 그를 직접 만나보고 싶었다. 그러나 신분 노출 우려로 사람들의 눈을 의식할 수밖에 없었던 그는 야음을 틈타 예수님을 찾아뵙고 궁금했던 천국 복음에 대하여 질문했다.

「선생님! 우리는 당신이 하나님으로부터 오신 분임을 믿습니다. 하나님께서 함께하지 않는다면 선생님께서 하셨던 이적들을 설명할 수 있는 방법이 없기 때문입니다.」

「진리를 말하노니 사람이 거듭나지 아니하면 하나님 나라를 볼 수 없습니다.」

거듭나야 한다는 예수님의 말씀에 그 뜻을 알아차리지 못한 니고데모가 다시 물었다.

「이미 어른이 되었는데 어떻게 다시 태어날 수 있다는 말씀입니까? 어머니의 태 속으로 다시 들어가야 한다는 말씀인가요?」

「육체는 부모로부터 나지만 영은 성령으로부터 태어난다는 말입니다. 그러므로 사람이 **물**[254]과 성령으로 새롭게 태어나지 않는다면 하나님 나라에 들어갈 수 없다는 뜻입니다.」

그리스도를 구원자로 받아들이고 회개를 통하여 그 이름을 믿을 때 죄와 사망에 놓여있던 인간이 영적으로 다시 태어나 생명을 얻을 수 있다는 예수님의 말씀에 니고데모가 다시 물었다.

「어찌 그런 일이 가능할 수가 있습니까?」

「내가 세상의 일을 말하여도 믿지 못하는데 하물며 하늘의 일을 말하는데 어찌 믿을 수 있겠습니까? 하늘에서 내려온 사람, 즉 인자 외에는 하늘로 올라간 사람이 없으므로 모세가 광야에서 **뱀을 높이 들었던**[255] 것처럼 인자도 높이 들려야 하리니 이는 나를 믿는 자마다 영생을 얻게 하기 위함입니다.」

인류가 지은 죄를 속량하기 위해 십자가의 희생 제물이 될 것을 예언한 예수님께서 성경의 핵심이라 할 수 있는 요한복음 3장 16절 말씀으로 자신을 믿으면 영생을 얻게 될 것이라고 다시 한번 강조하셨다.

「하나님께서는 세상을 사랑하셔서 독생자를 보내주셨습니다. 이는 세상을 심판하려는 것이 아니요, 구원하기 위한 것입니다. 빛이(예수님) 세상에 왔지만 사람들은 빛보다는 어둠을(세상) 더 좋아하는 것이니 이것은 그들의 행위가 악하기 때문입니다. 악을 행하는 자들은 자신들의 행위가 드러날까 두려워 빛을 향해 나오지 않습니다. 그러나 진리를 따르는 사람들은 그 행위가 하나님으로부터 나오는 것임을 증거하기 위해 빛을 향해 나오는 것입니다. 나는 보고 들은 것을 증언하고 있으니 누구든지 하나님의 아들을 믿는 사람들은 심판에 이르지 않고 영생을 얻게 될 것입니다.」

254 물은 보통 물세례를 의미하지만 여기서는 말씀으로 보는 것이 타당할 것이다
255 모세의 불뱀 사건이란 고된 광야생활로 지친 출애굽 백성들이 하나님을 원망하며 불평을 늘어놓자 이에 진노하신 하나님께서 불뱀을 풀어놓아 많은 백성들이 죽임을 당하게 되는 사건을 말한다. 모세가 백성들을 위해 기도하자 하나님께서는 놋으로 뱀을 만들어 장대에 매달아 놓으라고 지시하신다. 뱀에 물린 사람들이 그것을 쳐다보게 되면 목숨을 구하게 될 것이라는 이유였다(민21:4~9). 훗날 예수님께서 인간의 죄를 대속하기 위해 십자가에 매달림으로써 그를 믿는 모든 사람들을 구원하게 될 것이라는 표상이었다.

하늘로부터 온 이가 보고 들었던 것을 증언하였지만 아무도 그 말씀을 진리로 받아들이지 않는 것을 지적한 예수님께서 하나님 아들을 믿는 사람은 영생의 축복이 함께하겠지만, 아들에게 순종하지 않는 사람은 생명을 얻지 못하고 오히려 하나님의 진노가 그 위에 있게 될 것을 언급하신 것이다.

사마리아 여인(요4:1~42)

니고데모에게 생명의 말씀을 전한 예수님께서 갈릴리로 가기 위해 사마리아 지방을 통과하게 되었다. 정오쯤 되는 시간에 수가라고 하는 동네에 이르러 야곱의 우물에서 쉬고 있을 때 **사마리아 여인**[256]이 물 길러 나온 것을 본 예수님께서 그 여인에게 말씀하셨다.

「내가 목이 마르니 물 좀 마실 수 있겠소?」

사마리아 사람과는 상종하지 않으려는 유대인이 자신에게 물을 달라는 것을 의아하게 생각한 여인이 말했다.

「보아하니 유대인인 것 같은데 사마리아 여인인 저에게 어떻게 물을 달라 하십니까?」

「당신이 하나님께서 주시는 선물이 무엇인지 알았거나 또 물을 달라고 하는 사

---

256 주전 722년 앗수르에 의해 북이스라엘이 멸망되자 수도 사마리아로 유입된 이방인들이 북부 이스라엘인들과 섞여 살게 됨으로써 출생한 혼혈인들을 말한다. 그때부터 유대인들은 사마리아 사람들을 유대 민족의 순수 혈통을 잃어버린 사람들이라 하여 이민족 취급하였으며 멸시하고 상종조차 하지 않으려고 하였다. 하지만 예수님께서는 착한 사마리아인의 비유(눅10:25~37)를 통하여 가식적으로 봉사하는 제사장과 레위인보다 그들이 오히려 더 낫다는 것을 보여줌으로써 어느 누구라도 배척하지 않고 용서하시고 사랑한다는 것을 몸소 실천하셨다.

람이 누구인지 알았더라면 당신이 그에게 구하였을 것이요, 그가 생명의 물을 주었으리라.」

생명의 물을 줄 수 있는 이는 오직 하나님 한 분뿐이라는 사실을 예수님께서 말씀하시자, 알 수 없는 사람이 도저히 이해할 수 없는 말을 늘어놓는다고 생각한 사마리아 여인이 예수님께 따지듯이 물었다.

「당신에게는 물을 뜰 두레박도 없고 우물은 매우 깊은데 어디에서 생명의 물을 구할 수 있다는 말입니까? 우리 조상 야곱이 이 우물을 주신 분인데 당신이 야곱보다 더 큰 사람이란 말입니까?」

「이 물을 마시는 사람들은 다시 목마르겠지만 내가 주는 물을(말씀) 마시는 사람은 영원히 목마르지 않을 것이오. 그 물은 사람 안에서 계속 솟아나 영원한 생명을 가져다주는 생명수 샘물이기 때문입니다.」

예수님의 말씀을 이해하지 못한 사마리아 여인이 말했다.

「그런 물이 있다면 저에게 주어 다시는 목마르지 않게 하시고 이곳으로 물 길러 오지 않도록 해주십시오.」

불신앙으로 마음이 굳어진 여인의 생각을 돌려놓기 위해 그가 다섯 번 결혼하고 이혼한 것도 모자라 지금도 한 남성과 동거하며 힘든 삶을 이어가고 있다는 것을 지적하신 예수님께서 그 어떤 것도 인간의 내면을 만족시키지 못한다는 것을 말씀하시자 자신의 내밀한 가정사까지 속속들이 아는 것을 본 여인이 놀라며 말했다.

「이제 보니 선생님은 예언자인 것 같습니다.」

예수님이 예언자임을 확신한 사마리아 여인은 유대인들이 성전이 있는 예루살렘만이 예배드릴 곳이라고 주장한다며 장소를 중요시하는 유대인들의 종교적 신념을 꼬집자, 구원은 유대인에게서 나오지만 장소가 중요한 것이 아니고 하나님은 영이시니 신령과 진정으로 예배드려야 한다고 말씀하셨다. 즉 인간의 방편이 아닌 하나님이 중심이 되는 삶 가운데 말씀과 성령 안에서 예배드려야 함을 강조하신 것이다.

선지자의 예언을 통해 메시아가 임재하실 것이라는 사실을 알고 있었던 사마리아 여인은 그분이 오시면 모든 것을 깨닫게 해줄 거라고 말하자 예수님께서는 그제야 비로소 당신의 실체를 드러내셨다.

「당신과 이야기하고 있는 내가 바로 그 메시아요.」

그토록 기다리던 메시아가 바로 눈앞에 있다는 말을 듣고 깜짝 놀란 여인이 물동이를 버려둔 채 동네로 달려가 사람들에게 소리쳤다.

「나의 과거를 모두 알고 있는 분이 오셨습니다. 그가 혹시 메시아일지도 모르니 한번 만나 보는 것이 어떻겠습니까?」

여인의 간증으로 예수님을 만나게 된 사마리아 사람들은 예수님께서 이틀을 더 머무르며 복음을 전하자 많은 사람들이 예수님을 영접하게 되었다.

예수님이 바로 자신들이 그토록 기다리던 생명수 샘으로서 세상의 구원자임을 알게 되어 참된 해갈의 기쁨을 맛볼 수 있었던 마을 사람들이 이구동성으로 말했다.

「예수님의 말씀을 직접 듣고 보니 이분이야말로 세상을 구원해주실 메시아라는 사실을 깨닫게 되었습니다.」

우리의 삶을 변화시키는 예수님

예수님께서 니고데모와 사마리아 여인을 생명수 샘으로 인도하시는 과정을 담고 있는 이 이야기는 한 편의 드라마를 보는 것 같이 그 장면 하나하나가 눈에 보일 듯 선하다. 그 당시 유대인들은 사마리아 사람들과는 상종조차 하지 않으려고 먼 길을 돌아가기까지 하던 시대였지만 예수님께서는 가정적으로 기구한 운명과 유대인으로부터 멸시받는 한 영혼을 구원하기 위해 그곳으로 갔으며 사랑으로 그를 감싸 안으신 것이다. 말씀을 나눌 때 단지 유대인일 것이라고 짐작했던 여인의 마음을 예언자일지도 모른다는 생각으로 발전시키고, 급기야는 앞으로 오실 그리스도가 바로 자신 앞에 있는 사람이라는 것을 깨닫게 하고 영접하게 함으로써 사람의 마음을 점진적으로 변화시켜 마무리하시는 예수님의 놀라운 능력을 우리는 다시 한번 체험할 수 있게 되었다.

한 사람에게 말씀하고 그 사람이 체험한 신앙 간증을 통해 많은 사람들을 하나님 앞으로 나오게 함은 우리가 반드시 배워야 할 전도의 기법일 것이다. 믿음은 말씀 듣는 것에서 얻게 되고 말씀 듣는 것은 그리스도의 말씀을 통해야 되며(롬10:17) 씨 뿌리고 물을 주는 사람은 아무것도 아니지만, 오직 자라게 하는 이는 하나님이시며(고전3:7) 한 사람이 심고 다른 사람이 거둔다는(요4:37) 놀라운 진리가 다시 한번 입증된 것이다.

예수님께서 유대를 거쳐 사마리아로 가신 것은 그가 승천하기 전 제자들에게 당부하신 「**오직 성령이 너희에게 임하시면 너희가 권능을 받고 예루살렘과 온 유대와 사마리아와 땅끝까지 이르러 내 증인이 되리라**(행1:8).」라는 마지막 말씀을 미리 실천함으로써 모든 사람에게 본을 보이기 위한 것일지도 모른다.

예수님과의 만남으로 그를 영접하게 된 니고데모 역시 예수님을 메시아로 받아들일 수 없었던 대제사장들과 바리새인들의 음모에 믿음으로 맞서 변론할 수 있었으며(요7:51), 예수님이 죽은 후에는 동료 회원이었던 아리마대 사람 요셉과 함께 새 무덤에 장사지낼 수 있었으니(요19:38, 39) 제자들조차 감히 엄두 내지 못했던 일을 해낸 것은 깨끗한 심령을 가진 신앙인으로서 예수님을 구원자로 받아들이는 믿음의 소유자였기에 가능했던 것이다.

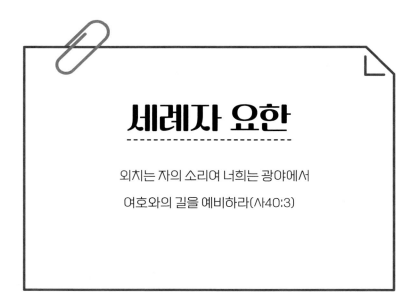

세례자 요한

외치는 자의 소리여 너희는 광야에서

여호와의 길을 예비하라(사40:3)

요한이 태어나다(눅1장)

헤롯이 유대 왕으로 있던 주전 4년경, 아비야 반열에 속한 제사장 사가랴와 아론 자손으로서 예수님의 어머니 마리아와 사촌 관계였던 엘리사벳이 금실 좋은 부부로 살고 있었다. 그들은 계명과 법도를 잘 지키고 말씀에 순종하는 의로운 사람들이었지만 불행하게도 슬하에 자녀가 없었다. 어느 날 사가랴가 주님의 성전에서 분향할 때 천사 가브리엘이 나타나 말했다.

「사가랴야! 두려워하지 마라. 하나님께서 너의 기도를 들어주셔서 네 아내 엘리사벳이 임신하여 아들을 낳을 것이니 이름을 요한이라 하라. 그는 모태로부터 성령 충만함을 받아 이스라엘 자손을 하나님 앞으로 돌아오게 할 것이며, 그들에게 주님 맞을 준비를 하게 할 것이다. 그는 엘리야의 심령과 능력을 가지고 주님보다 먼저 올 것이며 하나님 앞에서 큰 인물이 될 것이니 그가 태어남을 보고 많은 사람들이 기뻐하리라.」

놀라운 비밀을 듣게 된 사가랴가 천사에게 물었다.

「저와 아내가 이렇게 늙었는데 어떻게 자손을 얻을 수 있겠습니까?」

「나는 기쁜 소식을 전하라는 하나님의 명령을 받았노라. 하나님께서는 못하실 일이 없으시나 네가 내 말을 의심하고 믿지 않았으므로 이 일이 이루어질 때까지 너는 말 못하는 자가 될 것이다.」

천사의 예언대로 사가랴는 벙어리가 되는 한편 아내 엘리사벳의 몸에 태기가 보이는 놀라운 일이 벌어졌다. 세월이 흘러 아들을 얻게 된 노(老)부부는 8일째 되는 날 할례를 베풀고 천사가 일러준 대로 요한이라 이름 지었다. 그러자 굳어 있던 혀가 풀려 말할 수 있게 된 사가랴가 하나님을 찬양했다.

이 이야기가 유대 산골에 퍼지자 마을 사람들은 이 아이가 장차 어떤 사람이 될 것인지 궁금해했다.

구약의 마지막 선지자였던 말라기 이후 400여 년 동안 침묵하던 하늘이 이사야 선지자의 **예언을 성취하기 위해**[257] 요한을 이 땅에 보냄으로써 하나님의 계시가 새 선지자를 통해 다시 시작되었음을 보여준 것이다.

성령 충만을 받은 사가랴가 아들의 앞날에 대하여 예언했다.

「이 아이는 지극히 높으신 분의 예언자로 불릴 것이며 주님 앞에서 그의 길을 준비할 것이요. 또 주님의 백성들에게 죄를 용서받는 구원에 대하여 가르칠 것이며 사망의 그늘에 갇혀 있는 사람들에게 하나님의 사랑과 자비의 빛을 비추게 하여 그들을 평강의 길로 인도할 것입니다.」

성령이 함께하시니 아이는 자라면서 심령이 강해졌고 성인이 되어서는 낙타 털로 만든 옷과 가죽으로 만든 허리띠를 두르고 메뚜기와 야생 꿀을 먹으며 광야에서 살았다. 당시의 사람들은 그의 옷차림과 그가 먹는 음식을 보고는 메시아의 길을 준비하기 위해 하늘에서 다시 내려올 것이라 믿었던 **엘리야**[258]를 연상했다.

---

257 「외치는 자의 소리여 너희는 광야에서 여호와의 길을 예비하라 사막에서 우리 하나님의 대로를 평탄하게 하라(사40:3).」

258 엘리야와 엘리사 참조.「보라 여호와의 크고 두려운 날이 이르기 전에 내가 선지자 엘리야를 너희에게 보내리니(말4:5).」

세례를 베풀다(마3, 눅3, 요1장)

본디오 빌라도가 유대 총독으로, 헤롯 왕의 아들 안티파스가 갈릴리 분봉 왕으로 있을 때 성령이 요한에게 임하자 그는 요단 강가에서 세례를 베풀며 천국이 가까이 왔으니 회개하라고 외치면서 전도를 시작했다. 요한은 세례받으러 오는 **세리**[259]와 군인 등 백성들로부터 외면당하고 있던 많은 부류의 사람들에게 회개에 합당한 삶을 살라고 역설했다.

「가진 자는 못 가진 자에게 나누어 줄 것이며 세관원들은 법으로 정해진 것 이상은 거두지 말고, 군인들은 강제로 돈을 뺏지 말고 거짓 고발하지 말며 자신들이 받는 급료에 만족해야 할 것이오. 탐욕을 부리지 않고 회개에 합당한 삶을 산다면 구원의 열매를 맺겠지만 그렇지 못하다면 결국에는 불 속에 던져질 것입니다.」

요한이 천국 복음을 설파하자 그에게 세례를 받으러 온 사람들은 이 사람이야말로 자신들이 그토록 기다리던 그리스도 일지도 모른다고 생각했다. 사람들의 생각이 여기에 미치자 예루살렘에 사는 유대인들이 레위인 제사장들을 요한에게 보내 물었다.

「당신은 도대체 누구시오?」

예수님의 길을 준비하는 선구자로서 사람들을 예수님께 인도하는 것이 자신에게 주어진 역할임을 잘 알고 있었던 요한이 말했다.

「나는 이사야 선지자가 예언한 대로 그리스도의 길을 준비하기 위해 앞서 보내심을 받은 사람입니다.」

정체를 밝히는 요한에게 그들이 또 물었다.

「당신은 그리스도도 아니요, 엘리야도 아니요, 예언자도 아니라면서 왜 사람들

---

259 세리들은 로마라는 외세와 결탁함으로써 그들에게 부역한 사람들이었다. 그들은 할당받은 세액보다 더 많은 세금을 거둬들여 자신들의 배만 불리고 있었으므로 유대인들은 그들을 역겨운 존재로 여겼으며 심지어 매국노로 여길 정도로 배척당하는 부류에 속해있던 사람들이었다. 예수님께서는 「나는 의인을 부르러 온 것이 아니라 죄인을 부르러 왔다(마9:13).」라는 말씀대로 이렇게 배척당하는 사람들을 제자로 세운 것이다.

에게 세례를 베풀고 있습니까?」

「여러분들이 알지 못하는 한 분이 곧 오실 것입니다. 나는 물로 세례를 베풀지만, 그분은 성령과 불로 세례를 베푸는 위대한 분이시며 그분에 비하면 나는 그분의 신발을 들기에도 부족한 사람입니다. 그분은 손에 키[260]를 들고 타작마당을 깨끗하게 하여 알곡은 곳간에(천국) 들이고 쭉정이는 꺼지지 않는 불에(지옥) 태우실 것입니다.」

자신이 물로 세례를 베푼 것은 그리스도를 백성들에게 알리기 위함이었음을 고백한 요한은 회개하지 않는 사람들에게는 파멸이 올 것이요, 죄를 뉘우치고 참회하는 사람들에게는 천국 영생의 축복이 올 것을 증언하며 메시아를 기다리는 사람들에게 희망의 메시지를 전했다. 그때 갈릴리 나사렛 마을에서 요단 강으로 오신 예수님께서 세례를 받으려고 하자 씻어줄 죄가 그에게 없다는 것을 잘 알고 있었던 요한이 말했다.

「제가 주님께 세례를 받아야 하는데 어떻게 저보고 하라고 하십니까?」

우리가 의를 이루는 것이 중요하니 세례받는 것을 허락하라고 말씀하시자 망설이던 요한이 예수님의 세례를 도왔다. 세례를 받은 예수님께서 기도하자 하늘이 열리고 성령이 비둘기 같은 형체로 내려와 그의 위에 머물렀다. 그 광경을 본 요한은 하나님께서 자신에게 한 말씀을 기억해 내고는 그가 바로 하나님의 아들임을 확신했다.

「성령이 내려서 누구 위에든지 머무는 것을 보거든 그가 곧 성령으로 세례를 베푸는 이인 줄 알라(요1:33).」

---

260 수확한 곡식을 공중에 날려 알곡과 가라지를 분리하는 데 쓰이는 농기구

유대의 마지막 선지자 요한(마14, 막6, 눅9장)

헤롯 안티파스가 이복형제 빌립과 이혼한 **헤로디아**[261]와 재혼한 것을 두고 요한이 동생의 아내를 취함은 율법에 어긋나는 일이라고 비난하자, 진노한 헤롯이 그를 죽이려고 했지만 사람들이 그를 예언자로 여기므로 할 수 없이 옥에 가두었다. 감옥에 갇힌 뒤 예수님의 언행과 이적들을 전해들은 요한은 그가 바로 하나님의 어린 양임을 확신했지만, 그의 말을 직접 들어보기 위해 제자 두 사람을 따로 보냈다.

「선생님! 오실 주님이 당신입니까? 아니면 우리가 다른 사람을 더 기다려야 합니까?」

「당신들이 보고 들은 것을 전하되 맹인이 보게 되고, 다리 저는 사람이 걷고, 나병 환자가 깨끗이 치유되며, 귀먹은 사람이 들으며, 죽었던 자가 살아나며, 가난한 자에게 복음이 전파된다고 말 하시오.」

당신이 바로 하나님의 아들 그리스도임을 증거하는 말씀을 제자들로부터 전해들은 요한은 하나님께서 주지 않으면 사람은 아무것도 받을 수 없다는 것과(요 3:27) 그분은 점점 위대해질 것이고 자신은 사람들의 관심에서 멀어지게 될 것을 증언했던(요3:30) 일들을 떠올리며 이사야 선지자의 예언이 자신의 생애에서 이루어지게 되었음을 기뻐했다.

한편 헤롯의 생일 날 헤로디아의 딸 살로메가 연회장에서 춤을 추어 잔치 분위기를 띄우자 춤에 매료된 헤롯이 의붓딸에게 말했다.

「살로메야! 무엇이든지 들어줄 테니 소원 한 가지를 말해 보아라.」

자신의 사생활을 비난하는 요한을 눈엣가시로 생각하고 있던 왕비 헤로디아는

---

261 헤롯 대왕과 마리암매 사이에서 태어난 아리스토 블로스의 딸로 그는 첫 남편과의 사이에서 딸 살로메를 낳았다. 살로메라는 이름은 성서에서는 나오지 않지만, 유대 역사가 요세푸스의 책에 헤로디아의 딸이 살로메라고 기록되어 있다.

이때가 바로 그를 제거할 수 있는 절호의 찬스라 판단하고 요한의 머리를 달라고 딸에게 시켰다.

살로메의 예상치 못한 요구를 듣게 된 헤롯은 잠시 망설였지만 많은 신하들 앞에서 약속한 것이라 어쩔 수 없이 군인들을 감옥으로 보내 요한의 목을 베도록 명령했다. 헤롯의 어리석은 맹세로 요한이 참수형을 당하게 되자 제자들은 그의 시신을 거두어 정중히 장사 지냈다.

예수님보다 6개월 먼저 태어나 사람들에게 회개를 외치면서 예수님의 길을 앞서 준비한 요한은 당대 최고의 찬사를 받는 예언자요 설교자였으며, 여자가 낳은 자 중에 그보다 더 위대한 사람은 없다고 예수님께 극찬받았던 사람이었다. 그는 타오르면서 빛을 내는 등불이며 율법과 선지자의 예언은 요한까지이고 그 이후부터는 복음이 전파될 것이며 다시 오기로 예정되어있던 엘리야가 바로 이 사람이라고 예수님께서 증언했던 요한은 주의 길을 예비하는 자로서의 사명을 마치고 주후 29년경 유대의 마지막 선지자로서 생을 마감하였다.

헤롯 왕조 가계도

(예루살렘 전기 참조, 사이먼 시백 몬티피오리 지음, 시공사, 2012)

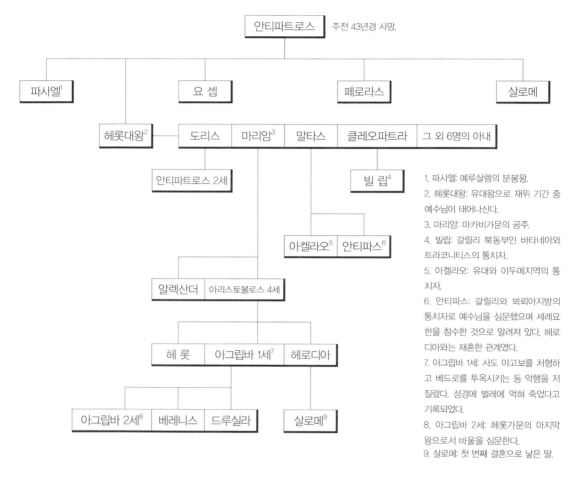

1. 파사엘: 예루살렘의 분봉왕.
2. 헤롯대왕: 유대왕으로 재위 기간 중 예수님이 태어나신다.
3. 마리암: 마카비가문의 공주.
4. 빌립: 갈릴리 북동부인 바타네아와 트라코니티스의 통치자.
5. 아켈라오: 유대와 이두메지역의 통치자.
6. 안티파스: 갈릴리와 뵈뢰아지방의 통치자로 예수님을 심문했으며 세례요한을 참수한 것으로 알려져 있다. 헤로디아와는 재혼한 관계였다.
7. 아그립바 1세: 사도 야고보를 처형하고 베드로를 투옥시키는 등 악행을 저질렀다. 성경에 벌레에 먹혀 죽었다고 기록되었다.
8. 아그립바 2세: 헤롯가문의 마지막 왕으로서 바울을 심문한다.
9. 살로메: 첫 번째 결혼으로 낳은 딸.

- 헤롯 대왕은 혈통으로는 페니키아인이고 문화적으로는 그리스인이며 태어난 장소로는 이두메인(에돔), 종교로는 유대인, 거주지로는 예루살렘인, 시민권으로는 로마인이었다.
- 헤롯이 다스리던 유대 땅은 그가 죽은 뒤 세 아들(아켈라오, 안티파스, 빌립)에게 분할되었다.

위대한 전도자 바울

내가 너를 이방의 빛으로 삼아

너로 땅끝까지 구원하게 하리라(행13:47)

교회를 박해하다(행8, 9장)

주후 5년(?)쯤 되던 해에 길리기아의 다소(지금의 터키 남부 해안 지역)에서 태어난 사울은 유대 베냐민 지파 출신으로 율법으로는 바리새인이요, 열렬한 유대교 신자로, 당대 최고의 율법학자로 꼽히던 가말리엘의 문하생으로 성장했다. 그는 예수님을 반대하는 일에 앞장섰던 사람으로, 예수 믿는 자들을 체포하여 옥에 가두고 배교하도록 강요하는 일에 적극적으로 동조함으로써 이제 겨우 싹 트기 시작한 그리스도인의 신앙 공동체를 무력화시키기 위해 사력을 다했던 사람이었다. 그는 자칭 하나님의 아들이며 메시아라고 주장하는 예수가 백성들을 미혹시킨다고 생각했으며, 그를 믿는 그리스도인이야말로 신성 모독적인 언행을 일삼는 이단자들이기 때문에 반드시 척결되어야 할 대상이라고 여겼다.

십자가 사건 이후 복음이 확산되기 시작하던 때인 주후 35년, 사울은 예수 믿는 자들을 색출하여 처벌하라는 대제사장의 공문을 회당에 전달하기 위해 **다메**

섹[262]으로 출발했다. 목적지에 당도할 즈음 강렬한 빛이 하늘에서 내려와 자신을 비추는 것을 본 사울이 두려운 마음으로 엎드리자 하늘로부터 그를 부르는 소리가 들려왔다.

「사울아! 네가 어찌하여 나를 괴롭히느냐?」

「당신은 누구십니까?」

「나는 네가 박해하는 예수이니라.」

사울이 떨리는 목소리로 다시 물었다.

「주여! 제가 무엇을 하리이까?」

「너는 일어나 시내로 들어가거라. 네가 해야 할 일을 알려줄 사람이 있을 것이다.」

알 수 없는 광채의 영향으로 시력을 상실한 사울은 일행의 부축을 받고 다메섹으로 들어갔지만, 신앙적 충격에서 벗어나지 못한 나머지 식음을 전폐한 채 부활 예수님을 다시 만날 수 있기만을 고대했다.

유대인들로부터 존경받는 아나니아라는 제자에게 환상 중에 나타나신 예수님께서 말씀하셨다.

「아나니아야! 너는 사울을 찾아가 안수하여 성령으로 충만케 하라. 그는 모든 백성 앞에서 나의 이름을 전하기 위해 선택된 도구이니라. 그를 나의 일꾼으로 삼아 믿지 않는 자들의 눈을 뜨게 하여 어둠에서 빛으로, 사탄의 권세에서 벗어나게 하여 나에게 돌아오게 할 것이다. 그리하여 그들의 죄를 용서받을 수 있게 하고 나를 믿어 거룩해진 백성들 가운데에서 기업을 얻게 할 것이다. 그러나 그는 내 이름으로 말미암아 많은 고난을 겪게 될 것이다.」

---

262 현재 시리아 공화국의 수도인 다마스쿠스.

사울의 회심(행9장)

　다메섹 입성 3일째 되던 날, 사울을 찾아간 아나니아가 안수하며 그리스도를 위한 증인이 되라고 기도하자 눈에서 비늘 같은 것이 떨어지면서 시력이 회복된 사울은 자리에서 일어나 감사의 세례를 받았다. 다메섹 도상에서 겪은 강렬한 신앙적 체험으로 자신이 부름받은 목적을 깨닫게 된 사울이 그토록 반대하던 예수님을 구주로 영접하고는 예수님이 바로 하나님께서 약속하신 메시아라고 선전하고 다니자, 격분한 유대인들은 변절자가 된 사울을 단죄하기 위해 다메섹 성문을 지켰지만 사울은 성벽을 타고 빠져나와 아라비아로 피신하였다.

　아라비아에서 3년을 사역한 후 예루살렘으로 들어간 그는 베드로를 만난 뒤부터 사도들과 함께했지만, **스데반**[263]이 예수님을 증언했다는 이유로 돌팔매를 맞을 때 그가 현장을 지켰다는 것을 기억하고 있던 제자들은 자신들을 그토록 괴롭히던 사울에 대한 거부감으로 그를 선뜻 받아들이지 못했다. 그러나 믿음이 충만한 바나바의 중재로 그의 진심을 알게 되자 사울은 제자들과 함께 자유롭게 다니면서 과거에 자신이 저지른 잘못을 회개하며 예수님의 이름을 담대히 전파했다. 그러나 사울의 전도 행위가 유대인들을 자극하게 될 것을 염려한 제자들은 그의 회심이 또 다른 기독교 박해의 구실이 되는 것을 우려한 나머지 사울을 고향으로 피신시켰다.

　사울은 어려서부터 두 개의 이름을 가지고 있었다고 한다. 유대식 이름은 사울이었고 헬라식 이름은 바울이어서 유대인들에게는 사울로, 이방인들에게는 바울이라고 자신을 소개했다.

　스데반이 순교함에 따라 박해를 피해 흩어진 성도들의 복음 전파로 안디옥 교회가 부흥하고 있다는 소식에 예루살렘 교회가 바나바를 파송하기로 결정하자, 고향 다소에서 근 10년간을 칩거하며 기도생활에 열중하던 바울을 전도사역에

---

[263] 초대교회 일곱 집사 중 한 사람.

동참시킬 좋은 기회라 판단한 바나바는 바울과 함께 수리아의 안디옥으로 들어 갔다.

전도사역이 시작되다(46~48년경, 행11:26~14:28)

첫 이방인 교회가 세워진 안디옥에서 바울과 바나바가 복음을 전파하자 사람들은 예수님 믿는 사람들을 그리스도인이라 부르기 시작한다.

기근으로 고생하는 성도들을 돕기 위해 모금한 헌금을 예루살렘 교회에 전달한 후 바나바의 조카인 마가 요한(마가복음의 기록자로 알려진다)과 함께 안디옥으로 돌아온 두 사람은 본격적인 선교 사역을 위해 구부로 섬의 살라미로 향한다. 섬을 순회한 후 항구도시 바보에 도착한 그들이 전도 사역을 방해하는 유대인 마술사를 성령의 힘으로 앞 못 보게 만들자, 하나님의 능력을 체험한 구부로 섬 총독 서기오 바울이 주님을 영접한다.

바울 일행이 바보에서 밤빌리아의 버가로 갔을 때, 그들을 수행하던 마가 요한이 힘든 전도사역을 견디지 못하고 예루살렘으로 돌아가자 바울과 바나바는 비시디아의 안디옥으로 들어간다. 모세의 율법으로는 의롭다 함을 얻을 수 없지만, 우리를 위해 십자가에서 죽으신 예수님을 믿는다면 구원받을 수 있다는 내용으로 설교하자 새로운 신앙 세계를 체험하게 된 많은 사람들이 말씀을 더 들을 수 있게 해달라며 그들을 초청한다. 이제껏 들어보지 못한 바울의 신앙 논증에 시민들이 열광하자 모세의 율법을 모독한다고 생각한 유대인들은 두 사도를 이단으로 규정하고 유력자들을 동원하여 이고니온으로 쫓아낸다.

쫓겨 와서도 복음전파를 계속하자 유대인을 따르는 사람들과 사도의 가르침을 믿는 사람들로 양분되어 비방전이 가열된다. 유대인을 편드는 무리들이 자신들을 해치기 위해 음모를 꾸미는 것을 눈치챈 사도들은 루가오니아 지방의 도시 근교로 피신한다.

루스드라로 온 바울이 하반신을 못 쓰는 중증 장애인을 성령의 능력으로 일어서게 하자 이를 목격한 사람들은 그리스의 주신이 인간의 모습으로 환생했다고 환호하며 사도들 앞에서 제사 드리려는 움직임을 보인다. 군중들의 예기치 못한 행동에 당황한 두 사도는 자신들은 전도자일 뿐 모든 것은 하나님께서 하시는 일이라며 사람들을 설득한다.

사도들이 전하는 복음으로 개종하는 사람들이 늘어나자 그리스도를 죽인 자들이라는 책임에서 자유롭지 못하게 될 것을 두려워한 유대인들은 바울을 해치기 위해 돌로 쳐 쓰러뜨린 뒤 성 밖으로 끌어내지만, 바울은 이에 굴하지 않고 바나바와 함께 더베로 들어가 복음을 계속 전한다.

루스드라와 이고니온을 거쳐 비시디아의 안디옥으로 들어간 바울 일행이 하나님 나라에 들어가려면 많은 고난을 겪어야 될 것이라고 제자들을 격려한 뒤 각 교회에 장로들을 세우고 그들이 믿음 안에서 사역할 수 있도록 기도한다.

수리아의 안디옥으로 다시 돌아온 사도들은 2년간에 걸친 전도 사역에서 성령께서 함께하시며 이방인들에게 믿음의 문을 열어준 것을 교회에 보고하고 제자들과 오랜 시간을 함께 지낸다.

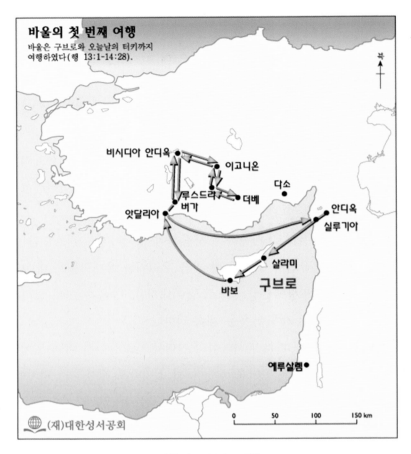

바울의 1차 전도여행

예루살렘 총회(행15:1~35)

그리스도교로 개종하고서도 여전히 과거의 관습에서 벗어나지 못한 유대인들이 모세의 율법대로 할례받지 않는다면 구원받을 수 없다고 가르치자, 믿음과 할례는 전혀 무관하며 구원은 오직 예수 그리스도를 믿는 믿음에서 오는 것이라고 주장하는 두 사도와 유대인들 사이에 논쟁이 벌어진다. 논란이 확산되자 안디옥 교회는 예루살렘 교회의 뜻을 알아보기 위해 두 사도를 포함하여 교인들을 파송하기로 결정한다. 예루살렘에 도착한 사도들이 이방인들의 할례 문제를 총회에 올리자, 열두 제자 중 한 사람인 베드로와 예수님의 동생인 야고보가 유대인이든 이방인이든 예수님을 믿으면 구원받을 수 있다고 역설한다. 복음이 바로 모든 사람을 구원에 이르게 하는 통로임을 밝힘으로써 이방인과 선민과의 차별문제가 확실히 정리된다.

율법 적용 문제를 매듭짓게 되자 예루살렘 교회는 바울과 바나바와 유다와 실라를 안디옥으로 파송하고 율법과 관련된 몇 가지 일, 즉 우상에 바쳐진 제물과 목 졸라 죽인 짐승의 고기와 피를 먹지 말 것과 음란한 행동 등 네 가지 금기사항만 지켜진다면 굳이 율법을 지키지 않아도 구원받는 데 전혀 문제 될 것이 없다는 내용의 편지를 작성하여 이방인 신자들에게 보낸다.

유다와 실라는 예루살렘으로 돌아가고 바울과 바나바는 안디옥에 머물며 주님의 말씀을 가르치며 전도한다.

2차 전도여행(49~52년경, 행15:36~16:40)

그동안 전도한 지역의 분위기가 궁금해진 바울은 바나바에게 다시 한번 순회할 것을 제안한다. 그러나 선교 사역 중간에서 포기하고 돌아간 마가 요한과의 동행 문제가 갈등으로 불거지자 모든 것을 하나님의 뜻으로 받아들인 두 사도는 각자에게 주어진 길을 가기로 결정한다. 바울은 실라와 같이 수리아와 길리기아 지방으로 다니면서 교회를 격려하기로 하고 바나바는 마가 요한과 함께 구브로 섬으로 떠난다.

　안디옥을 떠난 바울과 실라가 루스드라에 이르렀을 때 디모데를 만나게 되자 그를 전도여행에 합류시키기를 원했던 바울은 유대인들의 시비를 차단하기 위해 디모데에게 할례를 베풀고 그와 함께 여러 도시를 다니면서 전도한다. 믿음이 강건해진 교회는 날마다 은혜받는 사람으로 넘쳐난다.

바울의 2차 전도여행

　아시아 지방(오늘날의 터키 지역)에서의 복음 사역이 진척되지 않는 것을 두고 하나님의 뜻이라 생각한 바울은 계획을 수정하여 브루기아와 갈라디아 지방으로 다니다가 항구도시 드로아로 내려간다. 하지만 밤에 환상을 보게 되자 성령께서 인도하는 것으로 판단하고 마게도냐로 향한다. 네압볼리를 거쳐 빌립보에 도착한 일행은(드로아에서 누가가 합류함에 따라 바울과 실라와 디모데를 포함하여 네 명으로 늘어난다.) 루디아라고 하는 여성 사업가를 만나 개종시켜 세례를 베풀고 그의 도움으로 빌립보 교회를 개척한다.

거리를 나서다가 점치는 무당을 성령으로 인도한 바울과 실라는 무당을 앞세워 돈을 벌었던 포주로부터 이상한 유대풍습을 퍼뜨리며 민심을 동요시키고 있다는 누명을 쓰고 고발당하여 감옥에 갇히는 수모를 당한다. 바울과 실라가 감옥에서 찬송할 때 지진이 일어나며 감옥 문이 열리는 것을 본 간수가 놀란 나머지 자진하려고 하자 그를 설득하여 세례를 베풀고 주님께 인도한다.

머리를 삭발하다(행17:1~18:22)

데살로니가에 입성한 바울 일행이 십자가에 못 박히신 예수님이 바로 구약에 교시된 그리스도라고 증언함에 따라 개종하는 사람들이 늘어나자(**데살로니가 교회의 시작**) 위기를 느낀 유대인들은 말씀을 전파하지 못하도록 사도들을 잡으러 다닌다. 베뢰아로 몸을 피한 바울 일행의 지칠 줄 모르는 전도 사역으로 믿는 사람들이 더욱 늘어나자 뒤쫓아온 유대인들은 사람들을 선동하여 소란을 피운다.

실라와 디모데를 남겨두고 아덴(그리스의 수도 아테네)에 들어간 바울은 온 도시가 우상으로 넘쳐나는 것도 모자라 복음마저 일개 이방 신의 메시지로 폄하되는 데 분개한 나머지 아레오바고에서 예수님의 죽음과 부활에 관하여 설교한다.

아덴을 떠나 고린도로 들어간 바울은 아굴라와 브리스길라라는 유대인 부부를 만나 그들과 함께 천막 만드는 일로 생계를 유지하며 안식일마다 시민들을 상대로 토론을 벌이며 설득한다. 실라와 디모데를 고린도에서 재회한 바울이 1년 6개월 동안 하나님 말씀을 전하며 전도하는 일에 온 힘을 쏟자(**고린도 교회의 시작**) 환상 중에 나타나신 예수님께서 말씀을 담대히 전하라고 용기를 주신다.

「**두려워하지 말며 침묵하지 말고 말하라 내가 너와 함께 있으매 어떤 사람도 너를 대적하여 해롭게 할 자가 없을 것이니 이는 이 성 중에 내 백성이 많음이라**(행 18:9, 10).」

이상한 논리로 민심을 동요시킨다는 죄명으로 유대인들이 법정에 세우는 등 우여곡절 끝에 고린도에서 항구도시인 겐그레아로 간 바울은 서원대로 머리를 삭발하고 아굴라 부부와 함께 에베소로 떠난다. 에베소에 도착한 바울이 회당에서 설교하자 개종한 유대인들이 그에게 더 머물러 줄 것을 간청한다. 하지만 하나님의 뜻은 전도에 있음을 고하며 다시 만날 수 있을 것이라는 말로 그들을 위로하고 가이사랴와 예루살렘을 거쳐 안디옥으로 돌아간다.

3차 전도여행(53~57년경, 행18:23~21:16)

빌립보 교회를 시작으로 데살로니가와 고린도교회를 개척하고 안디옥에 머문 지 1년도 안 돼 다시 짐을 꾸린 바울 일행은 갈라디아와 브루기아 지방을 차례로 다니며 제자들에게 용기를 북돋워 주고 에베소로 와서 믿음이 불완전한 성도들에게 세례를 베풀고 안수한다(**에베소 교회의 시작**).

석 달 동안 하나님 나라에 대해 증언했지만 그의 신앙 논리를 탐탁지 않게 생각하던 사람들이 예수님의 도를 비방하고 다니자 그런 환경 속에서 성도들을 가르친다는 것이 무리임을 판단한 바울은 수사학자 두란노가 세운 학당에서 2년 동안 생명의 말씀에 대하여 강론한다.

바울의 3차 전도 여행

하나님이 바울의 손으로 병든 자를 고치고 귀신을 쫓아내는 등 놀라운 기적을 행하는 것을 목격한 사람들은 성령의 감동으로 믿는 자가 된다. 그러나 **아데미**[264] 여신을 숭배하며 신상 모형을 팔던 상인들은 사람이 만든 것은 신이 아니라고 증언하는 바울 때문에 자신들의 생업과 여신의 위엄이 무시당할 위기에 처하자, 바울의 동역자인 가이오와 아리스다고를 인질로 삼은 뒤 사람들을 선동하

---

264 아데미(아르테미스) 여신은 풍요와 생식의 신으로서 많은 유방을 가진 모습이었다. 당시 에베소에는 약 5만 명을 수용할 수 있는 아데미 여신의 신전이 있었는데 고자였던 제사장들과 세 명의 여사제가 함께 의식을 주도했고 항상 매음 행위가 뒤따랐다고 한다(쉬운 성경, 이수진 외, 아가페출판사, 2004).

여 난동을 부린다. 에베소 서기장의 간곡한 호소로 소요가 진정된 후 마게도냐를 거쳐 헬라(그리스)에 도착한 바울 일행은 고린도에서 석 달 동안 머무른 뒤 수리아로 가려 했으나, 자신을 해치려는 유대인들의 음모가 감지되자 행선지를 바꿔 빌립보를 거쳐 드로아로 간다(**드로아 교회의 시작**).

먼저 와 있던 소바더, 아리스다고, 세군도, 가이오, 디모데, 두기고와 드로비모를 만난 바울은 설교를 듣던 중 졸음을 이기지 못하고 3층에서 떨어진 유두고라는 청년을 성령의 능력으로 소생시키는 놀라운 기적을 일으킨다.

바울의 고별 설교

오순절이 되기 전, 예루살렘으로 가기 위해 서둘러 드로아를 떠나 밀레도에 도착한 바울은 장로들을 초청하여 복음 전파에 온 힘을 쏟았다는 것을 간증한다. 그 과정에서 갖은 수모와 핍박이 있었지만 주님께서 맡긴 임무를 완수할 수만 있다면 생명조차 귀히 여기지 않겠노라는 바울의 고별 설교에 감격한 장로들은 다시는 못 볼지도 모른다는 불길한 생각에 사도의 앞날을 걱정한다.

오직 주님만을 바라보고 행동하는 여정 앞에서 유대인들의 보복을 염려하여 예루살렘 입성을 재고하라는 제자들의 간곡한 만류도 주 예수의 이름으로 순교할 각오가 되어있음을 밝히는 바울의 의지를 꺾지 못한다.

예루살렘에 입성하다 (행 21:17~23:11)

마침내 예루살렘에 입성한 바울이 마게도냐와 아가야 지방의 성도들이 마련해 준 구제 헌금을 전달하며 하나님께서 자신을 통해 이방인들에게 하신 일들을 교회에 보고하자 그들은 자기일 같이 기뻐하며 하나님께 영광을 돌린다. 바울이 이방인들과 어울리는 것도 모자라 율법을 배척하고 유대의 관습을 지키지 않아도 된다고 가르친다는 등 나쁜 소문이 돌고 있다는 것을 귀띔해 준 장로들은 율법에 열성을 가진 유대인들이 모함하고 있으니 시비에 휘말리지 않도록 각별히 조심할 것을 당부한다.

유대인들이 품고 있는 오해를 풀어주기 위해 성전 뜰에서 정결 의식을 행하고 있을 때 바울을 벼르고 있던 유대인들이 율법을 위배하고 이방인들을 성전 안으로 끌어들여 거룩한 곳을 **더럽혔다는 이유**[265]로 바울을 끌어내자 온 도시가 소란스러워진다. 바울을 해치려는 군중들의 기세가 격해지자 이를 진정시키기 위해 출동한 로마 군인들에 의해 병영으로 끌려가던 바울은 변론의 기회를 얻는다. 그리스도인들을 핍박하던 자신이 부름받았던 과정과 회심한 후 하나님 말씀을 전파하기 위해 해왔던 일, 그리고 그 과정에서 받았던 고난에 대하여 간증하며 혼신의 힘을 다해 설득했으나 유대인들의 반발은 극에 달한다.

다음날 소집된 유대 공회에서 증언하게 된 바울은 바리새인이라 자신을 소개하고 자신에게 죄가 있다면 양심에 따라 하나님을 섬긴 것과 죽은 자의 소망인 부활을 믿은 것밖에 없다고 항변한다. 그러자 부활도 천사도 인정하지 않는 사두개파 사람들과 바울의 부활 논리를 두둔하려는 바리새파 사람들 간에 소란스러운 신앙 논쟁으로 치닫는다. 그날 밤 환상 중에 나타난 예수님께서 바울을 격려하며 로마에서 증언해야 할 것을 알려주신다.

---

265 「주 여호와께서 이같이 말씀하셨느니라 이스라엘 족속 중에 있는 이방인 중에 마음과 몸에 할례를 받지 아니한 이방인은 내 성소에 들어오지 못하리라(겔44:9).」

「담대하라 네가 예루살렘에서 나의 일을 증언한 것 같이 로마에서도 증언하여야 하리라(행23:11).」

가이사랴 심문(57~59년경, 행23:17~26:32)

유대인 과격분자 40여 명이 바울을 해치려는 음모를 꾸미다가 발각됨으로써 그들의 위협이 공수표가 아니라는 것을 알게 된 로마 군인들은 바울을 가이사랴로 호송하여 유대 총독 벨릭스에게 넘긴다. 음모가 무산되자 그리스도교를 대표적 이단 종파로 여기고 있던 대제사장 아나니아가 유대인을 선동하고 성전을 더럽히며 불경스런 행동을 한 나사렛 이단의 우두머리라는 이름으로 바울을 고소한다. 바울은 자신이 예수님의 도를 따르며 하나님을 섬기고 율법과 선지자들의 책에 기록된 것을 다 믿으며 양심에 거리낌 없이 실천하던 사람으로서 자신이 핍박받는 이유는 의인이든 악인이든 죽은 자의 부활이 있을 것이라는 소망 때문이라고 벨릭스 앞에서 변론한다.

2년 동안 지지부진하던 재판이 벨릭스의 후임으로 부임한 베스도에 의해 속개되자 유대인들은 내란죄와 불경죄 그리고 반역죄 등 여러 가지 죄목으로 바울을 고발하지만 죄를 입증할 만한 증거를 제시하지 못한다. 바울은 베스도 앞에서 자신은 율법이나 성전이나 로마 황제를 거스르는 죄를 범한 적이 없으므로 로마 시민의 권리를 행사하여 네로 황제에게 상소하겠다고 선언한다.

며칠 뒤 유대 왕 헤롯 아그립바 2세(재위 기간: A.D. 50 ~ A.D. 100년)가 가이사라를 방문하자 다시 한번 변론의 기회를 얻게 된 바울은 자신이 옛날 예수 믿는 사람들을 핍박했던 바리새인이었음을 상기시키고 자신의 죄라고 유대인들이 말하는 것은 선지자들이 예언한 것, 즉 그리스도께서 고난을 당하시고 죽은 자 가운데 다시 살아나셔서 당신의 백성 이스라엘과 이방인들에게 빛을 전하시리라는 것을 증언한 것이라며, 자신에게 죄가 없음을 호소한다. 그러면서 당신들은 하나님이 죽은 사람을 살리신다는 것을 어찌하여 믿지 못하는 것이냐는 반문으로 부활의 권능이 의심할 수 없는 진리임을 강력히 주장한다. 바울의 변론을 듣고 있던 베스도는 당혹한 나머지 많은 학문이 바울을 미치게 만들었다고 혀를 찬다. 옆에 있던 아그립바 왕은 자신을 전도하는 것이냐고 비아냥거리면서 로마 황제에게 상소하지 않았다면 석방해도 되는 일이라며 바울에게 구속될 만한 사유가 없음을 넌지시 내비친다.

로마로 압송되다(60~61년경, 행27:1~28:14)

황제에게 상소하겠다는 청원이 받아들여지자 로마로 이송되기 위해 다른 죄수들과 함께 아드라뭇데노 배에 승선한 바울 일행은(바울과 누가와 아리스다고) 루기아 지방의 무라에 도착하여 알렉산드리아 배로 갈아타고 이달리야(이탈리아)를 향해 항진하던 중, 바람이 심하게 불자 항로를 변경하여 라새아에서 가까운 미항에 정박한다. 코앞으로 다가온 겨울철로 인해 항해가 어렵다고 판단한 바울은 미항에서 겨울나는 것이 순리라고 충고했지만 호송 책임자는 이를 거부하며 뵈닉스를 향해 닻을 올리라고 명령한다. 우려했던 대로 태풍을 만나 표류하던 배는 14일 동안의 사투 끝에 멜리데(몰타) 섬에 상륙하게 된다.

섬에서 생활하는 동안 독사에 물렸음에도 피해가 없을뿐더러 병들어 고통받던 섬사람들을 안수기도로 낫게 함으로써, **「뱀을 집어 올리며 무슨 독을 마실지라도 해를 받지 아니하며 병든 사람에게 손을 얹은즉 나으리라(막16:18),」**라는 예수님의 말씀이 바울을 통해 증거되자 주님의 능력을 체험한 섬사람들은 바울을 더욱 환대한다.

석 달이 지나고 봄이 되자 바울 일행은 알렉산드리아 곡물 수송선을 타고 시실리 섬(시칠리아)의 수라구사와 레기온을 거쳐 보디올에 다다른다.

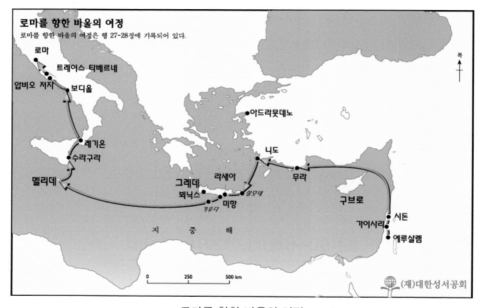

로마를 향한 바울의 여정

연금 생활이 시작되다(61~63년경, 행28:15~31)

미결수 신분으로 로마로 향하는 바울을 격려하기 위해 교우들이 **압비오 광장**[266]과 **트레이스 타베르네**[267]까지 마중 나오자 용기를 얻은 바울은 하나님께 감사의 기도를 드린다. 마침내 로마에 도착하여 가택 연금된 지 사흘 뒤, 유대인 지도자들을 초청하여 로마까지 호송되어 온 경위를 소상히 설명한 바울이 자신의 죄 없음에 대하여 변론하자, 그의 이야기에 귀 기울이던 유대인들은 그가 주장하는 교리에 의문을 제기하는 사람이 적지 않음을 지적하며 그에 대한 바울의 생각을 듣고 싶어 한다.

그 후에도 바울의 사상에 대해 궁금해하는 유대인들이 찾아오자 그는 아침부터 저녁까지 하나님의 나라에 대하여 증언하고 모세의 율법과 선지자의 글을 예로 들면서 예수님 믿을 것을 권유한다.

사람들이 의롭다 함을 얻는 것은 예수 그리스도를 믿었기 때문이지 율법을 지켰기 때문이 아니며 율법 아래에서는 누구나 죄인 될 수밖에 없다는 바울의 신학 논증에 수긍하는 사람들도 많았지만, 의문을 갖는 사람 또한 많다는 것을 알게 된 바울은 자신의 말을 들으면서도 이를 인정하지 않고 돌아가는 사람들에게 선지자 이사야를 통해 성령께서 하신 말씀을 전해주며 이제 복음은 약속의 자손뿐 아니라 이방인에게도 보내졌음을 선포한다.

「**이 백성에게 가서 말하기를 너희가 듣기는 들어도 도무지 깨닫지 못하며 보기는 보아도 도무지 알지 못하는도다 이 백성들의 마음이 우둔하여져서 그 귀로는 둔하게 듣고 그 눈은 감았으니 이는 눈으로 보고 귀로 듣고 마음으로 깨달아 돌아오면 내가 고쳐줄까 함이라 하였으니 그런즉 하나님의 이 구원이 이방인에게로 보내어진 줄 알라 그들은 그것을 들으리라**(행28:26~28).」

---

266 로마에서 약 70km 정도 떨어진 곳에 있는 도시.
267 Three Taverns. 로마에서 약 57km 정도 떨어진 교통의 요지였다. 세 여관이라는 뜻의 고유명사.

2년 동안 셋집에 머물면서 찾아오는 사람들을 영접한 바울은 하나님 나라를 전파하며 예수 그리스도에 관한 모든 것을 담대하고 거침없이 가르친다.

최고의 신학자 바울

바울의 선교 사역에 대하여 성경에 기록된 것은 여기까지지만 가택연금에서 풀려나 일시적으로 자유의 몸이 된 그는 마게도냐를 비롯하여 아시아 지역의 여러 곳에서 선교 활동을 계속하였다고 전해진다.

신약 성경 27권 가운데 13권의 서신서를 기록한 바울은 예수님의 열두 제자에 속하지도 않았으며 육신의 예수님을 **직접 만나 본 적도 없었지만**[268], 이방인들에게 복음을 전파하라는 사명을 받은 후 전도의 대역사를 일으켰기 때문에 성경은 그를 열세 번째 사도로 인정하고 있다. 교회를 박해했다는 이유로 사도라 불릴 자격이 없다고 스스로 고백할 정도로 겸손함을 잃지 않았던 그는 자신의 삶을 하나님께 바쳤다고 말했으며, 이방인을 위한 예수 그리스도의 일꾼으로 하나님 나라의 복음을 담대히 전파했다.

그가 전하고자 했던 메시지는 예수님의 죽음과 부활이었으며 구원은 예수 그리스도의 믿음을 통해 온다는 것이었다. 그는 자신이 죄인 중의 괴수였다는 사실을 고백하며 자신을 구원해주신 주님의 은혜에 감격해 주님을 사모하는 마음으로 복음을 전파했다. 그는 이 과정에서 옥에 갇히고 매도 수없이 맞으며 죽을 고비를 여러 번 넘기는 등 이루 말할 수 없는 고난과 수모와 핍박을 당했지만,

---

268 고린도전서 15장 8절에는 부활하신 예수님께서 맨 나중에 만삭되지 못하여 난 자 같은 내게도 보이셨다고 기록하고 있으나 직접 만난 것은 아닐 것으로 본다.

말씀을 전하는 데는 조금도 주저함이 없었다.

셋째 하늘[269]에 이끌려 낙원을 경험하고 큰 계시를 받았으며(고후12:4), 하나님의 능력으로 많은 기적과 놀라운 일을 해낸 그는 평생 독신으로 지내면서 몸이 병들었을 때도 하나님의 능력은 약한 데에서 온전해진다는 말씀대로 그리스도의 능력이 자신에게 머물러 있게 됨을 크게 기뻐했을 정도로 쉽고 편안한 삶을 거부했다. 순교할 날이 얼마 남지 않았음을 암시하며 주님으로부터 의의 면류관을 받게 될 것을 확신한 바울은 주후 64년 로마에서 일어난 원인 모를 대화재에 그리스도인들이 연루되었다는 누명을 쓰고 다시 체포되어 결국 사형선고를 받게 되었다고 한다.

전도여행이라 불리는 새로운 길을 개척하여 그리스도교 안에서 최고의 신학자이자 위대한 전도자로 평가받고 있으며, 유대교의 법률과 형식주의를 타파하여 그리스도교를 세계 종교로 만든 1등 공신 바울은 주후 66년경 네로 황제(재위 기간: A.D. 54 ~ A.D. 68)의 명에 따라 참수형을 당함으로써 죽음도 그리스도를 향한 그의 사랑을 갈라놓지 못했음을 보여주었다.

「전제와 같이 내가 벌써 부어지고 나의 떠날 시각이 가까웠도다 나는 선한 싸움을 싸우고 나의 달려갈 길을 마치고 믿음을 지켰으니 이제 후로는 나를 위하여 의의 면류관이 예비되었으므로 주 곧 의로우신 재판장이 그날에 내게 주실 것이며 내게만 아니라 주의 나타나심을 사모하는 모든 자에게도니라(딤후4:6~8).」

자신이 전하는 복음은 사람에게서 받은 것이 아니요 배운 것도 아니며 오직 예수 그리스도의 계시로 받은 진리임을 피력하면서(갈1:11, 12) 그리스도의 이름을 부르지 않는 곳에서 복음을 전하고 하나님을 기쁘게 하는 것이 자신이 추구해야 할 최고의 가치로써 예수 그리스도를 아는 지식이 가장 고귀한 것으로 믿

---

269 하나님의 처소인 가장 높은 하늘.

었던 바울로 인하여 이제 복음은 유대와 사마리아를 넘어 땅끝까지 가게 된 것이다.

예수님만 죽으면 모든 것이 끝날 것만 같았던 그리스도교는 바울과 같은 믿음의 선진들의 숭고한 피 흘림으로 세계 복음화라는 깃발 아래 미지의 세상을 향진하기 위해 힘찬 고동을 울리고 있었던 것이다.

그리스도인에 대한 권면

오직 너희는 그리스도의 복음에

합당하게 생활하라(빌1:27)

바울 서신		
로마서	빌립보서	디모데후서
고린도전서	골로새서	디도서
고린도후서	데살로니가전서	빌레몬서
갈라디아서	데살로니가후서	
에베소서	디모데전서	

공동 서신		
히브리서	베드로전·후서	유다서
야고보서	요한1·2·3서	요한계시록

로마서

믿음으로 의롭다 함을 받았으니(1~7장) ✏️

　로마에 살고 있던 디아스포라 유대인들 사이에서 그리스도인 공동체가 만들어지자 신령한 은사를 통해 신앙의 열매를 맺어주기 위해 로마 방문 계획을 세웠던 바울은 성도들을 격려하기 위해 편지를 쓴다. 바울은 복음을 위해 특별히 선택된 그리스도의 종이라고 자신을 소개하면서 각자의 행실에 따라 보응하는 분이 하나님이시니 선과 불의의 대가는 영생과 심판이라고 경고한다. 사도는 또 율법은 성령 안에서 여전히 유효하지만 율법을 통해서는 구원받을 수 없음을 강조하면서 율법은 우리가 죄인임을 깨닫게 할 뿐 의롭다 함을 얻지 못하므로 그 아래에서는 누구나 죄인 될 수밖에 없음을 설파한다.

　사람들을 율법 아래에서 해방시키고 은혜 가운데 있게 함으로써 구원은 오직 그리스도를 믿는 믿음을 통해 온다는 것을 증거하기 위해 예수님이 이 땅에 오셔서 십자가에서 죽을 수밖에 없었던 이유를 설명한 바울은 우리들이 그리스도의 피를 통해 의롭다 함을 받았으므로 그리스도 예수 안에 있는 영생이 하나님의 선물임을 밝힌다.

그리스도는 율법의 마침(8~16장) ✏️

육신의 생각은 사망이요 영의 생각은 생명과 평강임을 제시하면서 하나님의 영으로 인도받아야 하나님의 자녀라고 말할 수 있듯이 그리스도의 영이 함께 하는 사람이라야 진정한 그리스도인이라고 강조한 바울은, 예수님을 구주로 영접하고 하나님께서 그를 죽은 자 가운데서 살리신 것을 진실되게 믿는다면 구원에 이를 수 있음을 선포하면서, 우리들의 몸을 하나님이 기뻐하시는 거룩한 산 제물로 바칠 것을 권면한다.

「그러므로 형제들아 내가 하나님의 모든 자비하심으로 너희를 권하노니 너희 몸을 하나님이 기뻐하시는 거룩한 산 제물로 드리라 이는 너희가 드릴 영적 예배니라(롬12:1).」

하나님께서 우리에게 주신 은사대로 봉사하며 살 것을 권유한 바울은 신앙생활에서 반드시 지켜야 할 생활규범을 다시 한번 상기시키면서 네 이웃을 너 자신같이 사랑하라는 말씀 안에 모든 계명이 다 들어있으므로 사랑이 바로 율법의 완성임을 선언한다.

「사랑은 이웃에게 악을 행하지 아니하나니 그러므로 사랑은 율법의 완성이니라(롬13:10).」

그 당시 땅끝으로 알고 있었던 서바나(스페인)까지 선교 계획을 세우고 있었던 바울은 마게도냐와 아가야 성도들이 준비한 구제 헌금을 예루살렘 교회에 전달한 후 로마를 방문할 뜻을 내비치며, 이방인을 위한 그리스도 예수의 일꾼이 된 자신이 복음 전하는 직무를 성실히 수행할 수 있도록 중보기도를 부탁한다.

복음이 바로 믿는 자들을 구원에 이르게 하는 하나님의 능력임을 밝히며(롬1:16) 예수님을 믿으면 누구나 구원받을 수 있다는 것을 설파함으로써 그리스도교가 전하고자 하는 메시지를 가장 논리적으로 요약했다고 평가받는 로마서는 존 칼빈이 주장했던 **구원예정론**의 성경적 근거가 되기도 하였다.

믿음을 갖는 마음도 중요하지만 그 믿음을 입으로 시인해야 구원에 이를 수 있다는 것과 육체의 할례가 아니라 마음의 할례가 중요함을 강조하는 바울의 편지는 겐그레아 교회의 여 집사였던 뵈뵈를 통해 전달된 것으로 3차 전도여행 중이었던 주후 55~56년경 바울이 고린도에서 석 달 동안 머물 때 작성된 것으로 보인다.

☑ 구원 예정론

예정론의 창시자로 알려진 존 칼빈(John Calvin, 1509~1564)은 프랑스 파리에서 태어나 스위스 제네바에서 활동했던 종교개혁가로서 현 장로교 교리의 근간이 되는 『기독교 강요』라는 일종의 교리서를 저술하였다. 로마서를 중심으로 설명된 그의 예정론은 인간 개개인의 구원은 인간의 행위나 노력으로 이루어지는 것이 아니고 하나님의 의지에 따라 구원받을 자(選擇)와 저주받을 자(遺棄)가 태어날 때부터 정해진다는 논리로, 선택된 사람들은 언젠가는 예수님을 영접하여 구원받게 될 것이며 버림받은 사람들 역시 그 어떤 인간적 행위나 노력과 관계없이 버림을 당하게 된다는 것이다. 즉, 내가 하나님을 믿는다 하더라도 이미 유기된 사람은 결국 멸망하게 되어있고 내가 믿지 않으려고 발버둥 친다 하더라도 이미 선택된 사람은 하나님을 믿게 되고 결국 구원받게 되어있다는 것이다.

이러한 주장을 펼치는 칼빈은 개신교 최고의 신학자 중 한 사람으로 평가받고 있음은 틀림없는 사실이나, 인간의 행위가 구원과는 상관없으니 아무렇게나 행동해도 된다는 극단적인 주장까지 생겨나는 등 사람들의 생각을 위험에 빠뜨릴 수 있는 교리를 주장함으로써 이를 부정적인 시각으로 보는 신학자들 또한 존재한다는 사실이다.

하나님의 높은 도덕적 기준을 충족시킬 수 있는 사람은 있을 수 없으므로 구원은 하나님의 선택과 결정으로 되는 것만큼은 이론의 여지가 없을 것이다. 그러나 선택받을 자와 멸망받을 자가 날 때부터 정해져 있다고 한다면, 예수님의 십자가 대속은 아무 의미가 없는 것이 될 것이며, 우리가 전하는 복음이나 전도의 사역 또한 무색해질 것이므로 그리스도인들의 신앙생활이 일대 혼란에 빠져들 수 있기 때문이라는 것이다.

예정론에 관해서는 학자들마다의 견해에 따라 논쟁이 있을 수 있겠으나, 구원은 하나님의 절대주권에 속한 영역이니만큼 우리가 관여할 바도 아니고 알 수도 없는 일이겠지만, 아무튼 어떤 이론이 되었든 간에 우리는 하나님께서 많은 사람들을 택하시어 한 사람도 잃어버리지 않고 모두 구원에 이르게 하시길 진정으로 바랄 뿐이다.

「하나님은 모든 사람이 구원을 받으며 진리를 아는 데에 이르기를 원하시느니라(딤전2:4)」

고린도전서

그리스도인은 하나님의 거룩한 성전(1~6장) ✏️

2차 전도여행 중 바울에 의해 세워졌던 고린도 교회는 영적 은사를 사모하는 생동감 있는 교회였다고 한다. 그랬던 교회가 파벌 싸움에 휘말리는 등 갈등으로 혼란을 겪고 있다는 소식이 들려오자 바울은 그리스도를 믿는 사람들이 어떻게 편을 가를 수 있느냐고 책망하면서 당파 짓는 교인들에게 그리스도 안에서 온전히 하나 되어야 한다고 충고한다.

성령님이 내주하는 그리스도인 개개인이 바로 하나님의 성전임을 상기시키며 성도들 간의 알력 다툼도 문제지만 그것이 공동체 내에서 해결되지 못하고 세상 법정의 판단에 맡겨지는 어리석음을 한탄한 사도는 교회 안에서 부도덕한 일을 자행하는 사람들과는 어울리지 말 것을 권면하면서 하나님께 영광 돌리는 삶을 사는 것이 그리스도인의 본분임을 강조한다.

더욱 큰 은사 받기를 사모하라(7~16장) ✏️

성적 가치관에 혼란을 겪고 있는 성도들에게 결혼과 이혼의 문제점을 지적한 바울은 하나님일에 열성을 내기 위해서는 혼인하지 않는 것이 바람직한 일이라는 언급으로 자신의 결혼관을 피력하면서도 하나님께 부르심 받은 그대로 따를 것을 권면한다.

우상에 바쳐진 제물의 수용문제가 논란거리로 불거지자 그것이 신앙적으로 문제 될 것이 없다 하더라도 믿음 약한 성도들의 마음이 흔들리지 않도록 지혜로운 해결책을 주문한 바울은 사람들을 그리스도 앞으로 인도하기 위해 행할 수밖에 없었던 사도로서의 의무와 권리를 강조함으로써 자신의 전도방식을 탐탁지 않게 여기던 성도들을 설득한다.

우상을 섬겼거나, 주를 시험했거나, 원망했던 일, 즉 하나님께서 원하지 않았던 일을 자행함으로써 정죄 받았던 옛사람들의 교훈을 상기시키며 이를 가슴속에 담아둘 것을 주문한 사도는 교회의 관례와 성만찬에 임하는 성도들의 태도를 지적하고 교회를 위해 큰 쓰임새 받기를 사모할 것을 권면하면서 **아홉 가지 은사**[270]를 제시한다.

---

270 ① 지혜의 말씀 ② 지식의 말씀 ③ 믿음 ④ 치유 ⑤ 능력 행함 ⑥ 예언 ⑦ 영들 분별함 ⑧ 방언 말함 ⑨ 방언 통역(고전12:8~10).

그 중의 제일은 사랑이라 ✏

　아담의 죄로 모든 사람이 죽은 것 같이 그리스도 안에서 모든 사람이 생명을 얻게 될 것이라는 구원론으로 부활을 의심하는 성도들을 책망하며, 주의 일에 정진할 것을 역설한 바울은 헌금은 미리 준비할 것을 권유하는 등 그리스도인들이 실생활에서 제기되어 왔던 많은 의문점에 대하여 바른길을 제시한다.

　바울은 또 참된 사랑이 무엇인지를 말해주는 유명한 성경 구절, 고린도 전서 13장 사랑의 장을 통해 믿음, 소망, 사랑은 항상 존재하지만 자신의 유익을 구하지 않는 사랑이야말로 그리스도인이 갖추어야 할 최고의 덕목이요, 은사임을 강조하면서 사랑이 담겨 있지 않은 행동은 모두 헛된 것임을 밝힌다.

　「그런즉 믿음, 소망, 사랑 이 세 가지는 항상 있을 것인데 그 중에 제일은 사랑이라(고전13:13).」

　그리스도인이라면 누구나 가질 수 있는 궁금증을 다룬 실용적 서신으로 평가받는 본서는 우상숭배와 매춘이 성행하여 도덕적 종교적으로 타락했던 도시, 고린도의 성도들을 위해 3차 전도여행 중이었던 주후 55년경 에베소에서 작성된 것으로 믿음의 아들인 디모데 편으로 전달된 것으로 보인다.

고린도
후서

주를 기쁘시게 하는 자가 되라(1~7장)

첫 번째 편지(고린도 전서)가 교인들 사이에서 논란거리가 되고 일부 성직자들이 바울의 사도적 권위에 도전하며 가르침을 왜곡하는 것도 모자라 이간질까지 하자, 바울은 고린도를 방문하려던 당초 계획을 취소하고 고린도 교회와 주변 지역의 성도들에게 서신을 보내 믿음 생활을 격려하는 한편 거짓 사도들의 위선을 경고한다.

육신의 몸으로 세상에 오신 그리스도께서 십자가에서 죽을 수밖에 없었던 이유를 이해시키면서 그리스도를 통해 세상과 화해하려는 하나님의 뜻을 헛되이 받아들이지 말 것을 충고한 바울은 하나님을 섬기며 거룩한 삶을 살아야 하는 그리스도인이 바로 살아계신 하나님의 성전임을 밝힌다.

마게도냐에서 전도사역으로 환난을 겪고 있을 무렵, 동역자인 디도를 통하여 고린도 교회의 성도들이 참된 변화를 통해 회개하고 있다는 소식을 듣게 되자, 바울은 첫 번째 편지가 성도들의 마음을 불편하게 했을지라도 하나님의 뜻대로 하는 근심은 회개로 연결되어 구원에 이르게 하지만 세상의 근심은 사망에 이르게 된다는 말로 그들을 위로하며 성도들을 신뢰하게 되었음을 기뻐한다.

너 자신을 시험하라 (8~13장) ✏

    마게도냐 교인들이 어려움 속에서도 구제 사역에 동참할 수 있었던 것은 믿음이 있었기 때문에 가능할 수 있었음을 설파한 바울은 적게 심는 자 적게 거두고 많이 심는 자 많이 거둔다는 진리의 말씀과 같이 기쁜 마음으로 헌금하는 사람들을 하나님은 사랑하신다는 말씀을 전하면서 인색함 없이 우러나는 대로 도와준다면 은혜받은 성도들이 하나님께 영광 돌리게 됨으로써 결국 자비를 베푼 성도들에게도 부족한 것이 채워지는 선순환의 결과로 이어지게 될 것이라고 첨언한다.

    자신이 행하는 전도사역에 대해 오해하고 있는 일부 성도들에게 양해를 구한 바울은 거짓 성직자들과 그리스도의 참 일꾼인 자신을 비교하지 말 것을 당부하며 의의 일꾼으로 가장한 그들의 마지막은 심판이라고 경고한다. 바울은 또 생사를 넘나드는 엄청난 핍박 앞에서도 사도로서의 역할을 온전하게 감당했음을 토로하면서 병든 몸으로 어려움에 처할 때도 하나님의 능력은 약한 데에서 온전해진다는 말씀처럼 그리스도의 능력이 자신에게 머물게 됨을 기뻐했다고 간증한다.

    기사와 표적을 행함으로써 사도의 표가 되었음에도 불구하고 그리스도께서 당신을 통해 말씀하신다는 증거를 요구하는 거짓 성직자들과 회개하지 않는 범죄자들은 엄한 징계를 피하지 못할 것을 경고한 사도는 고린도 교회를 세 번째 방문할 뜻을 내비치며 삼위일체 하나님이신 성부, 성자, 성령이 언급되는 기도로 고린도 교인들에 대한 변함없는 애정을 표시한다.

    「주 예수 그리스도의 은혜와 하나님의 사랑과 성령의 교통하심이 너희 무리와 함께 있을지어다(고후13:13).」

    14년 전, 셋째 하늘로(하나님의 처소인 가장 높은 하늘) 이끌려 천국을 체험하며 큰 계시를 받았다는 것이 자만이 되지 않도록 하나님께서 자신에게 **육체의 가시**

[271]를 주셨다는 간증이 포함된 바울의 편지는 3차 전도여행 중이던 주후 55년경 마게도냐에서 작성된 것으로 알려져 있다.

☑ **온전한 예물로 받을 수 있는 축복**

- 우리들이 필요로 하는 것을 풍족하게 채워주신다(빌4:19).
- 우리의 창고가 가득 차게 될 것이다(잠3:10).
- 심은 대로 거두게 될 것이다(고후9:6).
- 헛되게 나가는 것이 없도록 우리들의 재산을 지켜주신다(말3:11).
- 하늘 문을 열고 많은 복을 내려주실 것이다(말3:10).
- 흔들어 넘치도록 우리에게 되돌려 주실 것이다(눅6:30).

☑ **성령 하나님**

성령 하나님이란 창조주이신 성부(聖父) 하나님과 십자가의 보혈로 우리를 구원해주신 성자(聖子) 하나님 그리고 하나님과 사람 사이를 중재하시며 우리를 깨닫게 하시는 성령(聖靈)이라 부르는 하나님 중 세 번째 분으로 보혜사(保惠師) 성령, 주 여호와의 영, 그리스도의 영이라 불리는 하나님으로서 영원 전부터 계셨고 천지창조 때에도 활동하셨으며 필요에 따라 강림하셔서 성도들의 삶에 관여하시는 분을 말한다.

그러므로 **삼위일체**[272] 하나님이신 성부와 성자와 성령은 상호 관계성을 유지하

---

271 이것을 떠나가게 해달라고 세 번이나 간구했다는 내용으로 볼 때(고전12:8) 고질적인 지병이 있지 않았나 싶다.

272 성경 어디에도 삼위일체(三位一體)라는 용어는 나오지 않지만, 그리스도교 신앙의 주축을 이루는 말로, 신의 모습에는 세 가지 위격(位格)이 있다는 그리스도교의 교리를 말하며 역사적으로는 니케아 종교 회의(325년)에서 공인되었다. 즉 성부, 성자, 성령을 말하는 이 세 가지 위격은 단지 하나의 신을 의미할 뿐이며, 그 본성은 분리되거나 떨어질 수 없다는 것이다. 세 분을 언급한 성구들은 수없이 많지만 예수님께서 제자들에게 당부하신 말씀과 고린도 후서 말씀에 잘 나타나 있다.「모든 민족을 제자로 삼아 아버지와 아들과 성령의 이름으로 세례를 베풀고(마28:19).」「주 예수 그리스도의 은혜와 하나님의 사랑과 성령의 교통하심이 너희 무리와 함께 있을지어다(고후13:13).」

는 신성으로서 형태만 다를 뿐 본질적으로 동일하기 때문에 성령 하나님이 바로 유일하신 하나님 자신을 가리키는 것으로 볼 수 있다.

하나님께서 계획하신 일들을 사람들이 알지 못하나 하나님의 깊은 것까지 속속들이 살피시는 성령께서 이런 비밀들을 깨달을 수 있도록 우리에게 지혜를 주신다고(고전2:9, 10) 증언한 사도 바울은 그리스도 안에 거하려면 우리 몸이 성령으로 충만 되어야만 가능하다고 역설함으로써 성령님이 우리 몸에 내주하기를 구하는 것이 그리스도인이 추구해야 할 최고의 가치임을 보여주었다.

그래야만 하나님께서 추구하시는 모든 일이 우리 안에서 이루어질 수 있기 때문이다.

갈라디아서

믿음으로 살리라(1~3장)

교회를 박해하던 자신이 주님을 영접하게 된 후 이방인을 위한 사도가 된 내력을 간증한 바울은 할례를 받아야 구원받을 수 있다는 율법주의자들의 잘못된 가르침이 갈라디아 교인들을 혼란스럽게 만들고 있다는 소식이 들려오자, 구원은 율법의 행위로 되는 것이 아니라 우리 죄를 위해 십자가에 못 박히신 예수 그리스도를 믿는 믿음으로부터 오는 것이라고 반박한다. 그러면서 율법을 주신 것은 약속된 메시아가 오실 때까지 죄가 무엇인지 드러내기 위한 방편이며, 모든 사람들을 그리스도 앞으로 인도하는 데 목적이 있다고 선언한다.

율법을 따르지 않는 자는 저주받게 될 것이라는 신명기 말씀을(신27:26) 예로 들면서 율법을 아무리 잘 지킨다고 하더라도 그것을 다 이행할 수는 없는 노릇이므로 율법 아래에서는 누구나 죄인일 수밖에 없다는 것을 강조한 바울은 그리스도께서 우리를 위해 속죄 제물이 됨으로써 율법의 저주에서 속량하셨으니 사람이 의롭게 되는 것은 그리스도를 믿는 믿음으로부터 오는 것이라고 거듭 설파한다.

성령을 따라 행하라(4~6장) ✎

바울은 또 **육체의 열다섯 가지 욕망**[273]과 **성령의 아홉 가지 열매**[274]라는 상반된 행위를 구체적으로 열거하며 육신의 욕망에서 벗어나려면 성령의 인도를 받아야만 가능하다는 것을 상기시키고 구원을 얻기 위해서는 할례를 받느냐 받지 않느냐의 문제가 아니라 사랑으로 역사하시는 그리스도 예수의 믿음 안에서 하나님의 백성으로 거듭나는 것이 중요하다고 역설한다.

전승적 교리만을 주장하여 성도들에게 혼란만 가중시키는 거짓 교사들의 잘못된 가르침에 경종을 울려주기 위해 자신이 전하는 복음은 오직 예수 그리스도의 계시에 따른 것임을 밝혔던(갈1:12) 사도가 갈라디아 교인들을 통해 전하고자

---

273 음행, 더러운 것, 호색, 우상숭배, 주술, 원수 맺는 것, 분쟁, 시기, 분냄, 당 짓는 것, 분열함, 이단, 투기, 술 취함, 방탕함(갈5:19~21).

274 사랑, 희락, 화평, 오래 참음, 자비, 양선, 충성, 온유, 절제(갈5:22~23).

했던 메시지는 오직 하나였다. 그것은 율법은 저주를 가져올 뿐 누구도 의롭게 만들지 못한다는 것이며 죄를 용서받기 위해서는 십자가에 못 박힘으로써 율법의 저주에서 우리를 속량하신 그리스도를 믿어야 한다는 것이었다.

율법과 복음의 관계를 정의하고 그리스도인들을 경직된 율법의 사슬에서 해방시킴에 따라, 그리스도교 자유의 대헌장이라 일컬어지는 갈라디아서는 마르틴 루터(1483~1546년)가 주도한 종교개혁의 밑거름이 될 정도로 그리스도인의 신앙 자세에 큰 영향을 미치기도 하였다.

내 몸에 예수의 흔적을 지니고 있다는(갈6:17) 고백으로 자신의 몸에 영광스런 증거가 있음을 암시하는 본서의 저작연대는 대체로 두 가지 견해가 있다고 한다. 첫 번째는 2차 전도여행 중이었던 주후 52년경 작성되었다는 설과 두 번째는 1차 전도여행을 끝마쳤을 무렵인 주후 48년 작성되었을 것이라는 설이다.

하지만 이 편지는 유대인들의 전유물로만 여겨졌던 구원의 문제가 예수님을 믿는 모든 사람들에게 적용된다는 예루살렘 총회와 연관 있는 내용으로서 후자인 주후 48년, 예루살렘 총회에 즈음하여 작성되었을 것이라는 주장이 더 설득력이 있어 보인다. 만약 그것이 맞다면 바울의 서신서 중 가장 먼저 기록된 편지로 평가받을 수 있을 것이다.

에베소서

이 편지는 2차 선교 여행 중에 세워진 에베소 교회의 성도들에게 보내는 옥중 서신으로 그리스도의 몸인 교회라는 핵심 주제가 전체에 흐르고 있다.

허물과 죄로 인해 죽었던 우리를 살리시고 유대인과 이방인을 하나님 안에서 하나 될 수 있도록 예수님께서 십자가에 못 박힐 수밖에 없었던 이유가 바로 창세로부터 예정되었던 하나님의 계획 가운데 하나였음을 밝힌 바울은 구원은 그리스도를 믿는 믿음 가운데 얻을 수 있는 하나님의 선물임을 밝힌다. 즉, 구원은 우리의 노력이나 행위로 얻어지는 것이 아니기 때문에 자랑해서는 안 된다는 것이다.

이방인들에게 복음 전하라는 사명을 주님으로부터 직접 받았음을 간증한 바울은 하나님을 알지 못했던 이방인들이 하나님과 화해하게 된 것은 십자가 보혈의 은혜임을 상기시키며, 하나님을 기쁘게 하는 것은 무엇인지 지혜롭게 생각하라고 권면하면서 범사에 예수 그리스도의 이름으로 하나님께 감사할 것을 당부한다.

하나님의 사랑을 받는 그리스도인답게 서로 사랑으로 감싸줄 것과 주님의 뜻에 합당한 신앙생활을 영위할 것을 권유한 사도는, 우리가 싸워야 할 대상은 이 땅의 통치자들과 권세들과 어둠의 세상 주관자들과 하늘에 있는 악한 영임을 상기시키면서 그들과의 영적 전쟁에서 승리하는 방법을 제시한다.

즉, **하나님의 전신 갑주**[275]로 무장하고 성령 안에서 기도하고 깨어있기를 힘쓰며 성도들을 위해서도 간구하라는 것이다. 당신이 비록 갇힌 몸이지만 복음의 비밀을 담대히 전파할 수 있도록 중보기도를 요청하는 바울의 편지는 로마에서 연금상태에 있을 때인 주후 62년경 작성되었으며 두기고를 통해 전달되었을 것으로 보인다.

빌립보서

빌립보는 마게도냐 지방에서 제일 가는 도시로, 2차 전도여행 중에 루디아라고 하는 여성 사업가의 도움으로 세워진 교회가 바로 빌립보 교회였다.

이상한 유대 풍습을 퍼뜨린다는 모함과 예수님을 전파한다는 이유로 고발당하고 폭행당하는 등 바울이 고난 가운데 있으면서도 복음을 전해준 것에 감사하고 있었던 빌립보 교인들은 바울이 로마에서 연금상태에 있다는 소식을 듣게 되자 헌금을 모아 에바브로디도 편으로 전달한다. 성도들의 애정 어린 관심으로 물질적인 도움을 받게 된 것에 감격한 바울은 자신이 비록 연금상태에 있지만 그것

---

275 「그런즉 서서 진리로 너희 허리띠를 띠고 의의 호심경을 붙이고 평안의 복음이 준비한 것으로 신을 신고 모든 것 위에 믿음의 방패를 가지고 이로써 능히 악한 자의 모든 불화살을 소멸하고 구원의 투구와 성령의 검 곧 하나님의 말씀을 가지라(엡6:14~17).」

이 오히려 복음을 전하는 데 큰 도움으로 작용하고 있다는 사실에 기뻐하며 감사의 마음을 전한다.

하나님을 위해서라면 무슨 일이든 할 수 있음을 고백한 바울은 성도들에게 그리스도의 복음에 합당한 생활을 주문하면서, 가장 낮은 모습인 종의 형체로 이 땅에 오시고 하나님 아버지께 영광 돌리기 위해 죽기까지 복종한 그리스도의 겸손을 본받아 하나님의 흠 없는 자녀로 거듭날 것을 권면한다.

바울은 또 유대교적 율법주의자로 교회를 핍박했던 자신이 의롭다 함을 받은 것은 율법을 지켰기 때문이 아니라 오직 그리스도를 믿는 믿음에서 온 것임을 간증하며, 자신이 원하는 것은 그리스도를 알고 부활의 권능을 체험하며 고난에 참여하고자 함이라고 증언하면서, 그 이유는 그리스도 예수를 아는 지식이 가장 고귀하기 때문이라고 설파한다.

십자가에 대적하는 행동으로 많은 사람들이 멸망의 길로 들어서게 되는 것을 한탄하며, 자신을 본받아 듣고 배운 것을 행동으로 옮긴다면 평강의 하나님께서 반드시 지켜주신다는 것을 강조한 바울은 아무것도 염려하지 말고 주 안에서 항상 기뻐하라고 권면한다.

어떤 방법이 되었든 복음 전하는 것은 곧 그리스도가 전파되는 것이니 나는 기뻐하고 또 기뻐한다는 고백으로, 바울의 실용적이고 현실성 있는 전도 방법을 엿볼 수 있는 이 편지는 로마에서 연금 상태에 있을 때인 주후 60~62년경 작성된 것으로 보이며, 교인을 대표하여 바울을 도우러 왔던 신실한 믿음의 소유자 에바브로디도 편에 전달되었을 것이다.

에바브라가 목회 중인 골로새 교회에 율법주의가 만연하고 천사를 숭배하는 등 그리스도의 신성을 무시하는 이단 사상이 침투했다는 소식을 들은 바울은 성도들을 설득하기 위해 편지를 쓴다.

우리를 위해 십자가에서 돌아가신 예수님이 모든 피조물보다 먼저 나신 분으로 아무도 보지 못한 하나님의 형상이며 만물이 그에 의해 창조되었고 또 그를 위해 창조되었다고 소개한 바울은 당신이 속죄 제물이 됨으로써 하나님과 우리 사이를 화목하게 하신 그리스도의 복음을 믿고 그 믿음 안에서 흔들리지 말 것을 당부한다.

자신이 바로 하나님의 말씀을 전하기 위해 특별히 선택된 교회의 일꾼임을 증언한 사도는 그리스도를 전파하는 것은 각 사람을 그리스도 안에서 온전한 자로 세우려는 목적임을 밝힌다. 사도는 또 신앙의 기반을 약화시키는 그릇된 철학과 헛된 속임수에 현혹되지 말 것을 당부하면서 그리스도의 은혜 가운데 새로운 삶을 얻었음에도 세상으로부터 오는 잘못된 규례와 사람의 가르침에서 벗어나지 못하는 것에 경종을 울린다.

육신으로부터 오는 악한 생각 등 과거의 잘못된 행동에서 벗어날 것을 주문한 사도는 새로운 삶을 통하여 무엇을 하든지 주 예수님의 이름으로 하고 그를 힘입어 하나님께 감사하는 마음을 잊지 말라고 충고한다.

주님께 하듯 모든 일에 정성을 다하라는 말로 골로새 교인들을 격려하며 자신이 비록 갇혀있는 몸이지만 하나님 말씀을 온전히 전할 수 있도록 성원해 줄 것을 당부하는 편지는 바울이 로마에서 연금상태에 있을 때인 주후 60~62년경 작성된 것으로 신실한 일꾼 두기고를 통해 전달되었을 것이다.

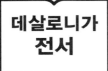

데살로니가 교인들의 믿음(1~3장)

여러 가지 난제에도 불구하고 데살로니가 교인들이 신앙심을 굳건히 지키고 있다는 것과 그 확신이 주변 지역 성도들에게 믿음의 본으로 작용하고 있다는 기쁜 소식을 듣게 되자, 바울은 빌립보에서 겪었던 수난이 데살로니가 교인들의 믿음으로 위로받았음에 감사함을 전하면서 복음을 전하는 일은 사람을 기쁘게 하는 것이 아니라 하나님을 기쁘게 하는 것임을 강조한다. 성도들을 격려하고 신앙심을 고취하기 위해 데살로니가 방문을 원했던 바울은 주님께서 다시 오실 때 하나님 앞에서 거룩하고 흠 없는 자녀로 축복받기 위해서는 육신의 일을 멀리하고 하나님께서 기뻐하시는 삶을 살아야 한다고 충고한다.

깨어 구하라(4~5장) ✏

주님께서 강림하실 때에 하나님의 나팔 소리를 신호로 죽은 자들이 부활하여 그때까지 살아있던 사람들과 함께 하늘에서 주님을 영접하게 될 것이라는 휴거론으로(공중 들림) 데살로니가 교인들이 잘못 알고 있는 종말에 대한 오해를 풀어준 바울은, 심판의 날은 갑자기 찾아온다는 사실을 명심하고 구원에 대한 소망으로 주님의 재림에 대비할 것을 권면한다.

교회 지도자들을 사랑으로 섬기고 성도들과 화목하게 지내며 선을 베풀 것을 강조한 사도는 항상 기뻐하라, 쉬지 말고 기도하라, 범사에 감사하라는 말씀이 그리스도 예수 안에서 성도들을 향한 하나님의 뜻임을 밝히면서 예수님께서 재림하실 그 날까지 영과 혼과 몸이 흠 없이 보전될 수 있기를 소망한다.

종말이라는 엄숙한 주제와 그리스도인이 삶 속에서 지켜야 할 지침을 제시한 이 서신은 2차 전도여행 중이던 주후 50~51년경 복음 전파를 방해하던 데살로니가 유대인들을 피해 고린도에 머물 때 작성된 것으로 믿음의 아들 디모데 편으로 전달되었을 것으로 보인다.

구원에 대한 소망으로 주님의 재림에 대비하라는 애정 어린 충고를 받고서도 그 내용을 왜곡하며 여전히 잘못된 종말론을 유포함으로써 교회를 혼란스럽게 만드는 사람들이 늘어나자 이를 경고하기 위해 바울은 두 번째 편지를 쓴다.

환란 중에도 믿음을 굳건히 지키고 있는 교인들을 찬양한 사도는 거짓 예언자들이 나타나 심판의 날이 가까이 왔다는 말로 세상을 미혹한다 하더라도 마음이 흔들리거나 두려워하지 말 것을 당부한다.

구원에 대한 올바른 지식이 있어야 이단의 유혹을 물리칠 수 있다는 것이다. 바울은 또 하나님께서 악의 무리를 세상에 보내 거짓을 믿게 함은 진리를 믿지 않고 불의를 따르는 자들을 심판하기 위함이라고 그 이유를 설명하면서, 믿음 위에서 복음의 가르침을 굳건하게 지킨다면 우리를 사랑하시는 주님께서 악한 자들로부터 지켜주실 것이라는 희망의 메시지로 성도들에게 용기를 북돋워 준다.

선한 일을 베푸는 과정에서 마음 상하는 일이 있더라도 낙심하지 말 것과 성도들을 사랑으로 대해 줄 것을 권면한 사도는 그릇된 종말론에 편승한 나머지 일상에 충실하지 않고 나태한 생활을 하는 성도들을 향해 누구든지 일하기 싫거든 먹지도 말라고 일갈한다.

하나님을 알려고도 하지 않고 그리스도의 복음 또한 거부하는 자들이 심판의 대상임을 밝힘으로써 구원받지 못하는 자의 정의를 명쾌하게 내린 이 편지는 2차 전도여행 중이던 주후 50~51년경 고린도에서 작성되었을 것으로 추정된다.

「하나님을 모르는 자들과 우리 주 예수의 복음에 복종하지 않은 자들에게 형벌을 내리시리니 이런 자들은 주의 얼굴과 그의 힘의 영광을 떠나 영원한 멸망의 형벌을 받으리로다(살후1:8, 9).」

디모데
전서

거짓 가르침에 대한 경고(딤전1~2)

헬라인 아버지와 유대인 어머니 사이에서 태어난 디모데는 믿음 가운데 성장한 사람이었다. 이방인이 할례받는 것에 대해 탐탁지 않게 생각하던 바울이지만 디모데만큼은 유대인들의 시비에서 자유롭게 하려는 목적에서 그에게 할례를 베푼다. 그런 다음 전도여행에 동참시킬 정도로 동역자요 조력자로서 바울이 가장 신뢰했던 믿음의 아들이었다고 한다.

에베소 교회에서 목자로 사역하고 있던 디모데에게 편지를 쓴 바울은 율법은 하나님 백성으로서 당연히 지켜야 하는 것이지만, 그것은 범법하는 자들을 위해 만들어진 것임을 상기시키고 율법주의자들이 내세우는 헛된 금욕주의를 경고하면서 그들을 믿음 안에서 바로잡아 줄 것을 권면한다.

그리스도를 비방한 자요 폭행자로서 죄인 중의 괴수였던 자신을 구원해주시고 직분까지 맡겨주신 하나님의 은혜에 감사함을 표시한 바울은 양심을 가진 목자로서 사람들을 위해 간구와 **도고**[276]와 감사함으로 기도할 것을 주문하며 그리스도인이 지켜야 할 행동강령을 제시한다.

바울은 또 태초에 아담이 하와보다 먼저 창조되었으나 하와가 아담보다 먼저 죄를 지었기 때문에 여자에게는 가르치는 것과 남자를 다스리는 일이 허락되지 않았음을 밝히면서, 근신할 것을 주문하는 말로(딤전2:11~14, 고전14:34) 자신의 여성관을 피력한다. 아울러 하나님께 나아갈 수 있는 길은 우리 죄를 위해 당신을 대속물로 주신 예수 그리스도를 통해야만 가능하다는 것을 거듭 강조한다.

믿음의 선한 싸움(딤전3~6) ✏️

감독이나 집사 등 직분자의 자격요건과 그들이 지켜야 할 행동 규범을 언급하며 그리스도의 일꾼으로서 갖추어야 할 덕목에 대하여 가르침을 준 바울은 목회 사역에 대한 교훈과 방향 그리고 성도를 대하는 태도를 설명하며 그 과정에서 발생할 교회 내부의 문제를 해결하는 방안을 제시한다.

하나님 섬기는 일을 이익의 방도로 생각하며 자신이 처한 환경에 만족할 줄 모르고 탐욕을 부린다면 멸망의 길로 빠지게 됨을 경고한 바울은 하나님의 사람답게 사랑과 인내와 온유함으로 무장하여 그리스도께서 다시 오시는 그 날까지 믿는 자의 모범이 될 것을 당부한다.

---

276 남을 위해 드리는 기도, 즉 중보기도를 말한다.

바울은 또 모든 악은 돈으로부터 기인한다는 교훈으로 세상 재물에 의지하지 말 것을 당부하면서 모든 것을 풍성하게 하시는 하나님께 소망 둘 것을 가르치라고 권면한다.

건강을 위해 약간의 포도주 마시기를 권유하는 등 아버지가 아들을 걱정하며 사랑으로 대하는 진실함이 절절히 배어있는 이 편지는 바울이 가택 연금에서 해제된 후 자유의 몸이 되었던 때인 주후 63~64년경 마게도냐에서 작성되었을 것이다.

디모데 후서

인정받는 일꾼이 되라(딤후1~3장) ✏️

믿음의 아들 디모데가 신실한 하나님의 일꾼이 되기를 바라는 마음에서 작성한 두 번째 편지는 바울 자신에 있어서는 유언과도 같은 편지가 되었다.

예수 그리스도의 병사답게 믿음과 사랑 안에서 신실하게 직무를 감당할 것을 권면한 바울은 고난받는 것을 두려워하지 말고 부끄러울 것 없는 일꾼으로, 인정된 자로, 자신을 하나님 앞에 드리기를 힘쓰라고 당부한다.

주님의 종은 다투지 말아야 하며, 온유하며, 가르치기를 잘해야 하며, 오래 참을 수 있어야 한다는 교훈으로 목자로서 갖추어야 할 자격 요건을 세세하게 언급한 바울은 세상의 마지막 때가 되어 사람들이 육신의 생각대로 행동하게 될 때, 그리스도 안에서 경건하게 살고자 하는 사람들은 시련을 겪게 된다는 사실에 절망하지 말고 지금까지 배워왔던 대로 하나님의 가르침에 순종할 것을 권면한다.

말씀을 전파하는데 힘쓰라(딤후4장) ✏

바울은 또 말씀을 전파하는 데 온 힘을 기울일 것과 하나님의 종으로서 마땅히 해야 할 일을 회피하지 말고 더욱 분발할 것을 주문하면서 주님이 다시 오기를 간절히 사모하는 사람들에게 의의 면류관이 준비되어 있음을 밝힌다.

「전제와 같이 내가 벌써 부어지고 나의 떠날 시각이 가까웠도다(딤후4:6)」

비장함이 배어있는 고백으로 자신의 생이 얼마 남지 않았음을 암시한 노(老)사도 바울은 누가만 당신 곁을 지키고 있음을 밝히면서 믿음의 아들 디모데에게 빨리 돌아오라는 말로 쓸쓸한 감옥에서의 외로움을 토로하는 한편, 재판받는 과정에서 동역자들이 각자의 길을 선택한 것에 섭섭함을 표시하기는커녕 오히려 그들을 위해 기도하는 대 사도로서의 면모를 보여준다.

자신은 비록 매인 몸이지만 하나님의 말씀은 결코 묶일 수 없음을 선포하며 복음을 전하면 그 복음이 다른 사람에게 전파될 수 있다는 것을 증언하는 바울의 마지막 편지는 주후 65년경 작성되었을 것으로 추정된다.

복음의 선포자로서 사도와 교사로 부름 받았음을 늘 자랑스럽게 생각했던 그는 하나님의 신실한 일꾼이었으며 근심하는 자 같으나 항상 기뻐하고 가난한 자

같으나 많은 사람을 부요하게 하고 아무것도 없는 자 같으나 모든 것을 가진 사람(고후6:10)이었다.

죽음의 그림자가 짙게 드리워진 어둡고 쓸쓸한 감옥이지만 고난 가운데에서도 희망을 놓지 않고 하나님만을 바라보며 간절히 기도하는 노(老)사도의 담대한 모습이 눈에 보이는 것 같다.

디도서

디도는 바울의 권유에 따라 **그레데 섬**[277]에 남아 사역하던 목자였다. 바울은 목회 서신이라 불리는 이 짧은 편지를 통해 목자로서 디도가 해야 할 사명을 상세하게 전달한다.

디도를 그레데 섬에 남겨둔 것은 남은 사역을 마무리하고 각 마을에 장로들을 세우려 함이라고 그 이유를 밝힌 바울은 감독으로서 갖추어야 할 자격 요건을 상세히 설명하면서 그런 자질을 갖추어야만 바르게 지도할 수 있으며 거스르는 자들을 책망할 수 있다고 가르친다.

바울은 또 하나님을 시인하기는 하나 행위로는 부인하는 거짓 교사들의 가르

---

[277] 오늘날의 크레타 섬으로, 지중해 동남부에 위치한다.

침을 거부할 것과 그들을 엄하게 다스릴 것을 주문하면서 범사에 본을 보임으로써 사람들로부터 존경받는 목자가 되라고 당부한다.

구원은 행위를 통해 오는 것이 아니라 하나님의 자비에 따른 은혜임을 설파함으로써(딛3:5) 은혜의 성경적 정의를 제시하며 이단에 속한 사람들과의 논쟁이나 다툼은 무익하고 헛된 것이므로 이를 피하고 복음에 집중할 것을 권면하는 바울의 편지는 연금에서 해제된 후 일시적 자유의 몸이 되었던 주후 63~64년경 작성되었을 것으로 보인다.

빌레몬서

편지의 수신자 빌레몬은 골로새 교회의 지도자로 사람들로부터 존경받는 인물이었다고 하며, 여기에서 언급되는 오네시모는 그를 주인으로 받들던 노예였다고 한다. 그런 그가 주인을 배반하고 도망쳤으니 빌레몬의 입장에서는 참으로 괘씸한 일이었을 것이다. 그래서 바울은 빌레몬에게 보내는 서신을 통해 죄를 짓고 도망쳤지만 참된 기독교 신앙을 영접한 오네시모를 사랑으로 용서해 줄 것을 간곡히 부탁한다. 그가 종이 아닌 교우의 신분으로 복음 사역에 종사할 수 있도록 허락해 달라는 것이다.

「그러므로 네가 나를 동역자로 알진대 그를 영접하기를 내게 하듯 하고 그가 만일 네게 불의를 하였거나 네게 빚진 것이 있으면 그것을 내 앞으로 계산하라(몬17, 18).」

모든 것을 당신께서 책임질 테니 옛일을 잊고 잘 보살펴 주라는 당부의 글로 오네시모를 죄의 속박으로부터 자유롭게 하려는 바울의 부성적(父性的) 사랑을 엿볼 수 있게 하는 편지는 로마에서 연금상태에 있을 때인 주후 60년경 작성되어 오네시모의 손을 통해 전달되었을 것이다.

히브리서

구원의 근원이신 예수님(히1~6) ✏

그동안 선지자를 통해 말씀하신 하나님께서 그 마지막에는 아들을 보내시고, 십자가 대속으로 인류를 속량함으로써 예수님이 바로 구원의 창시자가 되었음을 증언한 저자는 순종이야말로 안식에 들어갈 수 있는 첩경임을 밝히면서, 출애굽 백성들을 교훈 삼아 안식으로 들어가는 데 부족함이 없도록 믿음을 굳건히 지키라고 당부한다.

하나님의 말씀은 살아있고 활력이 넘쳐서 사람들의 생각과 뜻을 판단하므로 만물이 그 앞에서 다 드러나게 된다는 사실을 강조하며, 하나님의 자비와 은혜를 얻기 위해 보좌 앞에 담대히 나갈 것을 권유한 저자는 하나님의 능력과 은사를 체험했음에도 타락한 자들은 다시는 속죄할 수 있는 길이 없음을 밝히면서 무거운 마음으로 심판을 기다릴 수밖에 없을 것이라고 경고한다.

새 언약의 대제사장(히7~10)

믿음의 조상 아브라함으로부터 십일조를 받은 후 떡과 포도주로 축복해준 평강의 왕 멜기세덱이 바로 예수 그리스도의 표상임을 밝힌 저자는, 예수님이야말로 죄인 된 인간을 새롭게 변화시켜 하나님 앞으로 나오게 할 수 있는 유일한 통로임을 제시함으로써 예수님을 영접하는 것이 최상의 선택임을 강조한다.

동물의 피로는 죄를 사할 수 없다(히10:4)는 말씀으로 율법에 따라 드리는 희생 제사는 육체의 예법으로서 의식적으로만 깨끗하게 할 뿐 근본까지 온전하게 할 수 없다는 것을 지적한 저자는 보혈의 피로 인류를 정결하게 하신 후 하나님의 오른편에 앉으신 부활 승천의 예수님께서 당신을 사모하는 사람들을 구원하기 위해 재림 주로 오시게 됨을 밝히면서 믿음과 인내로 무장할 것을 권면한다.

「한 번 죽는 것은 사람에게 정해진 것이요 그 후에는 심판이 있으리니 이와 같이 그리스도도 많은 사람의 죄를 담당하시려고 단번에 드리신 바 되셨고 구원에 이르게 하기 위하여 죄와 상관없이 자기를 바라는 자들에게 두 번째 나타나시리라(히9:27, 28).」

믿음의 사람들(히11~13)

믿음장이라 불리는 11장 말씀을 통해 노아, 아브라함, 모세 등 구약 시대 믿음의 선진들을 거명하면서, 그들이 의로운 자라 칭함을 받은 것은 굳건한 믿음의 소유자였기에 가능했다는 것을 역설한 저자는, 고난을 주시는 이유는 사람들을 단련시켜 결국은 의와 평강의 열매를 맺게 하시려는 주님의 뜻임을 밝히면서 주께서 시험하실 때 낙심하지 말고 믿음으로 받아들일 것을 권면한다.

「무릇 징계가 당시에는 즐거워 보이지 않고 슬퍼 보이나 후에 그로 말미암아 연단 받은 자들은 의와 평강의 열매를 맺느니라(히12:11).」

우리를 위해 고난받으신 예수님을 믿음으로 따를 것과 그리스도 안에서 서로 사랑하며 바른 행실로 주님을 기쁘게 섬길 것을 권유하는 히브리서는 주후 64~67년경 그리스도교로 개종한 히브리인들, 즉 유대계 그리스도인에게 믿음의 확신을 심어주기 위해 기록된 것으로 보인다. 문체의 특성으로 볼 때 바울이 기록했거나 아니면 바나바나 누가와 같은 사람이 저자일 것으로 추측되지만, 정확하게 밝혀진 것이 없으므로 작자 미상으로 보는 것이 옳을 것이다.

야고보서

말씀대로 행하는 자가 되라(약1~2)

주후 50~60년경 기록된 것으로 추정되는 이 서신의 저자는 예수님 육신의 동생으로 예수님 생전에는 그를 믿지 못했으나 예수님 부활 후에 제자가 되어 예루살렘 초대교회 지도자로 성장한 야고보로 알려져 있다. 그가 주장한 것은 믿음이 깊다고 말로만 떠들 것이 아니라 행동으로 보여주라는 거였다.

구원은 인간의 노력이나 의지로 되는 것이 아니고 오직 하나님의 은혜로만 얻을 수 있다는 바울 신앙의 확산으로 자신의 행동과는 무관하다는 인식이 사람들 사이에 팽배해지자, 나태해지는 신앙 의식을 바로잡기 위해 기록한 것으로 믿음이 깊다 한들 가동되지 못한다면 그것은 헛된 믿음일 뿐, 신앙의 결실 또한 이루지 못하게 된다는 것이다.

시련은 인내심을 성장시키고 사람들을 온전하게 만들어 부족함이 없게 하려는 하나님의 뜻임을 설파하면서 시험당하는 것을 기쁘게 받아들일 것을 주문한 저자는, 시험에서 승리하는 자에게는 생명의 면류관이, 패하는 자에게 그 마지막은 사망이 될 것을 경고하면서 지혜를 얻으려면 의심치 않는 믿음으로 구해야 할 것을 권면한다.

「오직 믿음으로 구하고 조금도 의심하지 말라 의심하는 자는 마치 바람에 밀려 요동하는 바다 물결 같으니 이런 사람은 무엇이든지 주께 얻기를 생각하지 말라(약1:6~7).」

이웃 사랑하기를 네 몸같이 하라는 말씀대로 사람들을 사랑으로 대할 것을 권면하며, 자비를 베풀지 않는 사람에게는 자비 없는 심판밖에 없다는 것을 경고한 저자는 성경을 지식으로만 받아들이고 실천하지 않는다면 결코 구원받을 수 없다는 것을 거듭 강조한다. 믿음의 조상 아브라함이 사랑하는 아들 이삭을 제단에 바침으로써 의롭다 함을 받았던 것처럼 행동으로 말씀을 온전히 지키는 자가 되라는 것이다.

「내 형제들아 만일 사람이 믿음이 있노라 하고 행함이 없으면 무슨 유익이 있으리요 그 믿음이 능히 자기를 구원하겠느냐(약2:14).」

그리스도인답게 행동하라(약3~5) ✏️

입안의 혀가 온몸을 더럽히는 지체 중 하나로서 그 조그만 혀에서 나오는 말이 흉기가 될 수 있다는 점을 강조한 저자는, 말조심할 것을 당부하며 이를 극복하기 위해서는 하나님으로부터 나오는 지혜를 구해야 할 것이라고 강조한다.

「오직 위로부터 난 지혜는 첫째 성결하고 다음에 화평하고 관용하고 양순하며 긍휼과 선한 열매가 가득하고 편견과 거짓이 없나니 화평하게 하는 자들은 화평으로 심어 의의 열매를 거두느니라(약3:17, 18).」

세상과 벗이 되고자 하는 자는 하나님과 원수 되는 것이니 세상으로부터 오는 정욕을 멀리하고 하나님 앞으로 나갈 것을 권면한 저자는 재판하시는 이는 오직 하나님 한 분뿐임을 강조하면서 하나님께 모든 것을 맡겨 허탄한 생각과 행동에서 벗어나야 할 것이라는 말로 그리스도인들의 신앙 자세에 경종을 울린다.

심판주가 문밖에 와 계신다는 말로 심판자요, 구원자로 오실 예수님의 재림이 임박했음을 전하면서 선지자들이 겪은 고난을 거울 삼아 기도와 찬송으로 인내할 것을 주문한 저자는 의인의 간구가 큰 역사를 일으킨다는 사실을 증거하면서, 고난받는 성도들을 위해 믿음으로 기도해 줄 것을 당부한다.

「믿음의 기도는 병든 자를 구원하리니 주께서 그를 일으키시리라 혹시 죄를 범하였을지라도 사하심을 받으리라(약5:15).」

베드로 전·후서

너희 염려를 주께 맡기라(벧전1~5) ✏️

이 책의 저자 베드로는 예수님의 열두 제자 중 리더 역할을 수행했던 사람으로, 예수님 승천 이후에는 예루살렘 초대교회 지도자가 되어 말씀을 전파하는 데 온 힘을 쏟았던 믿음의 사도였다. 그런 그가 로마의 극심한 박해로 흩어진 성도들을 격려하기 위해 편지를 쓴 것이다.

굳건한 믿음은 예수께서 심판주로 오시는 주님의 날에 칭찬받게 될 것이니 구원의 소망을 잃지 말 것을 권면한 베드로는 우리들이 거듭나게 된 것은 그리스도의 보배로운 피 흘림의 결과라고 강조한다. 저자는 또 그리스도인들은 하나님의 소유가 된 백성임을 상기시키면서 육신의 정욕에서 벗어나 그리스도의 고난에 참여하는 자가 됨으로써 하나님께 영광 돌리는 삶이 되라고 권면한다.

사랑과 겸손함을 잃지 말라는 권면으로 그리스도인이 본받아야 할 섬김의 자세를 제시한 사도는 악에서 떠나 선을 행하라고 당부하면서 오직 주님만을 바라보며 근신하고 기도할 것을 주문한다.

그리스도인이라는 이유 때문에 핍박받고 있는 성도들에게 사도가 거듭 당부하는 내용은 무엇일까요?

시험당할 때 낙심하지 말 것과 그리스도의 고난에 참여하는 자가 된 것을 오히려 기뻐하라는 것이며, 그리스도인이라는 이름을 얻게 된 것에 대하여 하나님께 영광 돌리라는 것이다. 그러기 위해서는 모든 염려를 주께 맡기고 시험에서 이기는 자가 될 수 있도록 믿음을 굳건히 세워야 한다는 것이다. 또한, 하나님의 양 무리를 성심껏 보살피고 섬길 때 다시 오실 주님 안에서 영광의 면류관을 얻게 될 것이라는 말로 교회 지도자들에게 모범을 보일 것을 당부하면서 희망을 주는 것도 잊지 않는다.

경건함으로 무장하라(벧후1~3) ✎

선지자를 통한 예언의 말씀과 사도를 통해 전해진 명령을 기억하도록 함으로써 성도의 마음이 일깨워지기를 바라는 마음에서 베드로는 두 번째 편지를 쓴다.

예수님을 직접 대면하고 체험했던 사람으로 「**이는 내 사랑하는 아들이요 내 기뻐하는 자니 너희는 그의 말을 들으라**(마17:5)」는 말씀이 변화 산에서 들었던 하늘의 소리였음을 고백한 베드로는 자신이 예수 그리스도의 능력을 전한 것은 지어

낸 이야기가 아니라 하늘로부터 온 것임을 증언한다. 사도는 또 경건한 자는 시험에서 건지시고 불의한 자는 심판의 날까지 형벌 아래에 둘 것이라는 약속이 헛된 것이 아님을 전하면서, 성도들을 미혹시키며 주님을 부인하고 비방하는 거짓 선생들은 노아의 때에 물로 심판받은 것같이 이번에는 불의 심판을 피하지 못할 것이라고 경고한다.

주후 60~66년경 작성된 것으로 신실한 성도들에게는 생명의 희망을, 거역하는 자들에게는 멸망의 경고가 첨부된 베드로의 편지는 주님께서 하신 심판의 약속이 더디다고 생각할 수도 있지만, 주께서는 오래 참으사 아무도 멸망하지 않고 모두 구원받기를 바라신다는 말씀으로 인내할 것을 권면하고 있다. 저자는 또 정의가 살아있는 새 하늘과 새 땅을 맞이하기 위해서는 거룩한 행실과 경건함으로 하나님의 날이 임하기를 간절히 사모해야 할 것이라면서 믿음의 눈으로 미래를 바라보며 희망을 가질 것을 당부한다.

「**이같이 하면 우리 주 곧 구주 예수 그리스도의 영원한 나라에 들어감을 넉넉히 너희에게 주시리라(벧후1:11).**」

부활하신 예수님께서 당신을 사랑하는지 확인하시고 내 어린 양을 보살피라는(요21:15) 거듭된 당부에 따라, 핍박받고 있는 성도들이 믿음에서 떠나지 않도록 위로하고 격려하기 위해 애쓰는 베드로의 모습이 보이는 것 같다.

대언자 예수 그리스도(요일1~2)

이 책은 요한복음과 요한계시록의 저자이며 예수님께서 사랑하시는 제자로 소개되었던(요19:26) 요한이 기록한 서신서로서 죄에서 벗어나야 영생에 이를 수 있다는 것을 깨닫게 하려는 목적으로 주후 85~95년경 작성된 것으로 보인다.

아버지 하나님과 함께 있다가 세상에 오신 예수님이 우리를 죄와 불의에서 깨끗하게 하시는 화목제물이요, 세상의 빛임을 증언한 사도는 우리를 위해 대언해 주시는 예수님과 온전한 교제를 이루려면 회개하고 말씀에 순종해야 한다고 역설한다.

육신의 정욕, 안목의 정욕, 그리고 이생의 자랑이라 불리는 탐욕은 세상에 속한 것으로 가까이하지 말 것을 강조한 사도는 예수님을 안다고 하면서도 순종하지 않는 자가 거짓말하는 자요, 하나님의 아들임을 부인하는 자가 적 그리스도라고 말한다. 사도는 또 사탄을 멸하기 위해 육신으로 오신 예수님을 주님으로 영접하고 동행하는 자라야 생명을 얻을 수 있음을 강조하면서 복음을 왜곡하고 그리스도 공동체를 파괴하려는 거짓 교사들과 계명을 등한시하는 성도들의 잘못된 신앙 자세에 경종을 울린다.

서로 사랑하라(요일3~5, 요이, 요삼) ✏️

하나님께서 우리에게 주신 새 계명은 예수 그리스도를 믿고 그를 본받아 서로 사랑하는 것임을 상기시킨 저자는 그리스도인의 삶은 사랑이 전제되어야 한다는 점을 거듭 강조하면서, 행함과 진실함으로 계명을 지킬 때 하나님의 기뻐하심으로 구하는 대로 받게 될 것이라고 말한다.

예수님의 십자가 죽음과 부활을 자신이 직접 목격했음에도 잘못된 진리를 유포하는 거짓 선지자가 있음을 한탄하며 진리의 영과 미혹의 영을 분별하라고 요구한 사도는 세상을 이기는 힘은 믿음에 근거하고 있음을 밝히면서 예수님이 바로 참 하나님이요 영생이라고 고백한다.

예수 그리스도께서 육신의 몸으로 이 땅에 오셨다는 것을 부인하는 이단 전도자들에게 협조하는 일이 없도록 분별하여 행동할 것과 계명을 지키는 일이 하나님을 사랑하는 것임을 밝히는 내용으로 두 번째 서신을(요한2서) 보낸 요한은, 순회 전도자들에게 호의를 베풀고 도움을 주는 것이 믿는 사람들이 해야 할 사명임에도 불구하고 현실은 그렇지 못하다는 소식에 세 번째 서신을(요한3서) 보낸다.

사도는 이 서신에서 사도적 권위에 도전하며 전도자들을 비방하고 거부하는 일부 몰지각한 교회 지도자를 책망하면서 하나님의 자녀 된 자로 악한 것을 본받지 말고 선한 것을 본받으라는 권면으로 복음을 위해 수고하는 동역자를 격려한다.

「**사랑하는 자여 네 영혼이 잘됨같이 네가 범사에 잘되고 강건하기를 내가 간구하노라(요삼:2).**」

유다서

모세가 죽은 뒤, 그의 시신을 두고 마귀와 논쟁하던 천사장 미가엘도 그들을 비방하지 않고 모든 것을 주님의 뜻에 맡겼음을 예로 든 사도는 원망과 불평으로 가득 차있고 정욕대로 행하며 예수 그리스도를 부인하는 거짓 선생들은 주님께서 재림하는 그 날 심판의 형벌을 받게 될 것이라고 경고한다.

「화 있을진저 이 사람들이여, 가인의 길에 행하였으며 삯을 위하여 발람의 어그러진 길로 몰려갔으며 고라의 패역을 따라 멸망을 받았도다(유:11).」

세상의 마지막 때가 되면 하나님을 대적하는 자들이 득세할 것이라는 사도들의 예언을 상기시킨 저자는 거룩한 믿음 위에 자신을 세우고 성령으로 기도하며 하나님의 사랑 안에서 영생에 이를 수 있도록 예수 그리스도의 자비로운 은혜를 사모하라고 권면한다.

주후 60~80년경, 예수님 육신의 동생인 유다가 기록한 것으로 추정되는 이 책은 믿음대로 행하지 못하고 의심하는 자들을 불쌍히 여기고 흑암에서 구원하되 죄에 대해서는 철저하게 미워함이 마땅하다는 내용과 함께 이단자들을 경계할 것과 복음 안에서 바른 신앙 세우기를 권면한다.

요한계시록은 성경책의 마지막에 첨부된 것으로 신약으로서는 유일한 예언서이다. 이 책을 한 번이라도 읽어본 성도들은 무슨 말씀인지 이해하기 어려울 뿐만 아니라 한편으로는 두렵기까지 하다고 입을 모은다.

세상의 종말에 관한 것으로 내용 자체가 난해해서 받아들이기가 쉽지 않다는 뜻일 것이다. 수많은 비유적 표현과 함께 심오한 뜻이 숨겨졌을 법한 문장으로 전해지다 보니 해석하기 어려운 부분이 있는 것은 사실이나, 마지막 때가 되면 세상의 악은 멸망되고 생명책에 기록된 의인들은 천국에서 영생을 누리게 된다는 종말의 기본 메시지를 저변에 깔고 본다면 그리 두려워할 필요는 없을 듯하다.

학자마다 해석이 엇갈리는 것처럼 세상의 종말에 관한 비밀이 담긴 하나님의 계시를 피조물 된 인간이 완벽하게 풀이한다는 것은 불가능하겠지만 확실한 것은 그리스도인이 최종적으로 승리하게 될 것이니 믿음 가운데 구원의 소망을 갖고 인내하며 신앙의 절개를 지키라는 것이 이 책이 전하는 교훈이 아닐까 싶다.

로마 황제의 명을 거역하고 예수님을 증언했다는 이유로 사도 요한이 밧모라고 하는 에게 해의 작은 섬에 유배되었을 때 환상 중에 나타나신 예수님께서 **소아시아의 일곱 교회**[278]에서 일어나는 행위들을 지적하시고 지금 본 것과 앞으로 일

---

278 오늘날의 터키 지역으로 에베소, 서머나, 버가모, 두아디라, 사데, 빌라델비아, 라오디게아 교회를 말한다.

어나게 될 일들을 모두 기록하여 그들에게 전하라고 말씀하시자, 요한은 예수님이 전하는 메시지를 지키는 자에게는 축복이 임하게 될 것이라고 선포한다.

성령에 이끌려 하늘로 올라간 요한은 스물네 명의 장로들과 네 생물, 그리고 수많은 천사들로 둘러싸인 가운데 보좌에 계시는 하나님과 어린 양 예수 그리스도를 만나게 된다. 그리고 단단하게 봉인된 일곱 개의 두루마리가 어린 양에 의해 하나씩 펼쳐지게 되는 것을 시작으로 천사들의 나팔 소리와 함께 전개되는 일곱 재앙, 그리고 하나님의 진노가 담긴 일곱 대접의 재앙이 연달아 등장함에 따라 꼬리에 꼬리를 물고 벌어지는 일련의 심판 과정을 목도하게 된다.

요한은 또 심판의 마지막 모습과 하늘에서 내려와 이 땅에 세워지는 하나님의 도성, 새 예루살렘의 장엄한 광경을 본다. 그것은 마지막 최후 결전을 통하여 세상의 모든 악을 멸하고 승리하신 재림 주 앞에서 죽은 자들이 부활하고 그때까지 남아있던 자들과 함께 각자의 행위에 따라 심판받는다는 것이며, 생명책에 기록되지 못한 악인들은 물론, 사망과 음부까지 유황이 타는 불못에 던져져 영원한 죽음을 맞이하게 됨으로써 최후의 심판이 완성된다는 것이다.

이제 처음 하늘과 처음 땅은 사라지고 새 하늘과 새 땅, 즉 거룩한 성이요 살아계신 하나님의 도성인 새 예루살렘이 찬란한 모습으로 하늘로부터 내려와 이 땅에 세워질 것이다. 그곳에는 하나님이 함께 계시며 구원받은 자들의 눈물을 닦아주시니 다시는 죽음이나 저주나 슬픔이나 울음이나 아픔이 없다. 생명나무와 생명수가 흐르는 그 성에는 오직 생명책에 기록된 사람들만 들어갈 수 있으며 그들은 영원토록 왕처럼 살게 될 것이다.

심판주로 오시는 예수님의 재림은 속히 이루어질 것이다. 그러나 그날은 갑자기 찾아올 것이니 구원받기를 원하는 사람들은 깨어 준비해야 할 것이다.

하나님으로부터 선택받은 사람들이라는 **144,000명(계7:4)**[279] 그리고 생명책에 이름을 올리지 못한 자들이 경배한다는 짐승의 수 **666(계13:18)**[280] 등 정확한 뜻을 가늠하기 어려운 숫자가 등장하는 놀라운 예언서 요한계시록은 세상의 어떤 권세도 하나님의 심판을 거역하거나 멈추게 할 수 없다는 것을 보여준다.

또한, 이 책은 핍박받고 있는 교회를 위로하고 하나님의 명령을 지키고 따르면서 그리스도의 재림을 간절히 염원하는 사람들에게는 영생이 있다는 희망을 심어주기 위해 기록된 예언서로서, 우리들은 사도 요한의 눈을 통해 최후에 있게 될 심판의 과정과 새롭게 회복될 하나님의 나라, 새 하늘과 새 땅의 거룩한 모습을 생생하게 체험할 수 있게 되었다.

마지막으로 요한은 자신도 이해하기 어려운 천상의 모습과 심판이 이루어지는 과정을 후세 사람들이 제멋대로 해석함으로써 이단적 종말 주장이 난무할 것을 염려한 나머지 이를 경계하기 위해 이 예언의 말씀 외에 더하거나 **빼는** 자는 그에 따른 대가를 톡톡히 치르게 될 것을 경고하는 것도 잊지 않는다.

교주라는 이름으로 이상한 교리를 내세워 사회적 물의를 일으키는 사람들, 자신의 이득을 위해 성경을 이용하고 왜곡함으로써 하나님을 욕되게 하는 거짓 선생들이 가슴에 새기고 들어야 할 말씀인 것 같다.

---

279 학자들은 이 숫자가 땅에서 구원받아 첫 번째로 천국에 들어가는 사람의 수를 말하는 것으로, 1,000년 동안 그리스도와 함께 왕처럼 살게 될 것이라는 주장과 함께 12(구약의 12지파)×12(신약의 12사도)×1,000(큰 수효)=144,0000이 됨으로써 세상 모든 민족 가운데 하나님으로부터 선택되어 구원받는 사람들의 총수를 의미한다고 주장한다. 한편으로 그리스도인들의 교회를 가리킨다는 주장도 있으나 모두가 가설일 뿐 정확한 뜻은 알 수 없다는 것이다.

280 이 숫자 역시 무엇을 의미하는지 단정적으로 말하기는 어렵다. 일반적으로 짐승의 이름을 나타내는 영적이며 상징적인 숫자로 이 짐승은 세상의 마지막 때에 나타날 적 그리스도로서 하나님을 대적하고 하나님의 백성들을 괴롭히는 존재로 인식되고 있을 뿐이다. 6이라는 숫자는 인간을 가리키는 숫자로(6일째 되는 날 인간이 창조되다.) 하나님의 수인 완전수 7보다(하나님께서 7일째 되는 날 안식하시다.) 하나 모자라는 불완전한 숫자이기 때문에 6을 아무리 나열하더라도 7에 미치지 못함으로 그리스도의 적이 아무리 강해도 하나님을 이길 수 없다는 것이다. 그러므로 666은 불완전의 집합체로써 구원받는 하나님의 백성들을 제외한 모든 사람들을 가리킨다는 의견도 있으며 계시록이 기록된 시기로 보아 그리스도인들을 박해한 로마의 네로 황제를 가리킨다는(히브리 알파벳 단어에 숫자를 대응시킨 총합이 바로 666이라는 뜻) 주장과 함께 국가나 어떤 단체를 나타낸다는 주장도 있지만 단지 추측일 뿐 정확한 뜻을 알 수 없다는 것이다.

「내가 이 두루마리의 예언의 말씀을 듣는 모든 사람에게 증언하노니 만일 누구든지 이것들 외에 더하면 하나님이 이 두루마리에 기록된 재앙들을 그에게 더하실 것이요 만일 누구든지 이 두루마리의 예언의 말씀에서 제하여 버리면 하나님이 이 두루마리에 기록된 생명나무와 및 거룩한 성에 참여함을 제하여 버리시리라(계 22:18, 19).」

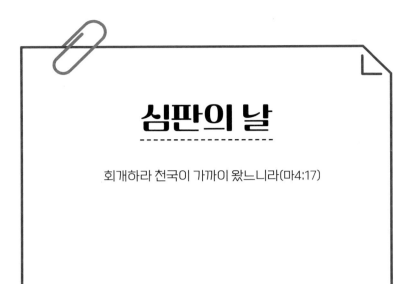

심판의 날

회개하라 천국이 가까이 왔느니라(마4:17)

심판의 날

심판의 날이란 세상의 마지막 때를 가리키는 말로 재림하신 예수님께서 사람들이 행한 행실에 대하여 공과를 따지시고 그 결과에 따라 보응이 이루어지는 날로써 대적자들을 물리치고 온 세상을 통치하게 될 위대한 날을 말한다. 심판은 단 하루 만에 이루어지는 것이 아니다. 그리스도의 재림으로부터 사탄의 최후 멸망까지 **1,000년**[281]이라는 긴 세월에 걸쳐 계속될 것이며, 이 기간에 예수님께서 의로 세상을 판단하시고 진실과 공정으로 살아있는 자와 죽은 자를 불러 모아 천국의 보상과 지옥의 형벌로 다스릴 것이다.

심판은 「여호와의 날」, 「분노의 날」, 「환난과 고통의 날」, 「황폐와 패망의 날」, 「캄캄하고 어두운 날」, 「구름과 흑암의 날」, 「해와 달이 어두워지고 별이 빛을 거두는 날」, 「피와 불과 연기가 있는 날」, 「슬피 우는 날」, 「용광로 불 같은 날」, 「잔

---

281 1,000년은 하나님의 시간으로서 물리적인 시간을 가리키는 것이라기보다는 하나의 상징적인 개념으로 보는 것이 타당할 것이다.

혹히 분냄과 맹렬히 노하는 날」 등 부정적인 모습으로 그려지기도 하지만 구원이나 회복 등 보상을 뜻하는 긍정적인 의미로도 표현되고 있다.

하나님께서는 그날에 땅 위의 모든 것을 진멸하겠다고 경고하셨지만(습1:2), 우리의 피난처시요 환난 중에 우리를 돕는 분이 하나님이시니(시46:1) 당신을 믿고 의지한다면 심판의 날을 두려워할 이유는 없다. 심판의 날은 성경에 기록된 모든 것이 이루어지는 징벌의 날이기도 하지만(눅21:22) 한편으로는 보살핌을 받는 날로써(눅19:44) 하나님의 백성들에게는 보상과 축복을, 악한 자들에게는 파멸과 절망을 가져다주는 양면성이 있는 날이 될 것이기 때문이다. 또한, 이를 예언하심은 주님의 재림을 간절히 염원하는 신실한 성도들에게는 위로와 희망을, 불성실한 성도들에게는 영적 각성을, 불신자와 배교자에게는 심판받게 됨을 준엄하게 경고하기 위함일 것이다.

심판의 날이 다가오자 사람들이 두려움에 떨며 하나님의 진노로부터 자신들을 지키기 위해 바위틈에 몸을 숨기고 소리 지르며 울부짖는 모습을 사도 요한은 환상 중에 보았다.

「우리 위에 떨어져 보좌에 앉으신 이의 얼굴에서와 그 어린 양의 진노에서 우리를 가리라 그들의 진노의 큰 날이 이르렀으니 누가 능히 서리요(계6:16~17).」

선지자 요엘은 그날을 메뚜기 떼가 급습하는 재앙의 날로 비유하며 심판의 날이 참으로 무섭고 두려운 날이 될 것을 경고한다.

「곧 어둡고 캄캄한 날이요 짙은 구름이 덮인 날이라 새벽빛이 산꼭대기에 덮인 것과 같으니 이는 많고 강한 백성이 이르렀음이라 이와 같은 것이 옛날에도 없었고 이후에도 대대에 없으리로다 불이 그들의 앞을 사르며 불꽃이 그들의 뒤를 태우니 그들의 예전의 땅은 에덴동산 같았으나 그들의 나중의 땅은 황폐한 들 같으니 그것을 피한 자가 없도다(욜2:2, 3).」

「그 앞에서 땅이 진동하며 하늘이 떨며 해와 달이 캄캄하며 별들이 빛을 거두도다 여호와께서 그의 군대 앞에서 소리를 지르시고 그의 진영은 심히 크고 그의 명령을 행하는 자는 강하니 여호와의 날이 크고 심히 두렵도다 당할 자가 누구이랴(욜2:10, 11).」

그날의 징조? 언제? 어떻게?

예수님께서 감람산에 앉아계실 때 말세에 일어나게 될 징조에 대하여 제자들이 궁금해하자 명쾌하게 대답해주셨다.

「많은 사람이 내 이름으로 와서 이르되 나는 그리스도라 하여 많은 사람을 미혹하리라 민족이 민족을, 나라가 나라를 대적하여 일어나겠고 곳곳에 기근과[282] 지진이 있으리니 이 모든 것은 재난의 시작이니라(마24:5, 7, 8).」

「그때에 많은 사람이 실족하게 되어 서로 잡아주고 서로 미워하겠으며 거짓 선지자가 많이 일어나 많은 사람을 미혹하겠으며 불법이 성하므로 많은 사람의 사랑이 식어지리라 그러나 끝까지 견디는 자는 구원을 얻으리라 이 천국 복음이 모든 민족에게 증언되기 위하여 온 세상에 전파되리니 그제야 끝이 오리라(마24:10~14).」

전쟁이 일어나고 각종 재해가 극심해질 때가 말세의 시작이며 천국 복음이 온 세상에 전파될 때가 세상의 끝날이 될 것을 예고하신 예수님께서는 재림하는 당신을 구원받은 성도들이 영접하게 될 것을 밝히시며(살전4:16, 17), 그날은 아무도 모르고 오직 아버지만 아실 것이니(마24:36) 이날을 위해 준비해야 할 것이라고(마24:44) 당부하신다.

「그날 환난 후에 즉시 해가 어두워지며 달이 빛을 내지 아니하며 별들이 하늘에서 떨어지며 하늘의 권능들이 흔들리리라 그때에 인자의 징조가 하늘에서 보이겠고 그때에 땅의 모든 족속들이 통곡하며 그들이 인자가 구름을 타고 능력과 큰 영광으로 오는 것을 보리라 그가 큰 나팔소리와 함께 천사들을 보내리니 그들이 그의 택하신 자들을 하늘 이 끝에서 저 끝까지 사방에서 모으리라(마24:29~31).」

「그러나 그 날과 그 때는 아무도 모르나니 하늘의 천사들도, 아들도 모르고 오직 아버지만 아시느니라(마24:36).」

---

282 양식과 물이 없어 배고프고 목말라하는 것도 기근이 될 수도 있겠지만, 하나님 말씀을 듣지 못하는 것도 기근이라고 말씀하신다(암8:11).

사도 바울은 데살로니가 교인들에게 보내는 서신을 통하여 사람들이 하나님을 거역하고 대적하는 자인 멸망의 아들이(적 그리스도) 나타나 자신을 높이고 사탄의 힘을 빌려 거짓 기적을 행하며, 심지어 성전에 앉아 자신이 곧 하나님이라고 주장하며 모습을 드러낼 때가 말세의 징조임을 강조하면서 영광중에 오시는 예수님께서 그들을 심판하실 것이라는 말로 진리를 믿지 않고 불의를 따르는 사람들에게 경종을 울렸다(살후2:3~12).

　예수님께서 말씀하신 말세의 징조와 그와 관련된 기록을 찾아 다시 한번 정리해 보자.

　첫째, 심판의 징조는 전쟁, 기근, 지진, 질병 등 각종 재해로부터 시작될 것이다(마24:7).

　둘째, 배교하는 일이 있을 것이며 적 그리스도나 거짓 선지자가 나타나 사람들을 미혹시킴으로써 이단적 주장이 난무하게 될 것이다(마24:5, 24).

　셋째, 믿음이 없어지고(눅18:8) 불법이 성하여 사랑이 식어질 것이다(마24:12).

　넷째, 사람들이 빨리 왕래하며(교통 발달) 지식이 많아질 것이다(하나님의 영역 침범)(단12:4).

　다섯째, 천국 복음이 온 세상에 전파될 때 그때서야 세상 끝이 올 것이다(마24:14).

　여섯째, 그날은 갑자기 올 것이며 때와 시기는 아무도 모르고 오직 하나님만 아신다(마24:36, 행1:7).

　심판의 날은 노아의 홍수 때와 마찬가지로 아무도 깨닫지 못하고 있을 때 갑자기 찾아온다는 것이다. 그러므로 심판주로 오시는 예수님의 재림 시기에 대해서는 우리들이 알 수 없으나 말세의 징조에 대해서는 분명하게 말씀해주셨으므로 이러한 조짐들이 나타날 때 주님의 재림이 가까이 왔다고 생각하면 틀림없을 것으로 보인다.

☑ 사탄(Satan)

악마나 사악한 존재를 가리키는 사탄은 히브리어에서 유래된 고유명사로 대적하는 자, 악을 행하는 자, 또는 시험하는 자를 지칭하는 것으로 원래는 하나님께서 창조하신 거룩한 천사였다고 한다. 그러나 그릇된 욕망으로 하나님처럼 되고 싶었던 그들은 초자연적인 능력을 이용하여 하나님께 맞서고 사람들을 유혹하여 죄를 짓게 만드는 등 하나님을 섬기지 못하도록 괴롭히는 존재가 되었다.

이사야서 14장에 나오는 **아침의 아들 계명성**[283]이나 에스겔서 28장에 나오는 **두로 왕**[284] 모두 기름 부음을 받은 그룹으로서 지위가 높았던 천사였으나, 교만해진 나머지 타락한 천사나(유1:6) 범죄한 천사가(벧후2:4) 되어 결국 땅으로 쫓겨나게 된 것이다.

성경에서 사탄을 「악한 귀신」, 「실족하게 하는 사람」, 「원수의 모든 능력」, 「처음부터 살인한 자」, 「거짓말쟁이」, 「거짓의 아비」, 「이 세상의 임금」, 「이 세상의 신」, 「어둠의 세상 주관자」, 「흑암의 권세」, 「하늘에 있는 악의 영」, 「악한 자」, 「시험하는 자」, 「죽음의 세력을 잡은 자」, 「공중의 권세 잡은 자」, 「미혹하는 영」, 「여호와의 원수」, 「범죄한 천사」, 「형제들을 참소하던 자」, 「온 천하를 꾀는 자」, 「뱀」 등으로 표현하고 있는 것으로 볼 때 **적 그리스도**[285], 거짓 선지자, 귀신 들린 자, 마귀 등도 넓은 의미에서 타락한 영의 우두머리인 사탄의 하수인으로 볼 수 있을 것 같다.

당신을 믿지 못하는 자가 바로 사탄의 자식임을 밝히신 예수님께서는(요8:41~44) 하나님께서 하시는 일을 생각하지 않고 오로지 사람의 일들만 생각하고 전통만 지키려는 자들도 결국 사탄과 다를 바 없다고 말씀하셨다.

---

283 「너 아침의 아들 계명성(새벽 별)이여 어찌 그리 하늘에서 떨어졌으며 너 열국을 엎은 자여 어찌 그리 땅에 찍혔는고 네가 네 마음에 이르기를 내가 하늘에 올라 하나님의 뭇 별 위에 내 자리를 높이리라 내가 북극 집회의 산 위에 앉으리라 가장 높은 구름에 올라가 지극히 높은 이와 같아지리라 하는 도다(사14:12~14).」

284 「너는 기름 부음을 받고 지키는 그룹임이여 내가 너를 세우매 네가 하나님의 성산에 있어서 불타는 돌들 사이에 왕래하였도다 네가 지음을 받던 날로부터 네 모든 길에 완전하더니 마침내 네게서 불의가 드러났도다(겔28:14, 15).」

285 하나님과 그리스도를 반대하는 최후의 적을 말하는 것으로, 사탄이 인간의 모습으로 나타나는 행위이다.

「예수께서 돌이키시며 베드로에게 이르시되 사탄아 내 뒤로 물러가라 너는 나를 넘어지게 하는 자로다 네가 하나님의 일을 생각하지 아니하고 도리어 사람의 일을 생각하는도다(마16:23).」

심판의 주역은?

예수님이 이 땅에 오셔서 심판을 집행하게 될 것이라는 하나님의 말씀이 이사야서에 잘 기록돼 있다.

「그가 여호와를 경외함으로 즐거움을 삼을 것이며 그의 눈에 보이는 대로 심판하지 아니하며 그의 귀에 들리는 대로 판단하지 아니하며 공의로 가난한 자를 심판하며 정직으로 세상의 겸손한 자를 판단할 것이며 그의 입의 막대기로 세상을 치며 그의 입술의 기운으로 악인을 죽일 것이며 공의로 그의 허리띠를 삼으며 성실로 그의 몸의 띠를 삼으리라(사11:3~5).」

예언의 말씀과 같이 우리 죄를 대속하시고 부활하신 후 하늘로 올라가 하나님의 오른편에 앉으신 예수님께서 심판의 모든 권한이 당신에게 있음을 선포하신다.

「아버지께서 아무도 심판하지 아니하시고 심판을 다 아들에게 맡기셨으니 이는 모든 사람으로 아버지를 공경하는 것 같이 아들을 공경하게 하려 하심이라 아들을 공경하지 아니하는 자는 그를 보내신 아버지도 공경하지 아니하느니라(요5:22, 23).」

「내가 아무것도 스스로 할 수 없노라 듣는 대로 심판하노니 나는 나의 뜻대로 하려 하지 않고 나를 보내신 이의 뜻대로 하려 하므로 내 심판은 의로우니라(요5:30).」

하나님을 거역한 자들을 정죄하기 위해 주님께서 수많은 천사들을 거느리고 오실 것이라는 아담의 7대손 에녹의 예언과 같이(유14, 15) 예수님께서는 사람들이 행한 행실에 따라 심판하기 위해 속히 오실 것을 약속하셨다.

「보라 내가 속히 오리니 내가 줄 상이 있어 각 사람에게 그가 행한 대로 갚아주리라(계22:12).」

그렇다. 심판의 주권은 바로 예수님에게 있다. 그러므로 사람들이 세상의 종말에 관심이 없을 때 예수님께서 갑자기 오실 것이므로 어느 누구도 심판을 피하지 못할 것이다. 누가 하나님의 뜻대로 살았고 누가 그렇지 못했는가를 판단하는 일은 전적으로 예수님께 달린 것이다. 그러나 예수님께서 이 땅에 오신 목적은 세상을 심판하려는 것이 아니라 구원하기 위한 것이라 하셨으니, 예수님께서는 우리들을 위해 오래 참으실 것이며 모두 회개하여 단 한 사람이라도 멸망하지 않고 구원받기를 바라고 계실 것이다. 그러므로 아직 예수님을 구주로 영접하지 못한 사람들은 하루 속히 주님 앞에 엎드려 회개함으로써 구원받을 기회를 놓치지 말아야 할 것이다. 살아서 나를 믿는 자는 영원히 죽지 않을 것이라고(요11:26) 예수님께서 약속하셨기 때문이다.

재림 예수님의 모습

마지막 날에 오실 주님의 모습을 이사야 선지자가 전한다.

「보라 여호와께서 불에 둘러싸여 강림하시리니 그의 수레들은 회오리바람 같으리로다 그가 혁혁한 위세로 노여움을 나타내시며 맹렬한 화염으로 책망하실 것이라(사66:15).」

이 땅에 다시 올 때 천사들과 함께할 것이라고 예수님께서 말씀하신다.

「인자가 아버지의 영광으로 그 천사들과 함께 오리니 그때에 각 사람이 행한 대로 갚으리라(마16:27).」

사도 바울은 하나님을 모르는 자들과 주 예수의 복음에 복종하지 않는 자들에게 형벌을 내리기 위해 주님께서 강림하실 때에 그리스도 안에서 죽은 자들이 먼저 부활하고 살아남은 성도들과 함께 신령한 몸으로 변화되어(고전15:52) 하늘로 올려져 공중에서 주님을 만나게 될 것이라고 증언한다.

「주께서 호령과 천사장의 소리와 하나님의 나팔 소리로 친히 하늘로부터 강림하시리니 그리스도 안에서 죽은 자들이 먼저 일어나고 그 후에 우리 살아남은 자들도 그들과 함께 구름 속으로 끌어올려 공중에서 주를 영접하게 하시리니 그리하여 우리가 항상 주와 함께 있으리라(살전4:16, 17).」

예수님께서 다시 오실 때 모든 사람이 볼 수 있도록 구름을 타고 오실 것이다.

「볼지어다 그가 구름을 타고 오시리라 각 사람의 눈이 그를 보겠고 그를 찌른 자들도 볼 것이요 땅에 있는 모든 족속이 그로 말미암아 애곡하리니 그러하리라(계1:7).」

제자들이 지켜보는 가운데 감람산에서 하늘로 올라가신 예수님께서 심판자요, 구원자로 세상에 다시 오실 때는 만왕의 왕이요, 만주의 주로 오시게 될 것이다.

「그날에 그의 발이 예루살렘 앞 곧 동쪽 감람산에 서실 것이요 여호와께서 천하의 왕이 되시리니 그날에는 여호와께서 홀로 한 분이실 것이요 그의 이름이 홀로 하나이실 것이라(슥14:4, 9).」

세상의 정욕에 따른 삶을 버리고 경건한 삶을 살아야 할 근거가 되며 말씀대로 사는 성도들에게 희망이 될 그리스도의 재림은 우리들이 더디다고 생각할 수 있겠지만, 어느 날 갑자기 임하게 될 것이다. 그러므로 항상 준비하고 깨어있어야 할 것이며 그날을 위해 우리의 영과 혼과 몸이 흠 없이 보전될 수 있도록 노력해야 한다. 왜냐하면, 주님께서 하늘로 올라가신 그대로 세상 끝날에 다시 오셔서 성경에 기록된 대로 심판에 대한 모든 것을 이루실 것이기 때문이다.

오래전에 무슨 선교원인가 하는 단체에서 **휴거**[286]논란으로 난리법석을 떨었던 적이 있었다. 물론 해프닝으로 끝나긴 했지만, 그 당시에 나는 휴거가 무엇을 뜻하는지도 모른 채 막연한 불안감으로 뉴스를 지켜봤던 기억이 아직도 생생하다. 잊을만하면 불거져 나오는 허황된 종말론에 우리 그리스도인들은 현혹되거나 두려워해서는 안 될 것이다. 기록된바 그날은 아무도 모르고 오직 하나님만 아신다 하셨으니 날짜를 계산한다는 것 자체가 피조물 된 인간으로서 해야 할 일은 분명 아닐 것이다. 그날은 하나님께서 정하신 계획에 따라 이루어지는 것이지 인간의 편의에 따르거나 원하는 시기에 이루어질 수 있는 것이 아니기 때문이다. 그러므로 그리스도의 재림이 임박했음을 알리며 사람들을 혼란스럽게 만드는 것은 결코 하나님의 뜻이 아니며, 세상의 마지막 때에 나타나게 될 거짓 선지자나 적 그리스도의 농간으로밖에 설명될 수 없다. 왜냐하면, 지금까지 있었던 종말에 관한 예언은 모두 거짓으로 드러났기 때문이다.

재림주로 오시는 예수님의 모습을 다시 한번 정리해 보자. 심판의 때가 되면 모든 권한을 부여받으신 예수님께서 세상에 다시 오시는데 그 첫 번째가 바로 공중 재림이 된다는 것이다. 큰 소리로 호령하면서 구름을 타고 강림하실 때에 나팔 소리를 신호로 주님을 믿다가 죽은 사람들이 신령한 몸으로 부활하고(고전 15:52), 그때까지 살아있던 자들 중에 구원받기에 합당한 사람들이 하늘로 들어올려져 심판주이신 예수님을 공중에서 영접하게 될 것이다(살전4:16, 17, 마24:31, 40, 41). 마침내 그들이 하나님과 그리스도의 제사장이 되어 **1,000년 동안**[287] 왕 노릇 하며 살게 될 거라는 거다(계20:4~6). 하늘로부터 쫓겨난 사탄 마귀로 인해

286　예수님께서 세상을 심판하기 위하여 재림하실 때 구원받은 사람들이 공중으로 들어 올려지게 되는 것(공중들림)을 말한다(살전4:16, 17).
287　천년 왕국이란 그리스도께서 1,000년 간의 통치 후에 재림하신다는 후천년설과 그리스도께서 천년 왕국 전에 오셔서 성도들과 함께 지상에서 1,000년을 다스린다는 전천년설, 천년 왕국을 문자 그대로 보는 것이 아니고 상징적으로 긴 시간을 말한다는 무천년설로 보는 것이다. 1,000년은 물리적인 시간을 가리키는 것이라기보다는 하나의 상징적이 개념으로 보는 것이 가장 적절할 것이다(**구속사로 본 핵심주석**, 알리스터 맥그래스 저, 도서출판 국제제자훈련원, 2008).

지상에는 대환란이 있게 된다(마24:21, 단12:1). 대환란이 끝나면 휴거되지 못하고 땅에 남겨져 있던 불신자들을 심판하기 위해 예수님께서 구원받은 성도들과 함께 만왕의 왕이요 만주의 주로 지상으로 재림하여(계1:7, 19:16) 감람산에 서게 될 것이다(슥14:4, 9). 이제 인류 구속의 역사를 최종적으로 완성하시기 위해 마지막 최후의 심판이 있게 될 것이다.

심판의 기준은 명확하게 기록되어있으니 복잡할 것이 하나도 없다. 즉 하나님을 모르는 자들과 예수님의 복음에 순종하지 않은 악인들은 최후의 장소인 불못에 떨어져 영원토록 고통을 당하게 될 것이며(살후1:7~9) 주님을 영접함으로써 구원받은 성도들은 당연히 천국 영생의 길로 인도받게 된다는 것이다(요3:36).

「주 예수께서 자기의 능력의 천사들과 함께 하늘로부터 불꽃 가운데에 나타나실 때 하나님을 모르는 자들과 우리 주 예수의 복음에 복종하지 않는 자들에게 형벌을 내리시리니 이런 자들은 주의 얼굴과 그의 힘의 영광을 떠나 영원한 멸망의 형벌을 받으리로다(살후1:7~9).」

구속사의 완성 - 새 하늘 새 땅

사탄이 지배하게 된다는 지상에서의 대환란(계11:2~3, 12:6, 14) 끝에 재림하신 예수님께서 하시게 될 마지막 심판 과정과 새롭게 창조되어 하나님께서 다스리시게 될 새 하늘과 새 땅의 모습을 사도 요한의 눈을 통해 본다면 다음과 같은 순서로 정리될 수 있을 것 같다.

1) 구원받은 성도들과 함께 지상으로 재림하신 예수님과 악의 원천인 사탄 사이에 아마겟돈이라 불리는 곳에서 최후의 결전이 벌어진다(계16:1~19:19).

2) 마침내 예수님께서 승리하시고 짐승과 거짓 선지자는(적 그리스도나 거짓 종교 지도자 등 악의 세력을 총칭한다.) 유황이 타는 불못에 던져지고 그의 추종자들은 죽임을 당한다(계19:20, 21).

3) 하늘에서 내려온 천사가 옛 뱀, 곧 마귀요 사탄이라고 하는 용을 쇠사슬로 묶어 끝없이 깊은 구덩이에 던져 넣고 1,000년 동안 세상을 미혹하지 못하게 할 것이다(계20:1~3).

4) 1,000년이 지난 후에 감옥에서 잠시 풀려난 사탄이 하나님께 대적하는 백성들을 불러모아 최후의 발악을 할 것이다(계20:7, 8).

5) 하늘에서 불이 내려와 사탄을 추종하던 자들을 불태우고 그들을 꾀던 사탄도 결국 짐승과 거짓 선지자들이 고통받고 있는 유황 불못에 던져져 세세토록 괴로움을 당하게 된다(계20:10). 이로써 여자의 후손이 네 머리를 상하게 할 것이라는 창세기의 예언이(창3:15) 마침내 실현된다.

6) 그리스도를 영접하지 못하고 죽은 자들이 부활하여 예수님 앞에 나가 각자의 행위에 따라 심판받을 것이며 **생명책에 기록되지 못한 자들**[288]과 사망과 음부도 유황이 타는 불못에 던져져 둘째 사망, 즉 영원한 죽음을 맞이하게 됨으로써 최후의 심판이 완성된다(계20:11~15).

이제 세상의 악을 완전히 멸하신 하나님께서 세상을 새롭게 창조하실 것이다.

---

288 두려워하는 자들과 믿지 아니하는 자들과 흉악한 자들과 살인자들과 음행하는 자들과 점술가들과 우상 숭배자들과 거짓말하는 모든 자들(계21:8).

처음 하늘과 처음 땅은 없어지고 새 하늘과 새 땅, 즉 거룩한 성이요 살아계신 하나님의 도성인 새 예루살렘이 장엄한 모습으로 하늘로부터 내려와 이 땅에 세워진다. 그곳에는 하나님이 함께 계시며 백성들의 눈물을 닦아주시니 다시는 죽음이나 저주나 슬픔이나 울음이나 아픔이 없다. 생명나무와 생명수가 흐르는 그 성에는 오직 생명책에 기록된 사람들만 들어갈 수 있으며 그들은 영원토록 왕처럼 살게 될 것이다(계21:1~22:5).

심판의 날은 속히 올 것이다(계22:12). 그러나 **그날은**[289] 도둑같이 올 것이니 구원받으려면 깨어 준비하고 있어야 한다(계16:15).

이렇게 됨으로써 하나님께서 계획하신 세 차례에 걸친 인류 구속에 대한 역사를 모두 이루게 된다. 그 **첫 번째**는 천지창조의 이루심이요(창2:1), **두 번째**는 십자가 대속을 이루심이며(요19:30) **마지막**은 하나님 나라가 온전히 회복되는 새 하늘과 새 땅의 완성인 것이다(계21:6).

죽은 자의 부활에 대한 기록을 찾다 보니 한 가지 의문점이 생겼다. 십자가에 매달리신 예수님께서 죄인 한 사람을 구원하실 때 「오늘 네가 나와 함께 낙원에 있을 것」이라고 말씀하신(눅23:43) 낙원이라는 곳과 죽은 자들의 거처로 지칭되는 **음부**[290]라는 곳을 이해하기 어려웠기 때문이다. 사람이 죽으면 영과 육은 분리되어 육신은 무덤으로 가고 영혼은 낙원과 음부로 들어간다고 주장하는 학자들이 있다. 즉 구원받을 영혼은 낙원에서 안식을 취하다가 천국 가기 위해 신령한 몸으로 부활한다는 것이고 악인들의 영혼은 음부라는 곳에서 머물다가 심판받기 위해 부활한다는 것이다. 그렇다면 사람이 죽으면 바로 천국이나 지옥으로

---

289 주의 재림이 늦어지는 것은 어쩌면 더 많은 사람들이 회개할 기회를 얻게 하려는 것일지도 모른다. 「이르시되 때와 시기는 아버지께서 자기의 권한에 두셨으니 너희가 알 바 아니요(행1:7).」
290 음부(히브리어로 스올을 말한다.– 욘2:2)는 구덩이 맨 밑(사14:15), 할례를 받지 아니한 자 곧 칼에 죽임을 당한 자들이 내려와서 가만히 누워있는 곳(겔32:21), 일도 없고 계획도 없고 지식도 없고 지혜도 없는 곳(전9:10), 악인들이 머무는 곳(시9:17), 사망의 방(잠7:27), 고통이 있는 곳으로(눅16:23) 표현되었듯이 저주받은 자들이 가는 곳인 지하세계를 말한다.

가는 것이 아니라 낙원이나 음부라는 영혼의 거처에서 심판의 때까지 기다려야 한다는 뜻으로 받아들여야 하는지, 궁금한 대목이 아닐 수 없다.

이와 같이 내세와 관련된 여러 가지 이론으로 의견 또한 분분하지만, 심판에 관한 모든 것은 당신의 영역에 두셨으니 너희가 알 바 아니라는 말씀처럼(행1:7) 심판은 오직 하나님께서 행하시는 고유 권한이시니 우리들이 알 수도 없고 알 바도 아니며 하나님께 감히 물어볼 수도 없으니 답답한 마음 금할 길이 없다.

☑ 천국은 어떤 곳?

- 주의 거룩한 처소, 거룩한 성, 하나님이 계시는 곳(신26:15, 계21:2, 3).
- 외양간에서 나온 송아지 같이 뛰어노는 곳(말4:2).
- 좀이 먹거나 녹슬지 않고 도둑이 없는 곳(마6:20).
- 예수님의 곳간(마13:30).
- 시집이나 장가가지 않는 곳(마22:30).
- 하나님으로부터 축복받은 사람들이 있는 곳(마25:34).
- 위로를 받는 곳(눅16:25).
- 사망이 없으며 애통해하는 것이나 곡하는 것이나 아픔이 없는 곳(계21:4).
- 낙원(눅23:43).
- 물과 성령으로 거듭나지 아니하면 들어갈 수 없는 곳(요3:3, 5).
- 아버지 집(요14:2)
- 살아계신 하나님의 도성(히12:22).
- 의로움이 있는 곳(벧후3:13).
- 배고픔이나 목마름이 없으며 뜨거운 햇볕이나 기운으로 상함을 입지 않는 곳 (계7:16).
- 하나님께서 사람들의 눈물을 닦아주는 곳(계7:17).
- 수고를 그치고 쉬는 곳(계14:13).
- 거문고를 타며 찬양의 노래를 부르는 곳(계14:2, 3).
- 생명수와 생명나무가 있어 모든 사람을 치료하는 곳(계22:1, 2).

- 새 하늘과 새 땅(계21:1).
- 생명수 샘물을 마시는 곳(계21:6).
- 하나님의 영광이 있어 귀한 보석같이 빛나고 수정같이 맑은 곳(계21:11).
- 하나님의 영광이 비치고 예수님이 등불이 되므로 해와 달의 비침이 필요 없는 곳(계21:23).
- 밤이 없기 때문에 성문이 닫히지 않는 곳(계21:25).
- 만국의 영광과 존귀가 있는 곳(계21:26).
- 생명책에 기록된 사람들만 들어가는 곳(계21:27).
- 가증한 일이나 거짓말하는 자가 없으니 다시는 저주가 없는 곳(계21:27, 22:3).
- 하나님과 예수님의 보좌가 있는 곳(계22:3).
- 하나님의 종들이 영원토록 왕처럼 사는 곳(계22:5).
- 하나님과 예수님이 성전이 되시므로 성전이 존재하지 않는 곳(계21:22).

☑ 지옥은?

- 슬피 울며 이를 가는 곳(마25:30).
- 바깥 어두운 곳(마25:30).
- 구더기도 죽지 않고 불도 꺼지지 않는 곳(막9:48).
- 풀무 불(마13:42).
- 마귀와 그 사자들을 위하여 예비된 영원한 불(마25:41).
- 소금 절이듯 사람을 불로써 절여지는 곳(막9:49).
- 꺼지지 않는 불(영원한 불—마25:41)(눅3:17).
- 무저갱(끝없는 구덩이)(눅8:31).
- 불꽃 가운데에서 뜨거움으로 괴롭고 고통스러운 곳(눅16:24, 28).
- 물 한 방울 마실 수 없는 곳(눅16:24).
- 큰 구렁텅이가 있어 건너가고 건너올 수 없는 곳(눅16:26).
- 일도 없고 계획도 없고 지식도 없고 지혜도 없는 곳(전9:10).
- 영원한 멸망의 형벌을 받는 곳(살후1:9).
- 범죄한 천사들이 어두운 구덩이에 갇혀 있는 곳(벧후2:4).

> - 영원히 예비된 캄캄한 흑암(유:13).
> - 밤낮 쉼을 얻지 못하는 곳(계14:11).
> - 영원토록 밤낮 괴로움을 받는 곳(계20:10).
> - 불못(계20:15).
> - **생명책에 기록되지 못한 자들이 있는 곳**[291](계20:15).
> - 믿지 않거나 가증한 일을 하는 자들이 유황이 타는 불못에 던져지는 곳(계 21:8).
> - 성 밖(계22:15).

역사적 위인들은?

　그렇다면 예수님께서 이 땅에 오시기 이전 사람들, 즉 예수님이 계신지도 모르고 죽은 사람들은 어떻게 되는가 하는 문제에 봉착하게 된다. 사람들은 우리나라 대표적 위인인 세종대왕이나 이순신 장군 또는 실존 여부를 떠나 착한 심청이 같은 사람들은 어떻게 되었을까? 궁금해하며 농담 반 진담 반으로 질문을 던지기도 한다. 즉 복음이 있음을 알지 못하고 죽은 사람들도 착하게 살았으면 구원받을 수 있느냐 하는 문제를 제기하는 것이다. 구원은 예수님의 십자가 대속에서 근거하는 것으로 볼 때 예수님을 알지 못했던 구약 시대 사람들은 어떻게 구원받을 수 있었을까? 율법이 존재하지도 않던 시대의 대표적 위인인 아브라함이

---

291 생명책에 기록되지 못한 사람들은 어디에 기록될까? 그들은 흙에 기록되었다가 결국에는 사라지게 될 것이다.

하나님을 신뢰하고 순종함으로써 믿는 자의 조상이 될 수 있었던 것처럼 구약시대 사람들은 하나님이 계심을 믿고 하나님께서 제시하신 삶의 방식을 따를 때만 하나님의 은혜로 구원받을 수 있었을 것으로 보인다.

사람들이 궁금해하는 이 문제에 대해 학자마다 의견이 다를 수 있겠으나 부산 비전교회 **목사님**[292]은 구원은 유일하신 하나님의 선물이므로 죄의 유무와 상관없이 오직 그리스도 예수의 은혜로써만 이루어질 수 있기 때문에, 그리스도를 영접하지 않았다면 심판으로부터 자유로울 수 없음을 주장한다. 성경은 예수 그리스도를 통하지 않고서는 어떤 사람이라도 하나님 나라에 들어갈 수 없음을 가르치고 있기 때문에 복음이 있음을 알지 못해 예수님을 믿지 못하고 죽은 사람이라 하더라도 예외는 없다는 것이다. 우리들의 조상을 거슬러 올라가면 그 정점에는 아담이 존재함으로 그리스도의 복음을 알지 못하고 죽었다는 것은 복음을 전해주는 사람을 만나지 못했거나 받아드릴 의지가 없었던 것이니 하나님의 책임이 아니라 인간의 책임이라는 것이다.

안타까운 일이지만 어린아이라고 해서 예외가 될 수 없다는 것을 아말렉 족속을 진멸하라는 하나님의 명령인 **사무엘상 15장 3절의 말씀**[293]을 인용하여 설명하기도 한다. 만약 죄 없는 어린아이나 복음을 이해하지 못하거나 복음을 듣지 못하고 죽은 수많은 사람들에 대한 구원 문제가 단지 인간적 관점에서 결정된다면 그리스도의 십자가 공로가 아무런 의미가 없게 되는 무서운 결과를 초래하게 된다는 것이다. 인간의 이성과 상식으로 창조주이신 하나님을 이해하려고 해서는 안 된다는 것이다. 하나님은 인간의 판단에 따른 기준에 의해 당신의 일을 행하시는 분이 아니기 때문이라는 거다.

박 목사님이 주장하는 논리는 어디까지나 본인의 주관적인 해석에 따른 추측일 뿐이다. 그러나 그분의 논리대로라면 위에서 언급한 역사적 위인들을 포함하

---

292 신학이 잘못되면 신앙이 무너진다(박길서 저, 2004, 도서출판 나뉨)
293 「지금 가서 아말렉을 쳐서 그들의 모든 소유를 남기지 말고 진멸하되 남녀와 소아와 젖먹는 아이와 우양과 낙타와 나귀를 죽이라 하셨나이다(삼상15:3).」

여 심청이 같은 효녀도 하나님을 믿지 않았거나 예수님을 알지 못하여 영접하지 못했다면 아무리 착하게 살았다고 하더라도 **심판의 기준인 하나님을 모르는 자들과 예수님의 복음에 복종하지 않는 자**(살후1:8)의 범주에 속하게 되는 것이므로 당연히 구원받지 못하게 되는 것이니 참으로 안타까운 일이 아닐 수 없다. 예수님은 믿는 자들의 대속자이지 불신자들의 대속자가 될 수 없기 때문이다.

이에 대해 베드로는 **베드로전서 3장 19절과 4장 6절**[294] 말씀을 통해 예수님께서 십자가에서 돌아가신 후 죽은 자들에게도 복음을 전하기 위해 지하세계를 방문하셨다고 증언하고 있으니 복음을 듣지 못하고 세상을 떠난 이런 사람들을 구제하기 위한 조치가 아니었나 하는 생각이 들기도 한다.

영생을 얻는 길

사람이 한번 죽는 것은 정해진 것이요 시작이 있으면 반드시 끝이 있는 법이다. 선지자 호세아의 말대로 예수님의 재림은 날마다 오는 새벽빛같이 틀림없을 것이며 땅을 적시는 **늦은 비**[295]와 같이 은혜로운 모습으로 임하실 것이므로 우리는 산 자와 죽은 자의 재판장이신 그리스도 앞에 서서 이 세상에서 행한 행실에 따라 심판받게 될 것이다. 하나님의 나팔 소리를 신호로 죽은 자들이 다시 살아

---

294 「그가(예수님) 또한 영으로 가서 옥에 있는 영들에게 선포하시니라(벧전3:19).」, 「이를 위하여 죽은 자들에게도 복음이 전파되었으니 이는 육체로는 사람으로 심판을 받으나 영으로는 하나님을 따라 살게 하려 함이라(벧전4:6).」
295 늦은 비란 추수기인 4~5월에 팔레스타인지방에 내리는 비를 말하는 것으로, 하나님의 은총을 나타내는 비유적 표현이다.

나 그때까지 남아있던 사람들과 더불어 심판을 받고, 각자 어떻게 살았느냐에 따라 천국의 축복을 누리는 사람도 있을 것이며, 지옥의 불못 속에서 끝없는 고통을 당할 자도 있을 것이다. 심판을 피하기 위해서는 우리를 죄로부터 구원하신 예수님을 구주로 영접하고 회개하여 말씀에 따라 순종함으로써 영적으로 다시 태어나는 길밖에 없다.

내 말을 듣고 또 나를 보내신 이를 믿는 자는 심판에 이르지 아니할 것(요5:24)이라는 말씀대로 믿음 안에서 자신을 세우고 주님이 기뻐하시는 일에 동참한다면 예수님께서 주님의 거룩한 백성들을 구원하기 위해 다시 오실 때 하나님 앞에서 흠 없고 책망받을 것 없는 의로운 사람으로 우뚝 설 수 있게 될 것이다.

주님께서 다시 오시는 목적은 하나님께서 계획하신 인류 구속의 역사를 완성하기 위한 것으로, 그리스도께서 인간의 죄를 담당하시려고 당신의 몸을 제물로 드린 바와 같이 죄악에서 구원해주기를 바라는 사람들을 한 사람도 잃어버리지 않고 모두 구원해주기 위함일 것이다. 왜냐하면, 사랑의 주님께서는 우리를 위해 오래 참으사 아무도 멸망 당하지 않고 모두 회개하고 돌아오기를 바라고 계시기 때문이다.

심판자요 구원자로 오실 그리스도의 재림은 하나님 말씀대로 살아야 한다는 신앙적 경고와 함께 힘들고 지친 이 세상의 고통스런 삶을 기쁨으로 승화시킬 기회가 됨은 물론, 천국이라는 축복된 세상에서 영원한 안식을 누릴 수 있다는 새로운 희망이 될 것이다.

「주 예수의 은혜가 모든 자들에게 있을 지어다 아멘(계22:21).」

성경, 인물·주제로 쉽게 읽기

펴 낸 날 2024년 11월 15일

지 은 이 조성권
펴 낸 이 이기성
편집팀장 윤가영
기획편집 윤가영, 이지희, 서해주
표지디자인 윤가영
책임마케팅 강보현 김성욱
펴 낸 곳 도서출판 생각나눔
출판등록 제 2018-000288호
주   소 경기도 고양시 덕양구 청초로 66, 덕은리버워크 B동 1708, 1709호
전   화 02-325-5100
팩   스 02-325-5101
홈페이지 www.생각나눔.kr
이 메 일 bookmain@think-book.com

• 책값은 표지 뒷면에 표기되어 있습니다.
  ISBN   979-11-7048-783-8(03230)